제 4 판

서비스 마케팅

SERVICE MARKETING

김 해 룡

안 광 호

HAKHYUNSA
학현사

제4판 머리말

개정 작업을 진행하다 보면 지난 몇 년간의 변화를 한자리에서 돌아보는 소중한 기회를 갖게 된다. 마주해보니 지난 〈3판〉에서 다루었던 디지털 환경변화가 무색할 정도로 기술은 빠르게 발전하였고 서비스 혁신은 어느 때보다 컸다. 특히 2022년 오픈 AI가 공개한 챗GPT의 등장으로 인해 많은 것이 바뀌었다. 저자들은 이런 변화들에 주목하면서 이번 개정 작업의 목표를 인공지능(AI)으로 대표되는 기술이 가져온 서비스 변화와 고객경험 혁신을 충실하게 담아내는 방향으로 설정하였다. 그 결과 이번 개정판의 주요 특징들은 다음과 같다.

첫째, 책 전반에 걸쳐서 빠르게 변화한 디지털 기술과 서비스 혁신을 충실하게 담아내려 노력하였다. 구체적으로 2장을 〈디지털 시대 기술과 서비스 소비자〉로 변경하면서 **기술과 서비스마케팅**을 중요하게 다루었다. 또한 10장 〈서비스 직원관리〉에서는 **서비스 로봇**의 역할과 최신이슈들을 대폭 보강하였다. 무엇보다 독자들은 매 장에서 소개되는 〈SERVICE MARKETING FOCUS〉를 통해 기술변화가 가져온 서비스 혁신의 생생한 최신 사례들을 만나볼 수 있을 것이다.

둘째, 기존 개정 방향과 마찬가지로 〈4판〉은 **고객경험**을 중요하게 다루고 있다. 무엇보다 1장에서 저자들은 서비스를 **서비스 제공자가 고객과 함께 만들어가는 경험과 가치**로 새롭게 정의하면서 책 전반에서 고객경험을 중심으로 서비스 마케팅의 새로운 변화와 현장의 모습들을 담아내려고 노력하였다. 기술과 고객경험(2장), 고객여정과 서비스 디자인(5장), 서비스 물리적 환경(6장) 등이 중요하게 개정되었다.

셋째, 서비스 마케팅을 강의하면서 각 장의 내용들에서 부족하다고 느꼈던 사항들은 지속적으로 수정·보완하였다. 독자들께서 보시기에 아직 미진한 부분이 있다면 저자들의 부족함이 큰 이유다. 앞으로 더욱 발전된 보완을 약속드린다. 〈SERVICE MARKETING FOCUS〉에서 다루고 있는 사례들은 물론, 본문 내용과 관련 있는 사진 및 설명들도 모두 최신의 것들로 교체하면서 독자들께 생생한 서비스 현장을 전달하기 위해 노력했다. 특히

〈3판〉에서 도입했던 학습보조자료인 〈서비스 플립러닝〉의 내용을 새로운 영상과 함께 전면적으로 재구성했다. 독자들께서 각 장의 본격적인 학습에 앞서 제시된 13개의 흥미로운 사전학습 주제들을 영상과 함께 먼저 만나보시기를 기대한다.

본 개정 작업을 진행하는 과정에서 많은 분들의 도움을 받았다. 무엇보다 서비스마케팅전략 수업을 함께하면서 개정 작업에 많은 아이디어를 제공해준 건국대학교 글로컬캠퍼스 경영학과 학생들께 진심으로 감사를 드린다. 본 개정판의 출판을 위해 전폭적인 지원을 해주신 학현사 박세원 대표님께 감사의 말씀을 전한다. 아울러 짧은 시간 동안 완성도 높은 개정판을 만들기 위해 고생한 영업부 윤상용 상무님, 정영훈 부장님, 편집부 및 해당 부서 직원들께도 감사 인사를 드린다. 유난히 더웠던 2025년 여름, 개정 작업을 지켜봐주고 응원해준 가족들이 옆에 있어 큰 힘이 되었다. 고마운 마음과 함께 사랑을 전한다.

부족하지만 빠르게 변하는 서비스 환경에 뒤처지지 않기 위해 서둘렀던 개정 작업이다. 아쉬움을 뒤로하고 새로운 변화와 함께 더욱 발전된 모습으로 다시 찾아 뵐 것을 독자들께 약속드린다.

2026년 1월

김해룡, 안광호

차례

PART 2
서비스 마케팅 실행 ❶
서비스 가치창출

CHAPTER 4

서비스 상품관리

CHAPTER 5

서비스 프로세스관리

CHAPTER 6

서비스 물리적 증거관리

CHAPTER 7

서비스 가격관리

PART 2

서비스 마케팅 실행 ❷

서비스 가치전달

CHAPTER 8

서비스 유통관리

CHAPTER 9

서비스 수요공급관리

CHAPTER 10

서비스 직원관리

CHAPTER 11

서비스 프로모션관리

PART 3
서비스 마케팅 성과

CHAPTER 12
서비스 품질관리

CHAPTER 13
서비스 고객관계관리

PART

1

서비스 마케팅 토대

CHAPTER

1

서비스 마케팅의 이해

1.1 서비스에 대한 정의

1.2 서비스의 중요성

1.3 서비스의 특성과 마케팅 시사점

1.4 서비스 마케팅 믹스

서비스
플립러닝

서비스 전성시대: As a Service 전략

서비스와의 만남을 시작하는 여러분을 환영합니다. 이 장에서는 최근 주목받고 있는 〈As a Service〉 전략을 통해 서비스가 더욱 중요해진 세상을 만나봅시다.

As a Service: 모든 것은 서비스로 통한다(Everything as a Service)라는 말이 유행하듯 제품과 관련된 여러 기능을 서비스 형태로 제공하는 비즈니스 방식을 말합니다. 대표적으로 SaaS(Software as a Service)를 들 수 있는데, 세일즈포스와 같이 인터넷을 통해 클라우드 방식으로 소프트웨어를 사용하게 하는 방식입니다. 최근에는 인공지능(AI)이 이러한 SaaS의 새로운 강자로 등장하면서 AISaaS라는 용어를 사용하기도 합니다. 예를 들어 게임업체인 NC소프트가 패션 사업을 위해 개발한 AISaaS(사진: 바르코 아트 패션)를 구독해서 사용한 경우, 디자이너가 키워드만 입력하면 3초 만에 수십 종의 의류 디자인을 자동 생성해 줍니다. F&F 등 브랜드 기업들이 제품 개발 주기를 절반으로 줄이는 성과를 내고 있다고 합니다.

이 외에도 다양한 방식의 As a Service 전략들이 있는데, 제조업이 서비스로 확장하는 사례를 중심으로 살펴보면 다음과 같습니다.

MaaS(Mobility as a Service): 모든 이동수단을 통합해서 운용하는 서비스 방식을 말합니다. 핀란드는 2016년 세계 최초로 교통 인프라와 관련된 통합 서비스 시스템인 윔(whim)을 선보였습니다. 현대차와 같은 자동차 기업은 자동차를 넘어 다양한 이동수단의 활용, 자율주행, 연결성, 공유 등을 결합한 서비스형 모빌리티 전략으로 이동 중입니다.

HaaS(Health as a Service): 제약업계의 서비스 전략은 약을 만드는 데 그치지 않고 건강 서비스를 제공하는 방향으로 가고 있습니다. 인공지능(AI)을 활용한 디지털헬스케어서비스가 대표적입니다. 유사하게 국내 식품업체인 풀무원은 AI 기반 건강관리(영양관리) 서비스를 제공하고 있습니다.

HaaS(Home as a Service): 가전 기업들이 제품을 팔기보다 집을 중심으로 토털서비스시스템을 제공하는 경우인데, AI와 사물인터넷 기술을 활용한 삼성전자의 스마트싱스(SmartThings)는 냉장고, 세탁기, 에어컨 등 주요 가전은 물론 조명, 센서, 외부 IoT 기기까지 통합 제어할 수 있는 서비스를 제공합니다.

자료원: 산업구조 바꾸는 'AI SaaS'…NC AI, 韓 대표주자 부상 (ZDNET코리아, 2025. 6.27).

- 서비스 플립러닝 내용은 하단에 있는 QR코드에서 동영상으로 확인할 수 있습니다.

플립러닝 동영상 강의 QR코드입니다.

1.1 서비스에 대한 정의

우리는 일상생활에서 서비스라는 용어를 자주 접하고 사용한다. 그런데 '음료는 서비스로 드려요'라는 종업원의 말이나 '가전제품을 구매한 고객에게 1년간 무상으로 보증 서비스를 제공해 드려요'라는 기업의 약속에 등장하는 서비스는 공짜 또는 부수적인 가치에만 머물러 있다. 그러나 일상의 단어와 달리 산업과 기업 관점에서 서비스가 갖는 의미와 중요성은 매우 크다. 산업 차원에서 서비스는 제조업에 비해 부가가치가 크고 일자리 창출 효과가 큰 선진국형 산업으로 인식되고 있어 각 국가마다 서비스 산업혁신을 위해 애를 쓰고 있다. 최근 기술과 혁신을 주도하고 있는 기업들의 면면을 들여다보면 서비스의 중요성은 더욱 부각된다. 한 예로 보스턴컨설팅에서 발표한 혁신기업 순위(2023년)에서 애플, 테슬라, 알파벳, 아마존, 마이크로소프트가 상위를 차지하였다. 제조기업인 애플과 테슬라는 서비스로의 융합과 변신을 확대하고 있고 알파벳, 아마존, 마이크로소프트는 대표적인 기술 서비스 기업이다. 산업과 기업 관점에서 보면 서비스 전성시대가 전개되고 있다고 해도 과언이 아니다. 서비스 전성시대를 살고 있는 여러분들의 생각은 어떤가? 혹시 그동안 서비스를 공짜라거나 혹은 부수적인 가치로만 생각해 왔다면 우선 서비스에 대한 다양한 정의들을 살펴보고 학습하면

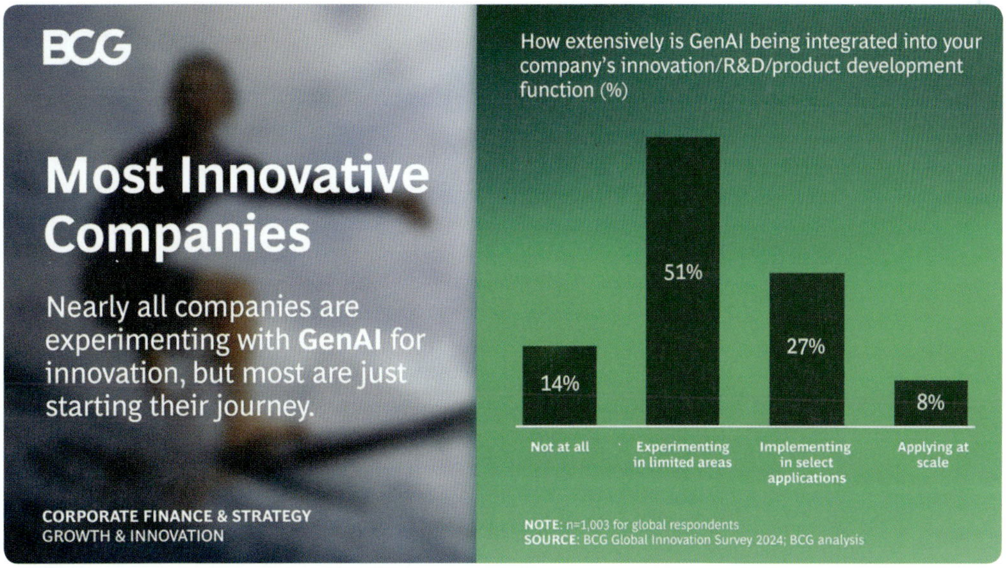

최고의 혁신기업들은 인공지능(AI)에 기반한 〈As a Service〉 전략으로 새로운 여정을 준비하고 있다.

서 서비스에 대한 새로운 생각과 시각을 갖는 것이 필요하겠다.

서비스 연구자들은 다양한 관점에서 서비스를 정의하고 있다. 우선 미국마케팅학회(American Marketing Association)는 서비스를 '판매목적으로 제공되거나 혹은 제품판매와 연계해 제공되는 모든 활동, 편익, 만족'으로 정의한다. 서비스업뿐만 아니라 제조업에서 제공되는 서비스를 포함하고 있고 고객 입장에서의 혜택과 만족을 강조한다. 래스멜(Rathmell)은 서비스를 '시장에서 판매되는 무형의 상품'으로 정의하였으며, 자이태멀, 비트너, 그램러(Zeithaml, Bitner & Gremler)는 서비스를 '행위, 과정, 그리고 그 결과물인 성과가 결합된 것'으로 본다. 이들 정의에서는 유형적인 제품과는 다른 서비스 상품의 특징을 강조하고 있다. 베리(Berry)는 최근 들어 이러한 서비스 상품의 본질이 고객감정에 기반한 경험에 있다는 점을 강조하고 있다. 한편 이유재 교수는 서비스를 '고객과 기업과의 상호작용을 통해 고객의 문제를 해결해 주는 일련의 활동'으로 정의하였고, 바고와 루쉬(Vargo & Lusch)는 **서비스 중심 사고**(service-dominant logic)를 제시하면서, '고객과 제공자가 함께 만들어가는 공동가치창출(co-creation value)'을 강조하였다. 이제 이러한 여러 학자들의 견해를 바탕으로 이 책에서 강조하고 있는 서비스의 정의에 대해 생각해 보자.

우선 여러 학자들의 정의를 살펴보면 시대에 따라 서비스의 정의와 관련해서 강조하는 바가 변해 가고 있음을 확인할 수 있다. 첫째, 활동, 행위, 과정, 결과, 무형 등으로 설명되는 서비스 상품의 특성은 **고객경험**으로 통합되어 진화하고 있다. 한마디로 고객들은 서비스에서 고객경험을 구매하는 것이다. 가령 항공사들은 철저한 정비(행위), 편리한 예약과 발권(과정), 친절한 기내 서비스(무형), 최신의 안락한 기내 시설(성과)과 같은 서비스 상품을 제공하지만 이를 통해 고객은 즐겁고 안전한 이동을 경험하는 것이다. 이를 반영하듯 대한항공은 '최고의 비행'을 제공해 준다는 방식으로 자신들이 제공하는 서비스 경험을 포지셔닝하고 판매한다. 둘째, 서비스 경험을 위해서는 고객과 서비스 제공자의 상호작용이 핵심이며, 이러한 상호작용이 **공동가치창출**이라는 개념으로 확대되어 설명된다. 최근 영화관을 찾는 고객들은 종업원과의 상호작용뿐 아니라 다양한 형태의 비대면 상호작용을 경험하게 된다. 관객이 영화선정에 직접 참여하기도 하면서 자연스럽게 늘어난 고객역할을 수행하고 있다. 이런 점에서 '영화 그 이상의 감동'이라는 CGV 서비스 경험과 상호작용의 핵심은 고객과 CGV가 함께 만들어가는 공동가치창출에 있다는 점이 분명해진다. 저자들은 이러한 변화를 종합적으로 반영하여 **서비스**를 '**서비스 제공자가 고객과 함께 만들어가는 경험과 가치**'로 정의한다.

대한항공은 고객들에게 제공하는 서비스 경험을 최고의 비행(Excellence in Flight)으로 포지셔닝한다. 대한항공은 2025년 광고 캠페인에서 고객여정을 강조하는 슬로건(Anywhere is Possible with Korean Air)을 새롭게 선보였다.

CGV는 고객참여를 확대하기 위해 관객 주도형 큐레이션서비스인 CCIN(Contents Curation In CGV)을 선보였다.

1.2 서비스의 중요성

앞서 언급한 바와 같이 산업과 기업 관점에서 서비스의 중요성이 커지고 있다. 이제 이러한 내용들을 구체적으로 살펴보도록 하자.

(1) 경제성장 및 혁신

우리는 현재 서비스 사회에 살고 있다고 해도 과언이 아니다. 국가경제 및 세계경제에서 서비스 산업이 차지하는 비중이 상당히 높고 그 비중은 계속 증가하고 있다. 우리나라의 경우, 서비스 부문이 국내총생산(GDP)에서 차지하는 비중은 2022년 기준(KIAT: 한국산업기술진흥원) 63.5%로 제조업을 훨씬 상회하는 수준으로 발전하고 있다. 물론 이러한 비중은 미국, 프랑스, 일본 등 OECD 선진 국가들의 평균 수준인 70%대에는 못 미치지만, 그래도 국내 서비스 산업구조를 들여다보면 서비스 산업이 양적 발전뿐 아니라 질적으로도 발전하고 있음을 확인할 수 있다. 과거에 비해 도·소매 및 숙박음식업의 비중이 줄어든 반면, 사업서비스업과 의료, 보건, 사회복지 서비스 등은 비중이 크게 증가하고 있다.

또한 서비스 중심 경제에서 특히 주목해 볼 부분은 바로 디지털과 모바일로 대표되는 신경제 성장에서 서비스업이 주도적인 역할을 담당하고 있다는 점이다. 구글, 아마존, 네이버, 카카오와 같이 이미 최고 기업의 위치에 오른 국내·외 혁신기업들의 면모만 들여다보더라도

표 1-1 국내 유니콘기업 현황(2021년 이후 신규 등재 기업)

순서	기업	업종	등재시기
1	빗썸코리아	핀테크(가상화폐거래소)	2021년
2	버킷플레이스	전자상거래(가구, 인테리어)	2021년
3	당근마켓	인터넷서비스(중고거래)	2021년
4	직방	인터넷서비스(부동산거래)	2021년
5	컬리	물류, 배송	2021년
6	두나무	핀테크(가상화폐거래소)	2021년
7	리디	전자상거래(전자책)	2021년
8	메가존클라우드	인터넷SW · 서비스(클라우드)	2022년
9	시프트업	모바일게임개발	2022년
10	아이지에이웍스	인터넷SW · 서비스(클라우드)	2022년
11	여기어때컴퍼니	O2O서비스	2022년
12	오아시스	신선식품 새벽배송	2022년

자료원: CB Insights/중소기업벤처부

서비스의 역할과 중요성을 쉽게 가늠해 볼 수 있다. 스타트업 시장에서도 서비스 기업들의 활약은 돋보이는데, 설립한 지 10년 이내이지만 기업가치 1조 원을 바라보는 국내 유니콘 기업현황에서도 서비스 기업들이 강세를 나타내고 있다.

(2) 기업 경영과 전략

① 서비스 경영마인드

일반적으로 서비스 기업의 의사결정은 제조기업과는 다르다. 제조기업은 생산자원과 관리자원의 효율적인 사용을 강조하면서 전통적인 의미의 생산성, 즉 **내부효율성**(internal efficiency)을 중요시한다. 반면 접점에서 직접 고객들을 상대해야만 하는 서비스는 내부적인 효율성만을 따지기보다는 고객들이 지각하는 서비스 품질과 같은 **외부적 효율성**(external efficiency)과 고객관계에 더 초점을 맞추어야 한다. 만약 서비스 기업이 시장경쟁이 치열해지는 상황에서 실적개선을 위해 제조기업 방식대로 내부효율성만을 향상시키려 한다고 가정해 보자. 이 경우 서비스 기업은 운영에 드는 비용을 절감하기 위해 종업원 감축이나 셀프 서비스의 증대와 같은 인력과 관련된 전략적 결정을 내리기 쉽다. 그러나 이러한 결정은 오히려 고객 입장에서 품질지각을 악화시키는 결과를 가져올 수 있다. 또한 불만족을 경험한 고객들이 종업원들에게 항의하게 되면서 종업원의 직무 불만족과 같은 다른 부정적인 결과로 이어짐으로써 서비스 경쟁력을 더욱 악화시킬 수 있다. 따라서 서비스 기업은 내부 효율을 고려하더라도 고객관계와 고객이 지각하는 서비스 품질과 같은 외부효율성을 강화시키는 데 초점을 맞춘 시장지향적 또는 고객지향적 경영전략을 추구할 필요가 있는 것이다. 이런 의미에서 서비스 기업 또는 제조기업의 여부와 관계없이 기업의 전략은 서비스 경영마인드를 갖는 것이 매우 중요하다. 서비스 경영마인드를 갖는다는 것은 한마디로 시장지향적이고 고객지향적인 기업운영방식을 의미하기 때문이다.

② 제조업과 서비스업의 융합: 제조기업의 서비스화

제조업체들은 4차 산업혁명과 같은 급변하는 기업환경 속에서 제조 중심의 사업만으로는 더 이상 지속적인 성장과 수익을 실현하는 데 한계가 있다는 점을 인식하게 되었다. 뿐만 아니라 기업들 사이의 격차가 점차 줄어들고 있는 경쟁구도에서는 단지 우수한 제품을 제공하는 것만으로 차별적인 경쟁우위를 달성할 수 없음도 깨닫고 있다. 고객가치의 창출이 사전에 생산된 제품의 **교환가치**(value-in exchange)에서 제품을 이용하는 전체적인 소비과정에서 창출되는 **사용가치**(value-in use)로 전환되었기 때문이다.

이에 따라 자동차, 가전 등의 많은 제조기업들이 새로운 수익창출을 위해 서비스 영역들을 개발하거나 높은 품질의 고객 서비스를 제공하면서 고객가치를 높이기 위해 서비스 중심 기업으로 변모하고 있다. 일찍이 IBM은 컴퓨터 제조 부분을 중국에 매각한 뒤 컴퓨터와 시스템 분야에서 컨설팅을 제공하는 서비스 기업으로 변신하며 새로운 수익과 고객가치창출에 성공하였다. 1990년대 중반 GE의 전 회장 잭 웰치(Jack Welch)는 금융서비스, 방송, 경영컨설팅, 의료 및 공공 서비스 등으로 사업영역을 확대함으로써 GE의 기업성장을 가속화시켰다. 그 결과 전통적으로 제조업체라는 인식이 강한 GE는 매출의 상당 부분을 GE 캐피털, NBC 유니버설 등 서비스 부문에서 창출하게 되었다. 국내의 현대·기아자동차는 중대형 자동차 시장에서 수입차에 빼앗긴 시장을 되찾기 위해 고객체험을 강화하면서 서비스 차별화에 집중하고 있다. 이처럼 새로운 수익원을 창출하거나 고객들에게 더 큰 가치를 제공하기 위해 서비스와 융합하며 변화하는 모습을 **제조기업의 서비스화**(servitization) 현상이라고 부른다. 다음에서는 이러한 서비스화 현상을 목적에 따라 몇 가지 유형으로 구분하여 살펴보도록 하겠다.

제조기업의 D2C 전략

국내 대표적인 제조기업인 한국타이어는 타이어 판매 및 자동차 정비를 제공하는 서비스인 T스테이션을 운영하고 있다. 이를 통해 타이어 판매에 대한 새로운 유통경로를 확보하였을 뿐 아니라 고객들과 직접 소통하며 관계를 구축함으로써 새로운 수익을 창출할 수 있는 토대를 마련하였다. 이와 같이 최근 제조기업들은 다른 중간상을 거치지 않고 고객을 직접 상대하는 **D2C**(direct-to-consumer) 전략을 강화하면서 서비스 기업으로 변신을 꾀하고 있다.

이러한 제조기업의 D2C 전략은 다음과 같은 점에서 활용성을 생각해 볼 수 있다. 첫째, 제조기업의 디지털 전환 전략의 일환으로 이해할 수 있다. 최근 제조기업들은 온라인과 오프라인을 통합적으로 연결하면서 고객맞춤을 강화하고 옴니채널을 활성화하는 데 앞장서고 있는데, 이를 위해 나이키는 개인정보를 바탕으로 고객맞춤 프로모션을 강화한다거나 온라인에서 구매한 제품을 매장에서 직접 픽업하는 시스템을 구축하였다. 둘째, 제조기업들이 구독모델을 채택하면서 고객들과 직접 소통하며 고객유지를 강화하는 데 활용하고 있다. 최

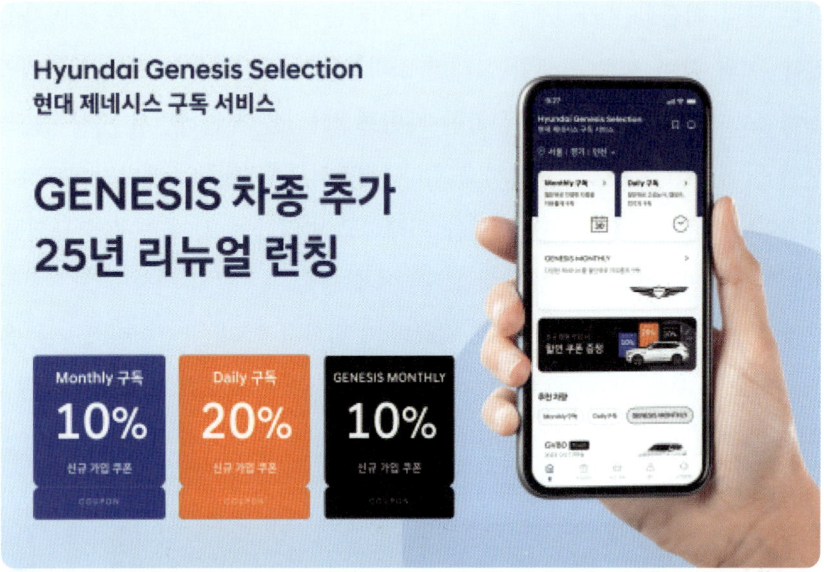

현대차는 모바일 앱을 통해 현대차의 다양한 차량을 일/월 단위로 대여할 수 있는 구독 서비스를 제공한다.

근 제품을 소유하기보다 공유하는 소비성향이 강조되면서 가구나 자동차와 같이 구매주기가 상대적으로 긴 제품을 판매하는 기업들도 구독모델을 적극적으로 도입하고 있다.

제조기업의 업의 확장

급격한 기술의 발전과 소비시장의 변화를 통해 제조와 서비스 간 경계가 불분명해지는 것 역시 수익모델 다변화를 위한 제조기업들의 변신을 촉진시키고 있다. 최근 자동차 업계는 자율주행자동차, 공유 서비스와 같은 새로운 기술과 시장 환경에 직면하면서 전통적인 자동차 생산과 판매만으로는 지속하기 어렵다는 위기감을 느끼고 있다. 이에 따라 현대차는 미국시장에서 차량공유서비스를 시작하였으며(현재 잠정중단) 앞으로 도심항공시장에도 적극적으로 뛰어들겠다는 의지를 밝히면서 제조와 서비스의 경계를 허무는 모빌리티 기업으로 변화를 도모하고 있다. 현대차는 이를 통해 다양한 이동수단을 통합한 서비스 전략(MaaS: Mobility as a Service)을 추구하고 있다.

제조기업의 라이프스타일 솔루션 전략

최근 가전박람회에 참여한 삼성전자는 신제품의 장점이나 경쟁제품과의 차별화를 강조하던 이전과는 달리 혁신적인 가전제품들이 변화시키는 새로운 생활방식을 소비자들에게 소개하고 있다. 이와 같이 새로운 생활에 대한 소비자들의 관심이 커지면서 제조기업들은 제품을 추천하기보다는 소비자들에게 적합한 라이프스타일을 제안하면서 자사제품들이 중요한 솔루션이 될 수 있다는 점을 강조하고 있다. 결과적으로 제품의 개발단계부터 소비자들의 사용환경이나 생활 속의 다양한 경험을 이해하고 반영하는 것이 매우 중요해졌다. 사물인터넷이 장착된 스마트냉장고를 상상해 보자. 이제 냉장고는 단지 식품을 보관하는 공간에 머무르지 않고 보관상태나 다양한 요리 재료와 방법까지 알려주는 서비스 기능을 수행할 것이다. 결과적으로 제품 간 경쟁력의 차이가 줄어든 상황을 극복하고 고객들에게 차별적인 가치를 제공하기 위한 제조기업들의 노력이 제품과 서비스의 경계를 허물고 있는 것이다.

삼성전자는 사물인터넷(IoT)과 인공지능(AI) 기술로 연결된 스마트 가전으로 리빙존(connected living zone)에서의 새로운 라이프스타일 경험을 강조한다.

SERVICE MARKETING FOCUS

서비스 기업으로 변신 중인 애플

지난 10년간 아이폰을 중심으로 서비스와의 융합을 시도해 온 애플의 〈서비스화 전략〉이 성과를 내고 있다. 애플 서비스 매출은 앱스토어(app store), 저장공간을 위한 클라우드(i cloud care+), 프리미엄 아이폰 수리를 위한 애플케어, 구글과의 검색 라이선스 등에 기반을 두고 있지만, 최근 아이폰, 애플워치 등 하드웨어(제품)와의 연계를 중심으로 전개되는 애플의 서비스화 전략의 특징에 주목해 볼 필요가 있다.

- **고객유지(lock in)를 위한 콘텐츠서비스 전략**: 그동안 아이폰은 혁신의 아이콘으로 팬덤을 형성하며 글로벌 시장에서 많은 소비자들의 사랑을 받아왔다. 그러나 갈수록 제품혁신이 힘들어지는 상황에서 아이폰의 지속적인 성장동력이 필요한 가운데, 애플은 음악(애플뮤직), 영화와 게임(애플TV+/아케이드), 애플워치를 위한 피트니스(애플피트니스+)와 같은 콘텐츠 구독 서비스를 강화하고 있다. 최근에는 애플원이라는 통합 구독 서비스를 제공하면서 콘텐츠서비스 매출이 지속적으로 증가하고 있다. 애플페이 역시 중요한 서비스 부분이다.

- **미래 성장동력으로 선택한 애플 헬스케어서비스**: 애플은 애플워치를 중심으로 헬스케어서비스 강화를 위한 시도를 지속하고 있다. 애플워치를 통해 혈압, 혈당 측정과 같은 다양한 건강 모니터링 기능을 강화하고 있으며, 2025년 새로운 프로젝트인 애플헬스스터디(Apple Health Study)를 시작했다. 이 연구는 아이폰, 에어팟, 애플 워치 등 애플 기기에서 데이터를 수집해 이용자의 건강을 모니터링하고 관리 및 예측하는 프로그램으로 향후 다양한 애플 제품과 서비스 개발에 활용될 전망이다.

- **인공지능(AI) 서비스**: 최근 인공지능 기술이 급속하게 발전하면서 빅테크 기업들의 새로운 격전장이 되고 있다. 챗GPT와 같은 AI를 기반으로 새로운 서비스들이 전개되고 있다는 점에서 애플의 AI 전략은 현재 시점에서 다소 부족하다는 평가를 받고 있다. 애플은 최근 외부역량 강화를 위해 AI 관련 기업의 인수합병(M&A)을 시도하고 있는데, 이러한 선택이 향후 애플의 서비스화 전략에 어떤 영향을 미칠 수 있을지 주목해 보자.

자료원: 2025년 애플의 서비스 매출이 연간 1,000억 달러를 돌파할 것으로 예상, 애플 전체 매출의 4분의 1 차지(Counterpoint, 2024.4.26).
애플, AI 검색 스타트업 퍼플렉시티 인수 검토(전자신문, 2025.6.22).
사진출처: ZDNET Korea(2020.9.16).

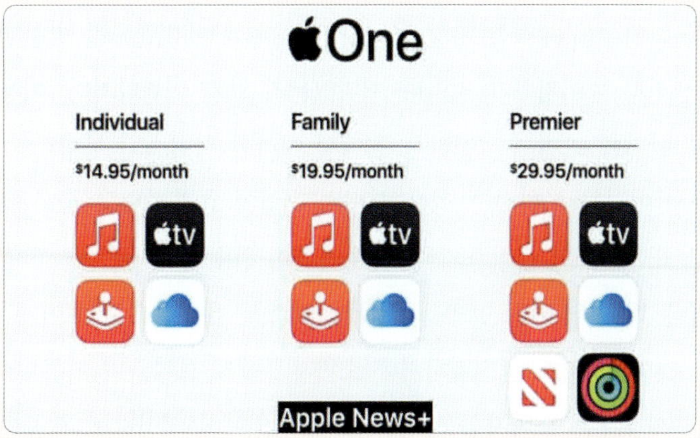

1.3 서비스의 특성과 마케팅 시사점

서비스 마케팅 전략을 논할 때에는 유형적인 제품과는 다른 서비스의 특성을 이해하는 것이 중요한데, 서비스는 다음과 같은 네 가지 측면에서 제품과는 근본적으로 다르다. 서비스는 **무형성**(intangibility)이 높아 소비자가 구매 전(후)에 평가하기가 어렵고, 생산과 소비가 동시에 발생하는 **비분리성**(inseparability) 때문에 서비스 접점관리가 중요해지며 종업원들의 역할이 크다. 서비스 **불균질성**(inconsistency), 혹은 **이질성**으로 인하여 소비자들이 서비스의 품질을 예측하기 힘들고, 이용하지 않으면 사라져버리는 **소멸성**, 혹은 **재고불능성**(inventory problem) 때문에 수요와 공급을 조절하기가 어렵다. 그만큼 서비스 마케팅이라고 하는 것은 지금까지 기업이 경험을 통하여 익숙하게 된 유형적인 제품 마케팅과는 다른 전략 수립을 필요로 한다. 이 네 가지 특성이 영어의 'I'로 시작한다 하여 이를 4Is라고 부른다. 이러한 서비스의 특성과 이에 대응하는 마케팅 전략에 대해 구체적으로 살펴보면 다음과 같다.

(1) 무형성

소비자는 코카콜라의 맛을 보거나 샤넬 향수의 향을 맡아볼 수 있다. 이와 같이 유형제품의 경우에는 소비자가 구매 전에 경쟁제품들을 비교할 수 있으며, 구매 후에 자신이 지불한 가격에 대한 유형의 무엇을 소유하게 된다. 그러나 서비스의 경우 소비자는 구매 전까지 서비스를 보거나 만져볼 수 없다. 그래서 사전에 품질을 평가할 수 없는 경우가 많고 서비스를 구매했음을 보여줄 구체적인 대상이 없다. 친구들과 에버랜드를 방문한 경험을 떠올려보면 이용하기 전까지 놀이기구가 얼마나 재미있는지 알기 어렵다거나, 이용 후 남은 것은 친구들과 즐거운 한때를 보낸 추억이라는 점에서 이러한 서비스의 무형적인 특성을 잘 이해할 수 있다. 따라서 이러한 무형적 특성은 서비스 기업이 효과적으로 극복해야 할 중요한 과제인데 한마디로 표현한다면 서비스의 유형화 전략이 필수적이다.

서비스 기업은 다음과 같은 방법을 통해 서비스를 유형적으로 보이게 하여 무형성을 극복할 수 있다. 첫째, 서비스는 진열하거나 소비자들에게 보여주며 커뮤니케이션하기 힘들다. 따라서 서비스 제공자는 소비자들로 하여금 가치 있는 무엇인가를 제공받고 있다는 실체적인 단서(증거)를 갖도록 노력한다. 예를 들어, 항공사는 최신 기종의 비행기를 도입함으로써 최고의 서비스 제공을 약속할 수 있고, 대형 병원들은 명의로 알려진 의사나 최신 의료장비 등을 통해 고객들이 최고의 의료 서비스를 제공받고 있음을 강조한다. 호텔은 가상현실(VR) 기술을 통해 고객들이 방문 전 호텔의 시설과 서비스 수준을 확인할 수 있게 한다. 둘째, 서비스는 구매 전에 품질을 평가하기 어렵다는 점에서 소비자들이 느끼는 구매위험이 크다. 따라서 소비자들을 안심시킬 수 있는 브랜드 이미지나 명성을 관리하는 것이 필요하다. 유형적인 심벌(symbol)을 서비스와 연계시키는 것도 한 가지 방법인데, 미국의 대표적인 증권회사인 메릴린치(Merrill Lynch)사는 재무적 성공을 상징하는 황소(bull)를 기업의 심벌로 이용하여 강력한 기업 이미지를 구축하였다. 미슐랭 가이드(Michelin guide)에 선정되어 높은 별점을 부여 받은 레스토랑들은 전 세계 이용객들이 언제나 믿고 찾을 수 있다. 고객들의 구전을 관리하고 적극적으로 활용하는 것 역시 서비스의 유형화 전략에 중요하다. 광고에서도 신뢰할 수 있는 광고모델을 등장시키거나 서비스 이용 경험을 드라마화(dramatization)하여 보여주는 전략이 주효하다.

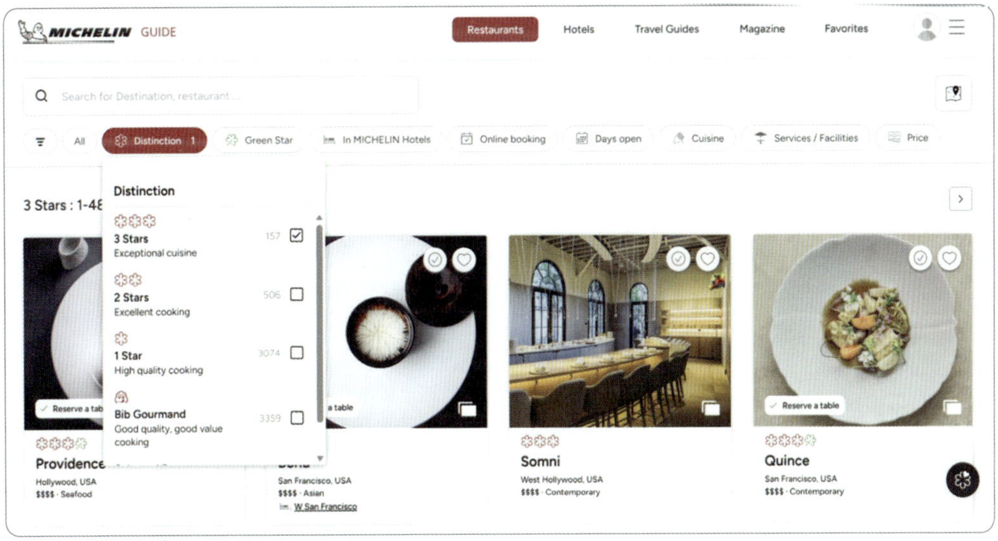

낯선 여행지에서 고객들은 미슐랭 가이드가 제공하는 별점 정보를 통해 식당을 사전에 평가하고 방문하는 것이 가능해진다.

SERVICE MARKETING FOCUS

서비스 무형성에 대한 컬리의 대처

온라인 쇼핑의 최대 약점은 제품을 직접 보거나 만질 수 없다는 점이다. 말 그대로 온라인 쇼핑은 서비스가 지닌 무형성의 문제를 가지고 있는 셈이다. 특히 고기나 야채와 같은 신선식품은 마트에 가서 직접 신선도나 상태를 확인하고 구매하는 것이 보통인데, 2015년 이런 신선식품을 온라인으로 배송한다는 아이디어로 출발한 마켓컬리는 어떻게 성장할 수 있었을까? 그 해답을 마켓컬리의 〈무형성 극복전략〉으로 살펴보도록 하자. 마켓컬리는 전날 밤 11까지 주문하면 다음날 새벽 신선식품을 집 앞까지 배송해 준다는 샛별배송으로 고객들에게 다가섰다. 단순히 빨리 배송해 준다가 아니라 하루의 시작을 알리는 새벽까지라는 샛별배송은 의미 자체로 신선함을 연상케 하는 좋은 단어 선택이다. 아울러 산지에서 식탁까지 신선함을 강조하는 콜드체인 배송시스템을 등장시킨 초기의 스토리텔링 광고도 마켓컬리의 신선함을 잘 보여주었다. 이러한 신선함을 강조한 마켓컬리의 브랜드 이미지 전략은 무형성을 극복하는 데 중요한 역할을 한 셈이다. 마켓컬리의 상품전략도 고객들의 구매 위험을 낮추는 데 효과적이었다. 마켓컬리는 산지에서 MD들이 엄선한 프리미엄 식품을 전면에 강조하였고, 유기농, 동물복지, 친환경과 같은 가치소비 중심의 식품군을 중요하게 다루었다. 상품 페이지에서 상품의 특징과 유래, 관리법, 추천 레시피 등을 상세히 제공한 것도 좋은 선택이었다. 이러한 상품전략은 마켓컬리에 대한 고객 신뢰를 높이면서 눈에 보이지 않는 신선식품 구매에 대한 위험을 낮추는 데 효과적이었다. 마켓컬리의 컬러마케팅도 이러한 프리미엄 이미지를 형성하는 데 좋은 선택이었다. 보라색은 지배한다는 의미가 있어서 프리미엄 전략에 적합한 컬러이기 때문이다. 2025년 현재 신선식품의 마켓컬리와 화장품의 뷰티컬리를 운영하고 있는 컬리(kurly)는 네이버와 손잡고 신선식품 배송을 강화하고 동시에 미국 진출을 모색하고 있다.

자료원: 샛별배송이 바꾼 기준, 큐레이션이 입증한 성장 공식(더 벨, 2025.5.16).
사진출처: 컬리 홈페이지(http://www.kurly.com).

(2) 생산과 소비의 비분리성

서비스는 생산과 소비가 동시에 이루어지므로 이 둘을 분리하기 힘들다. 가령 병원을 방문한 경우 의사는 환자의 이야기를 듣고 증상의 원인을 파악하여 처방을 내리는데(생산), 동시에 환자는 자신의 증상을 설명하고 의사의 진료를 받게 된다(소비). 공장에서 생산된 후 시간이 지나 구매(소비)되는 제품과는 다르게, 서비스는 소비가 발생될 때 제공자가 함께 하며 해당 서비스를 제공한다. 결국 서비스에서 중요한 것은 고객과의 대면 혹은 비대면 접점에서 서비스 제공자가 전달하는 서비스의 순간과 품질이며, 이는 고객의 태도나 구매에 큰 영향을 미친다.

따라서 서비스 기업이 이러한 문제에 현명하게 대처하기 위해서는 서비스 접점관리가 최우선임을 명심해야만 한다. 서비스 접점의 특성에 부합하는 우수한 종업원들을 선발하고 교육훈련을 강화하는 것이 무엇보다 중요하다. 세계적인 화물운송업체 페덱스는 종업원들의 만족에서 좋은 서비스와 기업의 수익이 창출된다는 P–S–P(People–Service–Profit) 철학을 강조하면서 종업원들의 교육훈련에 아낌없이 투자하고 있다. 또한 생산과 소비가 동시에 발생하는 과정에서 고객들의 참여나 다른 고객들과의 상호작용 역시 세심하게 살필 필요가 있다. 이를 통해 우수한 서비스 기업들은 고객화된 서비스 제공에 성공하고 있는 것이다.

한편 이러한 서비스의 비분리성은 서비스 유통과 관련된 시사점을 제공한다. 제품의 경우에는 미리 생산한 후 소비자가 원하는 시간과 장소에 제품을 공급하기 위한 수송이나 저장과 같은 유통의 역할이 중요하다. 그러나 서비스는 필요한 시점에 바로 서비스를 생산하고 전달해야 하기 때문에 서비스를 쉽게 이용할 수 있도록 하는 접근성이 중요해진다. 다양한 지역에 서비스 지점을 설치하거나 모바일을

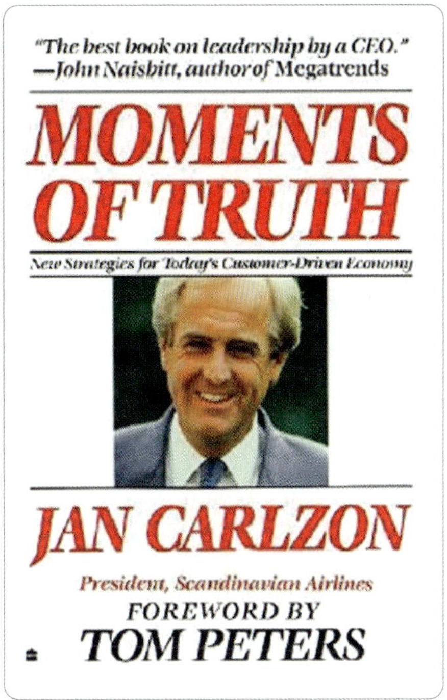

서비스 접점을 진실의 순간(MOT: Moment of Truth)으로 부른다. 진실의 순간이라는 용어는 접점관리의 성공을 통해 스칸디나비아 항공의 부활을 알린 얀 칼슨(Jan Carlzon) 사장이 쓴 책의 제목에서 유래했다.

고객과의 대면 접점에서 서비스 제공자가 전달하는 서비스의 순간과 품질은 고객의 태도와 구매에 큰 영향을 미친다. 호시노야 도쿄 호텔의 출입구에서 호텔직원이 손님을 맞이하는 모습이다. 오직 나만을 위한 극강의 접객 순간이며, 왼쪽 벽을 가득 채운 장식장은 손님의 신발을 보관하는 곳이다.

통한 접근성을 높이는 전략이 효과적인데, 스타벅스는 세계 여러 지역에서 다수의 매장으로 빠르게 진출하고 있을 뿐 아니라 모바일이나 드라이빙스루와 같은 다양한 방식으로 고객들의 접근성을 높이고 있다.

(3) 불균질성

치약과 같은 유형 제품을 구매하는 소비자는 매번 동일한 품질의 제품을 구매할 것으로 기대한다. 그러나 서비스의 전달과정은 주로 사람에 의존하므로, 일관되고 표준화된 서비스가 제공되기 어렵다. 같은 병원이라도 의사에 따라 전문성에 차이가 있을 수 있으며, 같은 미용사의 머리 손질이 방문 때마다 달라질 수 있다. 이용할 때마다 품질이 다른 서비스를 경험한 소비자라면 그 서비스를 반복구매하지 않을 것이며 주위 사람들에게도 부정적인 구전을 퍼뜨릴 것이다. 따라서 서비스 기업은 이러한 불균질성을 해소하고 표준화된 서비스를 제공하기 위해 노력해야만 한다.

서비스 기업은 우선 프로세스를 표준화하거나 자동화를 도입함으로써 신뢰성 있는 서비

서비스의 불균질성을 해결하기 위한 스타벅스 코리아의 마케팅 전략: 스타벅스 코리아는 최근 외국인과 유동인구가 많은 매장을 중심으로 키오스크 도입을 결정했다. 매장에 고객이 몰릴 경우 제때 주문을 하기 어렵다는 문제를 해결하기 위해 글로벌 본사의 정책과 다른 선택을 한 것이다.

스를 제공할 수 있다. 새벽배송이나 당일배송처럼 빠른 배송 서비스를 경쟁적으로 도입하고 있는 온라인 유통업체들은 고객주문부터 이어지는 일련의 과정들을 표준화하고 필요한 부분에 자동화된 물류 시스템들을 적극적으로 도입하면서 안정된 배송 서비스를 제공하고 있다.

서비스 제공자를 사람에서 기계로 대체함으로써 비일관적인 서비스가 제공될 가능성을 낮추는 것도 방법이다. 공항은 셀프체크인 시스템을 도입하여 직원의 비표준적인(비일관적인) 서비스를 개선하였으며, 최근 서비스 현장에서는 키오스크나 서비스 로봇까지 등장하면서 서비스 기업들이 직면한 불균질성의 문제 해결에 대처하고 있다. 그런데 이처럼 기계를 통한 비대면 서비스가 늘면서 오히려 사용법에 익숙하지 못한 소비자에게는 여전히 불균질한 서비스가 제공될 수 있다는 점도 유념할 필요가 있겠다.

(4) 재고불능성

서비스는 판매될 때까지 저장될 수 없다. 따라서 소비자가 서비스가 제공되는 시점에 이를 소비하지 않으면 그 서비스는 사라져버린다. 비행기 좌석은 재고로 저장될 수 없으며 출발 때까지 채워지지 않은 좌석은 그대로 사라져버리고 만다. 항공사들이 일찍 구매하는 고객들에게 할인혜택을 제공하는 이유도 남는 좌석을 내일의 초과수요를 채우기 위해 재고로 유지할 수 없기 때문이다. 식당들이 예약을 지키지 않은 고객들에게 비용을 부과하려고 하는 것도 바로 서비스의 이러한 소멸성 때문이다(서비스 제공시점에 예약한 손님이 오지 않는다면 식당은 준비한 서비스를 다른 고객에게 판매할 수 없기 때문이다).

이처럼 재고를 저장할 수 없는 서비스의 특성상 서비스 기업은 무엇보다 수요와 공급의 특성을 잘 분석하고 대처해야만 한다. 특히 계절이나 시기에 따라 수요의 변동 폭이 큰 서비스의 경우 서비스 제공자는 효율적인 자원 활용을 위한 의사결정(예를 들어, 비수기의 비행기 운항 횟수를 얼마로 할 것인가)을 내리기 어렵게 된다. 따라서 성수기나 비수기에 따라 수요를 조절하거나 또는 신규 수요를 개발하는 노력과 함께 수요에 따라 공급능력을 적절하게 조절할 수 있는 공급체계의 유연성을 확보하는 것은 서비스 기업들에 주어진 큰 과제가 아닐 수 없다.

예약하고 나타나지 않은 노쇼 고객들로 인한 피해가 늘면서 서비스 업체들이 노쇼 근절 캠페인을 펼치고 있다.

표 1-2 는 유형적 제품과 다른 서비스의 특성에 따라 서비스 기업들이 고려해야 할 관리적 시사점과 구체적인 마케팅 과업이 무엇인지를 정리한 것이다.

표 1-2 서비스 특성에 따른 시사점 및 마케팅 과업

서비스 특성	관리적 시사점	마케팅 과업
무형성	• 진열과 커뮤니케이션이 어렵다 • 구매 전 고객들이 평가하기 어렵다 • 구매에 따른 고객들의 위험 지각이 크다	• 실체적인 단서를 제공(유형화) • 브랜드이미지 구축과 명성관리 • 서비스 커뮤니케이션(구전 등)
비분리성	• 서비스 접점관리가 중요하다 • 서비스 성과에 직원의 영향이 크다 • 제공과정에서 고객의 역할이 중요하다 • 필요한 순간에 서비스를 이용해야 한다	• 직원 선발과 교육훈련(내부 마케팅) • 고객화한 접점관리 • 서비스 접근성 강화
불균질성	• 일관된 품질 통제가 어렵다 • 고객들의 서비스 경험이 일관되지 못하다	• 서비스 프로세스 표준화 • 자동화나 비대면 서비스 구축 • 비대면 셀프서비스에 따른 문제해결 (예: 키오스크에 대한 고객 어려움)
재고불능성	• 저장하거나 재판매하기 어렵다	• 수요 · 공급 파악 및 대응 • 수요 조절 전략 및 공급 유연화

1.4 서비스 마케팅 믹스

(1) 서비스 마케팅의 도입과 발전

그동안 마케팅은 주로 유형적인 제품에 초점을 맞추어 진행되어 왔다. 그러나 국내 및 글로벌 경제에서 서비스 시장이 급성장함에 따라 서비스 기업들은 경쟁우위를 획득하고 유지하는 데 있어 마케팅의 역할과 중요성을 인식하게 되었다. 이에 따라 서비스 부문의 기업들은 제품 분야에서 뛰어난 마케팅 역량을 가지고 있는 마케팅 전문가들을 스카우트했다. 그러나 서비스 기업들은 제품 마케팅의 전문지식과 체험을 금융, 통신, 항공 등 서비스 영역에 그대로 이전할 수 없음을 알게 되었다. 기본적인 마케팅의 원칙은 크게 다르지 않겠지만 서비스를 마케팅하고 경영하는 데 있어 유형적인 제품에 기반한 전통적 마케팅이나 경영방식과는 다른 새로운 접근방식이 필요함을 인식하게 된 것이다. 이러한 인식에 따라 학계와 실무계가 서로 협력하여 서비스 영역에 맞는 마케팅과 운영 실무를 개발하고 적용하기 위한 노력들을 활발하게 진행하고 있다. 특히 서비스 산업이 발전하면서 다음과 같은 이유로 서비스 마케팅이 더욱 중요해지고 있다.

① 서비스 시장의 세분화

서비스에서 소비자들의 이용과 경험이 쌓이면서 시장은 더욱 성숙해지고 세분화되어 간다. 그만큼 서비스 기업들의 경쟁이 치열해지고 있는데, 소매유통 시장만 보더라도 과거에는 주로 백화점과 대형할인점을 중심으로 업태경쟁과 기업들의 경쟁이 치열했다면 현재는 온라인과 오프라인을 넘나들며 백화점, 대형할인점, 편의점, 드럭스토어, 온라인쇼핑몰과 같이 더 세분화된 형태의 업태와 기업들의 경쟁이 전개되고 있다. 그 안에서 더욱 세분화된 서비스 시장 공략에 주력하는 기업들이 등장하고 있는데, 2015년 등장한 마켓컬리는 온라인에서 신선식품시장을 열며 급성장하고 있다. 더욱 정교화된 서비스 마케팅과 경영이 필요한 시대가 된 것이다.

② 서비스 규제 완화와 경쟁

서비스 산업에 대한 규제 완화도 서비스 기업들의 경쟁을 촉진하는 요인이 되었다. 지난 수십 년간 항공, 금융, 통신 등에 대한 정부규제가 점진적으로 완화됨에 따라 서비스 기업들은 그동안 정부에 의해 통제되었던 마케팅 의사결정을 스스로 내릴 수 있게 되었다. 예컨대, 정부에 의해 엄격하게 통제되어 왔던 요금, 항로, 여행사 수수료 등을 자율적으로 결정할 수 있게 된 것이다. 핀테크(fintech)로 알려진 금융과 기술의 조합에서도 보듯이 앞으로 정보통신기술의 발전은 서비스 산업의 경계를 허물고 규제 완화를 더욱 가속화시킬 것이다. 이에 따라 서비스 제공자들 간의 경쟁 역시 치열해지고, 서비스 마케터는 경쟁우위를 창출하고 차별화를 추구하기 위한 방안으로 서비스 마케팅과 경영을 더욱 필요로 하게 되었다. 한편 의사, 변호사, 회계사 등 전문 서비스 제공자들은 전문적 지식에 기반해 사업을 수행하면서, 상대적으로 고객 중심적 사고나 마케팅적 접근에 대해서는 부정적 반응을 보였다. 그러나 이제 이러한 전문 서비스 시장에서도 많은 수의 서비스 제공자들이 진입해 경쟁이 치열해짐에 따라 경쟁자와 차별하기 위한 방법으로 서비스 마케팅과 경영을 도입할 필요성을 갖게 되었다. 이에 따라 전문 서비스 제공자들은 고객욕구의 이해, 높은 품질의 서비스 개발과 제공, 차별적인 경쟁 포지션 구축 등과 같은 주요 서비스 마케팅 개념들을 적극적으로 도입하고 있다.

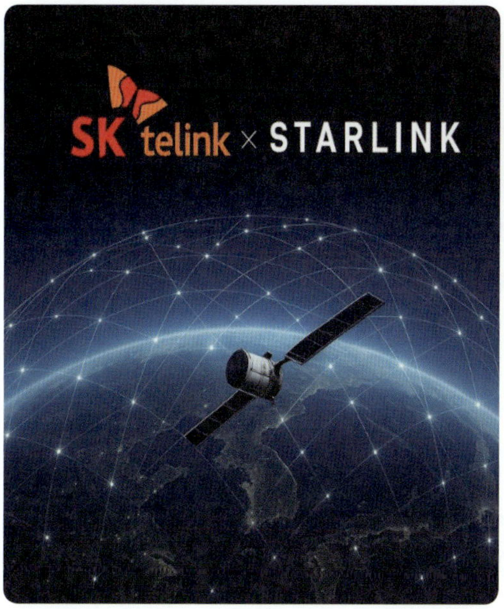

저궤도위성을 통한 통신 서비스에 대한 국내 허가가 이루어졌다. 스페이스X는 이를 위해 스타링크 코리아를 설립하였으며 SK텔링크와 공급 협정을 체결하여 사업 승인을 받았다.

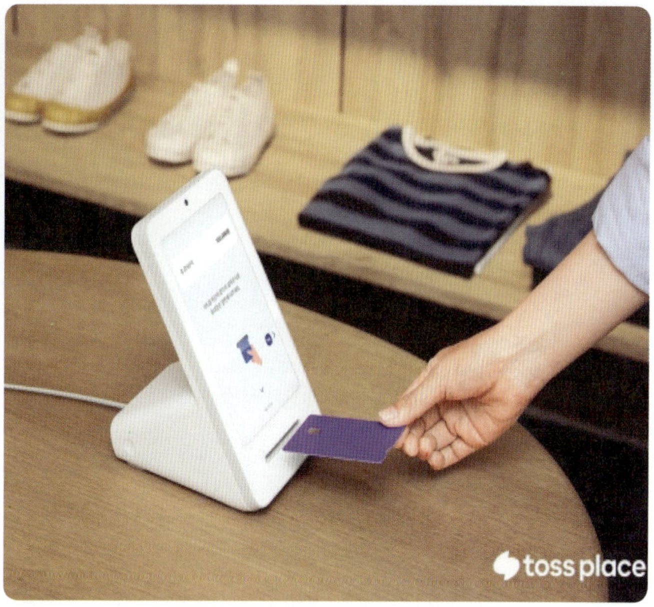

핀테크 기술의 대표 주자인 네이버페이, 카카오페이, 토스의 경쟁이 간편결제시장에 이어 오프라인 결제시장으로까지 치열해지고 있다.

(2) 서비스 마케팅 믹스

서비스 기업과 마케터는 고객들에게 서비스를 전달하는 과정에서 **마케팅 믹스**(marketing mix)를 개발하고 실행하게 된다. 마케팅 믹스는 표적시장을 대상으로 계획된 서비스 포지션을 실행에 옮기기 위해 혹은 고객가치를 창출하기 위해 마케터가 통제할 수 있는 마케팅 수단들의 집합을 말한다. 여기서 믹스가 의미하는 바는 '마케팅 수단들이 각각의 역할을 수행하면서도 상호 관련성을 갖는, 그래서 표적시장에 가장 적합한 마케팅 수단들의 조합방식이 존재한다'는 것이다.

① 전통적 마케팅 믹스

유형적인 제품에 대한 마케팅 프로그램을 개발하는 데 전통적으로 사용되어 온 **마케팅 믹스**는 상품(product), 유통(place), 촉진(promotion), 그리고 가격(price)의 4Ps로 구성된다. 상품, 유통, 촉진, 가격에 대한 올바른 의사결정은 서비스 기업과 마케팅의 성공에도 여전히 중요하다. 즉 서비스 마케터는 경쟁자보다 차별화된 가치를 제공하는 서비스 콘셉트를 개발하고 표적고객들의 욕구를 충족시키는 서비스 상품을 제공해야 한다. 또한 고객이 원하는 장소와 시간에서 편리하고 신속하게 서비스 상품을 제공하고(유통), 지각된 서비스 상품가치에 상응한 가격을 책정함으로써 서비스 기업과 고객들의 가치에 대한 교환이 원활하게 이루어지도록 해야 한다. 이 과정에서 서비스 마케터는 고객에게 필요한 정보를 제공하거나 표적고객들에게 서비스 브랜드의 장점을 전달하고 구매행동을 취하도록 촉진하는 등의 효과적인 촉진 활동을 수행해야만 한다.

② 확장된 마케팅 믹스

서비스 마케터는 유형 제품과 비교해 서비스가 가지고 있는 차별적 특성을 반영한 확장된 마케팅 믹스 프로그램을 설계해야 한다. 서비스에 적용되는 **확장된 마케팅 믹스**(expanded marketing mix for services)는 전통적인 4Ps에 프로세스(process), 물리적 증거(physical evidence), 사람(people)을 추가한 7Ps로 구성된다(그림 1-1 참고).

- **프로세스(process)**: 서비스 프로세스는 서비스를 전달/운영하는 시스템으로 고객들에게 서비스를 제공하는 데 필요한 실행절차와 활동의 흐름을 말한다. 고객이 체험하는 서비스 제공 절차 혹은 서비스 운영의 흐름은 서비스 성과를 판단하는 데 주요 기준이 된다. 따라서 현명한 서비스 마케터라면 어떤 서비스를 제공하는가에 못지않게 서비스를 어떻게 전달하는가가 서비스 품질 평가와 고객만족에 중요한 영향을 미친다는 것을 잘 알고 있다.

- **물리적 증거(physical evidence)**: 물리적 증거는 서비스 접점에서 서비스의 전달이나 커뮤니케이션을 촉진시키는(혹은 저해하는) 물리적 환경과 다른 유형적 요소들을 말하는데, 공간(건물), 설비, 실내장식, 차량, 직원 복장, 팸플릿, 명함, 간판, 그리고 다른 시각적 단서 등이 이에 해당된다. 서비스 기업들은 물리적 증거를 전략적으로 관리할 필요가 있는데, 이러한 물리적 증거는 무형적인 서비스 품질을 판단하는 데 있어 중요한 유형적 단서가 되기 때문이다.

- **사람(people)**: 이는 서비스 전달과정에 참여하여 서비스 이용자의 지각에 영향을 미치는 모든 행위자를 말하는데, 대표적으로 서비스(접점) 직원 외에도 고객과 서비스 환경

내의 다른 고객들을 모두 포함한다. 기술적인 혁신 덕분에 모바일이나 비대면 서비스들이 활성화되었음에도 불구하고 여전히 많은 서비스들이 서비스 전달과정에서 고객과 (접점) 직원 간의 직접적인 상호작용을 필요로 한다. 그리고 이러한 상호작용은 고객이 서비스 품질을 지각하는 데 강한 영향을 미친다. 또한 고객들은 서비스 생산과정에 직접 참여하면서 스스로 서비스 성과에 영향을 미칠 수도 있다. 가령, 환자들이 의사가 처방한 건강관리지침을 얼마나 잘 따르는가에 따라 서비스 성과가 달라질 수 있는 것이다. 최근에는 공동가치창출(co-creation value) 관점에서 고객참여가 중요하게 다루어지기도 한다. 이와 마찬가지로 다른 고객들 또한 서비스 현장에서 서비스 품질 및 고객들의 경험에 긍정 또는 부정적인 영향을 미칠 수 있다. 따라서 전략적인 서비스 마케터라면 이러한 행위자들의 역할과 중요성을 이해하고 관리할 필요가 있다.

그림 1-1 확장된 서비스 마케팅 믹스(7Ps)

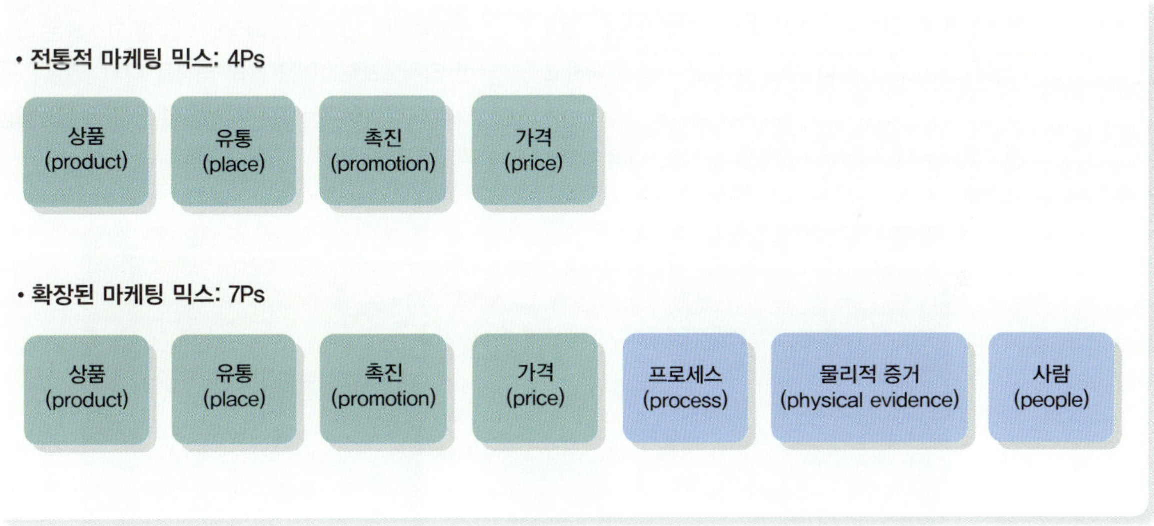

SERVICE MARKETING FOCUS

스타벅스 서비스 마케팅 믹스 들여다보기

1971년 시애틀에서 커피원두를 로스팅하여 판매하는 작은 상점으로 출발했던 스타벅스는 1987년 하워드 슐츠가 인수한 이후 전 세계 사람들의 사랑을 받는 커피 전문점으로 발전하였다. 1991년 신세계와 합작 방식으로 국내에 진출했던 스타벅스 코리아는 국내 커피 시장의 성장을 견인하며 매출액 3조 원을 넘어서는 규모로 성장하였다(2024년 매출액 3조 1,001억 원, 점포 수 2,009개). '인간의 정신에 영감을 불어넣고 더욱 풍요롭게 한다'는 스타벅스의 사명처럼 커피 문화를 창출하는 제3의 공간으로 사랑받고 있는 스타벅스의 성공비결을 서비스 마케팅 믹스 관점에서 따라가보자.

- **상품(product)**: 하워드 슐츠는 유럽에서의 경험을 바탕으로 커피와 휴식이라는 카페 문화를 그리며 스타벅스를 변화시켰다. 스타벅스는 에스프레소 외에 다양한 식음료와 커피 관련 상품(굿즈)을 판매하고 있다. 그러나 스타벅스 성공에서 상품의 핵심은 세계 어디에서나 일관되게 경험할 수 있는 스타벅스만의 체험공간이다.

- **유통(place)**: 세계 어느 지역을 가더라도 스타벅스 매장을 쉽게 찾아볼 수 있다. 국내에서도 1,800개 이상의 직영매장을 통해 접근성을 높인 스타벅스의 유통전략은 성장의 핵심비결이다. 사이렌오더와 같은 모바일 선주문 시스템과 드라이빙스루 매장을 도입하는 등 온라인과 오프라인을 연결하는 통합적인 유통채널 구축에도 성공적인 모습을 보여주었다.

- **촉진(promotion)**: 스타벅스는 차별화된 매장이 광고 역할을 해준다. 스타벅스 매장은 물론 길거리에서 많은 사람들이 들고 다니는 로고가 새겨진 커피 음료는 그 자체로 차별화된 이미지를 전달하는 데 효과적이다. 스타벅스 매장을 이용한 고객들은 다양한 리워드프로그램을 통해 매장을 다시 찾는다. 스타벅스 다이어리와 같은 화제성이 큰 판매촉진 활동 역시 고객 유입과 유지에 효과적이다.

• **가격(price)**: 마케팅 믹스 관점에서 스타벅스는 브랜드 이미지에 맞는 프리미엄 가격전략을 추구해 왔다. 최근에는 스페셜티 커피 시장에 대응하기 위해 리저브 매장을 선보이기도 했다. 세부적으로는 숏, 톨, 그랑데로 대표되는 에스프레소 음료의 사이즈에 따라 차별적인 가격을 책정하고 있다.

• **프로세스(process)**: 스타벅스 이용과정은 커피를 주문하고 빠르게 받는 편의성보다는 매장에서 고객들이 커피와 함께 음악을 듣거나 작업을 하는 공간을 체험하게 하는 관점에서 설계되었다. 주문 후 대기시간 등의 불편함을 해소하기 위해 유통에서 설명한 바와 같이 모바일 선주문 시스템인 사이렌오더를 도입하였으며, 최근에는 차량을 이용하면서 바로 결제가 가능한 스타벅스DT(드라이빙스루)를 도입하면서 기술을 활용한 고객관점 프로세스 설계에 적극적으로 대응하고 있다.

• **물리적 증거(physical evidence)**: 차별적인 매장 디자인, 초록색의 상징성이 강한 여신(세이렌) 로고는 스타벅스를 차별화시키는 대표적인 물리적 증거이다. 최근 스타벅스는 로고에서 글자를 제외하는 변화를 시도하기도 했다.

• **사람(people)**: 스타벅스 코리아는 모든 직원들을 정규직으로 채용하면서 직업의 안정성을 높였다. 자체 교육과정을 통해 숙련된 바리스타들을 길러내는 데 주력하고 있으며, 열린채용, 유아와 근무병행제도(리턴맘 바리스타), 다양한 복지제도 등을 도입하면서 파트너라고 부르는 직원들을 스타벅스 경험의 핵심요인으로 강조하고 있다.

자료원: 스타벅스 홈페이지, 뉴스기사 종합.
사진출처: 스타벅스(https://www.starbucks.co.kr).

CHAPTER

2

디지털 시대 기술과 서비스 소비자

2.1 기술과 서비스 마케팅

2.2 서비스 상품과 소비자

2.3 소비자의 서비스 선택과정

2.4 소비자와 서비스 만남

2.5 소비자 인게이지먼트

서비스 플립러닝

기술과 서비스의 만남

서비스 산업과 기업을 둘러싼 환경 변화가 어느 때보다 두드러진 가운데 기술의 발전이 서비스에 미치는 영향력이 대단히 흥미롭게 다가옵니다. 사람을 대신한 기계와 로봇이 서비스를 제공하는 모습이 낯설지 않은 지금, 우리는 핀테크(fintech), 리테일테크(retailtech), 헬스테크(healthtech)와 같은 용어들을 통해 서비스 산업과 기술의 만남을 이해하게 됩니다. 이제 이러한 〈기술과 서비스의 만남〉 속으로 들어가 봅시다.

핀테크: 핀테크는 금융(finance)과 기술(technology)이 합쳐진 용어로 정보통신기술(ICT)이 금융 서비스의 근간을 뒤흔든다는 개념입니다. 생각해 보면 스마트폰 하나로 모바일뱅킹, 간편결제, 가상자산 거래가 손쉽게 진행되면서 전에 없던 금융 서비스의 편리함이 생겨났습니다. 그 결과 토스, 네이버페이, 카카오페이와 같은 신생 기업들이 은행과 카드 회사와 같은 전통적인 금융 서비스 기업을 단숨에 뛰어넘고 있습니다. 최근에는 스테이블 코인과 관련한 새로운 서비스까지 등장하면서 핀테크가 가져올 금융 서비스의 변화와 혁신이 어디까지일지 궁금증을 더하고 있습니다.

리테일테크: 리테일테크는 소매유통(retail)과 기술이 합쳐진 용어로 키오스크, AI와 로봇 등 관련 기술의 발전이 편의점, 대형마트, 극장, 호텔, 식음료 등 소매유통 서비스 현장의 급격한 변화를 가져오고 있습니다. 아마존고(Amazon Go)와 같이 완전한 무인매장이 가능해지고, AI와 로봇기술이 가져온 물류혁신은 소매업체들의 배송혁신으로 이어지고 있습니다. 가상현실(VR) 기술은 패션, 뷰티 소매현장의 고객경험을 강화하고 있고, 온라인쇼핑몰은 AI 덕분에 초개인화를 통한 맞춤 서비스를 제공합니다. 매장 내 디지털 기능이 강화되면서 고객들의 제품 탐색, 추천, 가격비교 등이 편리해집니다. 최근

일본 편의점 로손은 디지털 기능이 강화된 매장인 리얼x테크 로손을 오픈했다.

일본 편의점 로손은 디지털 기능이 강화된 매장인 리얼X테크 로손(RealxTech LAWSON) 1호점을 오픈하였습니다. 매장에서 고객들은 맞춤형 제품을 추천하는 AI 기반 사이니지와 조리 로봇, 3D 아바타를 만날 수 있습니다. 10년 후 여러분은 어떤 소매환경에서 쇼핑을 즐기고 있을까요? 로봇, 메타버스, 관련된 기술과 함께 상상해 보기 바랍니다.

헬스테크: 헬스테크는 헬스와 기술이 합쳐진 말로, 디지털헬스케어(Digital Healthcare)라는 표현이 더 많이 사용되고 있습니다. AI와 관련된 디지털 기술의 발전은 무엇보다 의료 패러다임을 예방(prevention)과 예측(prediction) 중심으로 바꾸고 있습니다. 루닛과 같은 AI 영상진단 서비스는 질병 판독과 진단의 정확성을 높이면서 개인별 맞춤치료에 도움을 주며, 의료현장에서 로봇은 의사를 도와 수술의 정확성을 높이고 있습니다. 스마트워치로 질병관리가 가능해지면서 일상의 건강관리 기능이 강화됩니다. 덕분에 의료산업은 치료 중심의 의료서비스(병원)를 넘어 질병의 예방과 관리까지 포함하는 비의료 영역과 일상의 웰니스를 포괄하는 헬스케어서비스로 발전하고 있습니다.

자료원: 日미래형 편의점 중심에 K리테일테크…솔루엠, 로손 뚫었다(서울경제, 2025.6.26).
김해룡 외(2024), AI헬스케어서비스와 시장전략, 고객만족경영연구, 26(2).

사진출처: KDDI(이로운넷 재인용, 2025.7.10).

- 서비스 플립러닝 내용은 하단에 있는 QR코드에서 동영상으로 확인할 수 있습니다.

플립러닝 동영상 강의 QR코드입니다.

2.1 기술과 서비스 마케팅

(1) 기술발전과 서비스 혁신

최근 들어 서비스 산업에서 혁신(innovation)이라는 말이 유독 많이 등장한다. 낡은 가죽을 벗고 새로워진다는 혁신(革新)의 의미를 생각한다면, 서비스 산업발전을 저해하는 각종 규제들을 타파하고 새로운 서비스 산업의 토대를 마련하는 것이 중요할 수 있겠다. 그러나 서비스 산업에서 혁신이 강조되고 있는 본질적인 이유는 아마도 요즘 등장하는 각종 기술들이 혁신적인 신규 서비스들을 선보이면서 사람들의 생활과 경험을 이전과는 다르게 빠른 속도로 변화시키고 있기 때문이다. 공유경제를 대표하는 우버의 사례를 생각해 보자. 택시를 쉽게 이용하고 싶은 시장(소비자)의 욕구는 언제나 있어왔고 기존에도 전화를 이용한 콜택시 서비스가 그러한 시장의 바람을 조금은 채워주었다. 그러나 모바일 기술이 확대되어 카카오톡으로 택시를 부르거나 우버와 같은 승차 공유 서비스를 이용하게 되면서, 이전과는 차원이 다른 서비스를 경험할 수 있게 된 것이다.

혁신 연구가인 존 데벤함(John Debenham) 교수는 혁신을 시장에 맞는 새로운 제품과 서비스를 선도적으로 개발하는 과정으로 정의하고 있다. 많은 서비스 기업들이 새로운 기술을 무기로 시장에 맞는 새로운 서비스를 선도적으로 내어놓는 경쟁을 벌이고 있다. 덕분에 우리들의 생활도 혁신적으로 바뀌고 있는 점이 바로 서비스 혁신이 진짜 중요한 이유이다. 기술이 발전하면서 승차 서비스 시장의 혁신은 자율주행 택시로까지 이어지고 있다.

그림 2-1 기술발전이 가져온 승차 서비스 혁신의 변화과정

SERVICE MARKETING FOCUS

로보택시: 자율주행 서비스 시장 성장

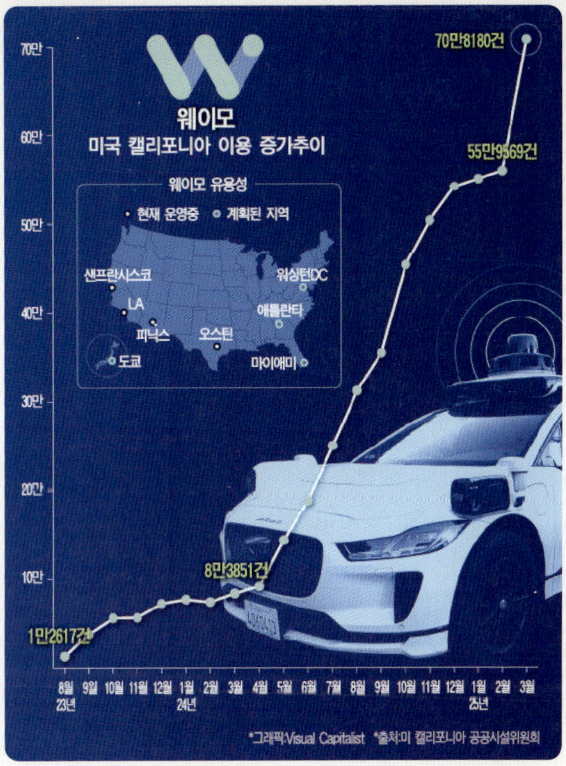

자율주행기술의 발전과 함께 자율주행택시(로보택시) 이용자가 미국과 중국을 중심으로 빠르게 늘고 있다. 알파벳(구글)의 자회사인 웨이모의 이용 건수는 미국 캘리포니아를 중심으로 2025년 3월 70만 건을 넘어섰다. 2023년 8월(1만 2천여 건)과 비교하면 80배 증가한 셈이다. 웨이모는 현재 샌프란시스코, 로스앤젤레스, 피닉스, 오스틴과 같은 4개 시장을 중심으로 1,500대의 로보택시를 운행하고 있다. 2026년까지 2,000대를 추가해 총 3,500대를 운영할 계획이다. 미국뿐 아니라 일본 도쿄로 서비스 지역을 확장할 계획이다. 미국 시장에서는 테슬라가 웨이모에 맞서 로보택시 진출을 진행 중에 있다. 세계 최대 로보택시 시장인 중국의 서비스도 빠르게 확산되고 있다. 중국은 베이징, 상하이, 선전, 충칭, 우한 등지에서 대규모 로보택시 테스트를 실시하는 등 20여 개 도시에서 자율주행 시범 구역을 승인했다. 현재 바이두, 포니닷에이아이, 위라이드와 같은 기업들이 약 2,000여 대의 로보택시를 운영하며 자율주행차 서비스를 선도하고 있다.

자율주행택시(로보택시)는 이용 편의성, 에너지 효율 등 장점이 있지만 아직까지 기술의 불안전성으로 인한 위험, 해킹과 보안 위험, 사고와 관련된 윤리적 문제들이 해결과제로 남아 있다. 로보택시 운행이 관련된 일자리를 뺏는다는 의견에서도 자유롭지 못하다. 향후 자율주행기술과 서비스의 문제점을 해결해 가는 과정에서 서비스의 전략적 활용이 중요한 과제로 남는다. 자율주행 서비스는 택시뿐 아니라 화물운송, 대중교통 보완(심야운행), 교통약자 이용(노약자 편의성) 등 다양한 세분시장의 공략이 가능하다. 또한 관련된 법규제 완화(또는 강화)와 같은 사회 · 제도적 보완도 중요한 과제이다.

자율주행기술은 0~5단계까지 총 6단계로 구분되는데(미국도로교통안전국), 일반적으로 레벨 3(조건부), 4(고도), 5(완전)를 자율주행 서비스로 부른다. 국내의 경우 조건부(레벨 3) 자율주행 수준에서 서울시가 자율주행 심야택시와 버스 운행을 시범적으로 제공하고 있다. 언제쯤 서울에서 로보택시를 이용할 수 있을까? 상상해 보면서 기술이 바꾸고 있는 교통 서비스 시장의 미래를 그려가보자.

자료원: 웨이모 로보택시 이용자 2년만에 56배 증가(내일신문, 2025. 7.10).

사진출처: 내일신문(https://www.naeil.com/news/read/554267?ref=naver).

(2) 서비스 혁신기술

서비스 혁신에서 정보통신기술(ICT: information & communication technology)의 역할이 중요해지고 있다. 이와 관련해서 사물인터넷, 인공지능, 빅데이터와 같은 신기술들이 4차 산업혁명을 이끌어갈 주역들로 각광받고 있다. 서비스 혁신을 뒷받침하는 주요 기술들에 대해서 간략히 살펴보도록 하자.

① 사물인터넷

사물인터넷(IoT: Internet of Things)은 말 그대로 일상의 모든 사물들이 인터넷과 연결되는 기술로 사물에 새로운 감각능력을 부여한다는 점에서 서비스 혁신에서 빼놓을 수 없다. 유통업체들의 라스트마일 서비스의 주역으로 등장하는 택배로봇들은 사물인터넷 덕분에 방향을 감지한다. 인공지능 스피커로 유명한 아마존 알렉사 역시 사물인터넷 기술로 사람들의 목소리를 감지하고 반응한다. 덕분에 모바일 쇼핑에 이어 보이스쇼핑이라는 새로운 시장이 열리기도 하였다. 삼성전자, LG전자가 선보인 AI 가전, 집사 로봇은 사물인터넷 기능을 기반으로 스마트 홈 시대를 열어가고 있다. 물론 개인의 사생활 노출과 개인정보 보안의 위험이 커진다는 부작용이 있지만 사물인터넷 기술을 활용한 다양한 서비스들이 우리의 생활을 바꾸고 있는 것은 분명하다.

자율주행으로 이동하며 음성으로 명령을 수행하는 삼성전자 로봇 볼리. 카메라가 탑재돼 있어 스마트싱스와 연동된 가전기기를 자동으로 인식하고 연결하는 사물인터넷(IoT) 환경을 설정하면서 집안일을 도와준다.

② 인공지능

챗GPT의 등장과 함께 **인공지능**(AI)이 서비스 혁신의 중심에 우뚝 서며 기업과 소비자들의 관심을 한몸에 받고 있다. 황과 러스트(Huang & Rust)는 AI를 기계형(mechnical AI), 사고형(thinking AI), 감정형(feeling AI)으로 구분하고 있는데, 이러한 AI의 유형에 따라 역할과 서비스에 미치는 영향이 달라진다. 기계형 AI는 반복적인 업무를 학습하고 수행하면서 서비스 표준화에 기여하는데, 식당에서 종업원을 도와 음식을 나르는 서비스 로봇에 적용된다. 사고형 AI는 데이터를 분석하고 추론하면서 개인화된 서비스 창출에 도움을 준다. 이러한 과정을 간단히 요약하면 '빅데이터-딥러닝-맥락-맞춤'으로 설명할 수 있다. 실시간으로 얻은 정보(빅데이터)들을 분석하고 학습해서(딥러닝), 고객들의 상황이나 시간에 맞게(맥락) 추천(맞춤)을 제공한다는 의미이다. 넷플릭스의 추천 시스템이나 의료 서비스에서 활용되는 영상진단 AI 등이 사고형 AI의 예로 볼 수 있다. 감정형 AI는 음성이나 안면(표정) 인식을 통해 상대방의 감정을 인식하고 대응하는 수준으로 고객 간의 상호작용과 관계형성에 도움을 준다. 일본의 페퍼와 같은 돌봄 로봇이나 상담에 활용되는 AI에 적용 가능하다.

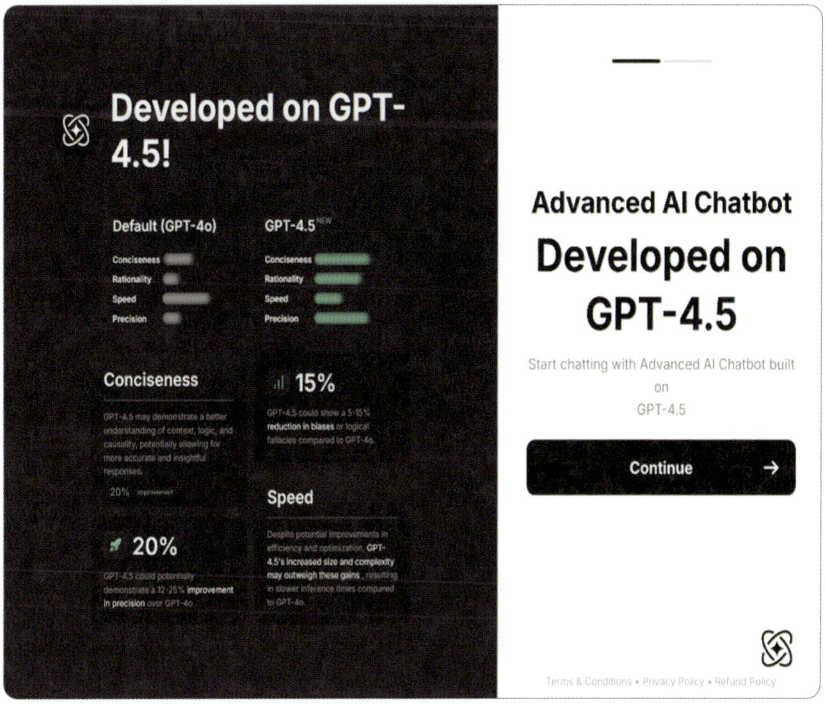

2025년 오픈 AI는 챗GPT 4.5 버전을 소개하였다.

표 2-1 인공지능(AI) 유형 및 서비스 효과

AI 유형	정의	효과	사례
기계형	정형화된 반복업무 수행 AI	표준화	식당 로봇
사고형	데이터 학습과 분석 및 추론 AI	개인화	추천 AI
감정형	음성, 표정 인식 및 공감반응 AI	고객 경험 및 관계 형성	돌봄 로봇

자료원: Huang, M. H., & Rust, R. T. (2018). Artificial intelligence in service. *Journal of service research*, 21(2), 155–172.

③ 몰입형 기술

가상현실(VR: virtual relaity)과 증강현실(AR: augmented reality) 같은 **몰입형 기술**이 게임, 영화, 의료, 쇼핑과 같은 다양한 서비스 산업에 활용되면서 기존 서비스 산업을 변화시키고 있다. **가상현실**은 현실과 분리된 가상의 세계를 경험하는 것으로 VR기기를 통해 영화나 게임을 즐기는 모습에 해당된다. 의료 서비스 현장에서는 가상에서 재현된 공간에서 실제와 같은 경험을 제공하는 가상현실 기술이 환자들의 재활치료에 효과적으로 활용되고 있다. 반면 **증강현실**은 현실 세계와 가상의 세계가 상호작용하는 환경으로, 디지털 변화에 성공 사례로 손꼽히는 이케아는 증강현실 기술을 활용하여 매장을 방문하지 않고도 고객들이 집을 가구로 꾸며볼 수 있는 최상의 경험을 제공해 준다. 최근 이러한 가상현실과

구글은 삼성전자, 젠틀몬스터, 워비 파커가 참여한 안드로이드 XR 기반 스마트 글래스 출시를 예고하고 있다.

증강현실 등을 포괄하는 개념으로 **확장현실**(XR: extended reality)이 주목받고 있는데, 현실과 가상의 세계를 넘나들며 이용자들의 몰입감을 더욱 높이는 기술 정도로 이해할 수 있다. 현실과 가상이 융합된 세상인 메타버스(metaverse)도 유사한 개념이다. 이와 함께 구글, 메타, 삼성, 애플 등 글로벌 테크 기업들 간에 XR헤드셋과 스마트 글래스와 같은 스마트 기기 경쟁이 더욱 치열해지고 있다.

④ 서비스 로봇

로보타(robota)라는 말(노동을 뜻하는 체코어)에서 유래한 로봇은 '인간을 도와(대신해) 육체적인 업무를 수행하는 프로그램화된 장치'이다. 따라서 서비스 현장에서 종업원을 돕거나 대신해서 고객을 상대하고 필요한 업무를 수행하는 기계장치를 **서비스 로봇**으로 이해할 수 있다. 서비스 로봇은 아마존 물류창고 등에서도 활용되고 있는데 연구자들에 따라서는 후방이 아닌 서비스 접점(frontline)에서 고객들을 직접 상대하는 경우에 한정하기도 한다. 이러한 서비스 로봇은 사람을 닮은 정도(의인화)에 따라 휴머노이드 로봇인가로 구별된다. **불쾌한 골짜기**(uncanny valley) **이론**에 의하면, 지나친 로봇의 인간화는 오히려 이용자들의 심리적 저항을 가져올 수 있다고 한다. 서비스 유형이나 이용 상황에 맞는 적합한 서비스 로봇의 개발이 필요한 이유이다. 서비스 로봇에 대해서는 10장 서비스 직원관리에서 자세히 다루고 있다.

KT가 운영 중인 순찰로봇과 청소로봇의 모습. 청소로봇에 비해 순찰로봇이 조금 더 사람을 닮은 것 같다.

(3) 스마트 MOT

서비스에서는 고객과 기업이 서로 만나는 접점을 **진실의 순간**(MOT: moment of truth)이라고 부르고 있다. 그만큼 서비스 기업의 성과를 좌우하는 짧지만 중요한 순간이 바로 고객과 기업(직원이나 비대면 포함)이 상호작용하는 순간이라는 의미를 담은 표현이다. 이 책에서는 '기술이 서비스를 어떻게 혁신하는가'라는 질문에 대한 답을 〈스마트 MOT 효과〉라고 표현하고자 한다. 이 진실의 순간들이 기술이라는 새로운 옷을 입고 똑똑하게 변화하고 있다는 의미이다. 고객이 모바일 배달 앱을 통해 언제 어디서나 바로 서비스를 제공받는 **온디맨드**(on demand) 서비스가 증가하고 있는 것이 고객과의 접점이 스마트해지고 있는, 즉 **스마트 MOT** 효과의 대표적인 모습이다. 결국 기술이 서비스를 바꾸고 있다는 서비스 혁신의 본질은 기술 덕분에 고객과의 접점이 스마트하게 변화하고 있으며, 이러한 접점의 변화가 결과적으로 고객들의 경험을 변화시킬 뿐 아니라 그와 관련된 새로운 서비스 신사업의 기회를 제공해 준다는 말로 요약할 수 있겠다.

그림 2-2 기술과 서비스 혁신의 본질: 스마트 MOT

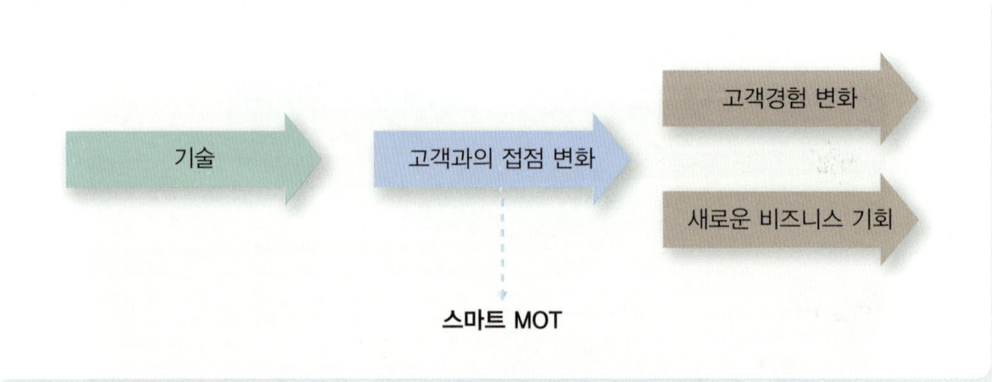

① 서비스 접점 변화

기술이 개입한 서비스 접점의 상호작용은 기존 종업원과 고객의 상호작용에 기술의 역할이 더해지게 된다. 오스트롬과 동료들(Ostrom, Fotheringham, & Bitner)은 AI가 개입한 서비스 접점의 유형을 **그림 2-3** 과 같이 세 유형으로 제시하였다. 먼저 **AI 지원**(AI supported)은 AI가 후방에서 고객과 상호작용하는 서비스 종업원을 지원하는 형태로 기술과 고객의 직접적인 만남은 없지만 그만큼 서비스 종업원의 기능이나 역할에 기술이 도움을 줄 수 있다. 두 번째는 **AI 증강**(AI augmented) 유형으로 이 경우 고객은 기존의 서비스 종업원 외에 기술과도 직접 상호작용이 가능해진다. 또한 이 과정에서 서비스 종업원과 기술의 상호작용 또한 중요해진다. 만약 맥도날드에서 키오스크를 이용하는 고객에게 문제가 발생한다면 종업원이 키오스크 사용법을 안내할 수 있고, 때로는 기술의 문제로 인한 화가 종업원에게 미칠 수도 있다. 마지막은 기존 서비스 종업원의 개입 없이 AI가 직접 고객과 상호작용하는 유형으로 **AI 수행**(AI performed)이라고 부른다. 서비스 로봇이 운영하는 무인 카페에서 고객들은 로봇과의 상호작용을 통해 주문한 커피를 받게 된다. 이 경우 기술이 고객을 완벽하게 상대하지 못한다면 서비스 점점에서의 고객경험은 그만큼 부정적이 될 우려가 있다. 결국 잘 사용한 기술은 직접 또는 간접적으로 기존의 상호작용을 더욱 스마트하게 만들어준다는 점에서 스마트 MOT를 강조한 것이다.

그림 2-3 AI 기술과 스마트 MOT의 유형

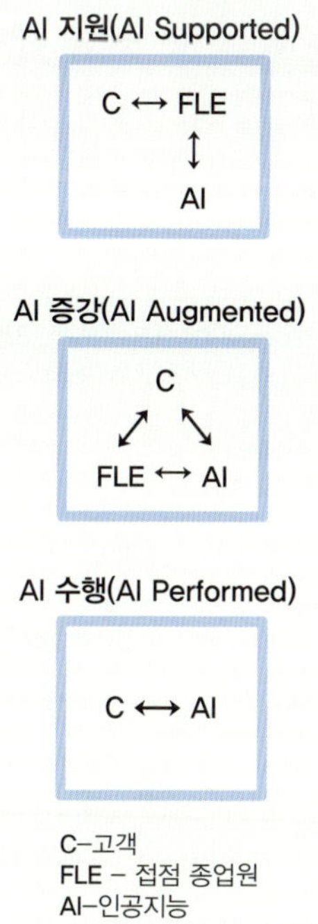

자료원: Ostrom, A. L., Fotheringham, D., & Bitner, M. J. (2019). Customer acceptance of AI in service encounters: understanding antecedents and consequences. In *Handbook of service science*, volume II, 77–103.

② 고객경험 변화

어느 순간 키오스크 주문이 일상이 된 것처럼 기술의 발전이 서비스 고객경험을 크게 바꾸고 있다. 비대면 서비스 경험이 확대되었고 맞춤(개인화) 서비스의 수준은 높아졌다. 비대면의 편리성뿐 아니라 온라인과 오프라인의 연결된 경험도 강화되었다. 서비스에서 고객경험은 흔히 **고객여정**(customer journey)으로 비유되는데, 이러한 고객여정에도 기술은 영향을 미치게 된다. 한 예로 휴가여행을 계획하는 고객여정을 따라가 본다면 AI 검색과 XR 기술은 세심한 일정 수립과 함께 여행지와 호텔을 한눈에 살펴볼 수 있게 도와준다. 핀테크 기술의 발전으로 해외에서 환전 없이 편리한 쇼핑이 가능해진다. 여행지에서의 경험은 클라우드 서비스라는 추억장치에 안전하게 보관된다. 호이어와 동료(Hoyer, Kroschke, Schmitt, Kraume & Shankar)들은 기술발전의 영향력을 고객여정 단계별로 차별적으로 제시하고 있다(**표 2-2** 참고). 기술유형마다 고객경험에 미치는 영향력이 다를 수 있고, 무엇보다 고객여정 단계별로 기술의 영향력이 다르다는 점을 이해할 수 있다.

표 2-2 고객여정 단계별 기술의 영향력

기술유형	서비스 이용 전	서비스 이용	서비스 이용 후
IoT	높음	보통	낮음
AR/VR/MR	보통	낮음	낮음
Chatbot/Robot	높음	높음	보통

자료원: Hoyer, W. D., Kroschke, M., Schmitt, B., Kraume, K., & Shankar, V. (2020). Transforming the customer experience through new technologies. *Journal of interactive marketing*, 51(1), 57–71.

③ 새로운 사업기회

기술발전은 새로운 서비스를 확대한다는 점에서 사업기회 창출의 중요한 동력이 된다. 1장의 플립러닝에서도 학습했듯이 기술은 〈**As a Service**〉 전략을 통해 다양한 산업에서 서비스 기반의 수익창출기회를 제공한다. 또한 기술발전은 업종 간 경계를 허물면서 새로운 융합 서비스를 탄생시킨다. 소셜네트워크 기업인 카카오가 금융 서비스인 카카오페이를 선보였고 애플이 헬스케어서비스 시장에 뛰어든다. 기술발전은 특정 영역의 서비스 능력을 비약적으로 향상시키면서 시장을 전문화하고 세분화한다. 예를 들어 검색시장은 AI 기술을 중심으로 더욱 특화되면서 새로운 경쟁자들이 진입하고 있다.

기술발전은 새로운 사업기회를 창출한다. 국내 정보통신기업들이 AI 검색 서비스 시장에 진출하면서 경쟁이 치열해지고 있다.

2.2 서비스 상품과 소비자

소비자에 대한 이해는 서비스 마케팅의 경우에도 매우 중요하다. 서비스 제공자의 궁극적인 목표는 소비자의 욕구나 기대를 만족시킬 수 있는 서비스를 제공함으로써 고객가치를 창출할 수 있고 이를 통해 서비스 기업은 수익을 올리는 것이기 때문이다. 이 목표를 달성하기 위해 서비스 마케터는 소비자가 그들의 서비스를 어떻게 선택하고, 소비하며, 또한 평가하는가에 대해 잘 이해해야 한다. 이러한 소비자의 서비스 구매행동에 대한 이해가 서비스 마케팅의 기초가 되기 때문이다. 이를 위해 먼저 서비스 상품에 대한 기본적인 이해가 필요한데, 이를 위해 경제학자들이 분류한 상품의 유형을 살펴보자. 이들은 기업이 시장에 제공하는 상품을 소비자들의 품질평가 용이성에 따라 **탐색재**(search product), **경험재**(experience product), **신뢰재**(credence product)로 구분하고 있는데, 이러한 분류는 서비스 구매행동을 이해하는 데 중요한 단서를 제공해 준다.

(1) 서비스 상품속성 이해

그림 2-4 에서 소비자가 구매 전에 품질을 평가하기 용이한 상품을 탐색재라고 한다. 의류, 가구, 자동차 등 유형재는 소비자가 구매 전에 눈으로 보고, 테스트 해봄으로써 그 품질을 어느 정도 가늠할 수 있는데, 이러한 탐색재의 성격을 **탐색속성**(search quality)이라고 한다.

한편 음식점이나 미용실과 같은 경우, 우리는 직접 경험해 보기 전에는 어디가 잘 하는지 알기 힘들다. 이와 같이 소비자가 품질을 구매 후 혹은 소비과정 중에 평가할 수 있는 상품을 경험재라고 하며, 이러한 경험재의 성격을 **경험속성**(experience quality)이라고 한다. 마지막으로 소비자가 구매 후에도 그 품질을 평가하기 어려운 상품을 신뢰재라고 한다. 병원이나 카센터 등과 같이 전문적인 지식을 필요로 하는 서비스의 경우, 서비스를 제공 받은 후에도 소비자들은 그것이 잘 되었는지 잘못되었는지 판단이 힘들다. 따라서 그저 전문가를 믿을 수밖에 없다는 의미에서 신뢰재의 성격을 **신뢰속성**(credence quality)이라고 한다. **그림 2-4** 의 예시에서 보듯이 탐색속성을 많이 가진 상품(탐색재)들은 대부분 유형적인 제품에 해당하며, 경험속성과 신뢰속성을 많이 가진 상품(경험재와 신뢰재)들을 우리는 서비스라고 부를 수 있다.

그림 2-4 품질평가 용이성에 기반한 상품유형 분류

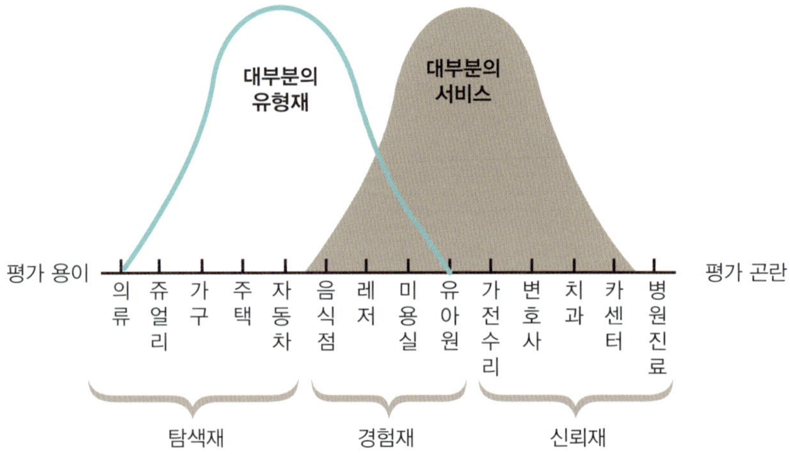

자료원: Zeithaml, V. A. (1981). How Consumer Evaluation Processes Differ Between Goods and Services. in *Marketing of Services*, James H. Donnelly and William R. George, eds. Chicago: American Marketing Association.

우리는 흔히 상품을 유형적인 제품과 무형적인 서비스로 구분하고 있지만 **그림 2-4** 에서 볼 수 있듯이 상품을 한 연속선상에서 품질평가의 용이성에 따라 탐색재와 경험재, 그리고 신뢰재 등으로 파악할 수도 있는 것이다. 다시 말해서 유형재-무형재, 제품-서비스의 구분은 종류의 문제가 아니라 정도의 문제(matter of degree)로 생각할 수 있다. 따라서 어떠한 유형적인 제품도 무형의 서비스적인 요소를 내포할 수 있고(예: 자동차나 가전제품의 A/S), 반대로 서비스 역시 유형의 요소를 활용할 수 있다(예: 병원 서비스와 의료기기). 이렇게 보면 모든 상품

은 탐색속성과 경험속성, 그리고 신뢰속성을 동시에 가지고 있다고 할 수 있다. 예를 들어 레스토랑의 경우, 우리가 눈으로 보고 판단할 수 있는 속성(예: 주차장의 차나 레스토랑 안의 손님의 수, 내외부 시설과 디자인)도 있고, 경험을 해보아야 알 수 있는 속성(예: 음식의 맛, 종업원들의 서비스)도 있으며, 경험해 보아도 잘 알지 못해서 그저 믿을 수밖에는 없는 속성(예: 위생상태)도 있는 것이다. 따라서 우리는 이러한 구분을 정도의 문제로 이해해야 한다. 한 상품이 어떠한 속성을 많이 가지고 있는가에 따라 소비자들의 행동이 달라진다.

코로나 시대를 거치면서 고객들에게 식당의 시설이나 맛과 같은 탐색, 경험속성뿐 아니라 위생과 관련된 신뢰속성을 전달하는 일이 중요해졌다.

(2) 서비스 상품속성과 마케팅 기본법칙

한편 앞서 제시된 서비스 상품속성에는 서비스 마케팅의 중요한 법칙이 숨어 있다. 우선 우리가 다루고 있는 서비스는 대개 경험재와 신뢰재의 영역에 속해 있는 것을 알 수 있다. 다시 말하면, 서비스의 경우 소비자 입장에서 그 품질에 대한 평가가 결코 용이하지 않다는 것이다. 어떤 서비스는 경험을 해보아야 알 수 있고, 또 어떤 서비스는 경험을 해보아도 알 수 없는 것도 있다. 따라서 서비스의 구매에서 소비자들이 느끼는 위험부담(perceived risk)은 탐색재와 같은 유형의 상품을 선택할 때에 비해 훨씬 크다. 따라서 서비스 마케터의 입장에서 소비자들의 선택과정을 잘 이해하고 이 과정에서 이러한 위험부담을 불식시켜주지 않는다면 구매 선택이 이루어질 수 없다.

다음으로 경험재 또는 신뢰재라는 명칭에서도 중요한 의미를 찾을 수 있는데, 우선 경험재에 대해 살펴보자. 경험재 서비스를 마케팅함에 있어서 가장 중요한 법칙은 소비자들에게 즐거운 경험과 체험을 제공해야 한다는 것이다. 고급 레스토랑에서 우리가 기대하는 것은 허기를 채워줄 수 있는 한 끼 식사 이상의 것이다. 좋은 분위기와 즐거운 시간, 그리고 고급스러운 서비스를 원하는 것이다. 소비자 체험이야말로 서비스를 선택한 고객들에게 줄 수 있는 최고의 가치인 셈이다.

신뢰재 서비스를 마케팅함에 있어서 가장 중요한 법칙은 말 그대로 고객과의 신뢰관계의 형성이다. 신뢰관계가 형성되지 않고는 소비자들이 서비스 선택에 따르는 위험부담을 줄일 수 없고, 한 번 이용을 해본 서비스라 할지라도 다시 이용한다는 보장이 없는 것이다. 서비스 기업이 어떻게 소비자들에게 신뢰감을 주고 장기적인 관계를 구축해 나아갈 것인가는 서비스 마케팅의 영원한 숙제이다.

다음 절에서는 이러한 서비스의 속성들을 염두에 두고 서비스 구매행동과정을 살펴보기로 한다. 서비스 구매행동과정은 그림 2-5에서 볼 수 있듯이, 선택-만남-인게이지먼트의 세 단계로 나뉜다. 첫 번째는 욕구를 충족하기 위해 정보를 구하고 대안을 평가해서 서비스 구매에 이르게 되는 소비자 선택(consumer choice)의 단계이고, 두 번째는 소비자가 직접 서비

그림 2-5 서비스 소비자 구매행동과정

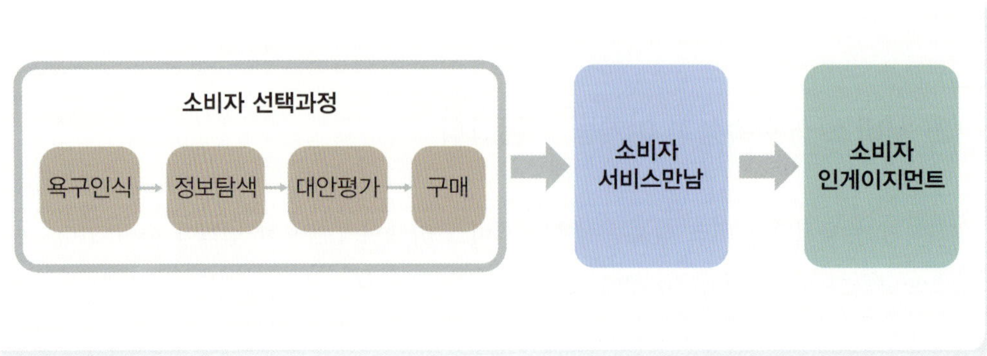

스를 만나는 단계(servcie encounter)이며, 세 번째는 서비스와의 만남을 통해 만족 혹은 불만족을 경험하며 서비스 제공자에 대한 신뢰와 장기적인 관계를 구축해 가는 **소비자 인게이지먼트**(consumer engagement) 단계이다. 서비스 마케터는 소비자가 그들의 서비스를 어떻게 선택하고, 만나며 또한 관계를 형성하는가에 대해 깊이 있게 이해해야 한다. 무엇보다 서비스 구매행동에 대한 이해가 서비스 마케팅의 기초가 되기 때문이다.

2.3 소비자의 서비스 선택과정

소비자들의 서비스에 대한 선택과정은 유형제품에 대한 그것과 유사하지만 각 단계별로 서비스의 특성을 반영한 고려와 전략이 필요하다. 여기서는 고객욕구의 인식, 정보의 탐색, 대안의 평가, 그리고 구매로 이어지는 **서비스 선택과정**을 살펴보기로 하자.

(1) 욕구의 인식

서비스 구매의 첫 단계는 고객욕구인데, 현재 문제를 인식하는 데서 출발한다. 소비자들은 현재의 상태와 이상적인 상태 사이에서 큰 차이가 있다고 생각할 때 문제를 인식하게 된다. 그리고 이러한 현재와 이상적인 상태의 차이에서 느끼는 결핍이 바로 **욕구인식**이다. 그런데 욕구인식은 두 가지 다른 방향에서 진행되는데, 먼저 현재 상태의 부족을 느끼는 결핍에서 출발한다. 매일 반복되는 바쁜 일상에 지친 사람들은 한번쯤 낯선 곳으로의 여행을 꿈꾸는데, 바로 현재 상태가 매우 부족하기 때문이다. 마찬가지로 냉장고가 텅 빈 상황에서 소비자들은 쿠팡이나 마켓컬리에 들어갈 생각을 하게 되며, 자녀의 성적이 떨어진 부모들은 학원 상담을 신청한다. 이러한 결핍은 흔히 미충족된 욕구(unmet needs)인 셈이다. 반면 현재 부족하지는 않지만 개인이 느끼는 이상적인 수준이 높다면 또 다른 결핍을 갖게 된다. 이 과정에서 서비스 마케터는 끊임없이 소비자들에게 이상적인 상태를 제시함으로써 미처 결핍을 느끼지 못했던 소비자들의 욕구까지도 자극할 수 있다.

코로나 기간 동안 도착지 없이 상공을 돌아오는 가상 항공여행상품이 인기를 끌었다. 여행에 대한 현재 상태의 결핍(미충족 욕구)을 잘 파악한 마케팅 결과이다.

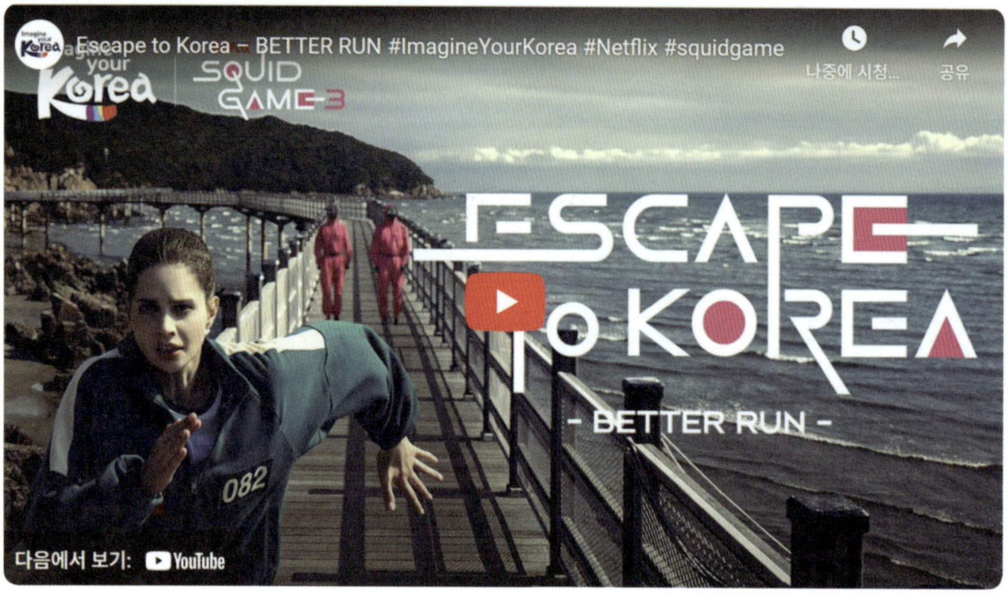

한국관광공사 해외캠페인광고는 K-콘텐츠를 적극 활용하면서 대한민국 여행욕구와 호기심을 자극한다.

다음으로 서비스를 통해서 충족하고자 하는 소비자들의 욕구는 어떤 것들이 있는지 매슬로우(A. Maslow)의 **욕구계층모형**(hierarchy of needs)을 통해서 살펴보자. 매슬로우는 인간의 기본 욕구를 다음과 같이 다섯 개의 카테고리로 구분하였는데, 이는 서비스에 대한 고객욕구를 이해하는 데 많은 시사점을 제공해 준다. ① **생리적 욕구**(physiological needs)는 음식 섭취나 수면과 같은 인간의 기본적인 생물학적인 욕구이다. 채식주의 식당(비건 레스토랑) 등이 소비자들의 생리적 욕구를 충족시켜주는 서비스의 좋은 사례가 된다. 최근 기술발전은 수면 앱이나 관련제품(예: 스마트 침대)의 구독 서비스와 같은 수면테크(sleep tech) 시장을 키우고 있

SERVICE MARKETING FOCUS

여행욕구의 새로운 발견

2025년 디지털 여행 기업인 부킹닷컴이 〈주목할 만한 여행 트렌드〉에 대해 소개했다. 이번 발표 내용은 부킹닷컴이 한국인 1,000여 명을 포함한 전 세계 33개국 2만 7천 명 이상의 여행객을 대상으로 진행한 설문조사를 분석한 결과이다. 여행의 새로운 트렌트 아홉 가지 모습은 ① 기후변화가 불러온 나비효과, 야간관광 급부상 ② 단순한 휴식을 넘어 장수 웰니스 여행 ③ 기술을 더한 책임감 있는 여행 ④ 재산 상속 대신 여행을 ⑤ 남성 웰니스 여행 ⑥ 모험 떠나는 베이비붐 세대 ⑦ 누구든 더 편하게 떠나는 여행 ⑧ 빈티지 쇼핑투어 ⑨ 공항에서부터 시작하는 여행으로 요약할 수 있다. 이 가운데 특색 있는 새로운 여행욕구를 들여다보자.

- **기후변화가 불러온 나비효과, 야간관광 급부상**: 조사에 따르면, 여행객의 약 절반이 높은 낮 기온을 피하고자 밤에 관광할 계획(한국 48%, 글로벌 54%)이라고 응답했으며, 햇볕이 강하지 않은 저녁이나 이른 아침에 활동할 계획(한국 59%, 글로벌 57%)이라고 답했다. 여행객들은 천체 관측을 즐기기 위해 밤 여행에 관심을 가지는 것으로 조사됐다. 응답자의 약 3분의 2(한국 69%, 글로벌 62%)가 아름다운 밤하늘을 볼 수 있는 여행지에 방문하고 싶다고 답했으며, 별을 감상(한국 75%, 글로벌 72%)하거나 별자리를 관찰하는 여행(한국 67%, 글로벌 57%)을 계획하는 이들도 많았다.

- **기술을 더한 책임감 있는 여행**: 여행객 3명 중 2명(한국 64%, 글로벌 67%)은 관광객이 적은 여행지를 찾기 위해 기술을 활용하고 싶다고 답했으며, 27%의 한국인 여행객과 23%의 글로벌 여행객은 이미 모바일 앱을 통해 실시간으로 해결하고 있다고 응답했다. 더불어 덜 알려진 여행지를 방문할 때 소셜미디어에 여행지를 태그하지 않음으로써 과잉관광을 방지하겠다고 응답한 여행객 비율은 한국과 글로벌 동일하게 44%였다. 이는 여행지 보존과 지역사회에 미치는 영향을 고려한 책임감 있는 선택으로 평가된다.

- **모험 떠나는 베이비붐 세대**: 조사에 따르면, 베이비붐 세대 여행객의 약 4분의 1(한국 19%, 글로벌 23%)은 모험을 동반하는 휴가에 관심을 보였다. 한국인 여행객 50%와 글로벌 여행객 23%는 익숙하고 편안한 삶을 벗어나 젊은 시절의 자유분방함을 되찾고 싶다고 응답했으며, 이는 33개 조사국 중 한국이 가장 높은 수치를 기록했다. 극한의 체험을 즐기려는 베이비붐 세대도 적지 않다. 그들은 동굴 다이빙(한국 12%, 글로벌 10%), 남극 캠핑(한국 14%, 글로벌 9%), 화산 보딩(한국 12%, 글로벌 8%) 등에 관심을 보였다.

아르얀 다이크 부킹닷컴 부사장 및 CMO는 "2025년 여행객들은 여행을 통해 자신과의 관계, 그리고 주변 세계를 변화시키는 경험을 추구할 것"이라고 밝혔다. 이어 그는 "여행에 대한 기존의 통념을 넘어 더 깊은 유대감을 형성하는 것이 중요하다"며, "기술에 상상력이 더해져 2025년은 물론 그 이후에도 여행객들은 자신만의 여정을 더 쉽게 설계할 수 있을 것"이라고 덧붙였다.

자료원: "2025년 우리시대의 여행은?" 부킹닷컴이 전 세계 2만7000여 명 여행자에게 물었다.(여행플러스, 2025. 1. 10).
사진출처: 부킹닷컴(https://www.booking.com).

는데, 그만큼 소비자들이 수면과 관련된 생리적 욕구에서 부족을 느끼기 때문이다. ② **안전 욕구**(safety and security needs)는 위험으로부터 보호 받고자 하는 욕구를 말한다. 대표적으로 보험 서비스, 의료 서비스 등이 이에 속하며 기술발전으로 최근에는 정보보안과 관련된 안전욕구가 매우 커졌다. 소비자 안전과 관련된 이러한 서비스 상품 시장은 더욱 다양해지고 커질 전망이다. ③ **사회적 욕구**(social needs)는 다른 사람들에게 받아들여지고 싶은 소속감에 대한 욕구이다. 인스타그램, 틱톡, 카카오톡과 같은 소셜네트워크 서비스(SNS)가 활성화된 이유도 이 때문이라 볼 수 있다. ④ **자존 욕구**(ego needs)는 자존심과 성공, 성취감에 대한 욕구를 말한다. 호텔이나 금융권에서는 부자 고객들에 대해 VIP 서비스를 제공해줌으로써 그들의 자존심을 세워주고 자존 욕구를 충족시키고 있다. ⑤ **자아실현 욕구**(self-actualization needs)는 자존 욕구에서 한 단계 더 나아가 삶을 풍요롭게 하는 즐거운 체험에 대한 욕구를 말한다. 명상 앱, 자기 계발 앱 등이 늘고 있는데, 사람들이 자신만의 라이프스타일과 웰니스 소비를 즐기며 정체성을 찾는 과정에서 인생의 행복을 추구하는 것이 아닐까 한다.

(2) 정보탐색

서비스에 대한 욕구를 인식한 소비자들은 구매할 서비스를 찾기 위해 **정보탐색**에 들어간다. 이 과정에서 소비자들은 자신의 경험을 토대로 내부정보(기억)를 탐색하기도 하지만, 광고나 인터넷, 소셜미디어와 같은 외부의 정보원을 통해 필요한 정보들을 탐색하기도 한다. 최근에는 챗GPT와 같은 생성형 AI가 소비자들의 정보탐색을 돕는다. 이제 유형적인 제품과 다른 서비스 구매를 위한 정보탐색의 특징과 대응전략에 대해 살펴보자.

첫째, 테마파크의 광고를 떠올려 보자. 이러한 광고는 서비스의 탐색속성(예: 놀이시설 종류)에 내해서는 어느 정도 정보를 제공해 주지만, 실제 중요한 경험속성(예: 재미)에 대한 정보를 줄 수 없다. 둘째, 전문 서비스와 같은 경우에는 소비자가 서비스 구매 전에 구할 수 있는 정보가 많지 않기 때문에 그들이 느끼는 위험부담은 높은 수준이다.

이와 같은 경험속성이나 신뢰속성이 높은 서비스의 경우, 소비자들은 경험 있는 사람이나 전문가들의 구전정보에 의존하면서 필요한 정보를 찾거나 위험부담을 줄이려고 한다. 따라서 서비스 기업들은 이러한 서비스 정보탐색의 특징을 잘 이해하고 효과적으로 대처할 필요가 있다. 특히 최근의 인터넷과 소셜미디어의 발전과 보급에 주목할 필요가 있다. AI 기술의 발전도 사용자 중심의 정보탐색을 강화하는 데 도움을 준다. 기업은 전통적인 방법 대신 소비자(경험자)들의 자연스러운 의견을 반영할 수 있는 뉴미디어를 활용한다거나 AI 기술을 적극 활용함으로써 잠재고객을 끌어들이는 데 있어 비용 대비 효과를 올릴 수 있다.

Z세대는 구글 대신 틱톡이나 인스타그램에서 정보를 찾는 '소셜 검색'을 더 선호한다. 맛집 찾기 정보원의 진화도 흥미로운데, 내비게이션이 AI와 만나 스마트한 맛집 찾기 기능을 제공한다.

(3) 대안평가

소비자는 서비스에 대한 정보를 놓고 몇 가지 대안을 생각한다. 소비자들이 대안을 두고 평가하는 방법은 **항목 중심 평가**와 **속성 중심 평가**로 구분할 수 있다. 예를 들어 여행 후보지에서 선택대안들을 평가하는 상황을 가정해 보자. 사람들은 경험이나 주변 사람들에게

들은 정보를 바탕으로 여행지 이미지(항목지식)를 고려하여 평가하거나, 혹은 숙박시설, 거리와 같이 개별적으로 중요하게 생각하는 여행속성들을 중심으로 평가할 수 있다. 그런데 서비스는 중요한 평가속성들이 대체로 경험속성이나 신뢰속성인 까닭에, 구매 전에 서비스 속성에 대해 소비자들이 평가하는 것이 용이하지 않을 수 있다. 여행지에서 거리와 같은 탐색속성들은 비교적 평가가 용이하겠지만, 숙박시설이나 맛집 여부와 같은 경험속성들은 주로 소비자들의 기대가 반영된 속성별 이미지 평가가 될 수 있다. 경우에 따라서는 구매 전 정보 취득의 어려움 때문에 서비스 고객들은 자신이 가장 신뢰하는 사람이나 그 분야에 전문성을 가지고 있다고 생각하는 사람의 말을 무조건 따른다든지, 어느 정도 수용 가능한 대안이 나타나면 그냥 그것을 선택해 버리고 더 이상 고민을 하지 않는다는 등 다소 주먹구구식(휴리스틱)에 가까운 방법으로 서비스를 선택하는 경우도 많다.

소비자들은 유튜브나 SNS를 보고 여행지를 선택한다. 이에 따라 빠니보틀 같은 여행 전문 크리에이터의 영향력이 갈수록 커진다.

(4) 구매

지금까지 살펴본 과정을 거치면서 소비자들의 서비스 선택과 구매가 이루어진다. 그런데 서비스의 경우에는 제품과 달리 선택과 구매하는 과정에서 생산과 이용(경험)이 모두 동시에 일어난다. 이때 우리는 경험해 보지 못한 서비스에 대한 비용을 미리 내거나 아니면 내기로 약속한 상태에서 서비스를 받기 때문에 서비스 구매에 따른 불안감 또는 **위험부담**은 일반적으로 높다. 특히 전문가 서비스와 같은 신뢰재의 구입에 따른 소비자들의 위험부담은 더욱 크다. 또한 높은 비용으로 장기계약을 해야 하는 산업재 서비스의 경우(예: 컨설팅 서비스), 기업이 계약 전에 느끼는 위험은 그 비용만큼 클 것이다. 따라서 서비스 마케터의 입장에서는 소비자들이 느끼는 이러한 위험부담을 줄여줘야 구매를 성사시킬 수 있다. 서비스 제공자가 소비자들이 느끼는 위험부담을 줄일 수 있는 방법은 무엇일까? 여기서 그 몇 가지에 대해 살펴보고자 한다.

우선 서비스 제공자는 자신들이 제공하는 서비스에 대해 가능한 범위에서 품질보증을 약속하는 것이 효과적이다. 서비스 구매 후 소비자가 만족하지 못하고 불평하면 책임지고 그 문제를 해결해 주어야 한다. 산업재 서비스의 경우에는 계약문서에 서비스가 제대로 수행되지 못했을 때의 벌칙조항을 포함시킴으로써 계약자가 맡아야 하는 위험부담을 줄일 수 있다. 물론 아무리 서비스 복구를 잘 한다고 해도 한 번 기분 상한 소비자들을 100% 만족시키기는 힘들지만 이러한 보증정책과 노력이 소비자들이 느끼는 구매 단계에서의 위험부담을 줄일 수 있다.

다음으로 소비자들에게 무료 사용기회를 주는 것도 좋은 방법이다. 고객이 느끼는 위험부담도 줄이고 심리적으로도 내 것 같다는 **보유효과**(endowment effect)를 불러일으킴으로써 구매에 도움이 된다. 넷플릭스는 국내에 진출하면서 유료결제 한 번에 최대 4명까지 사용하게끔 한다거나 한 달 동안의 무료체험을 제공함으로써 고객확보에 성공하였다.

후발주자인 디즈니는 무료 사용기회 제공을 통해 신규고객 유입에 애쓴다.

마지막으로 서비스의 무형성이 소비자 위험지각을 높이는 주요 원인이므로 구매시점에서 유형의 단서를 제공해 주는 것도 좋은 방법이다. 소비자들이 좋은 이미지로 기억할 수 있는 서비스 업체의 로고 디자인을 선보인다든지 서비스과정을 소비자들이 관찰하고 확인할 수 있게 해주는 것이다. 벤츠 코리아는 고객들이 직접 서비스 센터를 방문해서 차량의 정비 및 수리과정을 체험하는 프로그램(service experience day)을 운영하고 있다.

서비스 체험을 사전에 제공하는 것은 서비스의 무형성으로 인한 소비자 위험지각을 낮추는 데 유용한 단서가 될 수 있다.

2.4 소비자와 서비스 만남

소비자들이 서비스 구매를 결정하게 되면 직접 경험하게 된다. 소비자와 **서비스의 만남**(service encounter)이 시작되는 것이다. 앞서 설명한 것처럼 서비스는 경험속성과 신뢰속성이 강하기 때문에 그 선택과정은 매우 힘들고 위험부담이 크다. 따라서 소비자가 서비스를 어떻게 만나고 경험하는가는 그 서비스에 대한 만족도와 재구매 의도를 결정한다. 소비자에 대한 체험 마케팅을 강조하는 어떤 학자는 "체험이 곧 마케팅이다(The experience is marketing)"라는 주장을 펼치기도 하였다. 이러한 서비스 만남은 단순히 즐겁고 흥미로우며 기억에 남을 만한 경험에만 집중하지 않고, 보다 일반적으로 소비자들이 서비스 구매과정에서 맞이하는 다양한 경험들에 대해 고려할 필요가 있다. 소비자가 세탁소에 옷을 맡긴다든지 카센터에 자동차 수리를 맡기는 일도 여러 가지 소비자 경험을 수반하기 때문이다.

한마디로 모든 서비스와의 만남은 곧 경험이다. 따라서 서비스 마케터의 입장에서 효과적인 서비스 프로세스를 관리하고 고객들에게 제공하는 자신들만의 즐거운 경험을 끌어내는 것이 서비스와의 만남에서 성공의 관건이다. 뿐만 아니라 앞으로의 서비스 만남의 질은 기술과 소비자 참여에 따라 크게 변화할 수 있다는 사실에 주목해야 한다.

(1) 프로세스로서의 서비스

서비스를 이해할 때 중요한 것은 서비스는 제품과 같이 한 번에 구매되는 것이 아니고 몇 가지 단계를 순차적으로 밟아 나아가는 프로세스라는 점이다. 많은 서비스에 있어서 구매는 이러한 일련의 단계와 활동으로 이루어져 있다. 복잡한 프로세스 서비스의 하나로서 종합병원에서 진료를 받는 경우를 살펴보자. 고객이 의사와 직접 이야기를 하는 과정(예: 진료과정)도 있지만, 고객이 스스로 밟아야 하는 과정(예: 약 처방에 따라 약국에서 약을 받는 과정)도 있고, 제3자가 개입되어야 하는 과정(예: 검사실에서 검사 받는 과정)도 있다. 대부분의 경우, 소비자 체험이라고 하는 것은 이렇게 여러 사람들이나 기관과의 상호작용을 통해 이루어진다. 특히 서비스가 어떤 일련의 서비스 수행과정을 수반할 경우, 서비스 마케터는 소비자들의 편의와 좋은 체험을 위해서 모든 서비스과정이 함께 진행될 수 있도록 하는 것이 유리하다. 예를 들어 종합병원의 경우, 진단과 검사, 치료와 처방이 한 장소에서 순조로이, 순차적으로 이루어질 수 있도록 관리하면 환자들에게 얼마나 편리하고 좋을까? 서비스 프로세스에 대해서는 5장에서 상세히 다루고 있다.

(2) 서비스 체험단계

고객들은 서비스를 만나는 과정에서 다양한 수준의 체험을 접하게 된다. 매장에 들어서는 순간 특정 소리나 향기와 같은 감각적인 체험을 경험한다거나 갑자기 내리는 소나기에 당황해하던 순간 친절한 직원으로부터 우산을 빌려 받는 뜻밖의 즐거움을 경험할 수도 있다. 기업들은 때로는 프로모션 차원에서 일회적인 이벤트성의 체험을 제공하기도 한다. 모든 서비스는 체험이라는 말처럼 서비스를 이용하는 과정에는 이처럼 고객들에게 제공되는 다양한 형태의 **무작위적인 체험**(random experience)들이 존재한다.

한편 어떤 체험들은 의도성과 함께 일관성을 갖는데, 예를 들어 맥도날드와 같은 프랜차이즈 매장을 방문한 고객들은 주문, 결제, 그리고 음식을 제공받는 과정에서 자신들이 어떤 일들을 경험하게 될지 사전에 알고 있다. 이러한 표준화된 경험은 고객들에게 **예측 가능한 체험**(predictable experience)을 전달해 준다. 고객들이 편히 앉아서 책을 읽을 수 있는 공간이나 긴 테이블 등의 체험요소는 이제는 대형서점을 방문하면 일반적으로 만나볼 수 있다. 이와 같이 처음에는 무작위적이었던 체험들도 시간이 지나면서 예측 가능한 체험으로 발전할

SERVICE MARKETING FOCUS

브랜드화된 체험: 베스트바이 긱 스쿼드

서비스에서 〈고객경험관리(CXM: Customer eXperience Management)〉가 중요해지고 있다. 어도비가 발표한 2019년 CXM Index 보고서에 따르면, 온라인에서 구매한 미국 소비자들의 다수가 이메일로 영수증을 받거나 문자 메시지로 주문배송결과를 원한다고 한다. 젊은 소비자들일수록 서비스 기업이 제공하는 경험에 집중하며, 필요에 따라 업체에 직접 요구사항을 전달하는 것에도 익숙하다고 하는데, 사소한 것 같지만 디지털 환경에서 고객들은 경험을 통해서 서비스 기업과 관계를 지속해 가길 희망하는 것이다. 이러한 점에서 고객경험관리는 그동안 서비스에서 강조되었던 고객관계관리(CRM: Customer Relationship Management)의 부족한 점을 채워줄 수 있는 대안이 되고 있다. 이와 관련해서 온라인의 공세를 잘 견디고 오히려 성장세를 보이고 있는 미국 가전판매업체 베스트바이의 최고경영자인 허버트 졸리의 말이 인상적이다. "7년 전만 해도 사람들은 아마존 때문에 우리가 문을 닫을 것이라고 말했다. 하지만, 우리는 고객여정(라이프사이클)에 집중하는 디지털 혁신을 진행했다." 베이스트바이가 주목한 것은 제품이 아닌 바로 고객의 경험관리이며 핵심은 〈긱 스쿼드(Geek Squad)〉에 있다. 한마디로 스마트 기기에 능숙한 긱(geek, 괴짜)들의 가정방문인데, 점포당 30여 명, 미국 전역에 2만여 명이 365일 고객을 방문해 기술 지원이나 수리뿐 아니라 제품 사용법을 알려주고 어떤 브랜드, 어떤 디자인이 어울릴지 최대 90분까지 무료로 상담해 준다고 하는데, 이러한 고객경험이 고객관계를 가져오는 것은 당연하지 않을까? 무엇보다 다른 브랜드가 흉내낼 수 없는 베스트바이만의 브랜드화된 체험의 완성이다.

자료원: 데이터를 알아야 고객이 보인다, 고객 경험 관리(IT동아, 2019. 4.22).
아마존시대에도 잘나가는 '트레이더 조' & '베스트바이'(머니투데이, 2019.5.31).

사진출처: 베스트바이(http://bestbuy.com).

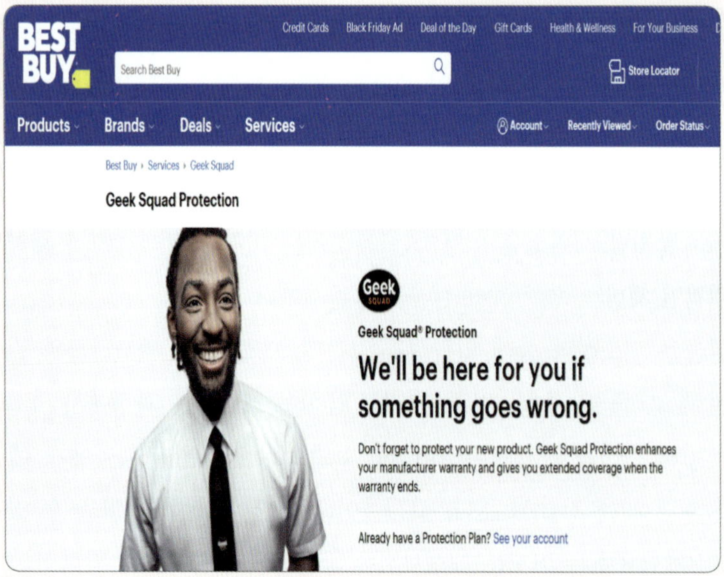

수 있다.

다음으로 이러한 예측 가능한 체험들에 자신들만의 차별성이나 가치가 더해진다면 어디서도 찾아볼 수 없는 **브랜드화된 체험**(branded experience)을 구축하게 된다. 그림 2-6 에서는 이러한 서비스 체험의 발전단계를 보여주고 있는데, 고객들의 충성도와 수익 창출을 위해서는 더 높은 수준의 브랜드화된 체험을 만들어 내는 것이 서비스 기업들에게 매우 중요하다.

그림 2-6 서비스 체험 발전단계

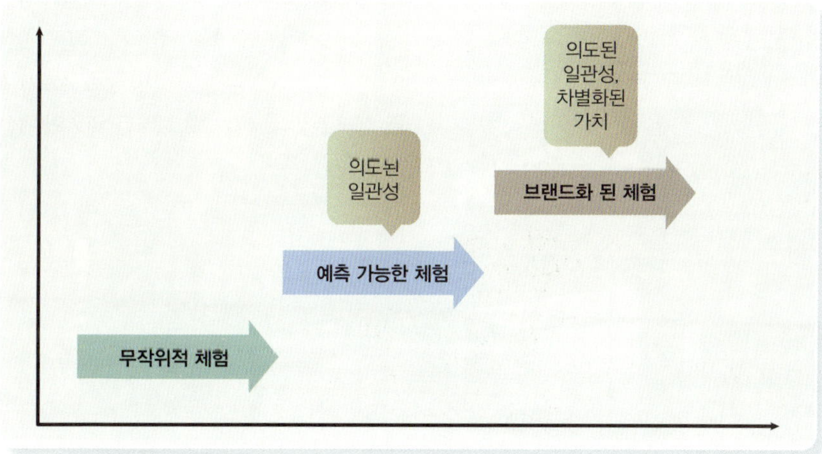

자료원: Smith, S., & Wheeler, J. (2002). Managing the customer experience: Turning customers into advocates. Pearson Education. p.17.

(3) 기술의 발전과 고객체험

1절에서도 강조했듯이 기술의 발전은 서비스 접점에서의 상호작용 유형과 고객여정 전반에 걸친 서비스 경험(체험)에 영향을 미친다. 이 과정에서 다음과 같은 특징을 발견하게 된다. 첫째, 기술은 고객들을 서비스 체험의 이용자가 아닌 능동적인 참여자로 이끌며 공동가치 창출에 기여한다. 그 결과 챗봇과 상담을 통해 고객은 서비스 문제해결을 적극적으로 수행한다거나, 고객이 참여해서 만든 콘텐츠는 서비스 가치창출의 동력이 된다. 인테리어 플랫폼 오늘의 집은 그렇게 고객들이 적극적으로 참여한 콘텐츠(인테리어 사진 등) 덕분에 성공했다. 둘째, 기술은 서비스 종업원과 기업의 역량을 키우면서 고객체험 품질을 향상시킨다. 아마존, 넷플릭스는 AI를 활용한 추천 시스템을 통해 초개인화된 맞춤 서비스로 고객체험 수준을 높였다. 음성인식 기술(진료기록 자동화)은 의사와 간호사의 빠른 업무처리를 도와주면서 환자와의 상호작용을 향상시킨다. 셋째, 기술이 개입한 서비스의 물리적 환경은 고객들의 몰입감을 높인다는 점에서 체험전략에 효과적이다. 디즈니월드의 어트랙션은 가상현실(VR) 기술을 이용해 고객들에게 생생한 체험을 전달해 준다. 다양한 몰입기술(immersive technology)로 무장한 오프라인 공간들도 과거와 같이 단순히 서비스를 사고파는 장소를 넘어 고객들과 상호작용하는 맞춤형, 융합형 체험공간으로 진화하고 있다.

현대차 그룹의 고객 참여형 〈UX 스튜디오 서울〉은 다양한 몰입형 기술이 반영된 고객체험공간이다.

(4) 소비자 참여

서비스와의 만남에서 소비자들의 서비스 참여는 그들의 체험에 지대한 영향을 미칠 수 있다. 컨설팅, 교육, 상담서비스의 경우, 고객들의 적극적인 참여 없이는 무의미해진다. 최근 소비자 참여는 비단 이러한 종류의 서비스뿐만 아니라 일반적인 서비스 소비에서도 한층 개선된 소비자 체험을 위해 중요한 요소가 되었다. 최근 유행하는 팝업스토어들도 **고객참여**를 유도하면서 판매공간에서 체험공간으로 변신을 꾀하고 있다.

미래학자 앨빈 토플러(A. Toffler)의 예언대로 이제 정말 **프로슈머**(prosumer) 시대가 된 것이다. 즉, 생산자와 소비자의 영역이 불분명해지고 소비자가 생산과정에 참여하고 생산자와 협력해서 자신들이 원하는 상품, 자신들이 원하는 체험을 추구하는 세상이 된 것이다. 고객들이 후원하는 상품을 유통시키는 '와디즈'는 강력한 팬덤을 형성하면서 성장하고 있다. 소비자의 입장에서는 자신들이 만들어내는 데 참여한 상품이나 적극적으로 참여한 서비스에 대해서는 더욱 애착을 가지게 되고 자주 찾게 된다.

소비자 참여는 소비자들에게 좋은 체험을 제공하고자 하는 마케터들의 시각에서 바람직한 현상이다. 따라서 서비스 마케터는 소비자들이 보다 지발적이고 적극적으로 서비스 수행에 참여할 수 있도록 그들을 교육하고 권장하며 고무시켜 주어야 한다. 소비자 참여에 대해서는 5장 서비스 프로세스관리에서 보다 상세히 살펴보기로 한다.

서울 성수동 '도어투성수'에 문을 연 넷플릭스 팝업스토어는 360도 무빙 포토존, 고객 참여형 메시지 월, MBTI QR 넷플릭스 콘텐츠 추천으로 고객들의 참여를 유도한다.

SERVICE MARKETING FOCUS

기술이 바꿔 놓은 소매유통 고객체험

글로벌 스타트업 분석기관 스타트어스인사이츠는 세계 2,721개 〈리테일테크〉 스타트업을 분석해 올해 미 소매업계를 변화시킬 8대 혁신 트렌드를 발표한 바 있는데, 이러한 기술과 혁신은 소매유통 고객들의 온·오프 체험을 강화하는 데 효과적이다. 유통 고객접점 중심의 세 가지 트렌드를 살펴보자.

- **스마트 결제**: 센서, 블록체인, 근거리통신(NFC), 무선주파수인식(RFID), 생체 인식 기술 등 첨단 기술을 활용한 원활한 결제(Frictionless Payment)가 소매업계 전반에서 다양한 방식으로 적용될 것으로 보인다. 이미 대부분의 대형 마트에서 적용 중인 셀프 계산 키오스크는 식음료 업장을 중심으로 점차 확산되고 있다. 2022년부터 월마트 샘스클럽에서 시행되고 있는 고객 스마트폰을 활용한 인앱 결제 방식인 스캔앤고(Scan-and-Go)를 시작으로 AI 컴퓨터 비전, RFID 등의 기술을 접목한 계산원이 상주하지 않는 무인 매장도 실험적으로 도입될 것으로 보인다.

- **옴니채널 커머스**: 소비자가 웹사이트, 모바일 앱, 소셜미디어 플랫폼, 오프라인 매장 등 유기적으로 연결된 채널을 넘나들며 상품을 검색하고 구매까지 가능케 해 어떤 채널에서도 같은 매장을 이용하는 것처럼 느낄 수 있도록 하는 옴니채널 커머스가 주목받을 전망이다. 이를 실현하기 위해 고객 경험을 확장하는 오프라인(Physical)과 디지털(Digital)이 결합된 '피지털(Physital)' 기술 도입이 가속화될 것으로 보인다. 구글은 작년 7월 미국 고객을 대상으로 생성형 인공지능(AI)을 적용한 온라인 의상 피팅 서비스를 선보였다. 기존 증강현실(AR) 기술 기반 가상 피팅과 달리 AI 기반 가상 피팅 서비스(사진)는 고객이 옷을 입어볼 모델의 인종, 체형, 머리 색깔, 피부색 등을 선택한 후 다양한 모델이 선택한 옷을 입었을 때 어떻게 보이는지를 실제처럼 구현한다.

- **몰입형 고객경험**: 증강현실(AR), 가상현실(VR) 등의 기술을 기반으로 가상 제품 체험, 3차원(3D) 제품 시각화 등 고객이 매장에 직접 가지 않고도 제품을 체험할 수 있는 색다른 쇼핑 경험을 제공하는 몰입형 기술의 확산도 기대된다. 몰입형 기술은 제품 구매를 위한 정보 제공 단계에서의 적용은 물론 메타버스에서의 게임화된 브랜드 경험, 대체불가토큰(NFT) 연계 등 엔터테인먼트 요소를 추가해 차별화된 경험과 온라인 소통을 중시하는 Z세대 소비자의 브랜드 참여와 충성도를 제고하는 데도 효과적으로 작용할 것으로 보인다. 구찌(Gucci) 등 명품 브랜드들도 AR 기술을 활용한 제품 경험(사진)을 제공하면서 젊은 소비자들을 상대한다.

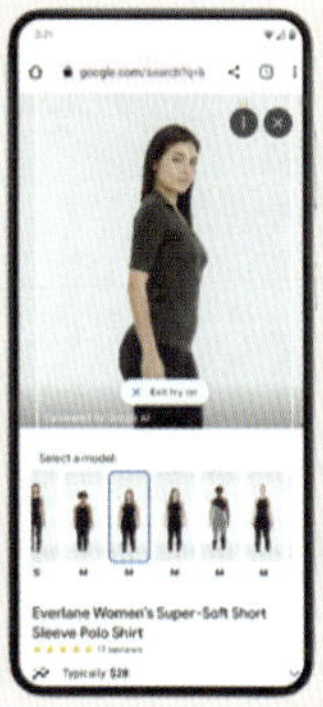

자료원: 2024년 미국 소매 시장 혁신 기술 트렌드 분석, 코트라 해외시장뉴스(2023. 10. 11).
사진출처: 구글(Google), 구찌(Gucci)

2.5 소비자 인게이지먼트

소비자들은 서비스를 만나고 경험한 후 이에 대해 만족(혹은 불만족)과 신뢰를 형성하면서 앞으로 다시 이 서비스 제공자를 찾을 것인가 다른 쪽으로 전환할 것인가를 결정하게 된다. 이 절에서는 이러한 과정을 **소비자 인게이지먼트**(engagement)의 개념으로 설명하고 있다.

인게이지먼트는 고객충성도와는 구별되는 개념으로 신규고객이 장기적인 관점에서 충성고객으로 발전해 가는 과정으로 이해할 수 있다. **그림 2-7** 에서 보듯이 신규고객이 처음 서비스를 경험한 후 만족하여 재구매를 하게 되는데 이러한 초기 과정은 다분히 계산적인 측면이 강하다(예: 나에게 이익이 된다). 그러나 이러한 반복구매 과정에서 점차 신뢰가 쌓인 고객들은 정서적으로 서비스와의 관계를 지속하게 되고 충성고객으로 발전해 가게 된다. 나음에서는 고객 인게이지먼트 과정에서 중요한 개념들에 대해 살펴보도록 하자.

그림 2-7 소비자 인게이지먼트 과정

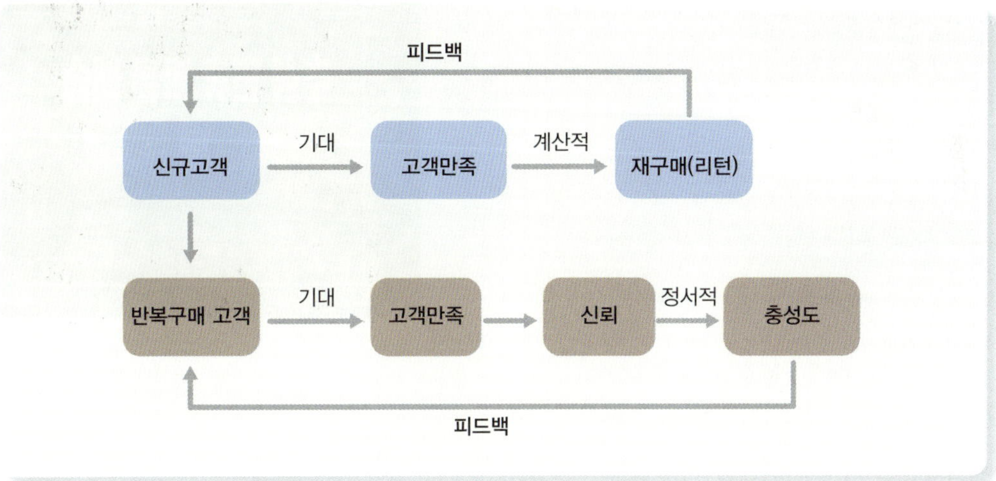

자료원: Bowden, J. L. H. (2009). The process of customer engagement: A conceptual framework. *Journal of marketing theory and practice*, 17(1), p. 66. 수정인용.

(1) 고객기대

서비스에 대한 **고객기대수준**을 파악하고 관리하는 것은 고객 인게이지먼트 과정의 출발점이다. **고객만족**에 대해 많은 연구를 한 리처드 올리버(Richard Oliver) 교수는 "고객만족이란 제품이나 서비스가 고객이 기대한 수준을 기분 좋게 충족시켰을 때 발생되는 소비자 반응"이라고 정의하고 있다. 쉽게 이야기하자면, 만족이란 고객의 욕구나 기대를 충족했을 때 나오는 반응이고, 불만족이란 이러한 것들이 충족되지 않았을 때 발생하는 반응이다. 최근 온라인과 오프라인의 유통경쟁이 치열해지면서 빠른 배송에 대한 고객들의 기대가 한층 높아져가고 있다. 고객들은 쇼핑몰의 약속, 빠른 배송을 이용해 본 경험, 또는 주변 사람들의 입소문 등에 의해 해당 쇼핑몰의 빠른 배송에 대한 기대수준을 형성하게 된다. 물론 이 과정에서 개인적인 욕구 수준(예: 빠른 배송의 필요성)이나 상황적인 요인(예: 날씨나 기분) 등도 영향을 미칠 수 있다. 따라서 유통업체들은 고객들이 자사의 빠른 배송 서비스에 대해 어느 정도 기대하고 있는지(예: 당일 배송, 몇 시간 배송)를 명확히 파악하고 이를 충족시키는 것이 고객만족을 위해 필수적이다.

그림 2-8 서비스에 대한 고객기대의 유형

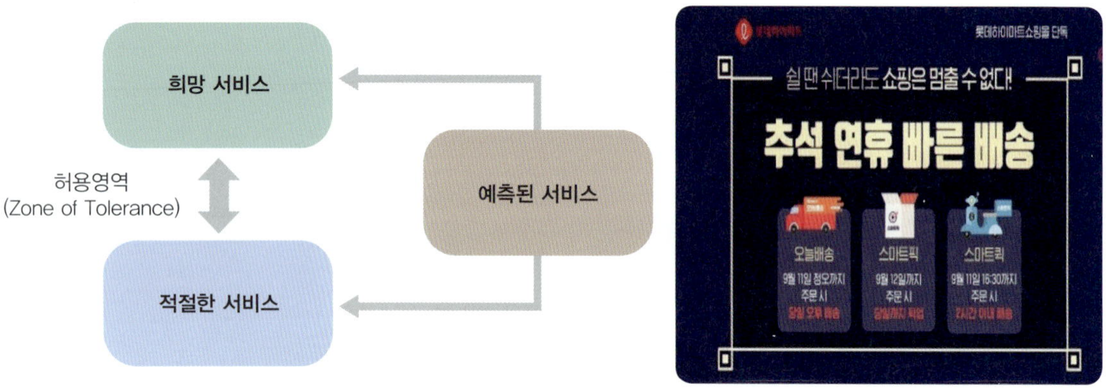

자료원: Zeithaml, V. A., Bitner, M. J., & Gremler, D. D. (2018). Services marketing: Integrating customer focus across the firm. McGraw-Hill Education.

그렇다면 서비스에 대한 고객기대는 어떤 유형들이 있을까? **그림 2-8** 은 고객들의 여러 기대유형을 설명하고 있다. 우선 가장 높은 기대유형으로 고객들이 원하는 **희망 서비스**(desired service)가 있다. 예를 들어 '빠른 배송이니 이상적으로 한 시간 배송이 가능하지 않을까?' 혹은 '몇 시간 이내로는 배송되어야 빠른 배송이라고 말할 수 있지'와 같은 기대를 말한다. 만약 주문한 고객이 몇 시간 이내로 희망했는데 실제 한 시간 안에 배송되었다면 아마도 고객은 매우 놀라워하거나 탁월한 서비스로 인정하며 만족할 것이다. 반면 **적절한 서비스**

(adequate service)란 고객 입장에서 최소한 불만 없이 받아들일 수 있는 서비스 수준을 말한다. 고객들은 '최소한 당일 배송이 되면 빠른 배송이지!'라고 생각할 수 있는데, 실제 배송이 이 수준에도 못 미친다면 고객은 불만족할 수밖에 없다. 따라서 실제 배송이 희망 서비스와 적절한 서비스 사이에서 이루어진다면 고객들은 크게 불평하지 않을 수 있는데, 이러한 기대구간을 **허용범위**(zone of tolerance)라고 부른다. 고객들의 기대수준이 변할 수 있듯이 허용범위 역시 유동적일 수 있다. 추석연휴 상황에서는 교통체증 등 상황요인을 고려한 고객들의 기대수준 변화로 배송 서비스에 대한 허용범위가 상대적으로 커질 수 있다. 마지막으로 **예측된 서비스**(predictable service)는 고객들이 실제로 받을 것이라고 기대하는 서비스로 '아침 일찍 주문했으니 오후까지는 도착하겠지'와 같은 기대를 말한다. 일반적인 상황이라면 고객들은 이러한 예측된 서비스를 기준으로 만족이나 불만족을 판단하기 쉽다.

(2) 고객만족과 서비스 충성도

서비스 마케팅 연구에 의하면, **고객만족도**와 충성도 간에는 정(正)의 관계가 있다고 한다(그림 2-9 참고). 특히, 이러한 관계는 고객만족도가 높은 경우 더 강하게 나타난다. 따라서 기업은 고객들이 그저 만족하는 수준에 그칠 것이 아니라 그들을 감동시키고 더욱 기쁘고 즐겁게 해주어야 한다.

그림 2-9 고객만족도와 충성도 간의 관계

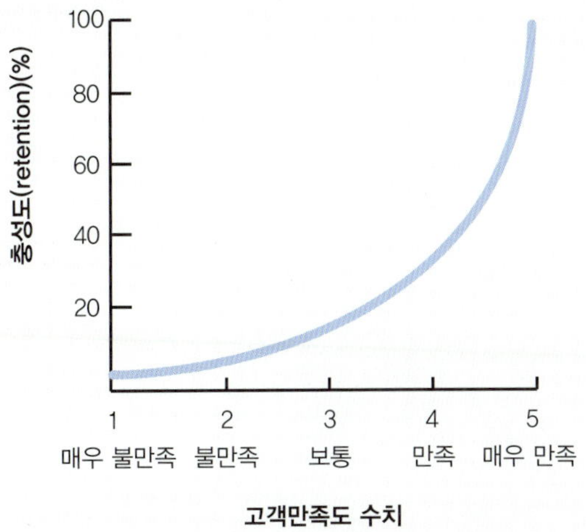

자료원: Heskett, J. L., Sasser, W. E.& Schlesinger, L. A. (1997). The service profit chain. New York. The Free Press.

고객만족은 **고객충성도**를 증가시킬 뿐만 아니라 우리 기업의 브랜드 가치를 높인다. 다시 말해서 소비자들이 기업에 대해 신뢰하게 되고 좋은 이미지를 갖게 된다. 그와 동시에, 만족한 고객들은 우리 기업에 대해 긍정적인 구전을 한다. 이러한 고객 인게이지먼트 과정의 결과 더 많은 고객들이 우리 서비스를 이용하게 되어 시장점유율이 증가한다. 높아진 시장점유율, 고객충성도, 브랜드 자산 등이 시너지 효과를 내면서 서비스 기업의 수익률은 더욱 증가한다.

한편 서비스 인게이지먼트 과정에서 신규고객 충성도는 재구매(계산적)로 표현한 반면, 기존고객(반복구매 고객)은 정서적 충성도로 설명하고 있다(그림 2-7 참고). 여러분이 자주 가는 음식점, 미장원, 이발소 등을 생각해 보라. 여러분은 그 곳을 왜 계속 이용하게 되었는가? 여러 가지 요소가 작용했을 것이다. 우선 그 서비스 제공자의 서비스에 대해 만족하고 있고, 자주 가다 보니 이제는 서로 아는 사이가 되었으며 정이 들어서 다른 곳으로 옮기기 싫은 경우, 장기적인 관계에서 정서적인 요소가 반영된 결과일 수 있다. 반면, 다른 곳으로 옮기자면 복잡하고 시간도 들고 귀찮아서, 또 다른 곳으로 옮기려 해도 마땅한 대안이 없어서, 그리고 다른 곳으로 옮겨도 그곳이 이곳보다 특별히 잘한다는 보장이 없기 때문에 위험부담이 커서 옮기지 못하는 경우도 있다. 특히 신규고객의 인게이지먼트 과정에서는 이러한 전환비용 문제로 서비스 재구매가 발생할 가능성이 크다. 이러한 재구매는 **가(假)충성도**(spurious loyalty)에 가깝다.

SERVICE MARKETING FOCUS

구독 멤버십 전략: 제휴 강화로 충성고객을 잡는다

최근 사업영역 확대에 나선 정보기술(IT) 플랫폼 기업들이 고객을 잡기 위해 멤버십 기반의 〈구독 서비스〉 출시에 올인하고 있다. 고객이 기업 울타리 안에서 모든 것을 해결하도록 가둬두기 위한 전략이다. 브랜드 충성도를 높이면서도 확실한 수익 창출까지 보장된다는 측면에서 새로운 마케팅 전략으로 주목 받고 있다. 이러한 구독 기반 멤버십 전략은 최근 제휴 마케팅을 강화하는 데 집중하고 있다. 대표적인 네이버플러스 멤버십의 제휴 마케팅을 살펴보자.

넷플릭스와 네이버의 협업인 '네넷' 생태계의 기반은 네이버플러스 멤버십이나. 지난 2020년 출시된 네이버플러스 멤버십은 월 4천900원의 구독료로 네이버뿐 아니라 다양한 파트너사의 혜택을 제공한다. 특히 네이버플러스 멤버십은 95%의 높은 리텐션(유료구독 유지)을 유지하고 있어 업계에서 매력적인 제휴 모델로 주목받고 있다. 네이버플러스 멤버십은 포인트 적립 생태계가 탄탄하기 때문에 사용자 락인 효과가 높고, 커머스 및 콘텐츠 등으로의 유입과 활동성도 높다. 네이버 멤버십 정한나 리더는 "네이버플러스 멤버십은 한 번의 가입으로 쇼핑, 콘텐츠, 라이프 혜택을 다양하게 누릴 수 있는 것이 강점으로, 멤버십 사용자들은 커머스와 콘텐츠를 적극 활용하고 시도해 보는 '이용자 인게이지먼트'가 굉장히 높은 편"이라고 말했다. 네이버플러스 멤버십에 참여하고 있는 파트너사들의 성장성도 같이 확인되고 있다. 넷플릭스에 따르면 양사 협업 이후 넷플릭스 내에서 연령별, 성별, 지역별로 다채로운 사용성을 확인했다고 밝혔다. 남성 사용자가 증가하고, 경제활동주체인 3549 사용자가 크게 증가했으며, 신규 지역에서의 유입도 늘어났다는 것이다. 넷플릭스 이외에도 네이버플러스 멤버십을 통한 제휴 파트너사들의 성과도 확인되고 있다. 지난해 네이버에 따르면, 롯데시네마를 선택한 사용자들은 출시 초기와 비교해 2배 이상 상승했으며, GS25는 네이버플러스 멤버십 제휴 및 더블혜택 런칭 후 4개월 만에 GS리테일 POP회원 수가 일평균 400%, GS25 네이버페이 결제액이 약 30% 증가했다. 신라인터넷면세점의 경우, 지난해 상반기 네이버플러스 멤버십을 통한 매출이 전체 매출의 60% 이상을 차지하는 등 타사 제휴 프로모션 대비 매출 기여도가 높다고 밝힌 바 있다.

자료원: 네이버플러스 멤버십 제휴 효과(ZDNET Korea, 2025. 4.30).
사진출처: 네이버(http://naver.com).

CHAPTER

3

서비스 마케팅과 차별화

서비스 차별화: 레드오션의 덫에 빠지지 말자

경쟁상황에서 서비스 기업들은 차별화를 강조합니다. 그런데 막상 진행되는 내용을 보면 기존과 크게 다르지 않은 경우가 많습니다. 조금 다르다 싶으면 곧 경쟁자들이 따라 하면서 비슷해지고 맙니다. 고객이 실제 변화를 체감하지 못하는 경우도 많고, 그래서인지 가격인하와 같은 손쉬운 방법에 의존하는 경우가 많습니다. 이럴수록 진짜 차별화를 고민해야만 합니다.

지난 수년간 성장해 온 커피 전문점 시장을 한번 들여다볼까요? 통계청 서비스업 보고서에 의하면 2022년 국내 커피 전문점 수는 10만 개를 넘어서 포화상태에 가깝습니다. 고급커피 전문점과 가성비 시장으로 양분된 가운데, 공정거래위원회가 발표한 가맹사업 현황 통계에 따르면 2023년 기준 국내 커피전문점 브랜드 수는 886개라고 하니, 이름 빼고 과연 얼마나 다를까 싶습니다. 블루오션 전략의 창시자인 김위찬 교수는 기업들에게 경쟁자가 없는 새로운 시장(블루오션)을 창출할 것을 주문하였는데, 아쉽게도 국내 커피전문점 브랜드들은 서로 차별화를 주장하면서도 비슷한 레드오션 브랜드가 된 것 같습니다. 왜 이런 일이 일어난 걸까요? 김위찬 교수는 하버드비즈니스리뷰(HBR)에서 기업이 〈레드오션 함정(Red Ocean traps)〉에 빠지는 여섯 가지 유형을 제시하고 있습니다. 그 가운데 커피시장이 눈여겨볼 사항들에 대해 살펴봅시다.

저가전략: 기업이 빠지기 쉬운 첫 번째 함정은 비용절감(저가) 전략(low cost strategies)이 시장을 창출해 줄 것이라는 생각입니다. 김위찬 교수는 저가와 차별화가 동시에 수반되지 않을 경우 저가 전략은 레드오션의 함정에 빠지기 쉽다는 점을 지적하고 있습니다. 국내 커피시장도 최근 저가시장이 확대되고 있지만 결과는 어떤가요? 메가MGC커피, 컴포즈커피, 빽다방 등 저가 커피 브랜드의 매장 수는 1만 개 이상으로 빠르게 증가하고 있지만 출혈경쟁만 심화되고 있습니다.

산스커피는 대체원두를 사용한 대체커피시장 창출을 통해 차별화를 추구한다.

틈새전략: 기업들은 시장세분화 관점에서 니치마켓을 강조하지만 이러한 틈새전략(niche strategies)이 항상 시장창출을 보장해 주는 것은 아니라는 점에 유의해야 합니다. 물론 작은 브랜드나 후발주자 입장에서 틈새전략은 매우 효과적인 무기가 될 수 있습니다. 그러나 김위찬 교수는 틈새전략은 시장확장과 수익창출 면에서 어려움을 줄 수 있다는 점을 강조하면서, 보다 큰 시장창출을 위한 세분시장의 통합전략(desegmentation) 가능성을 제시합니다.

고객중심 접근: 고객지향성을 반대하는 기업이 있을까요? 그런 의미라기보다는 현재의 고객에만 집중하는 전략이 오히려 시장창출을 방해할 수 있다는 점을 설명하고 있습니다. 블루오션 전략에서 말하는 비고객의 고객화가 필요하다는 설명이지요. 커피를 즐기지 않는 고객들을 상대로 새로운 시장을 열어보자는 의미입니다. 마침 헬시플레저 기조의 영향으로 커피소비에도 건강하고 환경을 위한 제품을 선택하길 바라는 소비자들이 늘면서 대체원두를 사용한 대체커피시장이 성장하고 있다고 합니다. 국내 대체커피시장에서도 산스커피가 인기를 끌고 있다고 합니다.

자료원: Kim, W. C., & Mauborgne, R. (2015). Red ocean traps. *Harvard business review, 93*(3), 68–73.
사진출처: 산스커피(https://sansfoundry.co.kr/ABOUT).

• 서비스 플립러닝 내용은 하단에 있는 QR코드에서 동영상으로 확인할 수 있습니다.

플립러닝 동영상 강의 QR코드입니다.

3.1 서비스 차별화의 원칙

"다른 기업의 서비스를 제쳐두고 당신 회사의 서비스를 사야 하는 이유가 무엇입니까?" 포지셔닝의 개념을 주창했던 잭 트라우트(J. Trout)는 이러한 질문에 명확하게 답할 수 있는 것이 전략적이라는 말로 마케팅에서 차별화의 중요성을 강조한 바 있다. 소비자들은 그들에게 가장 높은 가치를 가져다주는 서비스를 선택하려 한다. 동시에 서비스 마케터들은 갈수록 경쟁사와 차별화된 서비스를 제공하는 것이 어려워진다고 토로한다. 상황이 이렇다 보니 기업들이 제공하는 유사한 서비스들을 마주하는 고객들은 가치획득을 위해서라도 가격에 의존한 선택을 할 수밖에 없는 것이다. 결과적으로 차별화된 서비스 제공에 실패한 기업들은 가격에 의존한 시장경쟁을 이어가야만 하는 악순환을 반복하게 된다.

그림 3-1 서비스 시장의 악순환

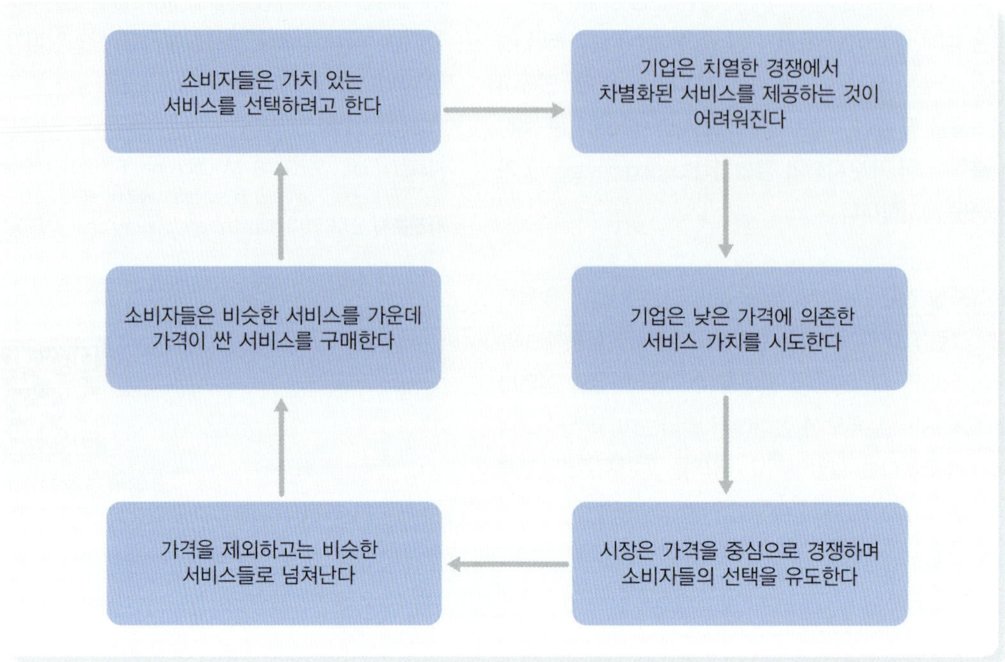

그러나 이러한 가격 중심 서비스 경쟁시장에서도 미국의 집카(Zip Car)는 차량공유(sharing)라는 혁신적인 서비스 콘셉트를 바탕으로 서비스 제공물과 전달과정을 차별화함으로써 기존의 렌터카들과는 다른 방식으로 서비스 시장을 개척하였다. 집카의 회원들은 기존의 렌터카 서비스에서는 불가능했던 시간제 방식으로 차량을 빌릴 수 있고, 무엇보다 인터넷이나 스마트폰으로 손쉽게 예약하고 원하는 장소에서 차량을 빌리고 반납할 수 있는 등 차별적인 혜택을 즐길 수 있다. 기존 중고거래의 문제해결에 집중한 후발주자 당근마켓은 국내 최고 중고거래 플랫폼으로 성장하였다. 당근마켓은 최근 사명을 당근으로 변경하면서 사업확장과 해외진출에 속도를 내고 있나. 앞서 언급한 잭 트라우트의 말을 빌려 이들의 성공 이유를 꼽는다면, 고객들에게 다른 서비스들을 제쳐두고 집카나 당근(마켓)을 이용해야만 하는 분명한 이유를 제시한 것이다.

ATM처럼 24시간 내내 자동차를 쉽고 편리하게 빌릴 수 있는 서비스, 창업자가 전하는 집카(Zip Car)만의 차별적인 모습이다.

당신의 근처(동네) 콘셉트로 기존 중고거래 시장의 불안과 불편을 해소한 당근(마켓)은 누적 가입자 4,300만 명의 중고거래 플랫폼으로 성장하였다.

그렇다면 차별화된 서비스를 제공하기 위해 서비스 기업과 마케터들은 어떤 점에 주의를 기울여야 하는지에 대해 생각해 보자. 첫째, 기업이 시도하려는 서비스의 차별점이 모두 효과적인 것은 아니라는 점을 분명하게 인식할 필요가 있다. 그 이유는 복합적인데, 우선 기업이 선택한 차별점은 소비자에게 편익을 제공함과 동시에 기업의 비용증대를 가져올 수 있기 때문이다. 아무리 좋은 차별화된 서비스라고 하더라도 비용이 너무 많이 수반되는 까닭에 가격을 높여야 한다거나 이익을 얻기 힘든 구조라면 **서비스 차별화**가 갖는 의미는 제한적일 수밖에 없다.

두 번째로 고려할 사항은 기업이 경쟁사들로부터 경쟁우위를 얻을 수 있는 자신만의 차별적 강점이 어떤 것인지를 신중하게 선택하여야 한다는 점이다. 마케터는 **중요성**과 **모방 가능성**이라는 두 가지 원칙을 토대로 차별적 강점을 선택할 필요가 있다.

- **중요성**: 중요성이란 서비스 기업이 선택하려는 차별점이 표적시장 고객들에게 확실한 가치를 제공해야만 한다는 의미이다. 당연해 보이는 원칙임에도 불구하고 기업들이 제대로 대처하지 못하는 경우가 많다. 예를 들면 경쟁 서비스와 다름만을 강조하려다 보면 자칫 고객들의 입장에서는 별로 중요하지 않은 서비스를 제공하는 실수를 범하기 쉽다. 경쟁이 치열한 신용카드 시장에서 한 카드회사가 향기 나는 카드를 출시한 적이 있었다. **오감 마케팅** 차원에서 생각해 낸 차별화의 방안이었겠지만 과연 신용카드 이용 고객들에게 향기 나는 카드가 얼마나 큰 가치를 제공해 주었는지 의문이다. 한편 이러한 중요성의 원칙에도 큰 함정이 있다. 고객들이 경쟁 서비스들 간에 기본적인 중요 속성(핵심 서비스 속성)에서는 큰 차이를 느끼지 못할 수 있다는 점이다. 가령, 이동통신 서비스에서 통화품질이 고객가치에 중요한 속성이기는 하지만 KT, SKT, LGT 간에 별 차이를 보이지 않는다면, 비록 중요한 속성이라고 하더라도 고객들에게는 당연한 서비스가 되어버린 탓에 중요성의 의미는 희석될 수 있다.

- **모방 가능성**: 그런데 만약 중요하기 때문에 경쟁자들이 뛰어들어 쉽게 따라 할 수 있다면 그 의미 역시 곧 사라지고 만다. 중요성이 갖는 두 번째 함정이다. 『블루오션』의 저자(김위찬, 르네 마보안 교수)들은 기업이 경쟁자를 따라잡으려고 반사적으로 움직이다 보면 오히려 자신만의 독특함보다는 경쟁사들의 좋은 서비스를 따라 하게 된다고 설명한다. 따라서 기업은 서비스 차별점을 고려할 때 중요성과 함께 모방 가능성의 정도를 따져봐야 한다. 진정한 차별화는 중요하지만 경쟁자들이 나와 똑같은 차별점을 제공할 수 없거나, 쉽게 모방하기 어렵거나, 내가 경쟁자들과 다른 방법으로 제공할 때 의미가 있는 것이다. 현재 시장에서 중요하다고 생각되는 서비스에만 집중하면서 경쟁자들을 조금 더 앞설 방안을 찾지 말고, 경쟁자들이 생각하지 못하는 중요하고도 차별적인 서비스를 찾으라는 말이다. 이용고객들이 중요하게 생각하는 커피 맛, 접근성, 공간 등에서 대체로 유사한 수준의 서비스를 제공하고 있는 커피 전문점들을 대하다 보면 왜 커피 시장이 레드오션에 빠지고 있는지 이해하게 된다.

그림 3-2 서비스 차별화의 주요 원칙: 중요성과 모방 가능성

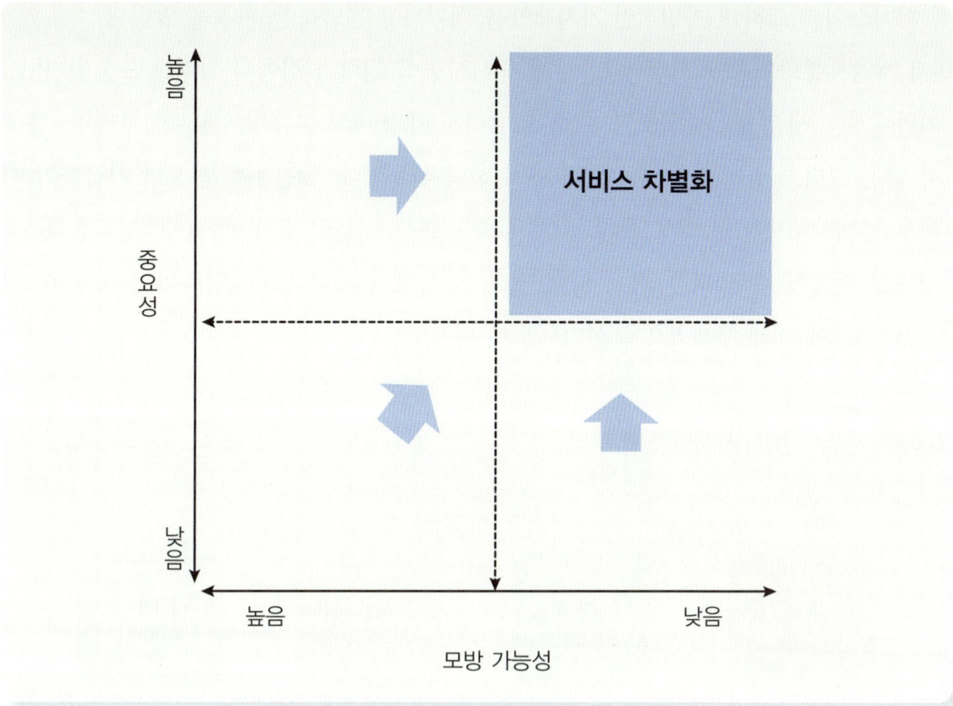

3.2 STP마케팅: 시장세분화와 목표시장 선정

STP마케팅은 차별화를 위한 서비스 기업의 전략적 과정을 설명하고 있다. 먼저 **시장세분화**(market segmentation)는 전체 시장을 서로 다른 욕구를 가진 서비스 구매자집단으로 나누는 과정이다. 시장세분화 단계에서는 서비스 시장을 세분화하는 데 사용되는 여러 가지 기준변수들을 이해하고, 그에 따라 분류된 세분시장별 고객특성(프로파일)을 파악하는 일이 중요하다. 다음으로 **목표시장의 선정**(targeting)은 각 세분시장의 매력도를 평가하고 자사에게 유리한 하나 또는 복수의 시장을 선정하는 단계이다. 이상적으로는 모든 세분시장을 다른 시장으로 보고 서로 다른 마케팅 프로그램을 기획할 수 있어야 하지만, 너무 많은 수의(작은 규모의) 시장을 개별적으로 공략하는 것은 비효율적일 수도 있다는 점에서 목표시장의 선

정이 중요하다. 마지막 단계는 **포지셔닝**(positioning)인데, 이는 표적시장 소비자들의 마음속에 경쟁 서비스와 비교하여 차별적인 가치제안을 계획하고 전달하는 과정을 말한다.

먼저 시장세분화와 목표시장 선정 단계를 시장공략 전략 관점에서 살펴보도록 하자. 서비스 기업에게는 세분시장의 규모나 수준에 따라서 대량(매스) 마케팅, 세분화 마케팅, 틈새(니치) 마케팅, 그리고 일대일 마케팅의 네 가지 선택지가 있다. **그림 3-3** 을 보면 기업들이 시장을 매우 넓게(대량 마케팅), 매우 좁게(일대일 마케팅), 또는 이들의 중간(세분화 마케팅 또는 틈새 마케팅) 정도로 선정할 수 있다는 점을 알게 된다. 다음에서는 서비스 기업들이 선택할 수 있는 시장공략전략에 대해 구체적으로 살펴보도록 하자.

그림 3-3 서비스 기업의 시장공략전략 유형

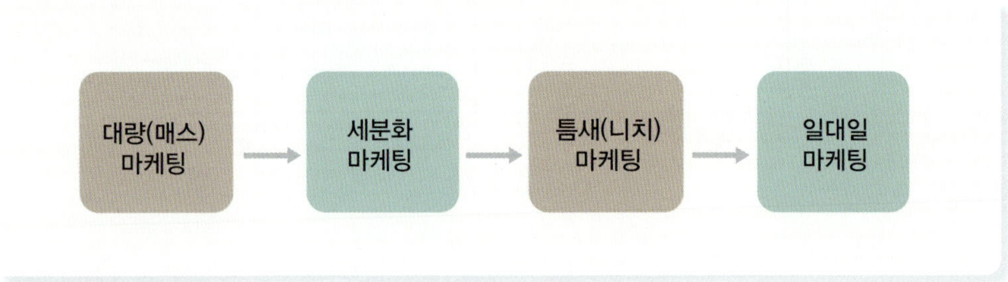

(1) 대량 마케팅

대량 마케팅(mass marketing)은 세분시장 간 차이를 고려하지 않고 하나의 서비스 상품으로 전체시장을 겨냥한다는 점에서 **비차별적 마케팅**으로 불린다. 이러한 대량 마케팅 전략을 선택하는 서비스 기업은 고객욕구의 차이점보다는 공통점에 초점을 맞추게 되는데, 오늘날 모든 고객들을 만족시키는 한 가지 서비스 상품이나 브랜드를 개발하는 것이 어렵다는 점에서 약점이 있을 수 있다.

반면 대규모 이용자 수 확보가 필요한 인터넷이나 모바일 서비스에서는 오히려 초기에 이러한 대량 마케팅을 통한 비차별적인 시장공략이 중요할 수 있다. 2010년 서비스를 시작한 카카오톡은 모바일 인스턴트 메신저(MIM) 서비스로 다수의 이용자들을 한 번에 공략하는 데 성공함으로써 현재와 같은 모습을 갖출 수 있었다. 이러한 대량 마케팅의 효과를 **네트워크 외부성**(network externality) 효과로 부를 수 있는데, 인터넷이나 모바일과 같은 네트워크에 참여하는 사람들의 수가 많으면 참여자의 효용도 그만큼 함께 커지는 현상을 일컫는다. 예를 들어 카카오톡에 참여하는 사람들의 수가 늘어나면 이용자들은 연결 가능한 친구들이 많아진다는 점에서 직접적인 혜택을 얻게 된다. 뿐만 아니라 이용자 수의 증가는 다른 부가 서비스들을 통해 간접적인 혜택을 늘릴 수도 있는데, 카카오톡은 이용자들을 위해서 이모티콘이나 선물하기와 같은 다양한 부가 서비스를 제공하였다.

대량 마케팅을 통해 이용자 수 확보에 성공한 카카오톡은 현재 커뮤니케이션, 쇼핑, 교통, 페이서비스 등 콘텐츠, 커머스 분야에서 다양한 서비스를 제공하는 거대 플랫폼으로 성장하였다.

(2) 세분화 마케팅

세분화 마케팅을 사용하는 기업은 하나 혹은 복수의 세분시장을 공략하기로 결정하고, 각 세분시장별로 서로 다른 서비스 상품을 설계한다. 물론 시장세분화는 모든 상황에 효과적인 하나의 방법만 있는 것은 아니다. 어떤 서비스에 대해서는 효과적인 세분화 기준이 다른 서비스에는 그다지 효과적이지 못할 수 있다. 예를 들면 호텔과 같은 서비스의 경우에는 소득이 효과적인 세분화 변수가 될 수 있지만, 모바일 통신 서비스에 있어서는 오히려 사용량이나 사용빈도가 시장을 세분화하는 데 유용할 수 있다. 따라서 서비스 마케터는 시장을 세분화할 수 있는 다양한 변수를 사용하여 시장세분화를 실시해 보고, 자사의 목적에 가장 적합한 세분화 변수를 활용할 수 있다. 일반적으로 서비스 기업들이 주목해 볼 기준(변수)들은 지리적 변수, 인구통계학적 변수, 소비자 심리(사이코그래픽) 변수, 그리고 행동적 변수가 있다.

① 지리적 서비스 시장세분화

서비스 시장의 경우 다음과 같은 이유로 인해 지리적 시장세분화가 중요한 의미를 갖는다. 첫째, 생산과 소비가 동시에 발생하는 서비스의 특성상 시장수요를 효과적으로 창출할 수 있는 최적의 물리적인 입지를 선택하는 것이 매우 중요하다. 유통업계에서는 사전에 지역특성이나 유동인구 등을 고려한 상권분석을 통해 서비스의 수요창출 가능성을 판단한 후 진출입지를 결정하기도 한다. 둘째, 서비스의 운영능력이나 특색을 고려할 때 서비스의 판매가 유리한 특정 지역에 집중하는 전략이 효과적일 수 있다. 구미 교촌치킨, 강릉 테라로사 커피 전문점의 경우처럼 특정 지역에서 먼저 입지를 다진 후 서비스 지역을 확장해 가는 전략을 취하기도 한다. 셋째, 지리적 시장세분화에서는 때로는 역발상적인 전략이 효과를 거둘 수도 있다. 예를 들면 일부 서비스 기업은 경쟁기업들에 의해 아직 공략되지 않았거나 표면

2019년 한국 시장에 진출한 블루보틀은 서울을 중심으로 입지를 결정한 후, 경기(판교, 수원), 부산, 제주 등으로 확장하고 있다. 사진은 블루보틀 서울 삼청과 부산 민락이다.

달러 제너럴은 최근 고금리와 인플레이션 압력이 지속되는 환경에서 저소득층을 주 타깃으로 하는 기존 시장세분화 구조를 넘어 중산층 이상의 고객층까지 빠르게 흡수하는 합리적 소비 전략으로 성장하고 있다.

적으로 불리해 보이는 지리적 영역에 집중하기도 하는데, 미국판 다이소로 불리는 달러 제너럴(Dollor General)은 미국 내 중소도시나 농촌, 교외 지역에서 19,000여 개의 매장을 운영하면서 가성비 전략으로 성공하였다. 넷째, 제품에 비해 서비스는 유동성을 가지고 있기 때문에 글로벌 시장으로의 진출이 자연스럽다. 항공, 여행, 물류, 방송 등과 같이 세계 각 국가와 지역으로의 진출이 필연적인 서비스들의 경우 지리적 시장세분화는 특히 중요하다.

② 인구통계학적 서비스 시장세분화

서비스 기업은 시장을 연령과 생애주기, 성별, 가족 크기, 소득, 직업, 교육 수준과 같은 인구통계학적 변수에 따라 세분화할 수 있다. 인구통계학적 변수들은 소비자들의 욕구와 필요를 잘 반영할 뿐 아니라 다른 변수들에 비해 고객집단을 구분하기 쉽고 세분시장을 측정하기 쉽다는 점에서 가장 흔히 사용되지만, 서비스 마케터들은 다음 사항들에 특히 주목할 필요가 있다.

- **인구통계학적 변화**: 통계청 자료에 의하면 우리 사회는 이미 초고령 사회로 접어들고 있다. 2020년 15.6%였던 65세 이상 인구 비중은 10년 후인 2030년에는 24.5%에 이를 것으로 전망된다. 인구 고령화에 따라 서비스 기업들은 실버층을 겨냥한 다양한 서비스를 선보이고 있다. 독일의 대형 슈퍼마켓체인 중 하나인 에테카(Edeka)는 고령 소비자

들에게 적합하게 설계된 유통매장 '에테카 50+'를 선보여 좋은 반응을 이끌었다. 구몬이 출시한 시니어 학습지 구독 서비스인 '구몬 액티브라이프'도 시장에서 좋은 반응을 얻고 있다.

구몬 액티브라이프는 과목별 교재 및 방문 선생님이 함께 하는 시니어 전용 구독상품이다.
고객비중은 50대가 43.9%로 높고, 60대(29.2%), 70대(26.8%) 순이다.

- **새로운 세대**: 세대란 같은 시대를 살면서 공통적인 의식을 갖는 연령집단을 말한다. 90년대 중반 이후부터 2000년대에 걸쳐 태어난 젊은 소비자층인 Z세대들은 이전의 연령집단들과는 매우 다른 생활방식과 소비 행태를 보여준다. 이전 80년대생들을 포함하여 MZ세대로 불리우는 새로운 시장을 공략하는 데 성공한 무신사, 지그재그, 에이블리는 패션유통에서 새로운 강자로 자리 잡았다. 최근에는 2010년 이후 디지털 환경에서 태어난 알파세대가 새롭게 부상하고 있다.

- **반대 이용자**: 연령, 성별, 소득과 같은 구분에서 반대자를 겨냥한 서비스는 새로운 시장 창출의 기회가 될 수 있다. 미용시장의 경우 여성과 함께 이용하는 것을 꺼리거나 불편해하는 남성들을 위한 미용실로 세분화되었고, 반대로 커브스(Curves)는 헬스클럽 시장에서 여성 고객들을 위한 전용 서비스로 세분화하여 성공을 거두었다.

남성과 함께 운동하기 불편해하는 여성들을 위한 전용 피트니스클럽인 커브스는 여성 고객들이 운동에 집중하는 서비스 환경을 제공해 준다.

SERVICE MARKETING FOCUS

Z세대들이 패션을 사는 방법: 무신사

〈무지하게 신발 사진이 많은 곳〉이라는 이름으로 2001년 온라인 포털사이트에서 시작한 무신사는 우리나라 최대 온라인 쇼핑 플랫폼으로 성장했다. 무신사가 2조 3,300억 원의 기업 가치를 인정받을 수 있었던 것은 트렌드를 주도하는 역할을 했기 때문이다. 무신사는 단순히 옷만 파는 곳이 아니라 이른바 패피(패션을 좋아하는 사람)들의 놀이터로 불린다. 차별화된 자체 룩북과 사진 등을 선보이고, 자체 매거진에서 콘텐츠를 발굴하며 패션 트렌드를 주도했다. 이런 무신사의 성공은 예견된 일이라는 게 업계 평가다. 앞서 무신사는 2003년 커뮤니티에서 무신사 닷컴으로 발전했다. 2005년에는 패션 트렌드를 소개하는 무신사 매거진을 선보이며 차근차근 성장 계단을 밟았다. 기존 웹사이트에 커머스 기능을 도입해 온라인 편집숍에 발을 들인 것은 2009년이다. 또한 무신사는 2012년 스트리트 캐주얼 브랜드를 입점시켰고 그 다음해 연간 거래액이 100억 원을 돌파했다. 최근 무신사 매출은 2022년 7,085억 원, 2023년 9,931억 원, 2024년 1조 2,427억 원을 기록하는 등 가파르게 증가했다. 핵심인 무신사 플랫폼을 비롯해 여성 패션 중심의 29CM, 해외 중심 글로벌 스토어를 합산하면 매달 플랫폼에 접속하는 이용자가 1,000만 명을 웃돌며 기업공개(IPO)를 계획하고 있다. 시장에서는 10조 원 이상의 기업가치를 평가 받고 있다.

무신사의 성공을 한마디로 표현한다면 콘텐츠와 커뮤니티의 힘이 자연스럽게 커머스로 확대되었다는 점이다. 재미와 개성을 추구하는 Z세대들에게 무신사는 단순한 패션쇼핑몰이 아니라 다양한 콘텐츠와 상품들

을 보고 즐기며 소비하는 라이프스타일 공간이 되고 있다. 무신사 스토어 성수@대림창고(사진)는 한국을 방문하는 외국인 관광객들에게 K-패션 성지로 인기를 끌고 있다. 무신사는 그동안 온라인과 오프라인을 넘나들며 무신사 TV와 매거진, 무신사 스탠다스 매장 확대, 팝업스토어, 유명 브랜드와의 콜라보 등 새로운 도전을 계속해 왔으며, 최근 해외시장을 중심으로 새로운 성장동력을 찾는 노력을 진행 중에 있다.

자료원: 무지하게 신발사진 많던 무신사 2조 3천 억 기업됐다(news1뉴스, 2019.11.12).
패션 플랫폼 '원톱' 무신사 IPO 시동(서울경제, 2025.7.9).

사진출처: 무신사(MUSINSA)

③ 소비자 심리 기반 서비스 시장세분화

서비스 마케터는 구매자들을 **라이프스타일**, 개성과 같은 심리(사이코그래픽, psychographic) 변수에 따라 서로 다른 세분시장으로 나눌 수 있다. 이러한 심리변수에 의한 세분화가 중요한 이유는 동일한 인구통계학적 집단에 속한 사람들이라고 하더라도 라이프스타일이나 개성은 서로 다를 수 있기 때문이다. 실버 시장의 경우 건강하고 적극적인 생활을 즐기는 **액티브 시니어**(active senior)들은 일반 시니어들과 다르다. 라이프스타일에 따른 시장세분화는 일반적으로 광고를 통해 특정 라이프스타일을 보여줌으로써 같은 라이프스타일에 속하거나 속하고 싶어 하는 소비자들로 하여금 동질감을 느끼게 하여 서비스의 구매를 유도하는 방식으로 진행되어 왔다. 대한항공은 '내가 사랑한 유럽'이라는 광고로 여행라이프를 제시하면서 소비자들을 이끌었다. 신용카드 서비스에서는 빅데이터를 활용해서 라이프스타일 집단을 구분한 후 그에 맞는 맞춤형 카드상품을 제시하기도 한다. 최근에는 아예 상품이 아닌 라이프스타일을 판매한다는 브랜드들이 등장하였는데, 일본의 유통 브랜드인 무인양품은 자신들의 핵심가치는 상품이나 디자인이 아니라 '심플라이프' 그 자체임을 강조하고 있다. 그만큼 라이프스타일을 중요하게 생각하는 소비자들이 많아졌다는 반증이다.

④ 소비자 행동적 서비스 시장세분화

기업은 서비스 사용상황, 편익, 사용량(사용여부, 인지), 충성도와 같은 소비자들의 행동과 연관이 있는 변수들을 사용하여 시장을 세분화할 수 있다. 이 과정에서 서비스 기업은 다음과 같은 마케팅 활동들에 주력하고 있다. 첫째, 소비자 행동자료를 포함한 고객관련 빅데이터를 적극적으로 활용하고 있다. 신한카드는 결제금액, 소비 성향, 가맹점 정보 등을 활용하여 고객들에게 적합한 TPO(시간, 장소, 상황)를 예측하여 제공해 주는 초개인화 서비스를 도입하였다. 최근에는 개인의 일상경험, 신체활동, 감정까지 기록하는 **라이프로깅**(lifelogging) 데이터를 활용한 마케팅이

기술 발전으로 라이프로깅 데이터를 활용한 맞춤형 헬스케어서비스 시장이 커지고 있다.

주목받고 있다.

둘째, 서비스 기업은 고객들을 단순히 사용량에 따라 세분화하는 대신 수익성에 따라 세분화하는 방안을 강구하고 있다. 이는 고객에 따라 수익 공헌도가 다르다는 것을 인식하고 차별화된 전략을 취한다는 의미인데, 특히 소수의 고객들이 기업의 매출 또는 이익에서 가장 큰 부분을 차지하고 있다는 점에 주목한다. 이러한 내용은 '80/20' 법칙으로 불리는데, 20%의 고객이 기업 매출 혹은 이익의 80%를 창출한다는 의미이다. 서비스 기업은 우수고객들에게 특별한 대우를 해주는 반면 수익성이 낮은 고객들에 대해서는 더 높은 수익을 창출할 수 있도록 서비스 제공물을 개발하거나 불필요한 비용을 줄이는 노력을 기울일 필요가 있다.

백화점 2025년 VIP 선정 기준
(자료: 각 사, 상위 2개 등급)

백화점	등급	기준
롯데백화점	에비뉴엘 블랙	자체기준 선정
	에비뉴엘 에메랄드	1억원 이상
신세계백화점	트리니티	최상위 999
	블랙다이아몬드	1억2000만원
현대백화점	자스민 블랙	1억5000만원
	자스민 블루	1억원 이상

불황 속에서 백화점들은 매출 기여도가 큰 우수고객(VIP) 관리에 힘쓴다. 롯데백화점은 VIP 라운지(사진: 잠실점 클럽 코라빈)를 재단장하는 등 우수고객 프로그램을 강화하고 있다.

SERVICE MARKETING FOCUS

라이프스타일을 팔아라

〈라이프스타일〉을 핵심가치로 팔아라. 브랜드라면 모두 자기만의 핵심가치를 정하고 판매한다. 쇼핑몰 쿠팡은 빠른 배송을 팔았고 자동차 볼보는 안전을 팔았다. LG전자 고급가전 시그니쳐는 디자인과 프리미엄을 판다. 상품속성일 수도 있고 소비자가 원하는 혜택이나 이미지를 팔기도 한다. '내가 사랑한 유럽'의 대한항공도 라이프스타일을 통해 소비자들의 욕구를 자극하기는 했지만 실제 자기들은 최고의 비행(excellent in flight)이란 서비스를 판다고 말한다. 이런 의미에서 기존의 브랜드들은 자신들을 파는 데 라이프스타일을 활용하기는 했지만, 스스로 라이프스타일을 판다고 전면에 내세우지는 않았다. 최근 라이프스타일을 판다는 브랜드들은 이 부분에서 기존과 많이 다르다. 제품의 본질만 남기고 불필요한 것을 덜어냈다는 '무인양품'이 판매하는 핵심가치는 심플한 디자인이나 가성비가 아니라 바로 심플라이프 그 자체이다. 무인양품 충성고객인 무지러(Mujier)들은 옷을 사고 욕실 용품을 사는 것이 아니라 심플한 생활방식을 사려 하기 때문에, 무인양품에서 파는 것이라면 어떤 제품이라도 좋아하는 것이다.

브랜드화 된 라이프스타일을 팔아라. 라이프스타일은 경험하는 수준에 따라 달라질 수 있다. 종종 나의 라이프스타일과 어울리는 카페나 식당을 만나볼 수 있다. '라이프스타일'이라는 단어를 사용하는 경우도 있지만 그렇지 않더라도 모던하거나 이국적인 실내 디자인이 마음에 들어 '우리 집도 이렇게 해볼까'라는 생각을 하게 된다. 그렇지만 지나면 쉽게 잊힌다. 살면서 만나는 라이프스타일들이 많기 때문이다. 비슷비슷해도 별 감흥이 없다. 아웃도어 패션브랜드들의 광고를 보면 하나같이 자신들이 라이프스타일 브랜드라고 말하고 있다. 등산을 하거나 야외에서 활동적인 생활을 하는 데 유용하기 때문에 수긍은 가는데 어떤 차이가 있는지는 잘 모르겠다. 우연히 만나거나 또는 비슷비슷해서 구별하기 어려운 라이프스타일보다 자신만의 라이프스타일을 파는 것이 중요하다. 브랜드화 된 삶의 방식(branded life-experience)을 경험하게 하는 것이다. 나이키는 더 이상 신발장에 보관하는 러닝화에 머물지 않는다. 러닝화와 함께 제공되는 어플(나이키+)을 통해서 소비자들은 달리기에 대한 체계적인 관리부터 달리는 순간 주변 사람들의 응원 목소리까지 생생하게 전달받는다. 다른 스포츠 브랜드를 신고 달릴 때 경험할 수 없는 이야기들이다. 나이키(+)만의 브랜드화 된 경험을 통해 진짜 나의 달리는 라이프가 가능해진다.

자료원: 김해룡, 안광호(2019), 감정을 팔아라, 원앤원북스.

나이키는 러닝화와 함께 제공되는 어플을 통해 나이키만의 브랜드화 된 라이프스타일과 경험을 판매한다.

(3) 틈새 마케팅

틈새 마케팅은 기업의 자원이 제한적일 때 매우 매력적이다. 따라서 소규모 사업자들이 많은 서비스 시장의 특성상 이러한 집중적인 마케팅은 효과적일 수 있다. 틈새시장 전략은 소규모 기업들로 하여금 대규모 경쟁자들이 중요하게 여기지 않거나 간과할 수 있는 틈새를 상대적으로 제한된 자원을 가지고 집중할 수 있게 함으로써 이들과 경쟁할 수 있는 기회를 제공한다. 또한 어느 정도 성장하게 되면 틈새시장 브랜드들 역시 보다 넓은 시장에서 경쟁할 수 있다. 예를 들어, 사우스웨스트(Southwest) 항공사는 텍사스 주(州) 내 여행자와 통근자를 대상으로 사업을 시작했지만, 지금은 미국에서 가장 큰 항공사 가운데 하나가 되었다. 신선식품을 대상으로 새벽배송 시장을 개척한 마켓컬리 역시 대규모 유통기업들이 간과한 틈새시장 공략에 성공한 경우이다. 서비스 기업에게 이러한 틈새시장 전략은 지역 브랜드(local brand) 차원에서 효과적일 수 있다. 지리적 시장세분화에서도 언급하였지만 특정 지역에 밀착한 서비스들은 대규모 기업과의 경쟁을 피할 수 있으며 지역 고객들과의 관계를 토대로 더욱 효율적이고 경쟁력 있는 차별화된 서비스를 제공할 수 있다. 또한 인터넷이나 모바일 경제가 활성화되면서 많은 소규모 사업자들에게 이러한 틈새시장을 공략하는 일이 한결 수월해지고 있다. '아이디어스'는 핸드메이드 시장이라는 틈새 공략에 성공하면서 국내 2,000만 명 이상이 사용(다운로드)하는 전문 플랫폼으로 성장하였다.

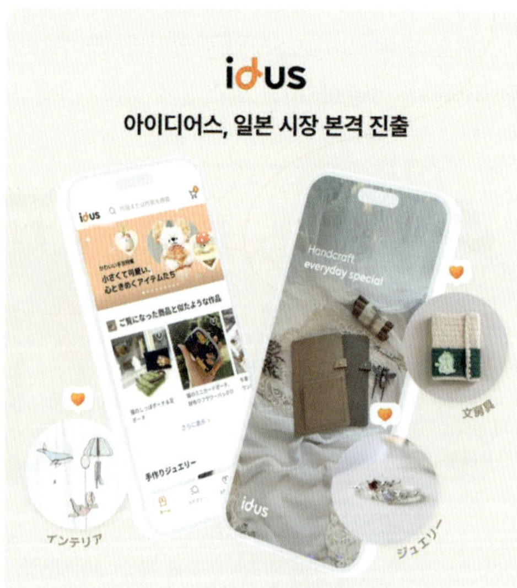

핸드메이드 플랫폼 아이디어스는 최근 국내를 넘어 일본 등 해외시장 개척에 나서고 있다.

SERVICE MARKETING FOCUS

스포티파이의 성공비결: 큐레이션 서비스

음악 플랫폼들의 경쟁 전략이 양보다 질로 바뀌고 있다. 과거 더 많은 음원을 확보하는 데 주력했다면 이제는 사용자 입맛에 꼭 맞는 곡을 추천해 주기 위한 인공지능(AI) 큐레이션 경쟁이 보편화되고 있다. 단순 추천을 넘어 취향 설계가 향후 음악 플랫폼의 경쟁 포인트가 될 것이라는 평가가 나온다. 그 가운데 〈큐레이션〉으로 글로벌 시장 1위에 오른 스포티파이의 서비스를 살펴보자.

스포티파이(Spotify)는 일찌감치 음악추천에 주력해 경쟁사와의 차별화를 꾀했고, 점유율 기준 세계 1위 음원 플랫폼으로 자리매김했다. 전 세계 스포티파이 사용자는 6억 7,800만 명에 달하며, 이 중 유료 구독자만 2억 6,800만 명이다. 세계 음원 시장 점유율은 약 30%로, 텐센트 뮤직(약 14%), 애플 뮤직(약 12%), 유튜브 뮤직(약 10%)을 앞서고 있다. 스포티파이는 인공지능(AI)과 머신러닝, 데이터 분석 기술을 접목한 알고리즘으로 사용자가 좋아할 만한 곡을 골라낸다. 사용자의 재생 기록, 건너뛰기 횟수, 저장한 곡, 특정 곡의 반복 청취 횟수, 좋아요 수와 같은 다양한 행동 데이터를 수집 · 분석한 뒤 비슷한 취향을 가진 사용자끼리 분류하고 이를 토대로 새 음악을 추천한다. 매주 월요일마다 스포티파이가 선보이는 디스커버 위클리(Discover Weekly)는 이 알고리즘을 사용해 사용자가 한 번도 들어보지 않았지만 좋아할 가능성이 높은 30곡을 선별한다. 이 과정에서 인기 가수의 신곡이나 음원 차트 상위권에 이름을 올린 '히트곡' 위주로 추천이 몰리는 것을 방지하기 위해 사람이 개입한다. 하루에 기본 2~3시간은 신곡을 포함한 다양한 음악을 듣고 음원을 발굴하는 일을 전업으로 하는 에디토리얼팀이 스트리밍 데이터가 충분하지 않은 곡이나 가수, 새롭게 떠오르는 음악 장르에서 '진흙 속 진주' 같은 곡을 찾아내 띄우는 역할을 한다. 이들은 음악 레이블과 가수와 만나 업계 흐름을 읽고 수많은 공연을 다니면서 최신 음악 트렌드를 담색한다.

스포티파이는 AI 기반 추천 기술을 고도화하기 위해 챗GPT 개발사인 오픈AI의 기술을 활용했고, 런던 기반 AI 음성 스타트업 소난틱을 인수했다. 이를 토대로 구축한 생성형 AI 기반의 'AI DJ' 기능을 최근 40개국 이상으로 확대하면서 맞춤형 큐레이션을 강화하고 있다.

자료원: 음악 플랫폼, AI로 취향 설계한다(아주경제, 2025.7.7).
유튜브 · 스포티파이 · 멜론, 맞춤형 큐레이션 경쟁(조선비즈, 2025.7.7).
사진출처: 스포티파이(http://open.spotify.com).

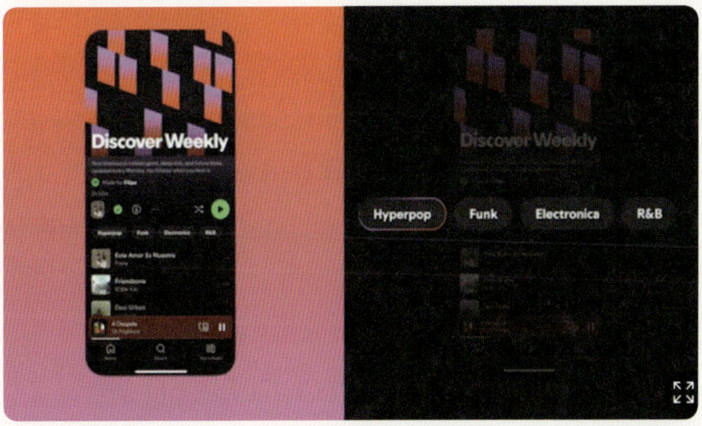

(4) 일대일 마케팅

일대일 마케팅은 개별 고객의 욕구와 선호에 서비스 상품과 마케팅프로그램을 맞추는 개인화된 마케팅이다. 인터넷이나 모바일 서비스에서 강조되는 추천 서비스가 이러한 일대일 마케팅의 대표적인 사례이다. 멜론이나 넷플릭스와 같은 콘텐츠 서비스 제공자들은 이용 기록이나 선호도 등을 바탕으로 고객들에게 개인화된 추천 서비스를 제공하고 있는데, 이러한 추천 서비스는 인공지능(AI)을 기반으로 더욱 정교해지고 있다. 그런데 이러한 개인화된 서비스들은 엄밀한 의미에서는 **대량맞춤**(mass customization)에 해당된다. 대량맞춤이란 기업이 대량생산을 기반으로 하되 고객의 개별 욕구에 맞춰진 제품이나 서비스를 디자인하기 위해 다수의 고객들과 일대일로 상호작용하는 과정이다. 최근에는 이러한 추천 서비스가 큐레이션(curation)이란 이름으로 불리기도 한다. 큐레이션 서비스는 넘쳐나는 정보, 콘텐츠, 상품의 홍수 속에서 고객들의 취향이나 선호를 바탕으로 서비스 제공자의 전문성을 더해서 제공하는 선별적인 맞춤 서비스를 의미한다. 예를 들어 스낵24에서는 기업고객들을 대상으로 간식 큐레이션 서비스를 제공하고 있으며, 메가박스는 회원고객들을 대상으로 영화를 선별하여 추천해주는 큐레이션 서비스를 제공하고 있다. 멜론, 스포티파이와 같은 음악 듣기 서비스는 이러한 큐레이션 서비스의 격전장이 되고 있다.

3.3 STP마케팅: 서비스 포지셔닝

서비스 포지셔닝은 소비자들의 인식 속에 자사의 서비스가 경쟁사에 대비하여 차지하고 있는 차별적인 위치를 구축하기 위한 활동이다. 서비스 마케터는 차별화된 **가치제안**(value proposition) 혹은 **서비스 콘셉트**(service concept)를 개발하고, 이를 표적고객의 마음속에 자리매김함으로써 경쟁우위를 확보할 수 있다. 여기서 가치제안 혹은 서비스 콘셉트는 기업이 고객에게 제공하는 서비스(제공물)에 대한 약속이다. 기업이 포지셔닝 전략을 선택하고 실행하는 과정은 경쟁(차별적)우위의 발견, 차별적 포지셔닝(서비스 콘셉트) 구축, 유지·강화/변화관리와 같은 3단계를 거치게 된다. 결국 서비스 기업의 포지셔닝 전략은 장기적인 관점에서 자신만의 차별화된 브랜드 콘셉트를 관리해 가는 과정과 다르지 않다.

그림 3-4 서비스 포지셔닝 전략 3단계

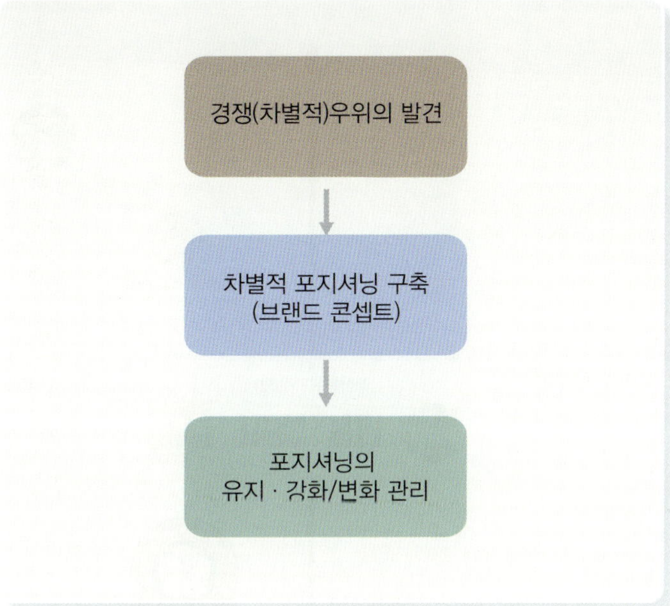

(1) 경쟁우위의 발견

마케팅 실무에서 **포지셔닝 맵**(또는 **지각도**)는 경쟁우위를 발견하는 데 유용하게 활용된다. 포지셔닝 맵은 소비자들이 대안을 평가하는 데 중요하게 생각하는 차원(속성)에 따라 서비스나 브랜드의 상대적인 위치를 2차원(또는 다차원)상의 공간 안에 나타낸 것이다. 바꾸어 말하면 포지셔닝 맵에 표시된 각 서비스들의 위치는 주요 속성에서 해당 서비스가 얼마나 강점과 약점을 지니고 있는지를 보여주고, 나아가 서비스들 간의 거리를 토대로 소비자들이 어떤 경쟁 서비스들을 더 유사하게 지각하는지를 판단하는 데 사용된다. **그림 3-5**는 가격과 매장분위기를 차원(축)으로 그려본 커피 전문점의 포지셔닝 맵이다.

그림 3-5 커피전문점 포지셔닝 맵: 가격 대 매장 분위기

그림 3-5는 가격과 매장분위기를 축(주요속성)으로 해 작성된 커피전문점 포지셔닝 맵이다. **그림 3-5**를 보면 고가와 중저가 시장으로 구분된 국내 커피 전문점 시장의 경쟁구도를 파악해 볼 수 있다. 이러한 포지셔닝 맵을 통해 스타벅스는 가격보다는 매장환경에서 경쟁우위를 확보하고 있는 반면, 이디야와 메가커피 등은 가격경쟁력에서 우위를 점하고 있음을 확인할 수 있다. 그런데 현명한 서비스 마케터라면 포지셔닝 맵을 활용한 경쟁우위의 발견 단계에서 중요하고도 차별적인 속성을 토대로 포지셔닝 맵을 작성해야 한다는 점에 유의해야만 한다. 커피시장에서 가격(저렴한 가격)은 중요한 축(속성)임에는 틀림없지만 다른 경쟁자들이 쉽게 뛰어들 수 있기에 경쟁우위를 유지하기가 쉽지 않을 것이다. 이 결과 메가커피, 빽다방, 컴포즈커피와 같은 저가 브랜드의 경쟁이 치열해지고 있고 이디야의 가격 포지셔닝 위치는 애매해졌다. 만약 완전히 무료(공짜)인 커피 전문점이 등장한다면 시장의 구도는 어떨까? **그림 3-5**의 하단에 위치한 시루 카페(Shiru Cafe)는 일본에서 무료 커피 전문점으로 성공을 거두었다. 기존의 커피 전문점들이 전혀 생각하지 못한 파괴적인 속성으로 경쟁우위를 확보한 경우이다. 대학가 근처에 위치한 시루카페는 기업후원을 받아 운영되는데, 커피 전문점을 매개체로 하여 학생(구직)과 기업(구인)을 연결시켜주는 형태로 차별화에 성공하였다. 시

루 이야기는 〈SERVICE MARETING FOCUS〉에서 자세히 살펴보도록 하자.

(2) 차별적 포지셔닝 구축

서비스 기업은 다양한 기준에서 자사의 서비스를 포지셔닝 시킬 수 있다. 여기서는 서비스의 속성/편익, 서비스의 가격/품질, 서비스의 사용상황(과 체험), 서비스 사용자, 경쟁자에 기반을 둔 포지셔닝에 대해서 살펴보도록 한다.

① 서비스 속성/편익 포지셔닝

서비스 기업은 서비스 속성 혹은 편익에 따라 자신을 포지셔닝 할 수 있다. 그런데 이러한 서비스 속성과 편익은 서비스 품질의 구성요소와 밀접한 관련을 갖는다. 따라서 마케터는 서비스 품질의 주요 차원을 파악하고, 각 차원을 구성하는 구체적인 서비스 품질 속성들을 찾아 포지셔닝에 활용할 수 있다. 젯블루 항공(Jet Blue)은 여유 있는 좌석 공간, 세련된 디자인(유형성), 그리고 프로세스 개선을 통한 빠른 서비스(응답성)를 강조하면서 서비스 품질 차원을 강조한 차별적인 포지셔닝을 추구하였다. 서비스 품질 차원은 12장에서 자세하게 다룬다.

젯블루는 IDEO와의 디자인 컨설팅을 통해 고객에게 더 많은 공간을(Even more space), 고객에게 더 빠른 서비스를(Even more speed) 제공한다는 점을 강조하였다.

한편 **속성/편익 포지셔닝**에서는 경쟁사보다 특정 속성/편익을 빠르게 선점하고 이를 고객들에게 효과적으로 전달하는 것이 중요하다. 유통기업들이 저마다 빠른 배송을 내세우고 있지만 고객들은 처음인 쿠팡의 로켓배송을 우선 떠올린다. 신선함을 강조한 마켓컬리의 샛별배송도 같은 경우이다.

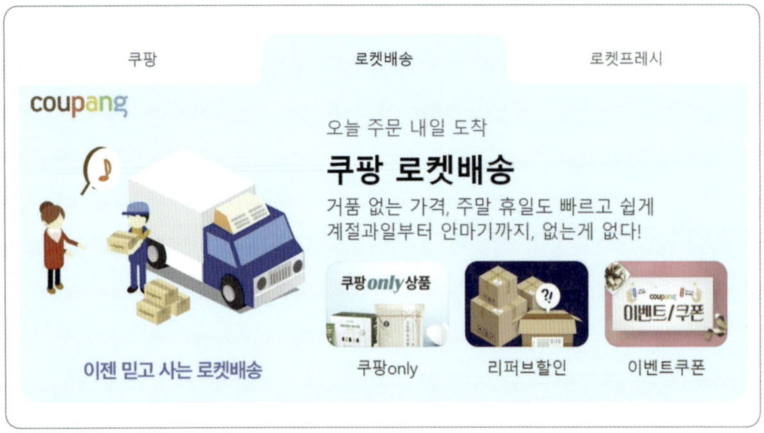

로켓배송(속도)과 샛별배송(신선)을 선점해서 커뮤니케이션에 성공한 쿠팡과 마켓컬리

② 서비스 가격/품질 포지셔닝

양극화된 소비시장에서 가격/품질에 대한 명확한 포지셔닝은 소비자들의 구매동기를 자극하는 데 효과적이다. 아일랜드의 라이언항공은 좁은 좌석과 기본 서비스만을 제공하는 대신 항공운임이 확실히 저렴한 **가격/품질 포지셔닝**에 성공하면서 저가 항공사의 대명사가 되었다. 그런데 이와 관련해서 저가 포지셔닝을 추구하는 서비스 기업은 특별히 유의할 점이 있다. 첫째, 저가 포지셔닝이라도 무조건 가격만 싸다고 해서 성공하는 것은 아니라는 점이다. 알리, 테무, 쉬인 등 중국의 온라인 업체들은 강력한 초저가 전략으로 글로벌 유통시장을 공략하는 데 성공하고 있는데, 만약 계속해서 품질이나 안전에 문제가 제기된다면 지

라이언항공의 저가 포지셔닝 성공은 단순히 가격만 싸서가 아니다. 비용절감, 수익원 창출 노력, 그리고 기본적인 서비스 품질이 뒷받침되었기 때문이다.

속성을 갖기 어렵다. 둘째, 저가경쟁이 치열해지면서 현재의 저가 포지셔닝의 위상을 상실할 가능성이 있다는 점이다. 앞서 설명하였듯이 한때 저가커피의 대명사였던 이디야커피는 가격 경쟁 상황이 변하면서 저가 포지셔닝을 추구하는 경쟁사들 사이에서 가격으로만 보면 애매모호한 위치가 되어버렸다.

한때 저가커피의 대명사였던 이디야커피는 광고모델 변경, 콜라보 등 마케팅을 강화하고 있지만, 명확한 포지셔닝 전략이 필요해 보인다.

③ 서비스 사용상황(체험) 포지셔닝

사용상황(occasion)에 따른 포지셔닝 전략은 종종 **TPO 포지셔닝** 혹은 마케팅으로 불리기도 한다. Time(시간), Place(장소), Occasion(사용상황)에 따라 차별적인 고객가치를 제안함으로써 차별화된 마케팅을 펼치는 전략이다. 맥도날드는 맥모닝이라는 서비스 상품을 새롭게 출시하면서 아침시장을 공략하였는데, 이처럼 TPO 포지셔닝은 기존의 서비스를 새로운 시장으로 확대하는 데 효과적일 수 있다. 서비스 상품의 본질이 체험이라는 점에서 사용 상황과 연계한 서비스 체험 포지셔닝으로의 확대도 고려할 만하다. 바쁜 일상에서 드라이브 스루(DT)가 소매유통의 중요한 고객접점이 되고 있는 상황에서, 맥도날드는 전용상품 출시, 맥드라이브 VIP클럽 등 맥드라이브 전략을 강화하고 있다. 이와 관련한 맥도날드의 최근 광고는 드라이브 스루 사용상황과 고객체험을 잘 연결시키고 있다.

맥도날드 광고는 바쁜 아침 출근하는 남자에게는 몸도 마음도 기운찬 아침을, 아이들 육아에 지친 오후 엄마에게는 속 시원한 오후의 맥드라이브 체험을 전해 줌으로써 드라이브 스루 사용상황과 고객체험을 잘 연결시키고 있다.

④ 서비스 사용자 포지셔닝

서비스 기업은 특정 사용자 집단을 위한 서비스 상품을 제공하는 것으로 포지셔닝 할 수 있다. 현대카드의 더블랙은 VVIP 고객들을 위한 신용카드로 포지셔닝하고 있다. 모바일 커뮤니티로 알려진 블라인드나 에브리타임은 각각 직장인들과 대학생들만 이용할 수 있는 서비스로 성공을 거두었다. 이러한 **사용자 포지셔닝**은 서비스의 목표시장을 분명히 한다는 점에서 매력적이지만 특정 사용자에게 차별적인 가치 제안을 확실히 제시해야만 한다는 과제가 있다.

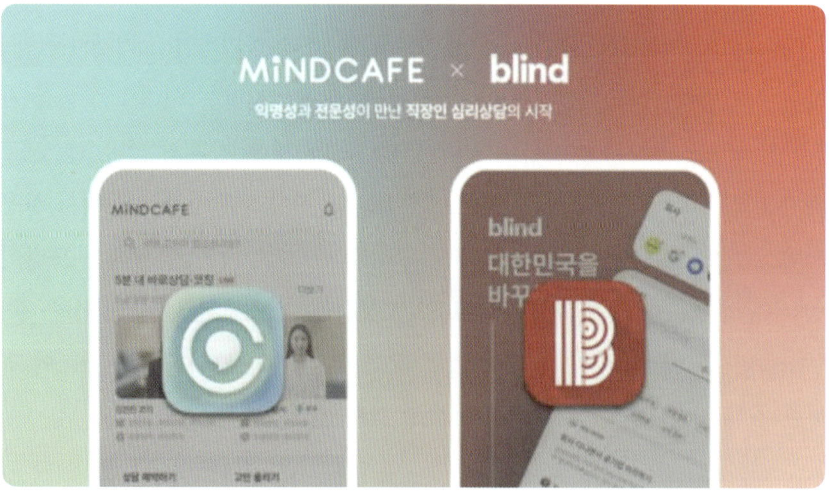

직장인 전용이라는 사용자가 명확한 온라인 커뮤니티 블라인드는 공동 마케팅에 효과적인 공간이다. 마인드카페는 직장인을 상대로 심리상담을 블라인드와 함께 진행한다.

⑤ 서비스 경쟁자 포지셔닝

시장에는 언제나 경쟁자가 존재하기 마련이다. 이러한 경쟁구도에서 후발주자나 약세에 있는 브랜드들은 흔히 선발주자와의 비교를 통해 자신을 드러내는 경우가 많다. 렌터카 회사인 에이비스(Avis)의 '우리는 2위입니다. 그래서 최선을 다합니다.'라는 광고전략은 업계 1위인 허츠(Hertz)를 따라잡기 위한 서비스를 위해 노력한다는 진정성 있는 메시지를 잘 전달함으로써 고객들의 신뢰를 구축하는 데 효과적이었다. 버거킹은 종종 위트 있는 비교광고를 통해 맥도날드와의 경쟁구도를 의도적으로 고객들에게 인식시킨다. 미국시장에 진출한 현대자동차의 공유 서비스 역시 우버나 택시보다 저렴하다는 메시지를 전달하는 데 주력하였다.

한편 경쟁자와의 비교를 하기보다는 오히려 기존의 경쟁자들과는 전혀 다른 새로운 서비스임을 강조하는 **카테고리 포지셔닝** 전략을 생각해 볼 수 있다. 이러한 전략을 **범주적 차별화**(categorical differentiation) 전략이라고 부르기도 한다. 핀테크 기업 토스, 카카오는 은행이 아닌 금융 슈퍼앱을 강조한다.

(3) 포지셔닝 관리

서비스 포지셔닝은 시작만큼이나 지속적인 관리가 중요하다. 한때 제빵 프렌차이즈 1위였던 크라운 베이커리는 2000년대 이후 쇠락의 길을 걸으며 사라진 반면 파리바게트는 시장의 변화에 잘 대응하면서 지금까지 그 위상을 잘 유지해 오고 있다. 이처럼 서비스 브랜드는 트렌드에 따라 소비자들이 민감하게 반응한다는 점에서 장기적인 관점에서 포지셔닝 관리를 해나가는 것이 무엇보다 중요하다.

① 포지셔닝의 유지 및 강화

브랜드 포지셔닝의 유지 및 강화, 즉 기존 포지셔닝의 관리 관점에서 앞서 언급한 파리바게트의 경우를 살펴보자. 1988년 광화문 1호점을 시작으로 국내 제과·제빵 프렌차이즈 시장을 개척해 온 파리바게트는 소비 트렌드의 변화에 따라 단순히 제과·제빵에 머물지 않고 카페형 베이커리로 서비스 콘셉트를 확장해 왔으며, 파리크라상이라는 고급형 매장을 함께 운영하면서 소비자들의 인식 속에서 브랜드 포지셔닝을 강화해 왔다. 2014년에는 빵의 본고장인 프랑스 파리에 샤틀레점을 개점하였고 아시아, 미국, 유럽 등 각지에 매장을 확대하면서 글로벌 브랜드의 위상을 키워가고 있다. 이처럼 서비스 마케터들은 초기에 설정한 서비스

SERVICE MARKETING FOCUS

일본 시루카페(SHIRU Café)의 차별적 포지셔닝

커피시장이 성장하면서 커피 전문점 브랜드마다 커피 맛, 공간, 가격, 편의성에서 차별적인 포지셔닝을 차지하기 위한 경쟁이 치열하다. 이 가운데 일본의 시루카페는 무료(공짜)라는, 기존의 커피 전문점이 생각하지 못한 파괴적 속성으로 일본시장에서 성공을 거두었다. 시루카페의 공짜전략이 어떻게 가능했을까? 시루카페는 입지적으로 일본 대학가에 위치하고 있다. 목표고객을 확실하게 대학생으로 정한 이유이다. 시루카페는 대학생들이 이용하는 무료커피 전문점이라는 모습이지만 실제는 대학생과 기업을 연결해 주는 구인-구직 매칭플랫폼 역할을 한다. 인재 영입을 위한 채용활동을 진행하는 기업에게 공간대여와 모집(대학생)을 대행해 주면서 안정적인 수익(후원)을 확보한다. 덕분에 대학생들에게 무료로 커피와 공간을 제공한다. 무료 커피와 공간뿐 아니라 취업정보와 면접기회를 얻는다는 점에서 대학생들에게 시루카페는 카페 그 이상의 공간이다. 시루카페는 현재 일본과 인도에서 25개 카페를 운영하고 있고 150개 이상의 기업 후원사를 확보하고 있다. 학생들에게 직업의 세계를 이해하고 미래진로를 설계하는 공간을 제공하겠다는 시루카페의 비전(to create a place where students can learn about the professional world and envision their future careers)이 카페라는 모습으로 실현되고 있다.

자료원: 시루카페 홈페이지.
사진출처: 시루카페(https://global.shirucafe.com).

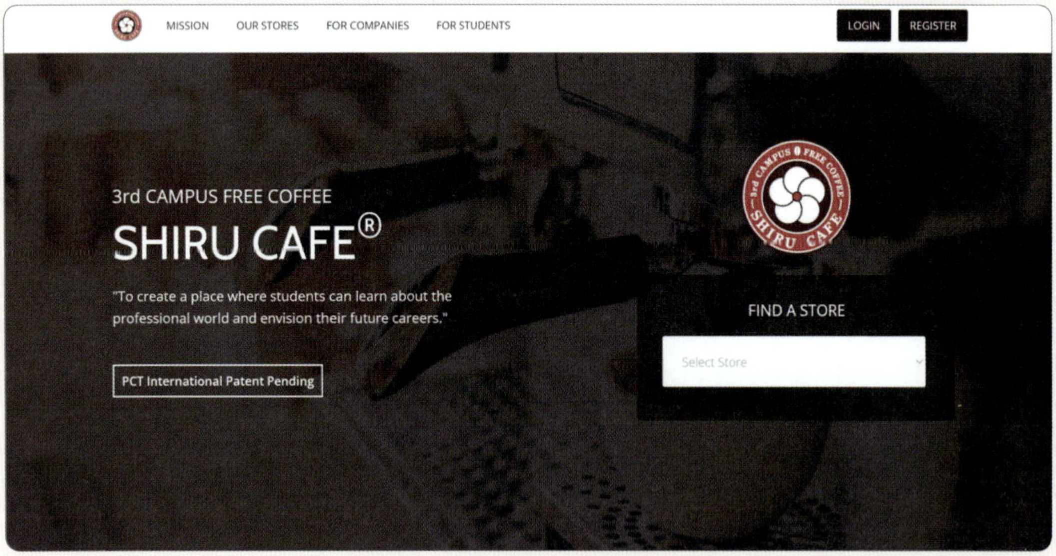

콘셉트를 시간에 따라 더욱 정교화하고 강화시켜가는 방향에서 브랜드를 관리해야만 한다.

1945년 제과점 상미당을 전신으로 출발한 SPC그룹의 파리바게트는 1988년 광화문 1호점을 시작으로 3,400여 개 매장이 운영되고 있다. 최근 국내시장의 포화로 해외진출에 힘을 쓰고 있다.

② 서비스 리포지셔닝

서비스 마케터는 상황에 따라서 초기의 서비스 콘셉트에 변화를 주면서 차별점을 새롭게 찾아갈 필요가 있다. **서비스 리포지셔닝**(repositioning)이란 브랜드의 경쟁적인 차별점에 대한 변화를 통해 새로운 포지션을 확보하는 작업이다. 국내 프로야구 관중 천만시대를 맞아 각

서비스 리포지셔닝의 예: 모텔 예약 앱 야놀자는 인터파크와 합병하여 일상의 모든 여가경험을 아우르는 종합 여가 플랫폼 〈놀 유니버스〉를 출범시켰다.

구단별 경기장은 이전과는 많이 달라진 모습을 보여준다. 단순히 야구경기를 관람하는 장소에서 벗어나 남녀노소, 가족, 연인 등 다양한 관람객들이 와서 야구경기를 보며 체험하고 즐길 수 있는 공간으로 변신하면서 새로운 차별점을 찾아가고 있다. 모텔 예약 앱으로 출발한 야놀자는 지속적인 사업확장을 통해 종합 여가 플랫폼으로 변신하였다. 이러한 서비스 리포지셔닝은 침체된 브랜드의 경쟁력을 현재에 되살린다는 의미에서는 **브랜드 재활성화**(brand revitalization) 작업으로 볼 수 있는데, 영풍문고가 그 한 예이다. 1992년 종각본점으로 시작한 영풍문고는 교보문고와의 경쟁에서 뒤처지면서 브랜드의 활력을 잃었다. 그러나 최근 영풍문고는 분당 서현, 스타필드 하남, 용산 아이파크와 같은 지역거점을 중심으로 라이프스타일 문화공간으로 재탄생하면서 새로운 활력을 찾아가고 있다.

3.4 비즈니스모델과 차별화 전략

공유 서비스 시대를 개척한 우버, 에어비앤비부터 배달혁신을 가져온 배달의 민족에 이르기까지 불과 몇 년 사이에 새로운 서비스들이 속속 등장하면서 기존의 서비스 경쟁자들을 긴장시키고 있다. 그런데 이런 서비스들은 결코 기존에 없었던 새로운 서비스 산업이 아니다. 택시 운송(우버), 숙박(에어비앤비), 배달 서비스(배달의 민족)는 이미 오래전부터 있어 왔던 서비스 분야이다. 단지 이들은 기존 서비스 경쟁자들과는 전혀 다른 방식으로 사업을 운영하는 방법을 찾았다는 점에 주목할 필요가 있다. 우버와 에어비앤비는 승용차와 주택 소유자들을 활용하는 공유방식으로 새로운 서비스를 만들어냈으며, 배달의 민족은 전단지 수준에 머물던 주문광고를 모바일로 집적시켰다.

서비스 기업은 기존의 서비스를 어떻게 하면 새로운 방식으로 고객들에게 제공할 수 있는가를 고민해야만 한다. 이런 점에서 비즈니스모델에 대한 이해는 매우 중요하다.

(1) 비즈니스모델의 이해

비즈니스모델이란 용어는 인터넷 시대에 창업가들이 투자자들에게 사업계획을 설명하면서 자주 쓰이는 용어가 되었다. 흔히 **수익모델**(돈 버는 방법)과 혼용되기도 하지만 실제로는 어떤 고객들에게 어떤 가치를 어떻게 창출하여 제공함으로써 수익을 얻을 것인가를 설명하는 포괄적인 개념이다. 서비스 기업 관점에서 말한다면 어떤 서비스를, 어떤 방식으로 생산(운영)하며, 누구에게 어떻게 제공해서, 또한 어떤 방법으로 수익을 얻을 것인가에 대한 종합적인 설계도라고 표현할 수 있다. 앞서 살펴보았듯이 우버, 에어비앤비, 배달의 민족 등은 기존의 서비스 경쟁자들과는 다른 차별적인 비즈니스모델을 선보였다는 특징이 있다.

그런데 만약 지금 새로운 서비스 사업을 구상하고 있다면 어떻게 자신의 비즈니스모델을 설명할 수 있겠는가? 이를 위해서는 비즈니스모델의 구성요인들을 이해할 필요가 있다. 알렉산더 오스터왈드(A. Osterwalder)는 **비즈니스모델 캔버스**(BMC)를 소개하면서 가치제안을 중심으로 내부관점(핵심 파트너, 핵심 활동, 핵심 자원, 비용구조)과 외부관점(고객관계, 마케팅채널, 고객 세그먼트, 가치제안, 수익 흐름)에서 아홉 가지 비즈니스모델의 구성요소들을 제안하였다. 보스턴컨설팅 그룹(이병남)에서는 세 가지 가치제안 요소와 세 가지 운영모델로 이루어진 비즈니스모델을 제안하였다(**그림 3-6** 참고). **그림 3-6**에서 보듯이 가치제안은 어떤 고객들에게 어떤 서비스를 제공하여 어떻게 수익을 창출하는가를 설명하는 반면, 운영모델은 이러한 가치제안을 고객들에게 어떻게 전달하는가의 문제로서 가치사슬, 비용모델, 기업조직을 하위 구성요소로 둔다.

그림 3-6 비즈니스모델 구성요소

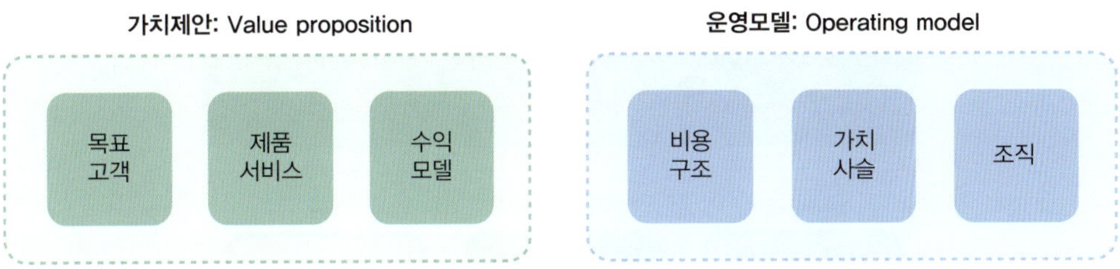

자료원: 이병남(2011). 과거 아이디어의 덫에서 과감히 벗어나라. *Dong-A Business Review*, 72, 18–24.

(2) 비즈니스모델의 차별화

앞서 살펴본 가치제안의 하위 구성요소 관점에서 비즈니스모델의 차별화를 위한 고려사항들을 살펴보도록 하자.

① 목표고객 세분화

동영상 사이트 유튜브(Youtube)에 이어 틱톡(Tiktok)이 세계적으로 인기를 끌고 있다. 틱톡은 짧은 동영상(short form mobile video)을 올리기에 최적화된 서비스로 전 세계 10대 이용자들의 열렬한 지지를 받고 있다. 최근에는 유튜버에 이어 틱톡에 영상을 올리며 스타로 거듭나는 틱톡커들도 등장하고 있다. 틱톡은 유튜브와 같은 영상 서비스를 제공하면서도 목표고객의 연령대를 세분화하고 10대 고객을 겨냥한 서비스 차별화로 새로운 가치제안에 성공한 셈이다. 이용자 확보에 성공하면서 틱톡은 광고와 쇼핑이라는 확실한 수익모델까지 확보하였다.

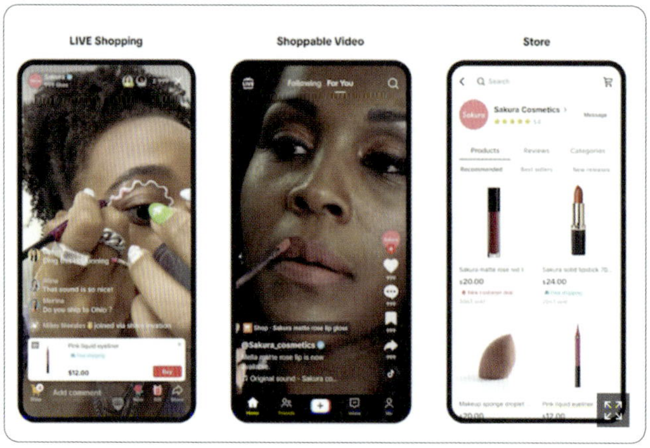

10대 중심의 틱톡은 최근 사용연령 확대 및 틱톡샵을 강화하면서 커머스 중심의 수익 모델에 주력하고 있다.

② 기존고객에게 새로운 가치제안(제품과 서비스 제공)

애플은 기존의 스마트기기 제조회사에서 서비스 기업으로 변신을 선언하였다. 전 세계 10억 이상의 애플 기기 이용자들을 대상으로 비디오 스트리밍 서비스(애플 TV, 게임 등)를 구독시키겠다는 전략이다. 애플은 기존고객들을 대상으로 새로운 서비스를 제공하고 구독이라는 수익모델을 통해 추가적인 수익을 창출하는 새로운 비즈니스모델을 도입했다.

③ 최종 고객만 보지 말자(최종 고객을 포함한 가치사슬 구성원 모두를 고려)

서비스를 이용하는 최종 고객이 전부는 아니다. 만약 배달의 민족이 배달 앱에 많은 음식점들을 입점시키지 못했다면 최종 고객들에게도 좋은 서비스 가치를 전달하지 못했을 것이다. 예약 앱으로 알려진 캐치테이블은 지역별로 좋은 맛집을 발굴하고 입점시키는 노력을

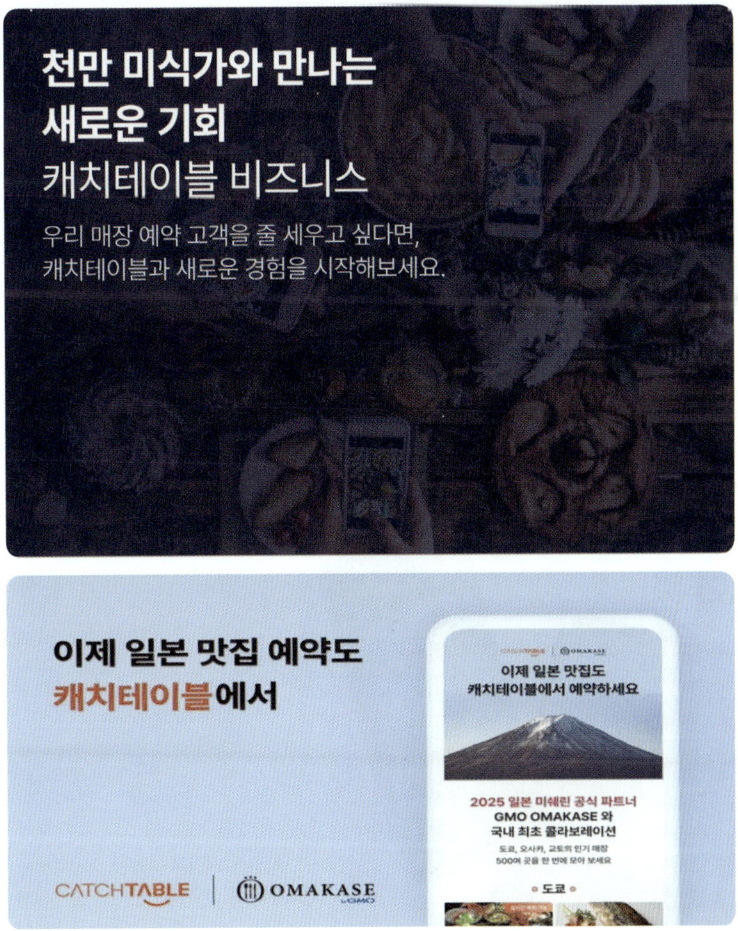

예약 앱 캐치테이블은 일반 이용고객뿐 아니라 입점 업체를 중요한 고객으로 생각한다.

함께 병행하여 최종 고객들의 사용을 증가시킨다. 이처럼 비즈니스모델에서는 함께 하는 다양한 고객들을 고려하고 이들 모두를 만족시킬 수 있는 방법을 찾는 것이 중요하다.

④ 다양한 수익모델을 이해하고 고려하자

인테리어 플랫폼 오늘의 집은 광고 외에 고객들에게 상품판매를 제공하면서 안정적인 수익원을 확보하였다. 서비스 기업들은 이처럼 다양한 수익모델을 찾아 성장의 기회를 엿보고 있다. 예를 들어, 인터넷과 모바일에서 기회를 엿보는 많은 기업들이 주로 고려하는 수익모델은 광고형 모델이다. 매력적인 콘텐츠나 서비스로 다수의 이용자들을 모은 후 이를 바탕으로 광고수익을 거둔다는 전략인데, 알파벳(구글)이나 메타의 성공사례가 대표적이다. 넷플릭스, 스포티파이와 같은 콘텐츠 기업은 정액 구독의 수익모델을 가지고 있다. 콘텐츠를 이용하는 대가로 월 정액의 구독료를 받는 방식이다.

프리미엄(freemium) 방식의 수익모델도 흥미롭다. 무료(free)라는 단어와 고급(premium)이 합쳐진 합성어인데, 일반적인 서비스는 이용자들에게 무료로 제공해서 서비스의 인지도나 이용자층을 확대하는 한편 고급 서비스는 유료화한다는 전략이다. 뉴욕타임즈는 일반적인 온라인 기사 서비스는 무료로 제공하지만 심층기사나 가치 있는 정보는 유료회원들에게만 제공한다. 코로나 사태로 인기를 끈 화상회의 서비스인 줌 역시 기본 개인사용은 무료로 제공하지만 소규모 팀이나 중소, 대기업에게는 프로, 비즈니스, 기업으로 구분된 차별적인 서비스와 요금제를 운영하고 있다.

에어비앤비와 배달의 민족은 중간고객(숙소 주인이나 음식점)에게 중개 이용료를 받는 방식의 수익모델이다. 그리고 무신사와 같은 쇼핑몰은 제품을 판매해서 수익을 얻는 물품 판매형 수익모델에 해당된다.

서비스 기업은 다양한 수익모델을 모색해야 한다. 오늘의 집은 직접판매와 중개판매 등 상품판매와 관련된 수익모델을 강화하고 있다. 사진은 오늘의 집이 진행하는 라이브커머스이다.

SERVICE MARKETING FOCUS

챗GPT, 수익모델 강화에 나선다

정보기술(IT) 기업들이 올해를 인공지능(AI) 수익화의 원년으로 삼기 위해 총력을 다하고 있다. 빅테크들은 챗GPT가 2022년 11월 등장한 이후 2년여간 생성형 AI 선점을 위해 원천기술 개발과 인프라 확충 등 투자 우선 기조를 이어 왔다. 하지만 지난해 하반기(7~12월)를 기점으로 올해부터는 그간 이어 온 투자를 어떻게 실적으로 끌어낼 수 있을지에 집중하고 있다. 챗GPT는 현재 프리미엄(freemium) 방식의 〈수익모델〉을 운영한다. 무료 버전이 가능하지만 유료고객에게는 향상된 고급 기능을 제공하면서 정액 구독료를 받고 있다. 월 구독료 20달러를 내면 무료 서비스에서는 활용할 수 없는 내부분의 서비스를 이용할 수 있다. 월 200달러의 고가형 요금제인 'GPT 프로'에 가입하면 추론에 특화된 고성능 모델인 'o1 pro'까지 활용할 수 있다. 개발자나 기업고객들에게는 API 사용 기반 요금제를 받고 있고 검색을 넘어 쇼핑 AI(사진), B2B 컨설팅과 같은 새로운 서비스 제공과 수익모델도 가능하다.

자료원: 빅테크 "AI 수익화 원년"… 구독모델 다양화(동아일보, 2025.1.3).
사진출처: 오픈AI(https://openai.com).

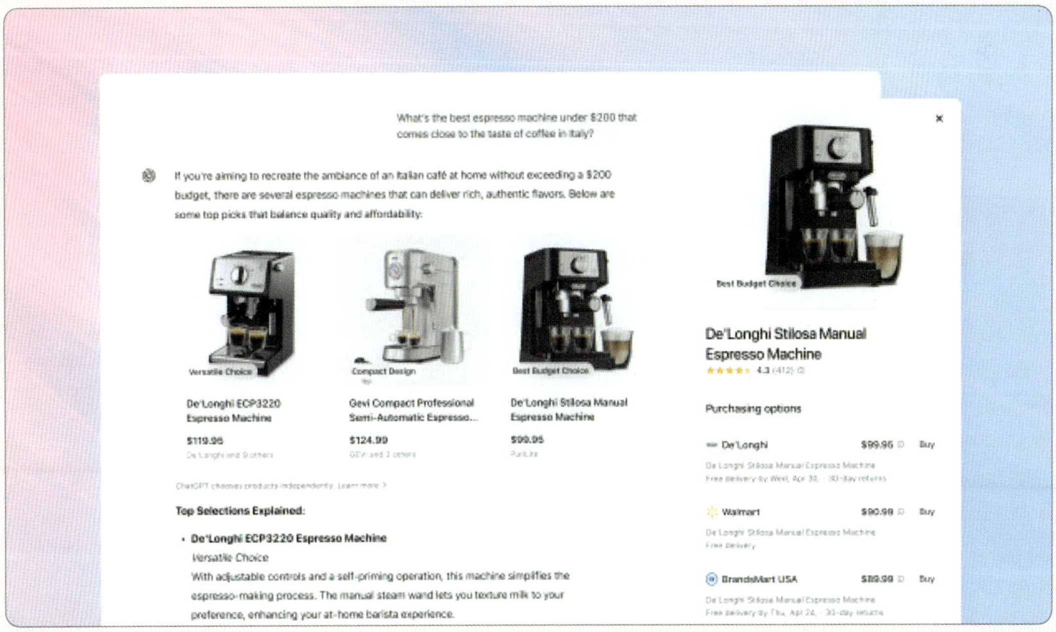

PART

2

서비스 마케팅 실행 ❶
서비스 가치창출

CHAPTER

4

서비스 상품관리

서비스 플립러닝

공유와 구독 서비스 시대

공유경제와 구독경제에 대한 논의가 한창인 가운데 서비스 상품의 판매에서도 〈공유와 구독 서비스〉가 주목받고 있습니다.

〈공유 서비스〉는 상품을 소유하는 대신 다른 사람들과 공유해서 함께 이용하는 것을 말합니다. 바르디와 에크하트(Badrdi & Eckhardt)는 유동적 소비(liquid consumption)라는 개념을 소개하였습니다. 디지털 시대 소비자들은 자기만의 특별한 물건을 소유하기보다 접근성을 중요시한다는 설명인데, 소유보다는 공유라는 말과 다르지 않습니다. 대표적인 공유 서비스 상품으로는 승차 공유(우버), 숙박 공유(에어비앤비), 그리고 시설을 함께 이용하는 공유 오피스나 공유 주방을 생각해 볼 수 있습니다. 승차와 숙박 공유는 개인이 소유한 자원(차량이나 숙소)을 함께 활용하면서 부가가치를 창출한다는 의미가 있는 반면, 공유 오피스나 공유 주방은 개인이 소유해야 하는 부담을 나눈다는 성격이 강합니다. 이런 공유 서비스는 각종 규제나 기존 이해관계자들과의 충돌에서 자유롭지 못하다는 문제점도 있습니다. 국내에서도 승차 공유 서비스인 타다가 택시업계와의 충돌을 피하지 못하고 서비스가 중단되었습니다. 또한 코로나 사태를 겪으면서 물리적인 거리두기가 공유 서비스의 발전을 가로막는 새로운 장애요인으로 등장하기도 하였습니다. 앞으로 이러한 문제점들을 어떻게 극복하고 공유 서비스가 발전해 갈지 생각해 봅시다.

〈구독 서비스〉는 일정 금액을 지불하고 주기적으로 상품을 이용하는 것을 의미합니다. 통신사 멤버십이나 신문 · 잡지의 구독에서 보듯이 이미 기존의 서비스에서도 이러한 방식이 있었기 때문에 전혀 새로운 것은 아닙니다. 단지 최근에는 매우 다양한 상품들이 구독 서비스방식으로 인기를 끌고 있습니다. 자주 가는 커피 전문점이 월 이용액을 지불하고 이용하는 구독 서비스로 전환된다거나, 정기적으로 꽃, 식품, 화장품 등을 받아보는 신개념 구독 서비스들이 소비자들의 생활에 편리함을 더해 주고 있습니다. 가전(사진: 삼성전자 가전 구독 서비스), 가구, 자동차와 같은 내구재 판매에도 구독방식이 도입되었습니다. 무엇보다 이러한 구독 서비스는 고객과의 관계 맺기를 통해 충성고객을 유지한다는 점에서 기업에게 매력적입니다.

자료원: Bardhi, F., & Eckhardt, G. M. (2017). Liquid consumption. *Journal of Consumer Research*, 44(3), 582–597.

사진출처: 삼성전자 홈페이지(http://samsung.com).

- 서비스 플립러닝 내용은 하단에 있는 QR코드에서 동영상으로 확인할 수 있습니다.

플립러닝 동영상 강의 QR코드입니다.

4.1 서비스 상품 개념

서비스 상품 개념은 제품에 비해 복잡하다. 커피 전문점을 이용하는 고객이 비용을 지불하고 구매하는 서비스 상품은 단지 커피 한 잔에 그치지 않는다. 이번에는 영화관 서비스 상품을 한번 떠올려보자. 상영하는 영화만을 위해 비용을 지불하겠는가? 아마도 영화관람 경험(재미, 감동, 추억), 스크린, 음향시설, 좌석, 편리한 예매, 직원응대, 식음료, 주차시설, 부가 서비스(스타 사인회 등)에 이르기까지 영화관 서비스 상품의 범위는 매우 다양할 수 있다. 따라서 서비스 마케터는 무엇보다 자신이 판매하는 서비스 상품이 무엇인지를 명확히 파악하는 것이 중요한데, 이러한 서비스 상품 개념을 특징별로 따라가 보자.

(1) 서비스 상품의 특징

① 서비스 상품은 유 · 무형적이다

앞서 영화관 서비스 상품을 생각해 보면 유형적 요소와 무형적 요소의 묶음으로 구성되어 있다는 점을 알게 된다. 린 쇼스택(Lynn Shostack)은 이러한 서비스 상품의 구성요소를 시각화하여 관리하는 데 도움이 되는 **분자구조모형**(molecular model)을 제안했다. **그림 4-1** 은 영화관 서비스 상품 범위와 이를 분자구조모형으로 표현한 것인데, 분자구조모형의 중심에는 핵심편익(영화관람 경험)이 위치하고 있으며, 이는 다양한 유·무형적 상품 요소들과 연결되어 있다.

그림 4-1 영화관 서비스 상품 범위와 분자구조모형

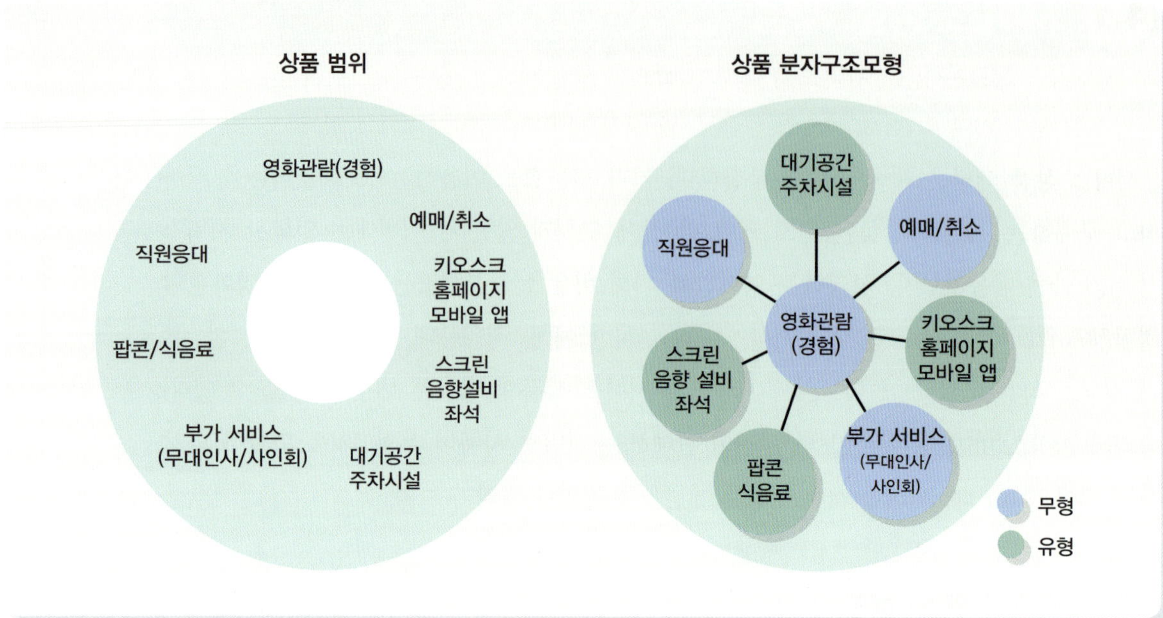

자료원: Shostack, G. L. (1977). Breaking free from product marketing. *Journal of marketin*g, 41(2), p.76. 수정인용.

영화관 서비스 상품의 분자구조모형을 보면 핵심편익인 영화관람을 포함하여 직원응대, 예매/취소, 부가 서비스는 무형적 요소인 반면 대기공간, 주차시설, 스크린, 좌석, 음향설비, 팝콘, 식음료, 키오스크 등은 유형적 요소이다. 이를 정리해 보면 서비스 상품은 핵심편익과 이를 지원하는 유·무형의 솔루션의 집합으로 구성된다. 만약 서비스 상품에서 무형적 요소의 비중이 증가한다면, 고객들에게 서비스의 특성과 품질을 알리는 유형적 단서를 제공할 필요성이 커진다.

② 서비스 상품은 과정과 결과물을 포함한다

앞서 학습하였듯이 서비스는 생산과 소비가 동시에 이루어진다. 따라서 서비스 상품은 그 과정과 결과물을 포함하게 된다. 영화관에서 예매의 경우 모바일을 통한 진행과정과 그 결과로 이루어지며, 식음료는 직원에게 주문을 통해 제공받는 결과물이다. 서비스 제공자 관점에서 보면 서비스 상품의 일부는 후방 지원부서에서 생산(팝콘, 음료)되는 경우도 있고 서비스 접점에서 소비와 동시에 생산(친절한 응대)되는 경우도 있다. 그러나 고객의 입장에서 서비스 상품은 고객이 공동 생산자로서 참여하는 과정에서 생산되며 동시에 소비된다. 서비스

마케터는 서비스 상품을 전달과정과 결과물로 인식하고 관리할 필요가 있다.

③ 서비스 상품은 핵심 서비스와 보조 서비스로 구분된다

앞서 서비스 상품은 고객들에게 제공되는 핵심적 편익과 이를 지원하기 위한 솔루션의 집합으로 설명하였다. 여기서 지원 솔루션은 핵심 서비스의 사용을 원활하게 제공하기 위한 것이며, 고객들에게 추가적 가치와 차별화를 제공하기 위한 일종의 보조적 장치이다. 이런 점에서 서비스 상품은 핵심 서비스와 보조 서비스의 조합을 개발하는 것이다. 예를 들어, 호텔 서비스는 숙박이라는 핵심 서비스(핵심편익)와 함께 예약, 리셉션, 발레파킹, 룸 서비스, 레스토랑 서비스 등의 다양한 보조 서비스를 포함한다. 다음에서는 서비스 상품을 핵심 서비스와 보조 서비스 차원에서 보다 구체적으로 살펴보도록 하자.

(2) 핵심 서비스와 보조 서비스

① 핵심 서비스

핵심 서비스는 서비스 기업이 시장에 존재하는 이유를 말한다. 앞서 언급하였듯이 영화관은 영화관람을, 호텔은 숙박 서비스를 제공하는 것이며, 항공은 운송 서비스를 제공하는 것이다. 물론 기업은 복수의 핵심 서비스를 제공할 수 있다. 가령, 항공사는 장거리 운송과 근거리 항공 서비스를 제공할 수 있고, 통신 서비스 회사는 통화와 인터넷 서비스를 핵심 서비스로 함께 제공할 수 있다.

차별적인 서비스 상품을 개발해야만 하는 서비스 기업에게는 이러한 핵심 서비스의 차별화가 무엇보다 중요한 과제이다. 앞서 살펴보았던 차량공유 서비스인 집카(Zipcar)는 기존의 렌터카 서비스가 간과했던 틈새시장에 차별적인 핵심 서비스를 제공한 것이 주효했다. 집카는 여행, 출장과 같이 수일 내지 장시간 차량을 필요로 하는 고객이 아니라 일상의 잠시 수요에 주목하면서 시간제방식으로 차량을 빌릴 수 있도록 핵심 서비스를 차별화하여 성공한 것이다.

기존의 서비스가 제공하지 못했던 새로운 핵심 서비스를 발굴하여 서비스 상품화하는 것도 중요하다. 유명 맛집을 이용하다 보면 오랜 시간 식당 앞에서 줄을 서며 대기하는 일이 고충이다. 서비스에서 이러한 대기시간 관리는 중요한 과제 중 하나인데, 나우웨이팅이라는 창업 기업이 이 부분에서 새로운 서비스 기회를 발굴하였다. 줄을 서서 기다리는 대신 순번에 따라 모바일(카카오톡)로 고객들에게 알림을 제공하는 매장관리 서비스 상품을 중소형 서비스업자들을 대상으로 시작한 것이다.

모바일 기반 대기시간 관리(웨이팅)를 새로운 핵심 서비스로 발굴한 나우웨이팅은 최근 야놀자에 인수되었다.

② 보조 서비스

보조 서비스는 핵심 서비스를 지원하는 솔루션들의 집합으로 핵심 서비스의 이용을 원활하게 만드는 데 필요한 **활성 보조 서비스**(enabling services)와 핵심 서비스의 가치를 높이는 데 도움을 주는 **강화 보조 서비스**(enhancing services)로 구분된다.

활성 보조 서비스는 핵심 서비스의 이용을 원활하게 한다는 점에서 주로 서비스 이용과정에서 고객들이 접하는 주요단계와 관련이 있다. 대형 쇼핑몰을 이용하는 경우를 가정해 보

월마트 스캔앤고(scan & go)는 스마트폰으로 스캔해 가격을 확인하고 모바일 결제도 가능하다. 줄을 설 필요 없이 바로 결제가 가능해 매장에 들어올 때부터 결제까지 논스톱 쇼핑이 가능하다.

자. 매장을 방문한 고객은 원하는 상품이 어느 곳에 진열되어 있는지(정보), 재고가 없는 경우 어떻게 해야 하는지(주문), 바쁜데 줄을 길게 서야 하는 경우(결제)와 같이 정보–주문–결제의 이용과정 단계별로 해결해야 할 문제를 만날 수 있다. 따라서 고객들이 즐거운 쇼핑이라는 핵심 서비스를 원활하게 이용하기 위해서는 이러한 문제들을 해결해 주는 활성적 보조 서비스들이 함께 제공되어야만 한다. 예를 들어, 매장 내 상품검색을 위해 키오스크를 설치하거나, 별도 주문을 위한 고객데스크를 운영한다거나, 셀프계산대를 설치하는 등의 활성적 보조 서비스를 도입할 수 있다. 월마트는 스캔앤고(scan and go) 정책을 도입하면서 고객들이 매장에서 모바일로 원하는 제품을 바로 찾고 결제까지 마칠 수 있는 혁신적인 활성적 보조 서비스를 제공하였다.

한편 강화 보조 서비스는 꼭 필요하지는 않더라도 제공함으로써 핵심 서비스의 가치를 높여주거나 경쟁사와 자사 서비스를 차별화시키는 데 도움이 되는 서비스를 말한다. 호텔의 경우 맛집으로 소문난 레스토랑이나 풍경이 좋은 수영장은 숙박이라는 핵심 서비스의 이용을 원활하게 하는 것과는 관련이 없지만, 그 자체로 호텔 서비스의 가치를 높이거나 차별화하는 요인이 될 수 있다. 최근 고객들은 호텔을 선택하는 데 숙박시설보다 오히려 뷔페나 수영장 같은 보조 서비스를 더 중요하게 고려하기도 한다. 이런 강화 보조 서비스는 다양한 정책이나 일회성 이벤트 등으로도 제공될 수 있다. 세계적인 휴양 리조트인 클럽메드(Club Med)는 방문한 고객들을 맞이하는 다채로운 환대를 정책적으로 중요하게 생각하면서 이를 위한 전문인력인 G.O(Gentle Organizer)를 운영하고 있다. 일본 교토의 OMO 리조트는 OMO 레인저들(rangers: OMO에 상주하는 가이드를 지칭하는 용어임)이 함께 하는 다양한 로컬 투어와 액티비티를 제공한다.

직원들이 만든 교토 감성지도를 포함해서 OMO 레인저들이 제공하는 다양한 체험 프로그램은 고객들에게 뜻밖의 즐거움을 선사한다.

SERVICE MARKETING FOCUS

B2B 시장에 새로운 가치를 제공한 신상마켓

일반 소비자들에게 잘 알려지지 않은 〈신상마켓〉은 동대문 패션시장의 디지털화에 성공한 B2B 패션플랫폼이다. 딜리셔스가 운영하는 신상마켓은 패션 도소매 사업자에게 맞춤형 서비스를 제공하면서 기존 동대문 패션업계에 새로운 변화를 가져왔다. 신상마켓 서비스는 2022년 말 누적 거래액 2조 9,729억 원을 기록했다. 신상마켓의 성공을 서비스 상품전략 관점에서 살펴보자.

- **차별화된 핵심 서비스 제공**: 동대문 패션시장은 연간 거래액이 15조를 넘는 거대 시장이지만 도매상과 소매상의 정보 비대칭성이 큰 전형적인 아날로그 시장이었다. 거대한 시장 안에서 도매상들과 소매상들이 수시로 연결되기는 쉽지가 않다. 신상마켓이 발견한 고객의 페인포인트 지점이다. 이제 동대문 12만 소매상들은 힘들게 새벽 도매시장에 가지 않아도 온라인으로 언제든지 동대문 신상을 구경할 수 있다. 신상마켓에 동대문 1만 2,000곳의 도매상들이 다 모여 있기 때문이다. 전체 동대문 도매상인들의 80%에 해당된다. 소매상과의 충돌을 피하기 위해서 B2B 서비스에 집중하고 있다.

- **편의성을 제공한 부가 서비스**: 신상마켓은 도매사업자가 출시한 상품을 플랫폼에 업로드하고 소매사업자는 플랫폼에서 상품을 확인할 수 있게 하는 플랫폼 편의성에 집중했다. 처음에는 주문, 결제, 물류와 관련된 기능을 중시하지 않았지만, 이후 고객들의 요청으로 딜리버드라는 풀필먼트 서비스를 제공하게 된다. 풀필먼트란 물건 배송부터 보관, 포장, 재고관리 등 물류 관련 서비스를 일괄적으로 대행하는 서비스다. 최근 신상마켓은 풀필먼트 사업에서 철수를 결정했다. 네이버와 거대 물류회사와의 경쟁에서 지속가능하기 어렵다는 판단을 한 것이다.

- **글로벌 진출**: 풀필먼트 사업에서 철수한 대신 본업인 신상마켓과 글로벌 진출에 힘쓴다. 2022년 중국과 일본에 진출하는 등 2년 만에 글로벌 누적 거래액 200억 원을 달성하며 빠른 성장을 기록했다. 딜리셔스는 글로벌 소매업자들의 요청을 반영해 전 세계 53개국에 신상마켓 글로벌 직배송 서비스를 선보였다. 이로써 서울에 직접 가지 않고도 K패션을 신상마켓 앱과 웹에서 바로 구매해 보관, 배송, 수입 통관까지 경쟁력 있는 비용으로 진행할 수 있다.

자료원: 딜리셔스 신상마켓, '동대문 카톡'넘어 K-패션 유통 플랫폼 도전장(중소기업뉴스, 2022.6.20). 신상마켓 운영사 딜리셔스, 누적 거래액 2조9700억 원 돌파(디지털투데이, 2023. 1.17). K패션 도소매 거래 플랫폼 신상마켓, 글로벌 서비스 론칭(IT조선, 2024.11.19).
사진출처: 컬리 홈페이지(http://www.kurly.com).

호텔의 경우 호텔 체크아웃 시점에 고객들을 위해 짐을 보관해 주는 서비스도 훌륭한 강화 보조 서비스가 될 수 있다.

정상적인 서비스의 범위를 벗어난 예외적인 서비스들 역시 고객들에게는 서비스의 가치를 높게 생각할 수 있는 좋은 강화 보조 서비스이다. 대한항공은 보호자 없이 혼자 탑승해야 하는 어린이를 돌보는 플라잉맘 특별 서비스를 제공해 준다.

4.2 서비스 신상품 개발 전략

(1) 서비스 분류 이해

서비스는 명목상 다른 업종이어도 관점에 따라 같은 특징을 가질 수 있다. 예를 들면 은행과 소매유통은 서로 다른 서비스 업종이지만 **그림 4-2** 의 분류에 의하면 같은 성격을 지닌 서비스이기도 하다. 따라서 서비스 상품에 대한 체계적 분류를 이해하는 것은 서비스업을 바라보는 폭넓은 시각을 제공해 줌으로써 서비스 신상품을 개발하는 데에 유용할 수 있다. 자신과 유사한 성격을 지닌 다른 서비스업의 차별적인 마케팅 전략을 이해하고 벤치마킹 함으로써 서비스 신상품 개발에 대한 새로운 아이디어를 얻을 수 있기 때문이다. 예를 들어 미국의 움프쿠아(Umpqua) 은행은 빠른 처리를 강조하던 기존의 은행 서비스에서 벗어나서 고객이 매장에 오래 머물고 친근감을 느끼는 슬로뱅킹이라는 새로운 콘셉트로 큰 성공을 거둔 바 있다. 움프쿠아 은행이 기존의 은행과 차별화된 공간과 신개념 서비스를 도입할

움프쿠아 은행의 CEO로 취임한 레이 데이비스(Ray Davis)는 은행의 본질이 소매업과 다르지 않다는 점에 주목하고 고객경험을 강조했다. 그래서 움프쿠아 은행에는 일반 은행에서 찾아볼 수 없는 카페 등의 체험적 요소가 많다.

수 있었던 배경에는 고객을 상대한다는 점에서 백화점이나 스타벅스와 같이 은행과는 전혀 다른 유형의 서비스업이 자신들과 공통점이 있음을 이해하고 그들의 마케팅 전략을 배우려 노력했기 때문이다.

서비스 분류는 연구자들마다 다양한 관점에서 진행되었는데, 그 가운데 슈메너(R. W. Schmenner)는 노동집약도(노동비용 대 자본비용의 비율)와 고객과의 상호작용 및 고객화 정도라는 두 가지 차원을 기준으로 서비스 상품을 네 가지 유형으로 분류한 **서비스 프로세스 매트릭스**를 제시했다(그림 4-2 참고).

그림 4-2 서비스 프로세스 매트릭스

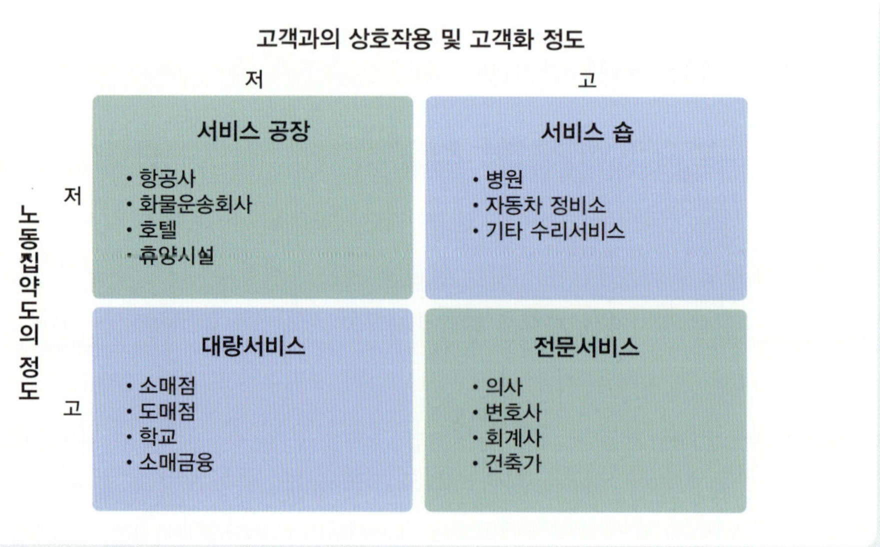

자료원: Schmenner, R. W. (1986). How can service businesses survive and prosper. *Sloan management review, 27*(3), 21–32.

그림에서 수직축은 노동비용과 자본비용 간의 비율로 정의되는 노동집약도 수준을 나타내는데, 가령 항공사, 병원 등은 노동비용에 비해 설비와 장비에 더 많은 투자를 해야 하기 때문에 노동집약도가 낮은(자본집약적인) 서비스인 반면, 학교와 법률사무소 등은 노동비용이 자본비용에 비해 상대적으로 높다는 점에서 노동집약도가 높은 서비스이다. 한편 수평축은 고객과의 상호작용 및 고객화 정도를 나타내는데, 예컨대 맥도날드와 같은 소매점(패스트푸드점)은 미리 준비된 메뉴로 식사를 제공하기 때문에(서비스 프로세스가 표준화되어 있기 때문에) 고객화 정도가 낮고 고객과 서비스 제공자 간 상호작용 수준도 비교적 낮다. 반면 병원은 진료과정에서 의사와 환자가 밀접하게 상호작용해야 하고 그들의 특별한 요구에 맞추어 고객화된 서비스를 제공해야 한다.

그림 4-2에서 **서비스 공장**(service factory)은 노동집약도가 낮고 고객과의 상호작용 및 고객화 정도가 낮은 서비스 상품들로, 유형제품의 생산공장처럼 표준화된 서비스를 대량으로 공급한다. 이런 점에서 항공사와 호텔은 공통점이 있다. **서비스 숍**(service shop)은 노동집약도는 낮지만 고객과의 상호작용 및 고객화 수준이 높은 서비스를 말하는데, 병원, 자동차 정비소 등이 공통적이다. **대량 서비스**(mass service)는 노동집약적인 환경에서 낮은 상호작용 및 고객화가 이루어지는 서비스들로, 도·소매점, 학교, 은행 등이 같은 유형에 속한다. **전문 서비스**(professional service)는 전문적인 교육을 받은 서비스 제공자들을 중심으로 노동집약도가 높지만 고객의 특별한 요구에 맞는 고객화된 서비스를 제공한다. 의사, 변호사, 회계사 등이 그 예이다.

이외에도 서비스 분류는 다양하게 시도해 볼 수 있는데, 러브락(C. Lovelock)은 아래의 기준들을 활용해서 서비스 상품들을 여러 범주로 분류하였다. 이러한 분류기준들은 서비스업의 특성들을 총체적으로 이해하는 데 도움이 된다. 서비스 마케터는 이러한 서비스 분류체계 안에서 자신들의 서비스업을 크게 바라보는 안목을 갖게 된다. 즉, 경쟁 관점에서 동일 업종만을 바라보며 마케팅하는 좁은 시각에서 벗어날 수 있고 융합적인 시각에서 신상품을 개발하는데 도움을 받을 수도 있다.

- 서비스를 제공받는 대상(사람/사물)과 서비스 행위의 성격(유형/무형)
- 서비스 전달의 성격(지속적/간헐적)과 기업–고객관계(회원제 여부)
- 서비스 고객화 정도와 접점 종업원에게 요구되는 판단의 정도
- 서비스 수요의 변동 폭과 수요가 공급을 초과하는 정도
- 서비스 입지(단일/복수)와 서비스 전달의 성격(고객→기업/기업→고객 등)

(2) 서비스 신상품 유형

모바일 메신저로 시작한 카카오톡은 현재 쇼핑, 금융, 교통 등 다양한 서비스를 운영하는 거대 서비스 기업으로 성장하였다. 지난 10년간 인수·합병 외에도 다양한 **서비스 신상품**을 시장에 선보인 결과이다. 기업 간 치열한 경쟁 속에서 고객들의 기대 수준은 날로 증가하고 있다. 서비스 기업은 생존과 성장을 위해 기존의 서비스를 잘 전달할 뿐 아니라 경쟁자와 차별화되는 새로운 서비스를 지속적으로 개발해야만 한다. 새로 출시된 신용카드, 백화점에서 새롭게 도입한 배송 서비스, 기존에 없던 AI 서비스에 이르기까지 서비스 기업들이 선보이는 신상품의 유형과 수준은 다양하다. 다음에서는 이에 대해 살펴보기로 하자.

① 스타일 변화

무형성이 강한 서비스 상품 전략에서 유형화는 매우 중요하다. 따라서 서비스의 외형을 변경시키는 것은 서비스 신상품의 출발점이 될 수 있다. 매장의 물리적 환경의 변화, 직원 유니폼의 변경, 기업 로고나 디자인의 변경 등은 고객들에게 새로운 서비스에 대한 기대를 불러일으키기 충분하다. 던킨도너츠는 브랜드명에서 도너츠를 뺀 '던킨'으로 이름을 변경하면서 매장 및 로고 등에 변화를 주었다. 이러한 스타일의 변화는 도너츠 이외에 던킨이 고객들에게 제공하려는 새로운 서비스를 알리는 중요한 단서가 된다.

대한항공이 아시아나항공과의 통합 시점에서 새로운 도약을 알리기 위해 CI 변경과 함께 태극 문양이 빠진 현대적 감각의 새로운 비행기 디자인을 공개했다.

② **서비스 개선**

서비스 개선은 고객들의 서비스 품질에 대한 불만족을 해결하고 경쟁사에 대처한다는 측면에서 매우 중요하다. 쿠팡의 로켓배송, 마켓컬리의 새벽배송과 같은 온라인 쇼핑업체들의 공세에 대응하기 위해 신세계는 쓱배송을 선보이며 기존 배송 서비스를 개선하였다. 고객 불만족을 해결한다는 차원에서 서비스 개선은 서비스 상품의 특성(과정과 결과)을 고려할 필요가 있다. 복잡한 앱이나 웹서비스의 이용과정을 간편하게 개선한다거나 레스토랑의 음식

신세계 SSG닷컴은 최근 배송 서비스 브랜드를 쓱으로 통합하면서 고객 편의성을 강화하였다.

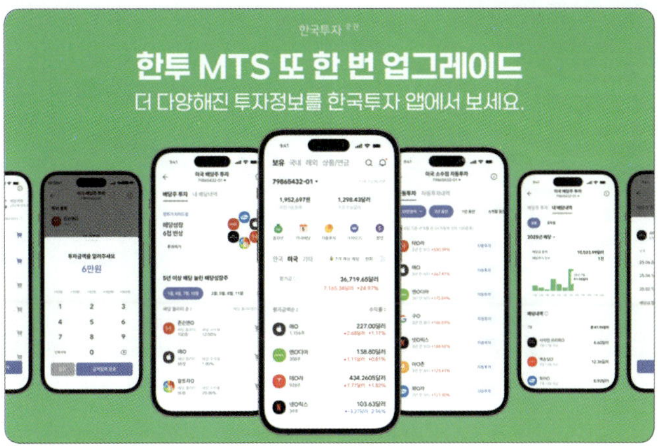

한국투자증권은 이용자의 편의성과 정보 제공을 강화한 개선된 투자 앱을 제공한다.

종류나 메뉴와 같은 서비스 상품의 결과물을 개선할 수 있다. 볼보는 사후 서비스 개선을 위한 투자에 적극 나서면서 고객들에게 프리미엄 경험을 제공하겠다는 의지를 담은 통합 브랜드 서비스 바이 볼보(SERVICE BY VOLVO)를 선보였다.

③ 서비스 라인 확장

브랜드 전략에서 라인 확장은 신제품 출시를 통해 기업이 성장을 도모하는 가장 흔한 형태이다(가령, 삼성전자가 고가 제품라인 갤럭시S에서 중저가 제품라인 갤럭시A로 확장함). 마찬가지로 서비스 라인 확장은 기존의 서비스 상품 라인에서 새로운 상품을 추가하는 것인데, 고급 호텔인 신라호텔(더신라)이 비즈니스 호텔(신라스테이)과 부티크 호텔(신라모노그램)로 진출한다거나 항공사가 노선을 확대하는 것이 그 예이다. 카카오는 카카오T에 이어서 대리, 내비게이션, 맵, 버스, 지하철로 이어지는 서비스 확장을 통해 모빌리티 서비스를 강화하였다.

호텔 신라는 기존의 5성급 더신라(서울 · 제주), 비즈니스 호텔 신라스테이와 함께 부티크 호텔 신라모노그램으로 3대 브랜드 체제를 구성하였다.

④ 기업에 새로운 서비스 도입

서비스 기업이 기존 고객들에게 제공한 적 없는 서비스를 새롭게 시도하는 방식으로, 기존의 브랜드를 가지고 다른 서비스를 제공하는 브랜드 확장방식을 취하거나, 신규 브랜드로 새로운 서비스를 도입할 수 있다. 카카오는 커뮤니케이션, 콘텐츠, 커머스, 게임, 모빌리티, 핀테크와 같은 새로운 서비스로 브랜드를 확장하였으며, 알파벳(구글)은 웨이모(Waymo)라는 새로운 브랜드로 자율주행 서비스를 시작하였다. 한편, 보조 서비스를 중심으로 새로운 서비스를 제공할 수 있는데, 스타벅스는 사이렌 오더를 통해 모바일 주문과 관련된 편의성을 높였으며, 호텔들은 룸서비스 로봇과 같은 비대면 보조 서비스들을 강화하고 있다.

던킨은 제품 혁신을 강조한 신규 콘셉트 매장인 던킨원더스강남을 새롭게 선보였고 쿠팡은 쿠팡이츠로 배달사업을 새롭게 시작했다.

⑤ 새로운 방식의 서비스

기존 서비스 상품이 이미 존재하지만 새로운 방식으로 이를 대체하는 신규 서비스 상품들이 속속 등장하고 있다. 서비스 혁신의 현장에서 주목받는 대다수의 신규 서비스 상품들은 대체로 이러한 영역에 해당한다. 은행의 경우 창구 서비스는 온라인 뱅킹(모바일 뱅킹)으로 빠르게 변화했으며, 음악 듣기 서비스는 음반이나 음원방식에서 스트리밍방식으로 새롭게 변화되었다. 우버, 에어비앤비, 아마존은 기존에 제공되던 택시, 숙박, 쇼핑을 새로운 방식으로 풀어내면서 실제적인 의미에서 서비스 혁신의 주체가 되었다. 기존의 영화관 서비스는 넷플릭스, 디즈니와 같은 OTT(Over-The-Top) 서비스의 등장으로 위기에 빠졌다.

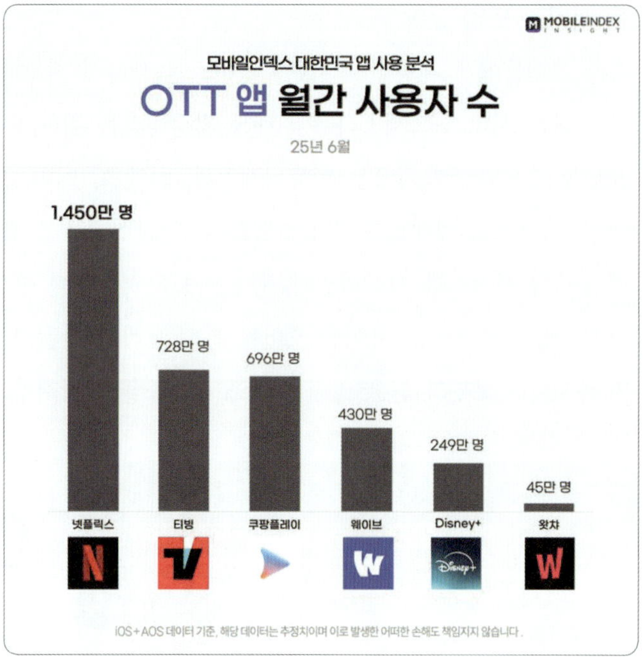

극장이 위기에 빠진 가운데 온라인 동영상 서비스(OTT)들의 경쟁이 치열해지고 있다.

⑥ 혁신 서비스

본질적으로 과거에 존재하지 않았던 서비스의 등장으로 새로운 시장을 창출한 경우를 말한다. 앞으로 등장할 하늘을 나는 택시로 대표되는 도심항공교통(UAM: Urban Air Mobility) 서비스를 들 수 있다.

현대차그룹의 UAM 자회사인 슈퍼널은 2028년 상용화를 목표로 수륙이착륙 항공기를 개발하고 있다. 사진은 현대차가 공개한 미래의 도시 모습이다.

오프라인 결제 서비스 경쟁이 새롭게 전개된다: 네이버 커넥트 대 카카오 QR

네이버와 카카오가 〈간편결제 시장의 오프라인 경쟁〉에 본격 돌입했다. 온라인 중심이던 결제 수요가 오프라인으로 확산되자 네이버는 결제 단말기를 통한 충성고객 유도 전략을, 카카오는 QR 기반 오픈 플랫폼 전략을 앞세워 소상공인 시장 공략에 나섰다. 네이버페이는 연내 자체 결제 단말기 커넥트(CONNECT)를 출시해 오프라인 접점을 넓힌다는 계획이다. 반면 카카오페이는 단말기 없이 QR 중심의 테이블오더 생태계 확장에 집중하고 있다. 마침 오프라인에서는 스마트폰으로 QR코드를 스캔해 결제하는 QR오더 시장이 확대되고 있다.

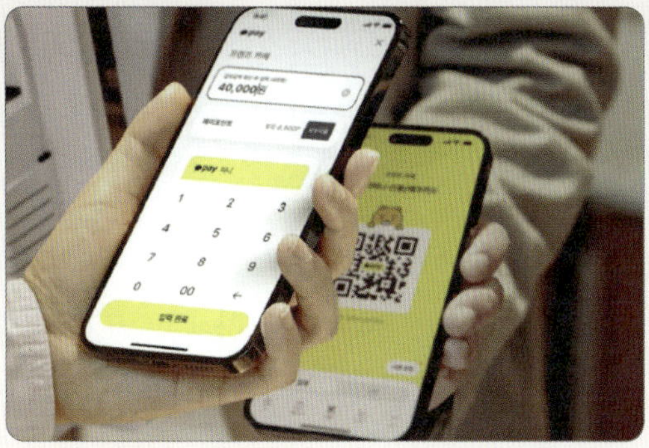

네이버가 공개한 커넥트는 카드 · 현금은 물론 QR · MST · NFC, 얼굴인증 기반 페이스사인 결제까지 다양한 방식을 지원하며 기존 결제 시스템과도 연동된다. 소상공인은 시스템 업그레이드만으로도 사용할 수 있어 진입장벽이 낮다. 반면 카카오의 QR방식은 QR코드 스티커와 스마트폰만 있으면 수분 · 결제가 가능해 별도 태블릿 기기가 필요 없고, 수수료도 일반 결제 수준으로 유지해 가맹점 부담을 낮췄다. 업계는 네이버가 자체 결제 단말기를 기반으로 한 기술력과 온 · 오프라인 연계 전략을, 카카오는 별도 기기 없이 빠르게 도입 가능한 QR 중심의 비용 효율성과 개방형 생태계 확장을 강점으로 내세워 각각 소상공인 시장 공략에 나선 만큼 이러한 전략적 차이가 오프라인 간편결제 시장에서 어떤 성과로 이어질지 주목하고 있다.

자료원: 단말기 vs QR…간편결제, 오프라인 격돌 본격화(딜사이트플러스, 2025.7.15).
사진출처: 네이버페이(new-m.pay.naver.com).
카카오페이(https://story.kakaopay.com/?s=QR).

(3) 서비스 신상품 개발과정

그림 4-3은 **서비스 신상품 개발과정**(NSD: New Service Development)의 단계를 보여준다. 연구자들마다 서비스의 특성을 고려한 개발과정을 제시하고 있지만 기존의 신제품 개발과정(NPD: New Product Development)과 크게 다르지는 않다. 각 단계에서 요구되는 필요조건을 충족시키지 못하면 서비스 신상품 개발과정은 그 단계에서 중단될 수 있다. 물론 서비스 신상품 개발이 언제나 모든 단계를 거치는 것은 아니다. 신속한 개발을 위해 몇 단계를 동시에 진행하거나 특정 단계를 생략하기도 한다.

그림 4-3 서비스 신상품 개발과정

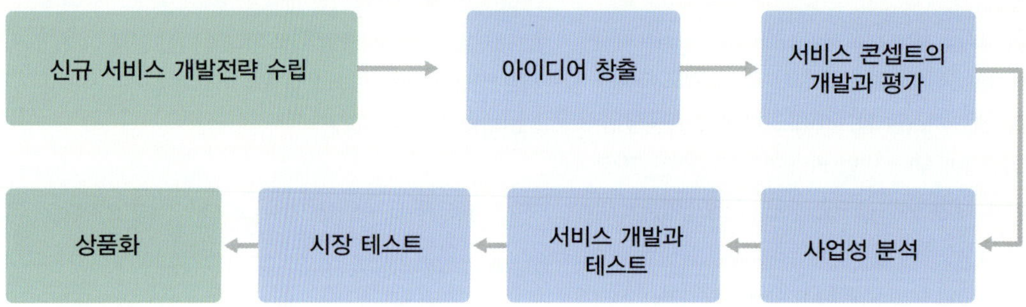

① 신규 서비스 개발전략 수립

첫 번째 단계로 우선 기업이 추구하는 사명(비전과 미션)을 검토하고 그에 적합한 개발전략을 수립하는 것이 중요하다. 만약 신규 서비스 개발전략과 관련 아이디어들이 기업사명에 부합되지 못한다면 출시된 이후 사업에 어려움을 겪거나 시장의 의문을 가져올 수 있다. 스타벅스는 커피를 통해 인간의 정신에 영감을 주고 풍요롭게 한다는 사명을 갖고 있는데, 기술을 통해 인간을 편리하게 한다는 점에서 사이렌오더나 드라이브 스루는 스타벅스에 어울리는 신규 서비스 전략들이다.

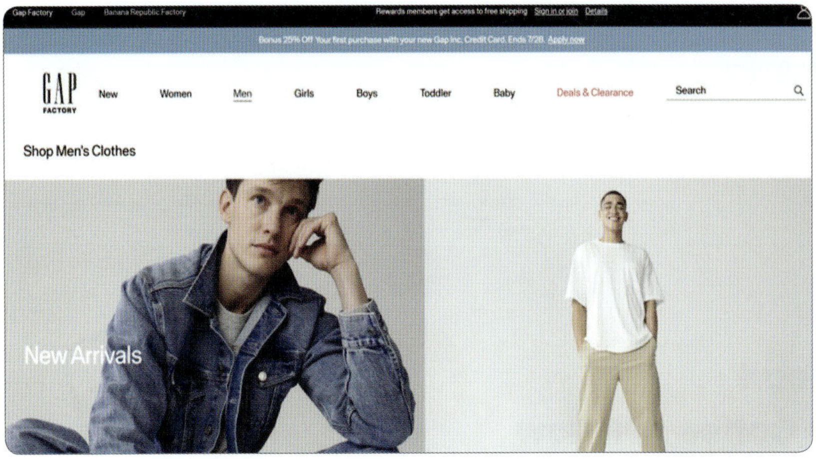

갭(GAP)이 최근 부활을 알리고 있다. 면바지, 데님, 흰색 티셔츠. 이런 것을 특별하게 만드는 정체성(클래식)의 회복이다.

과거 앤디 워홀, 제임스 딘, 어니스트 헤밍웨이 등이 등장한 갭광고('Who Wore Khakis')는 캐주얼한 면바지 시대의 도래를 알렸었다.

한편 서비스 기업은 지속적인 성장을 위해 자신에게 적합한 신규 서비스를 개발해야 한다는 점에서, 표 4-1 의 **서비스·시장 매트릭스**가 신규 서비스 개발전략을 수립하는 데 유용하게 활용될 수 있다.

표 4-1 서비스 · 시장 매트릭스

서비스	시장	
	기존 시장	신규 시장
기존 서비스	시장침투 전략	시장개발 전략
신규 서비스	서비스 개발전략	다각화 전략

시장침투(market penetration)는 기존 서비스 상품을 가지고 현재의 시장을 공략하는 전략이다. 스타벅스는 더 많은 고객들을 확보하기 위해 기존 시장(상권) 내에 지속적으로 신규 점포를 추가하고 있고, 경쟁자가 많은 커피시장에 새롭게 들어오는 신규 브랜드들은 유사한 서비스로 시장에 진입하다 보니 주로 가격전략(저가)에 의존하게 된다. **서비스 개발**(service development)은 기존 시장에서 새로운 서비스 상품을 제공하는 전략이다. 스타벅스는 모바일로 미리 주문하고 매장을 찾게 만드는 사이렌오더를 제공하며 고객들의 편의성을 높였다. 또한 기존 경쟁사들과 차별화를 위해 일부 국가 및 매장을 대상으로 프리미엄 스타벅스 리

저브를 운영하고 있다. 루이싱커피(Luckin Coffee)는 배달 서비스로 중국 커피시장에서 스타벅스를 제치고 1위에 올랐다.

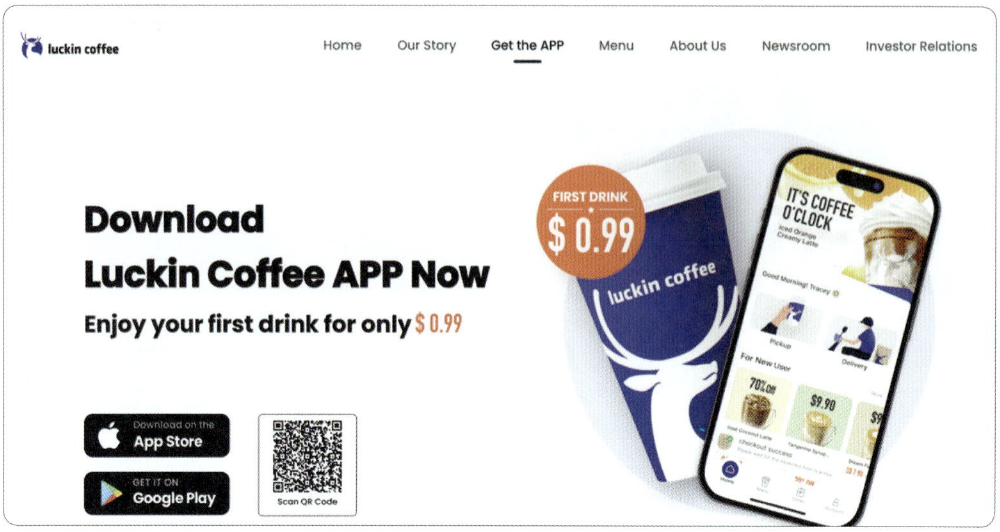

서비스 개발전략의 예: 배달 서비스를 도입한 루이싱커피는 중국 내 매장 수가 2만 2,340개로 스타벅스(7,750개)를 압도한다.

시장개발(market development)이란 새로운 시장을 개발하여 기존 서비스 상품을 판매하는 것이다. 스타벅스는 글로벌 시장으로 시장범위를 급속히 확대해 왔으며, 루이싱커피도 최근 뉴욕에 매장을 열며 미국시장 공략에 나섰다. 넷플릭스, 우버 등 빅테크 서비스 기업들 역시 시장개발 전략을 통해 글로벌로 성장을 지속해 왔다. 한편 줌(Zoom)은 기존의 기업 화상회의시장에서 교육시장으로 서비스를 확대하였는데, 앞서 학습한 세분시장 전략이 시장 개발에 유용하게 활용된다. **다각화**(diversification)는 기존 서비스와 기존 시장 밖에서 새로운 서비스 사업을 시작하는 것인데, 아마존, 구글, 네이버, 카카오 등 서비스 기업들은 다각화를 활용해 새로운 서비스 산업으로 확장해 오고 있다. 물론 무리한 다각화는 실패로 남는 경우도 많은데, 한때 국내 커피시장에서 성공한 브랜드로 알려졌던 카페베네는 레스토랑, 드럭스토어 등으로 진출하였으나 실패했다.

다각화 전략의 예: 화상회의 이미지가 강했던 줌(Zoom)이 교육, 의료, 현장직 등 새로운 서비스 시장을 공략하고 있다.

② 아이디어 창출

신규 서비스 개발과정에서 기업은 다양한 방법을 통해 아이디어를 도출할 수 있는데, 브레인스토밍(brainstorming), 직원과 고객으로부터의 아이디어 유도, 선도적 사용자에 대한 조사, 경쟁사 서비스에 대한 분석 등이 흔히 사용되는 아이디어 도출방법이다. 특히 서비스 상품의 경우 고객이 우리 서비스를 어떻게 사용하는지를 관찰하거나 직접 아이디어를 제안하게끔 고객참여를 유도하는 것이 효과적이다.

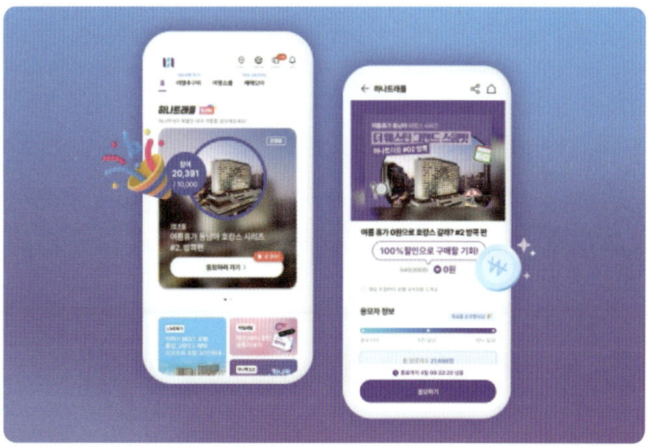

래플(무작위 추첨)방식으로 판매하는 여행상품인 하나트래플은 신입사원들의 아이디어에서 출발했다.

이케아 레스토랑과 카페는 점심을 먹기 위해 매장을 떠나는 고객들을 발견하고 그들을 잡기 위한 창업자의 관찰 아이디어에서 시작되었다.

③ 서비스 콘셉트 개발과 평가

서비스 콘셉트는 고객의 시각에서 서비스의 특징을 서술한 것이다. 서비스는 무형성, 생산과 소비의 동시성과 같은 특성으로 인해 소비자가 이해할 수 있는 구체적인 용어로 정확히 표현하는 것이 쉽지는 않다. 따라서 서비스 콘셉트를 개발함에 있어 마케터는 서비스가 해결할 수 있는 문제, 서비스가 제공하는 고객편익, 서비스 프로세스, 그리고 서비스 전달과정에서 고객과 직원의 역할 등을 정확하게 반영해야 한다. 서비스 콘셉트가 정의되고 나면, 마케터는 이에 대한 고객과 직원의 반응을 확인한다. 고객과 직원들이 제시된 서비스 콘셉트를 이해하는지, 호감을 갖는지, 그리고 기존의 서비스에서 미충족된 욕구를 충족시키는지 등을 질문함으로써 새로운 서비스의 매력도를 평가하게 한다. 브랜드나 가격과 같은 마케팅 믹스 요인들이 결정되었으면 서비스 콘셉트에 포함시켜 평가하는 것이 바람직하다.

④ 사업성 분석

서비스 콘셉트가 고객과 직원에 의해 긍정적으로 평가되면 실행 가능성과 잠재수익성 등을 분석하는 단계로 넘어간다. 사업성 분석에서는 수요분석, 예상 매출액 추정, 비용분석(예: 직원의 고용·교육에 드는 비용, 서비스 전달 시스템의 변화에 수반되는 비용, 기타 운영비용 등), 운영 측면에서의 실행 가능성 등이 검토된다. 서비스 기업은 이러한 분석을 토대로 준비한 신규 서비스 콘셉트가 자체적으로 설정한 출시 기준을 충족시키는지를 평가한다.

⑤ 서비스 개발과 테스트

서비스 콘셉트를 토대로 실제 서비스 상품을 개발하고, 목표고객들이 이를 수용하는지를 테스트하는 과정이다. 서비스 상품은 유형적인 제품에 비해 콘셉트를 실제 상품으로 구현하는 일이 상대적으로 어렵다. 따라서 서비스 개발 단계에는 고객과 접점직원, 그리고 신규 서비스 전달과 관련된 모든 부서들이 참여해야 한다. 서비스 개발과 테스트에서는 서비스 콘셉트의 실행과정을 상세히 보여주는 도구를 활용하는 것이 좋은데, **서비스 청사진**(service blueprint)이나 각 부서의 실행계획 등을 토대로 관련된 이해관계자들이 모두 참여하여 여러 번의 수정과정을 거치면서 정교화시켜야 한다.

⑥ 시장 테스트

제한된 시장을 대상으로 개발된 신규 서비스와 마케팅 믹스 프로그램에 대한 소비자반응을 조사하는 것이다. 이를 통해 신규 서비스에 대한 고객들의 수용성을 최종 출시 전에 예상해 볼 수 있다. 특정 지역이나 매장 또는 임시매장(팝업스토어) 등의 형태로 진행될 수 있으며, 디지털 서비스는 **베타테스트**(BT)라는 이름으로 진행되기도 한다. 이 단계에서는 특히 서비스 전달의 세부과정이 자연스럽게 작동하는지를 점검해야 한다. 이를 무시한 기업은 신규 서비스 출시 후 운영상의 문제점을 발견하게 되는데, 이의 수정에는 상당한 시간과 비용이 발생된다.

GS25는 도어투성수 매장에서 토스와 〈페이스페이〉 팝업스토어를 운영하고 전국 25개 매장에서 시범 서비스 운영을 시작했다.

카카오의 생성형 AI 메신저인 카나나에 대한 비공개 베타테스트(CBT)가 진행되었다. 이용자들의 반응이 좋지 않아 문제점들에 대한 개선이 요구된다.

⑦ 상품화

신규 서비스가 실제로 시장에 출시되는 단계로, 내부 마케팅을 강화하여 서비스 품질을 좌우하는 접점직원들이 신규 서비스를 수용하고 이를 적극적으로 전달하도록 관리해야 한다. 또한 출시 후 서비스에 대한 고객들의 반응을 지속적으로 모니터링하고 보완해 간다.

(4) 서비스 신상품 개발 성공을 위한 전략적 시사점

지금 이 순간에도 다양한 형태의 서비스 신상품들이 출시되고 있지만, 문제는 서비스 신상품이 성공보다 실패 확률이 훨씬 높다는 점이다. 인터넷의 출현에 따라 새롭게 등장했던 많은 닷컴 기업들의 몰락과 영세 서비스 업체들의 빈번한 폐업 사례는 서비스 신상품 성공의 어려움을 단적으로 보여준다. 상가정보연구소 분석에 의하면 국내 프랜차이즈 가맹본부의 평균 영업기간은 7년 11개월로 나타났는데, 많은 신규 서비스들이 출시 후 수년 사이 실패하고 사라진다는 어두운 현실을 보여준다. 이하에서는 성공적인 서비스 신상품 출시를 위해 고려해야 하는 전반적인 지침들에 대해 살펴보도록 하겠다.

표 4-2 국내 프랜차이즈 가맹본부 평균 영업기간

서비스 업종	세부 업종	평균 영업기간
외식	한식	5년 3개월
	치킨	7년
	커피	5년 10개월
	외식업 평균	5년 11개월
도 · 소매	편의점	12년 9개월
	의류패션	6년 2개월
	(건강)식품	7년 9개월
	도 · 소매 평균	10년 10개월
일반 서비스	숙박	5년 6개월
	이미용	7년 10개월
	배달	2년 6개월
	일반서비스 평균	7년 6개월

자료원: 공정거래위회/싱가정보연구소분석(2019).

① 실패의 다양한 원인들을 파악하고 이해해라

서비스 신상품이 실패하는 원인은 다양하며 복합적이다. 고객욕구 충족의 실패, 불명확한 서비스 콘셉트와 포지셔닝, 과대한 비용 또는 수익모델의 부재, 높은 가격, 실행방법 미숙 등 다양하다. 기존 서비스 사업과의 적합성 부족이나 종업원 관리와 같은 내부마케팅 능력의 부족도 원인이다. 정부규제나 이해관계자 충돌과 같은 사회·환경요인들도 서비스 실패의 중요한 이유가 된다.

② 서비스 콘셉트와 실제 완성도의 간극을 줄여라

서비스는 좋은 콘셉트를 실제 완성도 있는 서비스 상품으로 구현하는 일이 쉽지 않다. 단적인 예로 영화나 게임 시나리오가 좋더라도 실제 그만큼 재미있는 영화나 게임이 완성되는 경우는 흔치 않다. 서비스 콘셉트는 고객들의 기대에 큰 영향을 미칠 수 있는데, 실제 서비스 이용에서 그러한 기대가 제대로 충족되지 못한다면 고객들의 실망은 훨씬 클 수밖에 없다. 일본 돈키호테를 벤치마킹해서 재미있는 만물상 콘셉트를 내세웠던 신세계의 삐에로 쇼

삐에로 쇼핑(좌)은 실패로 끝났지만 일본 돈키호테는 팝업스토어(우)까지 국내 소비자들에게 인기다. 서비스 완성도의 차이를 보여준다.

핑은 시작 초기 고객들에게 B급 감성과 재미로 기대를 높였지만, 실제 상품구색이나 가격 경쟁력 등에서 완성도 있는 유통매장의 모습을 보여주지 못한 채 사업철수를 선언했다. 반면 일본 돈키호테는 한국 관광객들에게 큰 인기를 끌고 있다.

③ 기존 서비스의 문제에 집중해라

앞서 서비스 신상품의 유형에서 살펴보았듯이 기존에 없던 완전히 새로운 서비스 상품을 시장에 출시하는 경우는 극히 드물다. 따라서 기존 서비스의 문제에 집중하는 신상품 개발이 중요한데, 기존 중고거래 서비스의 불편함을 해결한 당근이나 신선식품 구매의 불편함을 해결해 준 마켓컬리의 성공이 대표적이다. 특히 기존 프로세스에 대한 재설계는 새로운 서비스 상품의 아이디어를 제공하는 데 매우 유용하다. 미국 시장에서 성공을 거둔 푸드트럭 서비스인 고기 바비큐(Kogi BBQ)는 고객을 기다리는 방식에서 벗어나 트위터로 고객들과 적극적으로 소통하면서 고객들이 찾아오게 만들면서(서비스 전달방식의 변화) 큰 성공을 거두었다. 스타벅스 사이렌오더의 성공도 매장에서 기다리는 불편함을 해결해 준 프로세스 개선의 결과이다.

④ 직원과 고객을 적극적으로 참여시켜라

서비스는 생산과 소비가 동시에 진행되는 특징이 있기 때문에 직원과 고객의 참여는 필수적이다. 많은 경우 접점직원이 서비스를 수행하고 전달하기 때문에 신규 서비스 개발과정에 이들을 참여시킬 필요가 있다. 서비스 개발과정에 접점직원을 참여시키는 것은 서비스에 대

SERVICE MARKETING FOCUS

고객이 함께 만든 와디즈의 성공

소비자는 제품과 서비스를 유통을 통해 만난다. 백화점에서 옷을 사고 온라인에서 생활용품을 주문한다. 여행사에서 여행상품을 선택하고 호텔을 이용한다. 특별히 내가 원하는 맞춤상품들도 있지만 이미 시장에 나온 상품들을 구매하는 것이 일반적이다. 〈와디즈〉가 이런 구매방식을 다르게 생각하기 시작했다. 온라인에서 개인이 후원하는 크라우드펀딩(Crowd funding)으로 고객이 응원하는 상품들을 파는 공간을 만들었다. 상품 아이디어는 있는데 자본이 없던 스몰브랜드들을 서포터즈라는 이름의 고객들이 후원하며 미리 주문하는 방식으로 상품을 판다. 펀딩에 성공한 브랜드들을 모아 놓은 와디즈 샵도 운영한다. 이곳의 상품들은 일반 유통가에서는 만나보기 힘든 희소성이 큰 장점이어서 젊은 소비자들의 취향을 저격하는 데 제격이다. 흥미로운 점은 기존 브랜드들도 소비자들의 후원방식에 주목하면서 와디즈로 들어온다는 점이다. 아마 후원방식이 주는 팬심을 얻기 위해서다. 이는 미래 유통방식의 변화를 예고한다. 와디즈는 오프라인까지 진출했다. 고객에겐 체험공간으로, 기회가 적었던 작은 브랜드들에겐 쇼룸이 되는 공간 와디즈를 운영한다. 현대백화점에 와디즈 팝업스토어를 오픈하면서 기존 유통사들과 콜라보도 진행한다. 2023년 말 누적거래액이 1조 원대를 넘어섰다.

자료원: 김혜릉(2023), 마케팅을 스토리텔링하다, 학현사.
사진출처: 와디즈블로그(http://blog.wadiz.kr).

한 고객욕구와 신규 서비스를 잘 전달하기 위해 해결해야 할 조직 내 문제를 파악하는 데 도움을 준다. 고객들의 참여는 철저하게 공동가치창출(co-creation value) 차원에서 접근해야만 한다. 무분별한 셀프서비스 도입을 통해 무턱대고 고객들에게 서비스 생산자 역할을 강요하는 것은 금물이다. DIY 매장으로 유명한 이케아는 증강현실 기술을 활용한 모바일 앱 서비스를 통해서 고객들이 직접 매장을 방문하지 않고도 집안가구배치를 확인하게끔 함으로써 고객들이 직접 참여를 통해 가치를 얻을 수 있는 새로운 서비스를 제공하였다.

4.3 서비스 브랜드관리

(1) 서비스 브랜드의 중요성

서비스 브랜드 구축에서 가장 주목할 점은 기업 브랜드(service company)가 브랜드 자산 구축에 주도적 역할을 한다는 점이다. 유형적인 제품의 경우에는 일차적으로 기업 브랜드(LG전자)–공동브랜드(디오스 냉장고, 김치냉장고, 식기세척기)–제품브랜드(AI 오브제 컬렉션 냉장고)로 구성된 브랜드 계층구조에서 하위에 위치한 제품 브랜드가 더 큰 역할을 담당한다. 예를 들어 현대자동차라는 기업 브랜드도 중요하지만 하위에 있는 그랜저나 제네시스와 같은 개별 제품의 브랜드가 소비자들의 구매행동에 직접적인 영향을 미치게 된다. 이에 반해 서비스의 경우는 기업 브랜드가 곧 서비스 브랜드인 경우가 대부분이며, 고객들도 서비스를 구매함에 있어 서비스 기업이 제공하는 여러 하위 상품 브랜드보다는 기업 브랜드에 더 큰 영향을 받는 경향이 있다. 스타벅스를 이용하는 고객은 피지오와 같은 개별 상품 브랜드보다 스타벅스라는 기업 브랜드를 구매하는 것이다.

물론 서비스 기업들도 기업 브랜드 밑에 다양한 서비스 상품 브랜드를 도입하고 있다. 국내 이동통신 서비스 시장의 선도자인 SKT는 한때 TTL, CARA, JUNE, UTO 등의 다양한 서비스 상품 브랜드를 도입하였다. SKT는 무형의 서비스 상품에 대해 각기 다른 연령대의 세분시장을 표적으로 한 개별 브랜드를 도입함으로써 개별 서비스 상품에 대한 마케팅 활동을 강화하고 브랜드 자산을 구축하려 했다. 현재 통신 서비스 상품은 T브랜드로 통합되었으며, 구독상품은 T우주, OTT 서비스는 티빙(TVING) 브랜드로 운영되고 있다. 그렇지만 이러한 경우에도 많은 소비자들이 경쟁사에 비해 SKT의 서비스 상품을 선호한 것은 SKT라는 기업 브랜드가 가지고 있는 높은 신뢰성과 강력한 브랜드파워 때문이었다. 따라서 서비스 기업들이 다양한 서비스 상품 브랜드를 도입하려는 최근의 브랜딩 추세에도 불구하고 서비스에서는 기업 브랜드가 서비스 상품 브랜드로 인식되는 것이 일반적이다. 결과적으로 기업의 정체성(아이덴티티)이 곧 서비스 브랜드의 핵심이기 때문에, 이를 잘 설정하고 관리하는 것이 서비스 브랜드 자산 구축에 있어 출발점이 된다.

최근 SKT는 보안사고로 인해 기업 브랜드(서비스) 신뢰에 큰 타격을 입었다. T우주와 티빙은 SKT의 서비스 상품 브랜드이다.

(2) 서비스 특성에 기반한 브랜드 자산 구축

서비스는 유형의 제품과는 달리 무형성, 비분리성, 이질성, 소멸성이라는 고유한 특징을 가지고 있기 때문에 브랜드 자산관리 차원에서도 유형적인 제품 브랜드와는 다르게 접근해야 할 필요가 있다. 베리(L. Berry)는 서비스 브랜드는 높은 인지도와 긍정적이고, 강력하며, 독특한 브랜드 의미(이미지)를 획득함으로써 브랜드 자산을 구축할 수 있다고 설명하였다.

강한 서비스 브랜드들은 주로 브랜드 명성, 서비스 경험 차별화, 브랜드 내부화, 고객과의 감정연결 차원에서 경쟁사들에 비해 뛰어난 성과를 보여준다.

그림 4-4 는 서비스의 차별적 특징을 고려한 네 가지 브랜드 자산 구축전략이 있음을 보여준다.

그림 4-4 서비스 특성을 고려한 브랜드 자산 구축전략

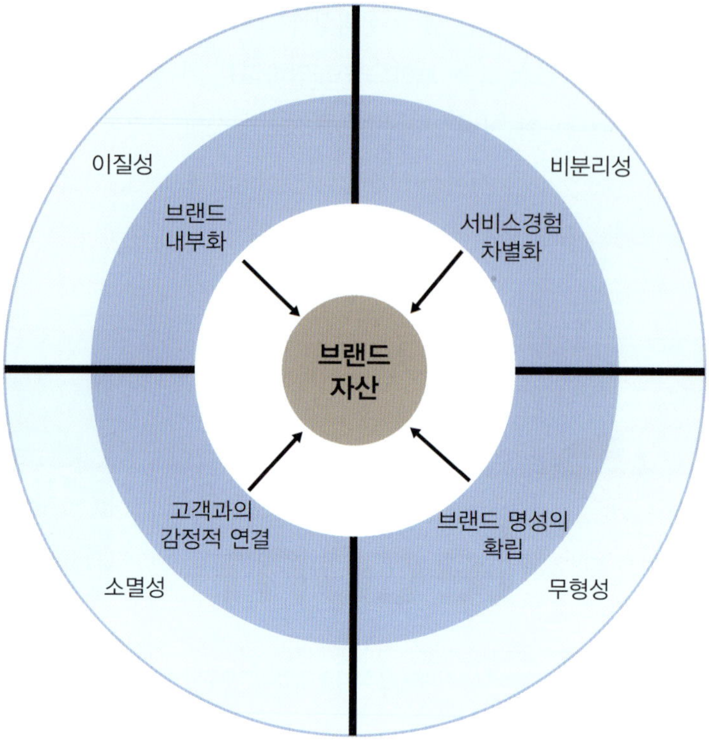

자료원: Berry, L. L. (2000). Cultivating service brand equity. *Journal of the Academy of marketing Science*, 28(1), p.131. 수정인용.

첫째, **무형성**이라는 서비스 브랜드의 특징은 소비자들이 서비스 브랜드를 평가함에 있어 서비스 기업의 규모나 명성에 의해 쉽게 영향을 받을 수 있음을 시사한다. 예를 들면 병원을 찾는 환자의 입장에서는 동네 의원보다는 규모가 크고 유명한 대학병원을 더 선호할 수 있다. 둘째, 서비스는 생산과 소비가 동시에 일어나는 생산·소비의 **비분리성** 때문에 접점에서의 고객경험이 강조된다. 따라서 서비스 브랜드는 고객들이 서비스를 이용하는 과정에서 만나는 차별화된 경험요인들을 브랜드에 반영하는 것이 필요하다. 애플은 애플스토어에서 고객을 상대하는 원스톱 서비스 경험을 지니어스바(genious bar)라는 브랜드로 잘 전달하고 있다. 셋째, 서비스 품질이 항상 고르지 않음을 의미하는 **이질성**은 서비스 접점에 있는 종업원의 접객태도와 활동이 고객들의 서비스 브랜드에 대한 지각에 중요한 단서로 작용함을 의미한다. 따라서 종업원들이 브랜드가 추구하는 가치를 자신의 것으로 일체화시키는 **브랜드 내부화**(internalizing)가 서비스 브랜드 자산 구축에 중요하다. 넷째, **소멸성**은 소비자들이 서비스

를 소유할 수 없거나 수요와 공급의 불일치로 인해 고객들이 원하는 때 서비스를 원활하게 이용하지 못할 수 있다는 점을 의미한다. 따라서 서비스 브랜드는 고객들과 감정적으로 강하게 연결되어 있다는 일체감을 통해 이러한 소멸성을 극복할 수 있고 고객들이 다른 서비스로 이탈하는 것을 방지할 수 있다.

서비스 경험 차별화를 통한 브랜드 자산 구축: 나이키가 제공하는 무료 러닝 앱 나이키런클럽(NRC)은 접점에서 고객들에게 나이키만의 차별화된 체험을 전달한다.

브랜드 내부화를 통한 브랜드 자산 구축: 앰배서더는 커뮤니티 안에서 룰루레몬의 핵심가치를 고객과 나누며 룰루레몬의 강력한 팬덤을 형성한 브랜드 내부화의 성공사례다.

(3) 브랜드 자산 구축을 위한 서비스 브랜드 구성요소 개발

서비스 기업은 **브랜드 자산** 구축을 위해 다양한 **브랜드 구성요소**(brand elements)들을 선택하고 조화시켜야 한다. 일반적으로 브랜드명, 로고, 심벌, 캐릭터, 슬로건 등이 중요한 브랜드 구성요소들로 다루어진다. 특히 서비스의 경우 매장의 물리적 환경과 분위기, 종업원 복장과 같은 단서들도 중요한 브랜드 구성요소가 될 수 있다. 이와 관련해서는 서비스 물리적 증거관리에서 자세히 다루고 있다.

① 서비스 브랜드명

브랜드명은 그 브랜드가 무엇이고 무엇을 할 수 있는지를 소비자에게 알려주는 수단이다. 브랜드명은 브랜드의 특성을 외적으로 표현하는 기능을 수행할 뿐 아니라 서비스 품질, 지위 상징과 같은 보이지 않는 부분까지 전달한다. 세계적으로 잘 알려진 호텔 브랜드명인 포시즌 호텔(Fourseasons Hotel)은 최고의 품질은 물론 사용자의 지위를 상징적으로 나타낸다.

이처럼 **브랜드명**은 브랜드 개념을 표현하는 데 핵심적인 역할을 한다는 점에서 브랜드 정체성(아이덴티티)의 형성에 있어서 가장 강력한 원천이다. 따라서 서비스 브랜드명을 개발할 때는 다음의 사항들을 잘 고려해야만 한다. 첫째, 서비스 브랜드명은 상품의 기능이나 편익을 잘 전달할 수 있어야 한다. 예를 들어, 쿠팡의 로켓배송은 빠른 배송이라는 편익을 잘 전달해 준다. 단, 기능이나 편익을 강조하는 브랜드명은 대체로 비슷해지기 쉽다는 단점이 있다. 따라서 브랜드명이 서비스 상품의 내용과 조화를 갖는 것도 필요하지만 둘째, 경쟁사와의 차별화도 중요하게 고려해야만 한다. 아마존은 단어의 은유적인 의미전달을 통해 상품 품목의 방대함을 잘 표현하면서도 월마트와 같은 경쟁자들과 쉽게 차별화된다는 이점을 갖는다. 신선식품 배송을 강조한 마켓컬리는 요리(culinary)라는 의미를 활용하여 서비스의 내용을 잘 담아내면서도 쿠팡, 티몬, SSG닷컴과 같은 경쟁자들과 차별화된다. 셋째, 기억하기 용이하고 발음하기 쉬워야 한다. 일반적으로 관심을 끌 만큼 특이한 이름이거나(예: 구글), 시각적인 이미지를 연상시키는 단어들(예: 블루보틀, 초록마을), 짧고 단순한 단어(예: Federal Express 보다는 FedEx)일수록 기억하기 쉽다. 넷째, 글로벌 시장에서 통용될 수 있는 브랜드명을 선택하는 것도 중요하다. 인공지능 기반 교육 서비스인 산타토익은 미국시장 진출을 앞두고 브랜드명 변경을 고심하고 있는데, 미국시장에서는 산타라는 단어가 산타클로스 외에 다른 의미로 받아들여지기 힘들기 때문이다. 또한 브랜드명이 자국 내에서는 좋은 의미의 단어이지만 다른 나라에서는 부정적인 이미지를 연상시킬 수도 있다는 점에도 유의해야만 한다.

시각적인 이미지를 연상시키는 서비스 브랜드명의 예: 블루보틀은 17세기 오스트리아의 커피하우스 이름에서 따왔다고 한다. 역사적 배경에 파란색 병의 로고가 전해주는 시각적인 이미지가 더해져 차별적인 브랜드명이 되었다.

상품의 편익을 잘 전달해 주는 서비스 브랜드명의 예: 메가커피는 크다(메가)라는 의미를 통해 대용량(가성비)이라는 서비스 상품의 편익을 잘 전달해 준다.

캐릭터에 빠진 MZ 소비자를 잡아라

유통 및 식음료 업계에서 MZ세대를 겨냥한 〈캐릭터〉와의 협업 마케팅이 늘고 있다. 티 브랜드 오설록은 글로벌 캐릭터 헬로키티와 협업한 헬로키티 컬래버 에디션을 출시한다고 밝혔다. 이디야커피는 글로벌 캐릭터 브랜드 산리오캐릭터즈와 여름철 한정 컬래버레이션을 선보였다. 이번 협업은 포차코, 한교동, 케로케로케로피 등 인기 캐릭터 3종을 국내 커피 프랜차이즈 최초로 함께 구성한 것이 특징이다. CJ올리브영은 산리오캐릭터즈(산리오)와 손잡고(사진) 이달 1일부터 '러브 서머'를 주제로 한 초대형 협업을 진행 중이다. 이번 행사는 올리브영 최초로 전사 차원에서 진행하는 캐릭터 협업이다. 전체 올리브 멤버스(올리브영 회원) 중 60%가 1030세대인 만큼, 글로벌 MZ세대의 인기 브랜드인 산리오를 파트너로 선정했다. 롯데GRS가 운영하는 엔제리너스는 에듀&콘텐츠 전문기업 토이트론과 협업해 실바니안 패밀리의 '아기 셰프' 컬렉션을 단독으로 선보였다. 전문가들은 취향소비가 확산하는 트렌드에 대해 요즘 세대가 캐릭터 굿즈 등 자신이 좋아하는 것을 통해 정체성을 드러내려는 성향이 강하고, 그 과정에서 얻는 심리적 만족감이 크다는 점을 꼽는다. 2030세대는 자신에 대해 탐구하고 알아가는 과정을 일종의 놀이처럼 즐긴다. 키링이나 굿즈로 꾸민 가방, 소셜네트워크서비스(SNS) 속 인증샷, 책상 위 피규어 등은 단순한 장식품이 아니라 이들의 정체성을 표현하는 수단이라 할 수 있다.

자료원: 헬로키티부터 실바니안까지… '캐릭터 협업 마케팅'에 진심인 기업들(여성조선, 2025.7.10). "10배 더 비싸도 살래요"…명품도 아닌데 못사서 '난리'(한경이코노미, 2025. 7.8).

사진출처: 올리브영(https://corp.oliveyoung.com/ko/news).

② 서비스 로고와 심벌

로고와 **심벌**은 기업명이나 브랜드명, 혹은 이들의 특징을 시각적으로 보여주기 위해 사용된다. 심벌은 워드마크(wordmark: 특정의 디자인으로 표시된 기업명이나 브랜드명)가 아닌 로고를 말한다. 브랜드가 가지고 있는 의미를 간결하게 표현하고 브랜드를 소비자들에게 쉽게 인식시켜준다는 점에서 로고와 심벌은 무형성이 강한 서비스 브랜드의 자산을 창출하는 데 매우 중요하다. 첫째, 로고와 심벌은 서비스 브랜드의 인지도를 높이는 데 중요한 역할을 한다. 일반적으로 사람들은 그림이나 사진(즉, 로고와 심벌)을 단어(브랜드명)보다 더 잘 기억하는 경향이 있다고 한다. 따라서 로고와 심벌은 쉽게 인지되고 경쟁 서비스들과 구별하게 하는 주요 수단이 된다. 둘째, 심벌은 브랜드와 관련된 풍부한 연상을 불러일으키는 데 도움을 준다. 가령, 푸르덴셜(Prudential) 보험회사의 심벌인 지브롤터(Gibraltar) 해협의 바위는 강인함, 안정성, 역경의 극복 등을 의미하는데, 이러한 심벌은 그 어떤 광고나 설득보다 푸르덴셜의 이미지를 상징적으로 전달하는 데 유용하다. 셋째, 로고와 심벌은 소비자들이 브랜드에 대한 긍정적인 느낌(호감)을 갖게 해준다. 특별한 유형의 브랜드심벌인 **캐릭터**를 사용하는 경우 특히 그렇다. 에쓰-오일은 구도일이라는 캐릭터를 활용하여 주유소를 찾는 고객들에게 브랜드에 대한 친근함을 잘 전달하였다.

금융회사들은 주로 바위, 우산, 지구본과 같은 사물의 형상을 로고에 반영하면서 규모나 안정성을 강조한다.

카카오프렌즈는 소비자들에게 친근한 이미지를 전달하고 고객과의 관계형성에 도움을 준다는 점에서 다른 서비스들과 콜라보마케팅에 자주 활용된다.

③ 서비스 슬로건

슬로건은 브랜드 정체성을 설명하는 짧은 문구로 정의된다. **슬로건**은 브랜드 정체성을 단순하고, 명확하게, 그리고 소비자들이 이해하기 쉽게 전달할 수 있을 때 효과적이다. 대한항

아임러빙잇(i'm lovein' it') 슬로건은 맥도날드의 가치를 친근하게 전달해 준다. 맥도날드는 최근 사회공헌을 강조하기 위해 세상에 좋은 일이 맥도날드에게도 좋은 일이니까(Better World, Better McDonald's)라는 슬로건을 새롭게 도입했다.

공의 'Excellence in flight', 맥도날드의 'i'm lovein' it' 등이 잘 알려진 슬로건의 사례들이다.

(4) 서비스 브랜드라이프사이클 관리

기업들이 장기적으로 브랜드를 키우고 관리하는 데 취약하다는 점에서 **브랜드라이프사이클**(BLC: Brand Life Cycle)에 대한 이해가 필요하다. BLC는 마케팅에서 자주 언급되는 상품라이프사이클(PLC: Product Life Cycle)과는 다른 개념이다. PLC는 특정 상품군(product category)의 흥망성쇠를 말한다. 예를 들어 네이버, 구글이 경쟁하는 검색 서비스라는 상품군이 성숙기에 도달했다면, 챗GPT로 인해 시작된 AI 검색 서비스라는 새로운 상품군은 이제 도입기에 들어섰다는 설명이 가능하다. 그러나 같은 상품군의 경쟁에서도 브랜드의 변천은 제각각일 수 있다. 검색 서비스에서 네이버, 구글과 같은 브랜드는 굳건히 자리를 지키고 있지만 한때 최고의 브랜드였던 야후(Yahoo)는 사라졌다. 따라서 브랜드를 관리해야만 하는 입장이라면 상품군의 사이클보다는 당연히 브랜드의 사이클에 주목해야만 한다.

① 브랜드라이프사이클 특징

PLC곡선은 시간에 따른 판매량(매출액)의 변화로 상품군의 도입–성장–성숙–쇠퇴의 과정을 설명한다. 그러나 BLC는 매출보다는 브랜드 자산의 변화를 중요하게 생각한다. 시간에 따른 변화의 과정에서도 쇠퇴를 가정하지 않는다. 이제 이러한 특징들에 대해 살펴보도록 하자.

- **변화 단계**: BLC가 시간에 따른 흐름을 갖는다는 점은 PLC와 유사하다. 그러나 BLC는

변화과정을 도입기–발전기–유지기의 3단계를 거친다고 설명한다. 시장에서 브랜드가 쇠퇴할 수는 있지만 전략적 브랜드 관리라는 목표에서 생각한다면 브랜드는 영원해야만 한다. 브랜드 쇠퇴는 단지 잘못된 관리의 문제일 뿐이다. 무엇보다 상품과 달리 브랜드는 시장에서 사라져도 소비자들의 마음속에 영원히 남아 있다. 시장에서 사라진 야후(Yahoo)가 아직까지 사람들의 입에 오르내리는 이유이다. BLC의 도입기는 신규 브랜드가 시장에 진입하여 브랜드 자산을 획득해 가는 단계이다. 발전기는 브랜드 자산을 성장시켜 나가며 이를 통해 경쟁 브랜드에 비해 자사 브랜드의 가치를 높이는 단계이다. 유지기는 경쟁 브랜드에 비해 브랜드 자산을 강력하게 구축하고 장기적이고 안정적으로 유지해 가는 단계이다.

- **단계별 목표**: BLC의 변화단계를 판단하는 기준은 매출보다는 각 단계별 브랜드 자산이다. 즉, 도입기–발전기–유지기에서 나타나는 브랜드 자산의 규모로 BLC의 단계를 파악하게 된다. 이를 통해 현재의 브랜드 수준을 진단하고 그에 맞는 서비스 마케팅 활동을 계획 · 조정 · 실행할 수 있으며, 장기적으로 브랜드 자산의 가치를 상승시킨다는 목표를 설정할 수 있다. 브랜드 관점에서 매출액의 판단은 복잡하다. 예를 들어 네이버라는 브랜드의 매출액은 검색, 쇼핑 등 여러 서비스 상품 매출의 조합이다. 검색 서비스 상품의 매출이 사라진다고 해서 브랜드가 사라지는 것은 아니다. 무엇보다 매출은 과거의 실적일 뿐 브랜드의 미래를 반영한다는 점에서는 브랜드 자산이 더 적합하다.

② 브랜드라이프사이클 유형

도입기–발전기–유지기에서 나타나는 브랜드 자산의 추이는 브랜드마다 다를 수 있다. 실증연구 결과 BLC의 전형적인 유형은 강자형, 쇠퇴형, 재탄생형, 성장형, 도약형과 같은 다섯 가지가 대표적이다. 강자형은 장기적인 브랜드 관리에 성공한 브랜드를 말하는데, 유지기에 들어서도 경쟁 브랜드들에 비해 압도적인 브랜드 자산을 확보하고 있다. 반면 쇠퇴형은 브랜드 자산 관리에 실패한 유형이다. 한때 강력한 브랜드 자산을 구축했지만 관리에 실패한 경우이다. 재탄생형은 말 그대로 쇠퇴한 브랜드를 되살린 유형이다. 성장형은 꾸준한 브랜드 관리의 주자들을 말하는데, 아직 시장 1위에 오르지는 못했지만 지속적인 브랜드 관리의 성공으로 선두를 따라가는 추격자들이다. 도약형은 짧은 출시기간에 비해 높은 브랜드 자산을 확보한 경우이다.

그림 4-5 브랜드라이프사이클의 다섯 가지 유형

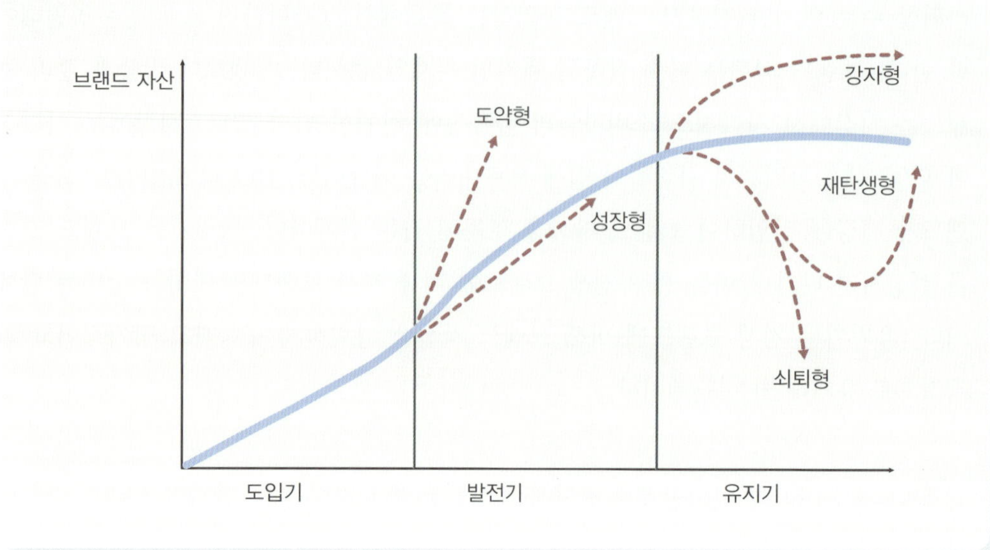

자료원: 김해룡(2012). 5 Brand Rules. KMAC.

재탄생형 BLC의 예: 영풍문고는 스타필드와 같은 지역명소와 만나면서 재탄생하였다(사진: 스타필드 수원 별마당도서관).

도약형 BLC의 예: 챗GPT는 불과 몇 년 만에 최고의 아이콘 브랜드로 올라섰다.

어떤 브랜드도 단일 서비스 상품에 한정되어 사용되는 경우는 드물다. 다양한 서비스 확장이나 인수합병의 결과로 인해 네이버와 구글은 더 이상 검색 사이트에 국한되는 서비스 브랜드가 아니다. 이처럼 서비스 브랜드는 다양한 서비스 상품을 넘나들면서 성장을 지속해 갈 가능성을 찾아야 한다는 점에서 생명력이 존재한다. 따라서 서비스 브랜드가 지속가능한 라이프사이클을 갖지 못한다면 그것은 관리한 사람이나 기업에게 장기적인 브랜드관리 전략이 없다는 것을 의미한다.

CHAPTER

5

서비스 프로세스관리

5.1 고객관점 서비스 프로세스의 이해

5.2 서비스 디자인과 프로세스 설계

5.3 서비스 프로세스 재설계

5.4 서비스 프로세스와 고객참여

서비스 플립러닝

라스트마일 경쟁이 새롭다

서비스 현장에서 〈라스트마일(last mile)〉에 대한 관심이 뜨겁습니다. 원래 라스트마일은 사형수가 형 집행장까지 걸어가는 마지막 거리를 뜻하는 말인데, 최근 다양한 서비스에서 고객과의 마지막 접점을 의미하는 용어로 떠오르면서 서비스 프로세스 혁신의 대명사처럼 사용되고 있습니다.

라스트마일 전쟁이 가장 치열한 곳을 꼽자면 유통업계인데, 최근 온라인과 오프라인 유통업체들 간 배송경쟁이 심화되면서 기업들은 저마다의 차별화된 라스트마일 경쟁력 확보에 주력하고 있습니다. 국내 시장은 쿠팡(로켓배송), 마켓컬리(새벽배송)가 촉발한 배송경쟁에 오프라인 유통기업들이 물류 시스템 강화와 배송 차별화로 맞서면서 경쟁이 치열합니다. 아마존은 무인택시(사진)와 로봇배송을 활용한 라스트마일 차별화에 주력하고 있습니다. 또한 아마존은 허브딜리버리(Hub Delivery)라고 부르는 긱 이코노미(Gig Economy) 방식의 라스트마일 프로그램을 확대한다고 발표하였는데, 프로그램 파트너는 자체 직원과 차량을 사용하여 해당 지역의 아마존 고객을 위해 매일 20~50개의 패키지를 배송하게 됩니다.

라스트마일 경쟁과 관련해서 마이크로모빌리티(Micro Mobility) 시장이 주목받고 있습니다. 마이크로모빌리티는 전기 오토바이, 초소형 전기차 등 친환경 동력을 활용한 소형 이동수단으로, 인도, 아태 등지에서 대중교통으로 널리 활용되고 있습니다. 현대차는 마이크로모빌리티 이용률이 높은 인도 현지의 특성에 맞게 친환경적이고 안전한 마이크로모빌리티 보급을 위해 3륜 및 마이크로 4륜 EV의 양산을 검토하고 있습니다.

고객들이 서비스를 이용하는 과정은 마치 여행의 과정(여정)과도 같습니다. 여행의 모든 순간(과정)들이 중요하겠지만 즐거운 여행을 위해서라면 마지막 순간이 가장 중요하지 않을까요? 이런 의미에서 서비스 기업들이 고객과 만나는 마지막 단계를 어떻게 차별적으로 만들어 가는가에 대한 해답이 바로 라스트마일 전략입니다.

자료원: '라스트마일'전략, 소비자 마지막 접점까지 차별화한다(한국일보, 2020.4.20).
아마존의 또다른 라스트마일 전략 'Hub Delivery'(뉴스투데이, 2023.7.8).
사진출처: 아마존 자회사 죽스(Zoox).
모터그래프(https://blog.naver.com/motorgraph_official/223835889215).

- 서비스 플립러닝 내용은 하단에 있는 QR코드에서 동영상으로 확인할 수 있습니다.

플립러닝 동영상 강의 QR코드입니다.

5.1 고객관점 서비스 프로세스의 이해

(1) 서비스 프로세스 개념

서비스를 생산하고 전달하는 기업의 입장에서 본다면 **서비스 프로세스**는 서비스 운영 시스템이 작동되는 방법과 절차를 말한다. 한마디로 고객들에게 자신들이 약속한 가치제안을 실제로 전달하기 위해 수행되는 절차나 활동들의 흐름을 의미한다. 잘못 설계된 서비스 프로세스는 현장 종업원들이 업무를 제대로 수행할 수 없도록 한다는 점에서 낮은 생산성과 서비스 실패를 초래하게 되며, 결과적으로 고객의 불만족을 유발할 수 있다. 이제 기업 관점의 서비스 프로세스 관리에서 주의할 점에 대해서 살펴보자.

그림 5-1 에서 보듯이 서비스 프로세스는 조직 내부와 외부에 걸쳐서 많은 하위단계들이 존재하고 이들 하위단계들 간의 상호 의존관계 속에서 전체 서비스 프로세스가 진행된다. 따라서 기업이 서비스 프로세스를 관리한다는 것은 하위의 각 단계들을 개별적 또는 유기적으로 함께 살핀다는 것을 의미한다. 레스토랑의 경우를 생각해 보자. 고객들은 주로 음식

그림 5-1 서비스 프로세스와 프로세스 참여자: 내부고객과 외부고객

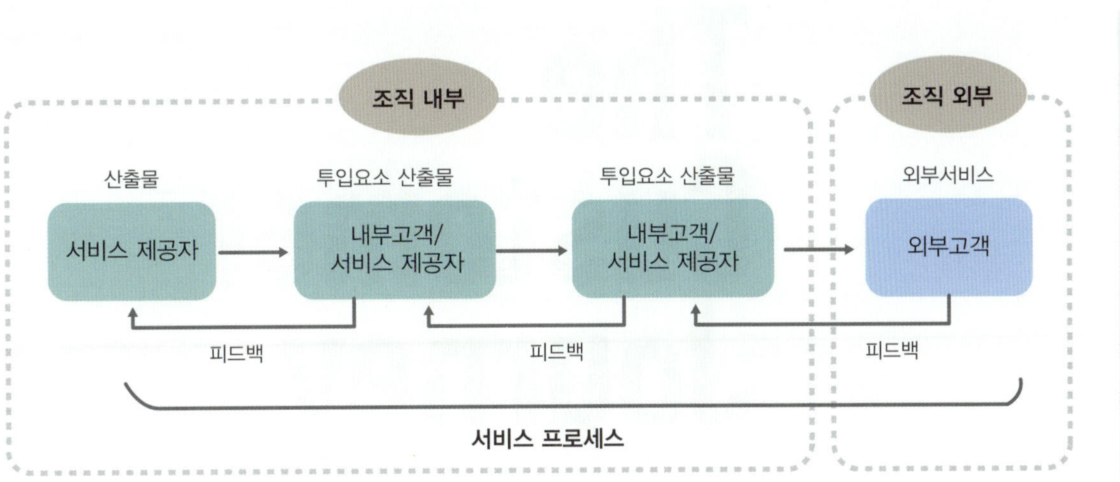

점의 입구나 자리에서 종업원들과 접촉하지만, 실제로는 주방에서부터 식당 내 여러 단계의 서비스들이 유기적으로 잘 연결되어야만 고객들에게 만족스러운 서비스가 제공될 수 있다. 그러나 막상 실제 현장에서 서비스 제공자들은 자신들이 다음 단계에 제공하는 내부 서비스가 결과적으로 고객들의 성과에 중요한 영향을 미친다는 사실을 잘 느끼지 못한다. 자신들이 관계를 갖는 직원들을 단순히 동료로만 간주하는 경향이 있다. 서비스 경영진도 주로 고객들과 직접 접촉하는 하위단계들에만 신경 쓰기 쉽다. 이러한 경우 고객들이 제공받는 서비스의 생산과 전달의 프로세스가 일관성을 갖지 못할 수 있다. 결국 이러한 문제점을 해결하기 위한 방안은 **내부고객**(internal customer)이라는 개념을 도입하는 것이다. 조직 내부에서 서비스 제공자가 다른 단계의 직원을 내부고객으로 바라보고 그들을 만족시킨다는 생각으로 서비스를 수행한다면, 그리고 이러한 과정이 내부의 각 단계별로 반복적으로 진행된다면, 최종 고객들에게 성공적인 서비스가 생산되어 전달될 수 있다. 결과적으로 고객 입장에서 생각해 보면, 서비스 프로세스는 서비스를 전달받는 일련의 과정인 셈이다.

(2) 고객중심 서비스 프로세스

서비스 기업은 고객의 시각에서 서비스 프로세스를 설계해야만 한다. 무엇보다 고객들의 입장에서 서비스를 경험하는 전체적인 과정을 바라보아야 한다는 의미인데 이를 두고 **고객**

서비스 기업은 고객여정을 이해해야 한다. 서비스 경험은 고객들에게는 즐거운 여행(여정)이다.

여정(customer journey)을 이해한다고 말한다. 고객이 서비스 프로세스를 경험한다는 말은 고객 입장에서 바라보면 시간에 따라 다양한 접점을 경유하면서 서비스를 경험해 가는 여행과도 같다. 고객여정의 마지막 순간을 **라스트마일**(last mile)이라고 부르기도 한다.

그림 5-2 서비스 프로세스와 고객여정

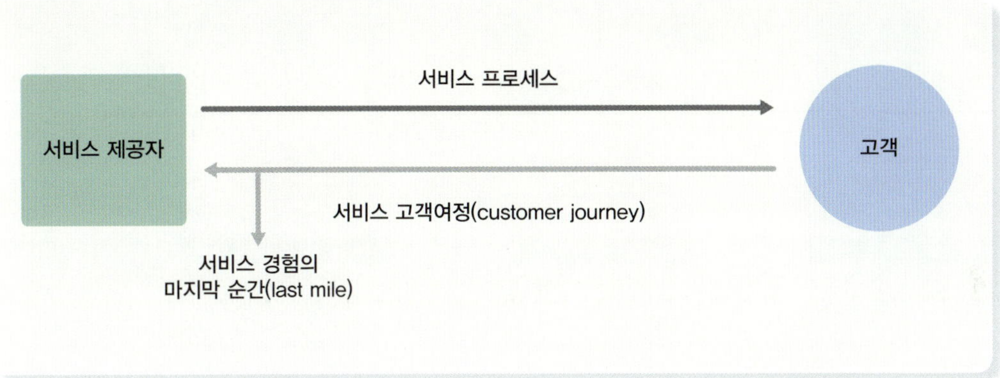

서비스 고객여정을 제대로 이해하기 위해서 다음 사항들을 주의 깊게 살펴보자. 첫째, 고객여정의 단계를 계층적으로 이해하고 바라보는 것이 고객여정을 정확히 파악하는 데 도움이 된다. 고객여정의 단계는 **참여 단계**(joining phase), **주요 소비 단계**(main consumption phase), **이탈 단계**(detachment phase)의 세 단계로 파악해 볼 수 있는데, 각 단계별로 하위의 여정이 있을 수 있다. 예를 들어 테마파크를 이용하는 경우 고객여정은 참여 단계에서 예약, 방문 주차, 안내와 같은 과정을 거치며, 주요 소비 단계에서는 놀이시설 이용, 대기, 휴식(식사)을, 그리고 마지막 이탈 단계에서는 (선물)구입, 대여물품 반납, 차량이동과 같은 과정을 거칠 수 있다. 따라서 테마파크의 입장에서는 이러한 고객들의 서비스 여정을 잘 이해하고 각 단계별로 고객가치창출을 지원할 수 있는 부가 서비스들을 발굴하여 서비스 프로세스 설계에 담아내야만 한다. 예를 들면 참여 단계에서는 이용 편의성을 위해 스마트 예약(활성보조 서비스)을 제공한다거나, 주요 소비 단계에서는 유명 레스토랑(강화 보조 서비스)을, 그리고 마지막 이탈 단계에서는 주차장 이동버스(활성 보조 서비스)나 구매한 물품(기념품)에 대한 택배 서비스(강화 보조 서비스)를 제공할 수 있다.

그림 5-3 테마파크 서비스에 대한 고객여정

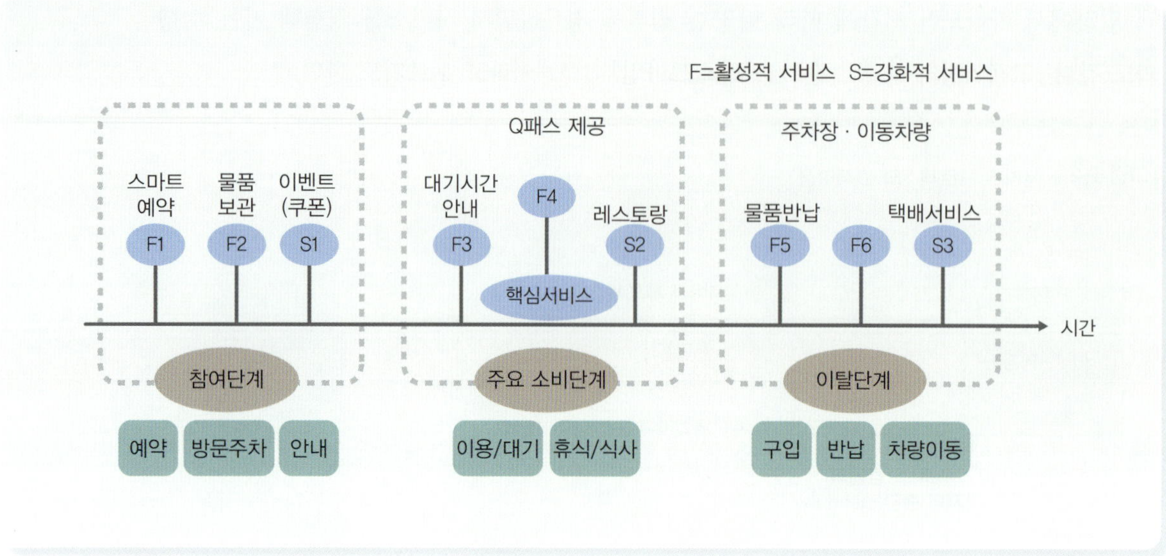

둘째, 고객여정의 단계별로 주요 접점(touch point)을 파악하고 대응하는 것이 중요하다. 서비스 접점이란 고객과 서비스가 서로 상호작용하는 짧은 순간이지만 고객들의 서비스 여정과 평가에서 매우 큰 영향을 미친다는 점에서 **진실의 순간**(MOT: Moment of Truth)으로 불린다. 이러한 고객접점은 소유 주체별로 브랜드 소유, 파트너 소유, 고객 소유, 사회적·외부 소유로 구분하기도 한다. 예를 들어 테마파크인 에버랜드의 경우라면, 참여(예약) 단계에서 고객들은 에버랜드가 제공하는 예약 앱(브랜드 소유 접점)을 이용한다거나, 또는 제휴한 야놀자의 앱(파트너 소유 접점)에서 이용권을 구매할 수 있다. 이 과정에서 고객들은 결제할 신용카드(고객 소유 접점)를 선택한다거나 또는 소셜미디어(사회적·외부 소유 접점)에 인증사진을 올리기도 한다. 서비스 기업은 고객여정을 구성하는 서비스 접점의 유형과 필요한 활동들을 잘 파악하고 서비스 프로세스를 설계해야만 한다. 셋째, 서비스 환경 변화를 이해하고 온라인과 오프라인을 유기적으로 연결한 통합적인 고객여정의 이해가 중요해진다. 불편한 기존의 고객여정이 새로운 비대면 접점으로 바뀐다거나, 반대로 온라인 서비스 고객여정에서는 물리적인 환경이나 종업원과의 상호작용이 새롭게 요구될 수도 있다.

신한라이프는 기존 보험고객 여정의 문제를 파악하고 365일 24시간 언제든지 고객이 원하는 시간에 보험 서비스가 가능하도록 모바일 접점을 강화했다.

넷째, 고객여정을 지속적으로 파악하고 관리하는 자세가 요구된다. 고객 입장에서 여정을 파악하고 그 과정에서 중요한 접점과 필요한 활동들을 선정했다면, 그에 맞는 서비스 수준(표준)을 정하고 관리할 필요가 있다. 또한 이러한 성과를 현장직원들에게 피드백하고 개선점을 찾아가야만 한다.

5.2 서비스 디자인과 프로세스 설계

(1) 서비스 디자인의 이해

비즈니스의 세계에서 디자인의 역할과 중요성이 어느 때보다 강조되고 있지만 **서비스 디자인**(service design)이란 용어는 아직까지 우리에게 익숙하지는 않다. 그러나 고객들에게 최적화된 경험을 제공하기 위해서는 무엇보다 서비스 이용과정의 많은 문제들을 찾아 해결해야만 한다. 이런 점에서 최근 서비스 프로세스 설계에 문제해결에 적합한 **디자인 사고**(design thinking)가 강조되고 있다. 아리조나 주립대학교의 서비스 리더십 센터(Center for Services

Leadership, Arizona State University)는 서비스 디자인을 '고객, 클라이언트, 종업원, 파트너, 시민들에게 전체적인 서비스 경험(holistic serviced experience)을 창조해 주는 것'이라고 설명하고 있다. 연세대학교 김진우 교수는 서비스 디자인은 고객경험을 중요하게 고려해야 한다는 점을 강조하면서, 그림 5-4 와 같이 서비스의 특성과 연결 지은 서비스 디자인의 네 가지 요소를 제시하였다.

그림 5-4 서비스 특성과 서비스 디자인 요소

이질성	비분리성	소멸성	무형성
표준화와 시스템적 접근	서비스 접점 설계	추억과 경험 설계	서비스 시각화

자료원: 김진우(2019). 서비스 경험디자인. 안그라픽스. p.42. 수정인용.

서비스는 전달과정에서 일관된 서비스를 제공하기 어렵다는 이질성 때문에 프로세스의 표준화와 시스템적인 접근이 중요해진다. 또한 생산과 소비가 동시에 진행되는 서비스의 비분리성으로 인해 고객과 서비스 제공자의 상호작용이 진행되는 서비스 접점을 어떻게 설계하는가가 서비스 성패를 좌우한다. 서비스는 유형적인 형태로는 저장할 수 없지만 고객들은 대신 소비경험이나 추억을 저장할 수 있다. 따라서 서비스 디자인의 핵심은 추억과 고객경험의 설계에 있다. 마지막으로 무형적인 서비스를 고객들에게 효과적으로 전달해 주기 위해서는 시각적인 디자인 요소의 역할이 중요해진다. 이를 종합해 보면, 서비스 디자인은 고객들에게 서비스의 새로운 가치를 효과적으로 창출하고 전달하기 위한 고객경험 설계의 과정이다. 이제 서비스 디자인의 네 요소와 관련된 내용들을 바탕으로 서비스 프로세스 설계의 핵심적인 내용들을 구체적으로 살펴보자.

SERVICE MARKETING FOCUS

행복한 비행을 선물하는 젯블루의 서비스 디자인

무형의 서비스를 디자인한다는 말이 어색하게 들릴지 모르지만 서비스 디자인은 이미 많은 선도적 서비스 기업들이 실천에 옮기고 있는 중요한 과제이다. 서비스 디자인이란 사용자의 요구를 바탕으로 시스템과 프로세스를 디자인하여 새로운 가치를 창출하는 과정이다. 서비스 디자인은 직원들이 브랜드 약속을 실천하기 위해 최상의 서비스를 제공할 수 있도록 업무환경과 도구, 프로세스를 개발하는 과정이기도 하다. 한편 고객들에게 서비스 디자인은 잠재된 욕구를 발견하여 최상의 경험을 제공하기 위한 해결책의 제공일 수 있다.

젯블루(Jet Blue)는 1999년에 설립된 미국의 신생 저가 항공사이다. 2001년 9.11 테러 이후 미국 항공산업의 불황에도 불구하고 지속적인 성장을 거듭하고 있는데, 8년 연속 북미 항공사 고객만족도 1위를 달성하면서 현재 미국 내 운항에서 해외취항으로 사업을 확대해 가고 있다. 젯블루의 창업자인 데이비드 닐먼(David Neeleman)은 항공여행에 인간성을 되찾아 줄 것(bringing humanity back to air travel)이라는 젯블루의 목표를 실천하기 위해 세계적인 디자인 업체인 IDEO에게 서비스 디자인 컨설팅을 의뢰하게 된다. 그리고 IDEO는 고객, 항공사 직원, 경쟁업체 서비스, 그리고 다른 산업의 서비스 경험 등을 종합적으로 살핀 후 다음과 같은 주요 서비스 디자인 전략을 제시하였다.

- **고객들에게 더 많은 공간을**: 이 전략의 핵심은 기내에서 고객들이 다리를 더 편하게 할 수 있도록 좌석 공간을 넓혀주는 것과 기내 수하물을 둘 수 있는 공간의 확보가 핵심이다(even more space for you and your bag).

- **고객들에게 더 빠른 서비스를**: 이 전략의 핵심은 공항 내 탑승수속을 빠르게 진행하거나 혹은 고객이 공항에 늦게 도착할 것을 대비한 최단경로 제공, 예측 가능한 대기시간 정보제공 모바일 서비스 등을 포함한다(speedier service when you want it).

젯블루는 IDEO의 서비스 디자인 전략을 토대로 예약-공항이동-탑승-비행으로 이어지는 서비스 프로세스의 전반을 개선함으로써 고객들에게 최고의 서비스 경험을 제공하고 있다. 1등석은 없지만 2등석 서비스를 제공받는 고객도 없다(No first class seats, No second class citizens)는 광고는 젯블루가 강조하는 서비스 디자인 정책을 상징적으로 보여주고 있다.

자료원: IDEO(http://www.ideo.com/work/design-strategy-jetblue).
블로그(http://story.pxd.co.kr/769).

(2) 표준화와 시스템적 접근: 서비스 시스템 모델

서비스 디자인은 프로세스의 표준화를 위한 시스템적 사고를 필요로 한다. 서비스 프로세스를 분석하고 계획하는 데 사용될 수 있는 서비스 시스템 모델(그림 5-5 참고)은 서비스 조직 내의 다양한 자원들이 체계적인 방식으로 결합되어 고객가치를 창출하게 됨을 보여준다. **서비스 시스템 모델**에서 가운데 가장 큰 사각형은 고객의 시각에서 바라보는 서비스 조직을 나타낸다. 생산자의 관점에서 보면 다수의 내부부서들 혹은 내부 서비스 기능들로 구성된 조직이지만, 고객들은 이를 하나의 통합된 과정 혹은 시스템으로 지각한다. 고객들 역시 조직 내 다른 부분들과 상호작용하며 서비스 프로세스에 참여하는 자원의 일부분으로 이 사각형 안에 포함된다. 서비스 조직인 사각형을 중심으로 오른쪽은 고객기대와 영향요인들을 보여준다. 사각형의 왼쪽은 기업사명과 이를 토대로 개발된 서비스 콘셉트인데, 이들은 서비스 시스템을 계획하고 관리하는 지침이다. 사각형의 밑부분에는 조직구성원들의 생각과 행동에 영향을 주는 공유가치인 기업문화가 위치한다.

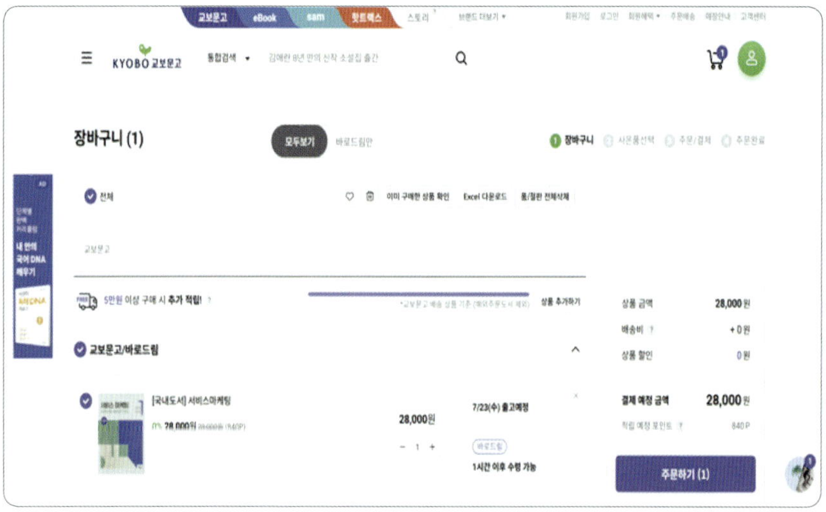

서비스 조직은 여러 내부 서비스 기능들로 구성되어 있지만, 고객들은 이를 하나의 통합된 시스템으로 지각한다. 장바구니 단계에서 고객들은 개별적인 주문 시스템을 이용한다고 생각하기보다 교보문고를 이용한다고 통합적으로 바라본다.

그림 5-5 서비스 시스템 모델

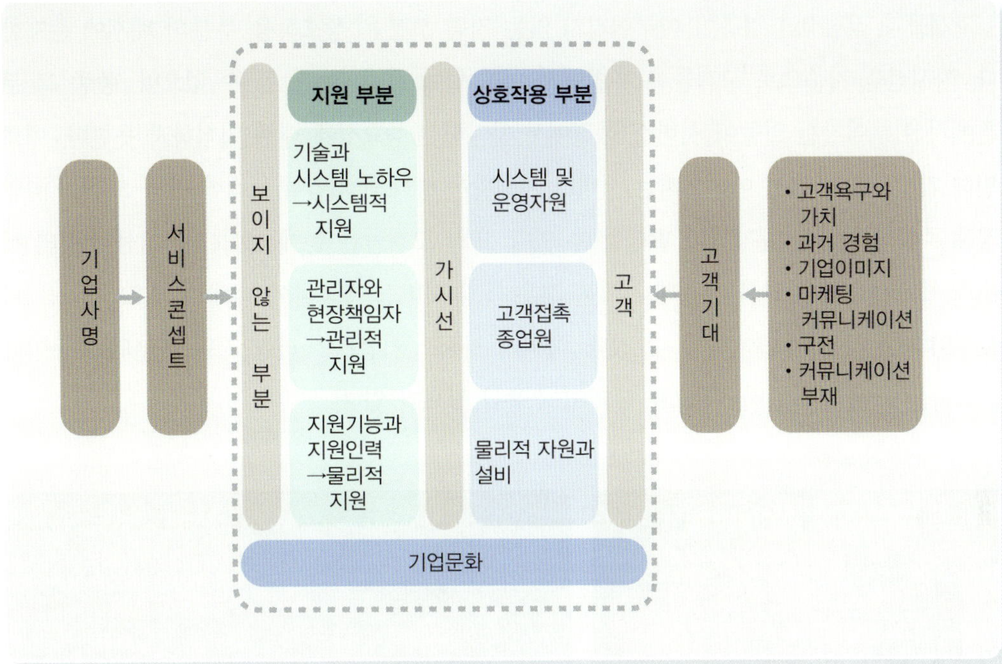

자료원: Grönroos, C. (2007). Service management and marketing: customer management in service competition. 3rd ed., Southern Gate, Chichester: John Wiley & Sons.

① 상호작용 부분

서비스 시스템 모델에서 상호작용 부분은 고객이 서비스 조직과 만나는 서비스 접점을 말한다. 서비스 프로세스에 참여하는 고객, 고객접촉 현장종업원, 시스템과 운영자원, 물리적 자원과 설비 등이 함께 관여한다. 고객은 공동생산자로서 서비스 시스템에 직접 관여한다. 이 과정에서 고객은 수동적으로 서비스를 제공받는 사람으로만 머무르는 것이 아니라, 서비스의 생산과정에 적극적으로 참여하고 생산된 서비스를 소비하게 된다. 고객들과 직접 상호작용하는 종업원들은 **접점종업원**(frontline employee)이라고 부르는데, 이들은 대면접촉, 전화통화, 이메일과 같은 다양한 수단을 통해 고객들과 직접 상호작용한다. 시스템과 운영자원은 서비스 소비와 다양한 과업수행에 영향을 미치는 시스템과 일상업무들로 구성되는데, 고객주문 처리, 상품의 설치나 배송, 대기관리 및 고객불만 처리 시스템 등이 그 예이다. 물리적 자원과 설비는 서비스 시스템 내에서 고객들이 접하게 되는 모든 유형의 자원들로 6장에서 다루게 될 서비스 환경요인(servicescape)들이다.

② 지원 부분

고객들과 직접적인 접촉이 이루어지지 않는 지원 부분은 상호작용 부분의 배후에 존재한다. 가시선을 기준으로 고객들은 후방에서 어떤 일이 진행되는지 볼 수 없으며, 종종 그 부분에서 이루어지는 일들이 서비스 품질에서 차지하는 중요성에 대해 인식하지 못한다. 이로 인해 가시선 후방에서 이루어지는 서비스 지원활동에 대해 기업이 노력한 만큼 고객들이 인정해 주지 않는다는 문제점이 발생할 수 있다. 또한 고객들은 눈에 보이는 가시선 전방의 서비스 프로세스가 비교적 단순해 보이는 경우 특정 서비스 제공물에 대해서 왜 그 가격을 지불해야 하는지 이해하지 못할 수 있다. 따라서 서비스 기업은 이러한 지원 부분의 활동이나 중요성을 고객들에게 적극적으로 알리고 소통할 필요가 있다.

마켓컬리는 새벽배송을 뒷받침하는 후방의 지원활동을 풀콜드체인시스템에 대한 광고를 통해 소비자들에 알리고 있다.

가시선 후방의 지원은 크게 관리적 지원, 물리적 지원, 그리고 시스템 지원으로 나누어진다. 서비스 조직 내 최고경영자와 관리자들은 필요한 후방업무의 중요성을 인식하고 지원해야만 한다. 접점 직원들은 종종 후방에서 제공되는 물리적 지원(예: 물류 로봇)이나 시스템 지원에 의존하기도 한다. 예를 들어 매장형 물류센터(피킹&패킹센터)에서는 고객들이 주문한 상품을 직원들이 분류하면서 차량에 싣는데, 이 과정에서 직원들은 다양한 장비나 시스템의 지원을 받게 된다. 시스템 지원은 컴퓨터 시스템, 정보기술 등을 포함한다.

(3) 서비스 접점 설계

서비스 디자인에서는 고객과 상호작용하는 접점 설계를 중요하게 다루고 있다. 특히 이 과정에서는 서비스 청사진(service blueprint)이나 고객여정지도(customer journey map)와 같은 도구를 활용하게 된다. 이제 이러한 도구들에 대한 설명과 활용방법을 중심으로 서비스 접점 설계를 따라가보자.

① 서비스 청사진

서비스 청사진(service blueprint)은 서비스 프로세스를 고객 관점에서 분류하여 그림으로 묘사해 놓은 것으로, 고객들이 서비스 접점에서 실제 경험하게 될 증거를 일목요연하게 보여준다는 점에서 고객접점 설계를 위한 유용한 도구이다. 그림 5-6 은 서비스 청사진의 예시를 보여주는데, 서비스 제공 단계별로 물리적 증거와 함께 고객행동, 현장 및 후방 접점에서의 직원 상호작용(행동), 그리고 지원과정이 순차적으로 제시된다. 또한 고객행동에서부터 지원과정까지 주요 행위영역들은 각각 **상호작용선**, **가시선**, **내부 상호작용선**이라는 수평선으로 구분된다.

그림 5-6 서비스 청사진

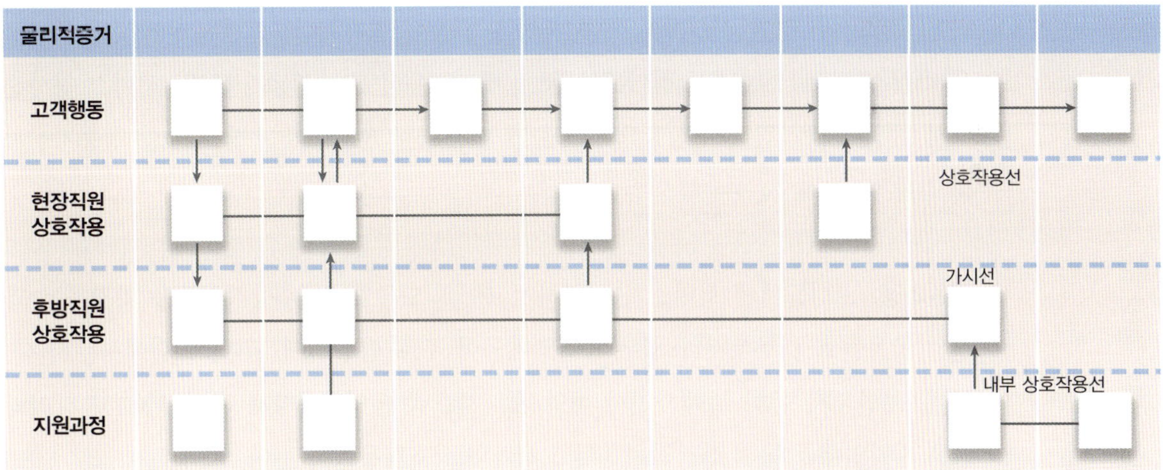

- **고객행동**: 고객이 서비스를 구매하고 소비하는 과정에서 보여주는 중요한 행동들을 의미한다. 따라서 이러한 행동들은 고객 입장에서 서비스를 경험하는 중요 단계들을 고려하면서 순서대로 도출할 수 있다. 예를 들면 호텔 서비스 청사진의 맨 위쪽에는 중요 단계별로 주차장, 호텔 입구, 카운터, 객실, 식당, 로비와 같은 물리적 증거가 위치하고 있다. 이 경우 이러한 물리적 증거별로 호텔 도착, 직원에게 짐 맡김, 체크인, 객실 이

동 및 휴식, 식사, 체크아웃과 같은 고객행동들을 포함한다. 한 가지 유의할 점은 서비스 청사진의 고객행동들은 철저하게 고객의 입장에서 도출되어야 한다는 점이다. 미용서비스를 이용한 경우 고객은 전화나 모바일로 예약하는 행동을 주로 첫 단계로 인식하는 데 반해, 미용사는 이러한 행동을 서비스 프로세스의 일부로 생각하지 않을 수 있다. 따라서 서비스 청사진을 개발하는 초기 단계에서는 서비스 프로세스의 큰 그림을 파악하기 위해서 고객들의 행동을 기본행동으로 분류한 후 각 행동별로 세부행동들을 도출하는 것이 효과적이다. 가령, 항공 서비스의 경우 탑승 단계에서의 고객행동은 안내방송이 있을 때까지 대기함 → 직원에게 탑승권을 제시함 → 탑승통로로 걸어감 → 비행기로 들어감 → 승무원에게 탑승권을 보여줌 → 좌석을 찾아감 → 가방을 적하함에 넣음 → 착석으로 세분화될 수 있다.

- **현장/후방직원 상호작용**: 고객과 직접 상호작용하는 현장직원의 행동과 고객의 눈에 직접 보이지는 않지만 현장종업원을 지원하기 위한 후방직원의 행동으로 구성된다. 호텔 서비스에서 고객행동별로 매칭되는 현장직원의 행동에는 인사 및 짐 받음(도착), 서류 작성(체크인), 짐 전달(객실 이동), 주문/서빙(식사) 등이 포함된다. 관련된 후방직원 행동들은 객실 배정(체크인), 객실 정리(객실 이동 및 휴식), 음식 조리(식사)가 있다. 서비스 청사진에서 현장/후방직원 상호작용으로 도출된 내용들은 직원들이 수행해야 할 행동지침과도 같다.

- **지원과정**: 고객들에게 서비스가 원활하게 전달되도록 현장/후방직원들을 지원하는 과정의 활동들로 내부부서나 외부 공급업체들이 주로 담당하게 된다. 호텔에서는 전산, 구매, 보안부서 등이 관계하면서 예약정보 시스템 운영, 식자재 구입, CCTV 관리와 같은 지원업무를 통해 접점직원들의 고객과의 상호작용을 돕는다.

② 고객여정지도(customer journey map)

"고객이 백화점에 들어선 순간부터 구매, 출차까지 모든 여정에서 느끼는 경험과 감정을 연구하고 있다." 어느 백화점 마케팅 임원의 인터뷰 기사인데, 이 말 속에는 서비스 프로세스를 고객 입장에서 바라보고 최적의 고객경험을 설계하고 싶다는 바람이 담겨 있다. 이처럼 고객여정을 분석하고 고객경험을 설계하기 위한 방법으로 **고객여정지도**(customer journey map)라는 기법이 사용된다. 고객여정지도는 앞서 설명한 서비스 청사진과 유사한 부분이 많지만, 각 단계별로 고객들이 직접 경험하는(서비스 청사진에서는 가시선 안쪽의 상호작용 영역) 생각이나 느낌 등을 보다 자유롭게 담아낸다는 점에서 고객경험을 설계하는 데 있어서 서비스 청사진에 비해 유연하게 활용될 수 있다. 그림 5-7 은 고객여정지도의 보기인데 다음과 같은 주요 사항들을 고려하면서 작성할 수 있다.

그림 5-7 서비스 고객여정지도

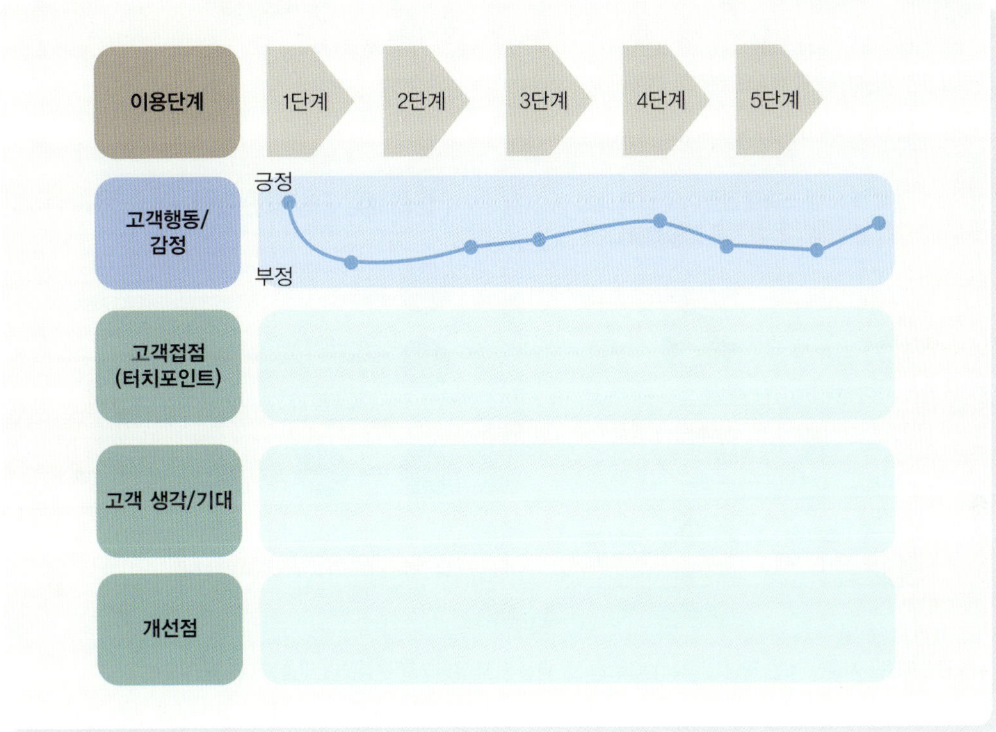

첫째, 고객여정지도는 목표고객별로 작성한다. 예를 들어 테이크아웃 고객, 혼자 휴식을 취하는 고객, 공부나 업무 목적의 고객별로 커피 전문점을 이용하는 고객여정과 생각이 다를 수 있다. 목표고객을 상징적으로 대변하는 **페르소나**(persona)를 설정하고 고객여정지도를 그린다. 둘째, 고객 이용단계별 중요 고객접점을 도출한다. 고객여정지도의 고객접점은 **터치포인트**(touch point)로 표현한다. 셋째, 각 단계(접점)별로 고객행동, 평가(감정), 관련된 생각, 기대, 개선점 등을 파악한다. 이를 통해 고객경험 설계를 위한 인사이트 발견과 개선 아이디어를 도출할 수 있다.

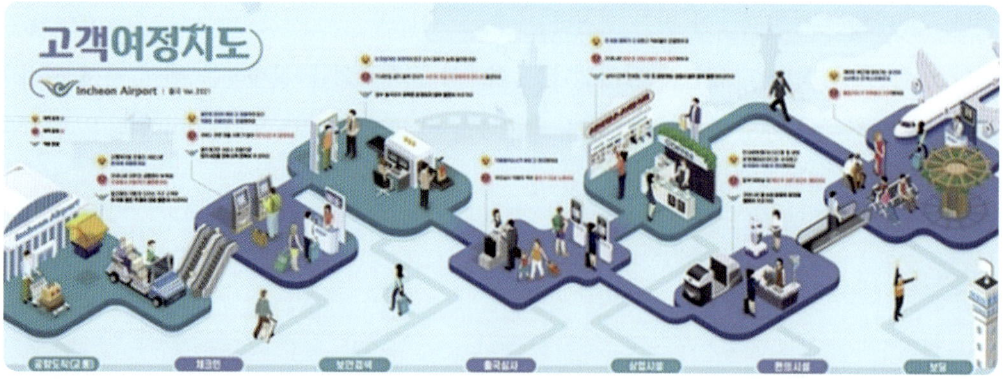

인천공항은 이용고객들의 여정을 분석한 고객여정지도를 바탕으로 고객경험을 강화하고 있다.

서울관광재단은 서울을 찾는 관광고객들의 페르소나를 다섯 가지 유형으로 분석하여 맞춤형 대응을 계획한다.

SERVICE MARKETING FOCUS

오프라인 소매점 소형화: 고객여정의 변화

아마존(Amazon)이 인수한 미국 대형 유기농 슈퍼마켓 체인 홀푸드마켓(Whole Foods Market)은 지난 3월 4일 홀푸드마켓 데일리 샵(Whole Foods Market Daily Shop)이란 이름의 새로운 <소형포맷 매장>을 올해 안에 뉴욕 맨해튼에 첫 오픈하기로 발표했다. 홀푸드마켓의 평균 매장 크기가 4만 제곱피트(약 1124평)인 데 반해 새로운 소형포맷 매장은 그 절반인 2만 제곱피트(약 562평)가 될 계획이다. 매장 크기를 줄인 만큼 도보 통행량이 많은 도심에 근접해 소비자가 신선한 식자재를 출퇴근 길에 손쉽게 구매하도록 하겠다는 전략이다. 작고 효율적인 소형포맷 매장 확대는 식료품 분야를 넘어 이미 미국 대형 소매업체 전체의 화두이다.

- **새로운 고객여정지도를 테스트할 시점**: 미국 소매업계에 소형포맷 매장이 유행하게 된 배경에도 이커머스와 인플루언서 마케팅의 확대로 달라진 소비자들의 구매 패턴이 있다. 즉, 고객이 상품을 구매하기까지 경험하는 일련의 단계를 뜻하는 고객여정이 달라졌기 때문에 오프라인 소매업 브랜드들 역시 그에 최적화된 형태로 매장을 변화해 나가는 것으로 분석할 수 있다.

  이커머스와 인플루언서 마케팅의 확대는 고객여정 중 탐색 단계를 온라인 공간으로 이동시켰다. 과거 고객들이 니즈가 생기면 매장에 방문해 최대한 많은 상품을 접하고 어떤 상품을 구매할지 선택했다면, 온라인과 오프라인을 넘나들며 옴니채널 쇼핑을 즐기는 최근의 고객들은 자신이 팔로우하는 인플루언서가 사용하던 '바로 그 상품'만을 염두에 둔 채 매장에 방문하는 경향을 갖고 있다. 미국 소매업계의 주요 기업들이 잇따라 소형포맷 매장을 확대해 나가는 것은 옴니채널 쇼핑이 보편화된 후 그들이 설계한 새로운 고객여정지도가 더 향상된 고객경험을 가져오도록 제대로 작동하는지 테스트하기 위한 것이라고 해석된다. 홀푸드마켓은 새로운 소형포맷 매장 오픈을 발표하며 이러한 새로운 형식의 매장이 "고객이 편리하게 원하는 제품을 다양한 방법으로 쇼핑할 수 있는 최상의 쇼핑경험을 구축하기 위함"이라고 밝혔다. 아마존이라는 강력한 이커머스 플랫폼과 홀푸드마켓이라는 오프라인 브랜드를 연계해 자신들이 그려낸 옴니채널 쇼핑의 고객여정지도를 실험하고자 하는 것으로 볼 수 있다.

자료원: 강화되는 美 소매업계 소형포맷 매장 확대 추세, KOTRA해외시장뉴스(2024.3.25).
사진출처: 홀푸드마켓(https://media.wholefoodsmarket.com).

(4) 추억과 경험 설계

서비스에 대한 좋은 경험을 떠올리면 그때의 좋았던 감정이 고스란히 묻어난다. 연구자들은 이를 두고 **감정기억**(emotional memory)라고 부르기도 하는데, 말하자면 추억과도 같다. 유형적인 제품과 달리 서비스는 소멸하지만 어떤 점에서는 오히려 제품보다 더욱 강력한 무언가를 남기기도 한다. 각자 좋았던 서비스 경험을 한번 떠올려보자. 아마도 그때의 좋은 감정이 묻어 있는 추억이 여러분들을 그때의 쇼핑몰, 테마파크, 호텔로 데리고 갈 것이다. 서비스 디자인에서 추억을 반영하는 경험설계를 강조하는 이유이다.

① 에피소드 전략

경험담을 물을 때 흔히 사용하는 **에피소드**는 '알려지지 않은 재미있는 이야기' 또는 '어떤 사건에 끼인 짤막한 토막 이야기'라는 의미를 갖고 있다. 서비스 고객의 긴 여정에서도 이러한 토막 이야기가 필요하다. 최근 삼성화재의 보험 선물하기 광고가 소셜미디어에서 화제가 된 적이 있다. 데이트를 위해 차를 빌리는 아들에게 보험을 선물하는 아빠의 이야기처럼 보험서비스 고객의 구매여정에서 찾은 에피소드를 통해 보험이 아니라 좋은 추억을 선물한 전략이 주효했다.

일상에서 보험이 좋은 선물이 될 수 있다는 사실을 에피소드형 광고로 잘 전달하고 있다.

② 결정적 사건 전략

히스 형제(Chip Heath & Dan Heath)는 그들의 책『순간의 힘』에서 경험설계의 기술로 평범한 일상에서 강력한 감정을 유발하는 〈고양(elevation) 전략〉을 강조했다. 마찬가지로 서비스 연구들에서는 고객들이 가장 좋았던 혹은 가장 나빴던 순간의 경험에 의해 서비스 평가가 크게 좌우된다는 점을 강조하고 있다. 고객여정에서 추억설계에는 이런 결정적 한방(순간)이 필요하다. 시애틀의 파이크플레이스 어시장(Pikeplacemarket)을 찾은 고객들은 물고기가 날아다니는 결정적 순간을 목격하고 추억을 간직하게 된다. **결정적 사건기술법**(CIT: Critical Incident Technique)은 고객들이 서비스를 경험하면서 가장 좋았던 혹은 나빴던 순간들을 발견하는 데 유용한 정성적 조사방법이다.

망해가던 어시장을 살린 것도 결국 결정적인 경험의 순간이 가져다 준 추억의 힘이다.

(5) 서비스 시각화

이케아(IKEA)나 에버랜드처럼 복잡한 쇼핑센터나 테마파크를 이용하는 고객들은 이용과정에서 자칫 혼란에 빠지기 쉽다. 이러한 문제들을 해결하기 위해 이케아는 동선 안내나 상품

SERVICE MARKETING FOCUS

병원 응급실 문제해결: 서비스 디자인과 시각화

응급실에 환자 경험 중심의 서비스 디자인을 적용했을 때 응급실 폭력을 줄이는 효과가 큰 것으로 나타났다. 가장 대표적인 적용 사례가 바로 영국 국민건강서비스(NHS)가 도입한 〈더 나은 응급실(A better A&E)〉 프로젝트다. 영국 NHS 산하 병원에서 매년 발생하는 응급실 폭력 사건은 6만여 건에 달할 정도였다. 응급실 폭력은 신체적 · 정신적 피해는 물론 의료진이 병원을 떠나게끔 만들고 폭력 상황에 대응하기 위해 보안인력을 고용해야 하는 등 직 · 간접적으로 막대한 사회적 비용 부담을 초래한다. 이런 문제를 개선하기 위해 영국 보건부의 지원 아래 서비스 디자인 민간 전문가와 병원 내 · 외부 전문가들이 협력해 병원의 시스템, 프로세스, 시설 구조, 서비스 방식, 커뮤니케이션 방식 등이 병원 내 폭력 발생에 어떤 영향을 미치는지 분석하고, 이를 방지하기 위해 어떤 변화가 필요한지 연구했다.

그런 논의를 통해 도출된 방안이 환자가 응급실에 내원해서 진료를 받고 돌아갈 때까지 모든 과정에서 적절한 정보를 제공하고, 환자가 관련 정보를 스스로 확인할 수 있게끔 하는 것이었다. 우선 응급실 내 진료 과정을 접수(Check in), 평가(Assessment), 치료(Treatment), 결과(Outcome)의 4단계로 나누고 환자 스스로 자신이 현재 어느 단계에 있는지 확인할 수 있게끔 가이드맵을 응급실 벽면에 부착하고, 각 공간별로 역할과 치료과정을 나타낸 디자인 패널을 적합한 장소에 부착해 놓았다. 대기실에는 실시간 상황 안내 모니터를 비치해 응급실 혼잡도, 치료 단계별 환자 현황, 응급 정도에 따른 대기시간 정보를 제공하는 시스템도 구축했다. 이와 함께 응급실 직원을 대상으로 폭력성을 보이거나 분노 등을 표출하는 환자 대응법과 커뮤니케이션 방식을 향상하는 교육 프로그램도 시행했다. 런던 내 2개 NHS 산하에서 이를 방식을 적용한 결과, 응급실 내 폭력 사건의 발생 빈도가 50% 정도 줄었고, 의료진을 향한 폭언이 25% 감소한 것으로 나타났다. 대기시간 관련한 환자의 불만은 75% 감소했고, 응급실 의료진에 대한 신뢰도는 78% 상승한 것으로 조사됐다.

자료원: '환자에 응답하는' 서비스 디자인, 응급실 폭력을 줄인다(라포르시안, 2018.11.15).
사진출처: 라포르시안 기사 중.

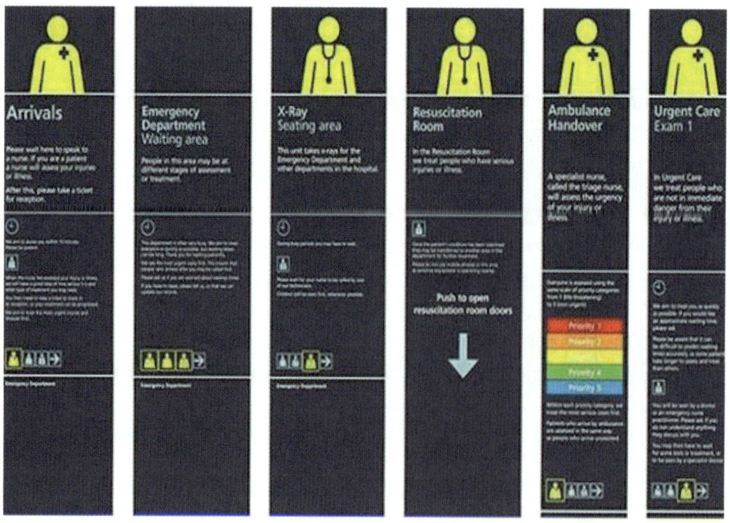

구입을 위한 유용한 정보들을 시각화해서 고객들에게 전달하고 있다. 이처럼 서비스 디자인을 활용한 프로세스 개발에서는 무형적인 서비스의 내용이나 절차를 시각화해서 고객들에게 효과적으로 전달하고 이해시키는 작업이 핵심이다. **서비스 시각화**의 대상은 고객접점에서의 여러 가지 물리적 증거들을 포함할 수 있다. 서비스 물리적 증거관리는 6장에서 보다 자세히 학습하기로 한다.

이케아는 지하철 노선도 같은 안내도와 모바일 앱을 활용해서 복잡한 매장의 이용과정을 시각적으로 손쉽게 전달한다.

5.3 서비스 프로세스 재설계

팬데믹을 지나면서 서비스 이용환경에 많은 변화가 생겼다. 온라인 서비스 이용이 늘었고 편의점이나 대형마트에서는 셀프결제코너가 증가하는 등 오프라인 서비스의 물리적 환경들도 많은 변화를 가져왔다. 비대면 서비스에 대한 고객욕구가 커지면서 서비스를 이용하는 과정들이 재설계된 것이다.

서비스 프로세스 재설계는 낡거나 문제가 있는 기존의 서비스 전달과정을 재활성화시키는 작업이다. 물론 서비스 **프로세스 재설계**가 반드시 초기에 이루어진 서비스 프로세스의 설계가 잘못되었다는 것을 의미하지는 않는다. 팬데믹과 같은 거시환경의 변화, 고객욕구의 변화, 내부 서비스 조직 변화, 새로운 서비스 특성의 추가로 인해 기존의 서비스 프로세스가 기능을 원활하게 발휘하지 못하기 때문에 재설계가 이루어지는 경우가 훨씬 일반적이다. 또한 조직 내부적으로 예외적인 업무처리가 증가하거나 고객들로부터 불평의 증가와 같은 징후들도 재설계가 필요하다는 것을 암시한다. 표 5-1 은 헬스케어서비스 산업의 예를 통해 서비스 프로세스 재설계가 요구되는 상황들을 정리한 것이다.

표 5-1 서비스 프로세스 재설계 상황: 헬스케어서비스

구분	상황	서비스 프로세스 재설계 내용
거시환경 변화	평균수명의 증가	고령환자대상 프로세스 재설계 (예약 및 대기관리 서비스 변화)
고객욕구 변화	고객맞춤 욕구 증가	건강검진 서비스 프로세스 재설계 (검진 전/후 맞춤 서비스 강화)
내부조직 변화	병원조직 확대로 의사결정 지연	환자 입원/퇴원 프로세스 재설계
서비스 특성 추가	수술로봇 도입 AI진단 활용 증가	환자 진단/처치 프로세스 재설계
문제의 징후들	응급실 고객 불평 증가	응급실 이용 프로세스 재설계

서비스 프로세스 재설계는 언제나 내부 생산성과 외부 서비스 품질을 동시에 향상시킬 수 있는 방향에서 진행되어야만 한다. 이를 위해 서비스 프로세스 재설계는 필요한 성과지표들을 설정할 필요가 있는데, 예를 들어 서비스 실패 비율, 총 서비스 이용시간, 고객만족도, 고객불평 횟수 등이 고려될 수 있다. 서비스 프로세스 재설계는 서비스 전달과정을 재구성하거나 서비스 전달활동의 일부를 대체하려는 노력으로 다음과 같은 유형들이 있다.

- **서비스 전달 단계 제거**: 기업은 전·후방부서에서 이루어지는 서비스 전달과정 중 불필요한 단계를 없애거나 간소화하는 대신 부가가치를 창출하는 접점활동에 마케팅 노력을 집중시킬 수 있다. 가령, 공유차량 업체들은 기존에 렌터카 서비스가 요구했던 복잡한 신청서 작성이나 차량반납과 같은 불편한 단계들을 간소화시키거나 없애면서 불필요한 인력투입을 줄이고 동시에 고객만족도를 향상시켰다.

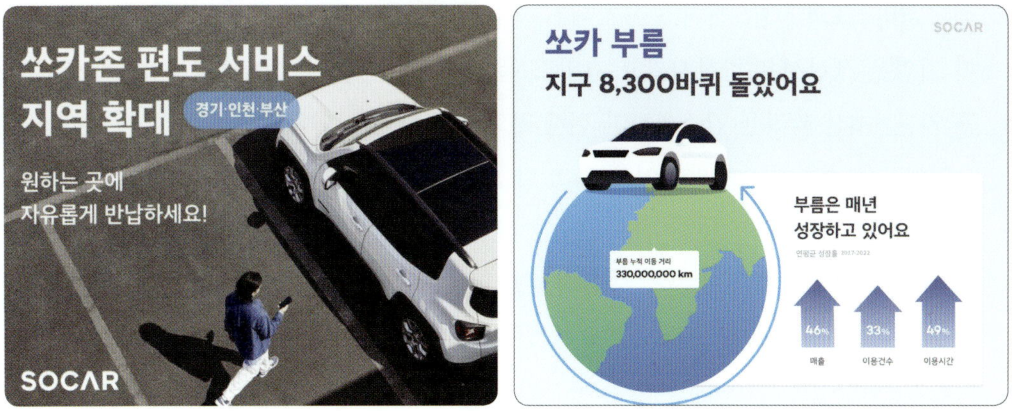

쏘카는 차량반납이 불필요한 편도 서비스를 새롭게 도입하였다. 부름 서비스도 고객 편의성을 높여주면서 좋은 반응을 얻고 있다.

- **서비스 제공방향 전환**: 고객이 서비스 기업을 찾아오는 대신 서비스를 고객에게 직접 전달할 수 있다. 쏘카는 원하는 장소에서 차량을 제공받고 반납 가능한 부름 서비스를 운영하면서 성과를 보였다. 업계 최다 서비스센터를 운영 중인 삼성전자서비스는 기존 서비스센터 운영에 더해 원격 서비스와 찾아가는 출장 서비스를 도입하면서 고객들의 편의성을 높이고 있다. 한편 서비스 상품에서 살펴보았던 푸드트럭 고기(Gogi)처럼 고객을 기다리지 않고 찾아오게 만드는 서비스 제공방향의 전환도 고려할 수 있다. 한국 야쿠르트는 방문판매사원들(프레시 매니저)의 위치를 확인할 수 있는 어플(앱)을 고객들에게 제공함으로써 서비스 이용과정에 변화를 주었다.

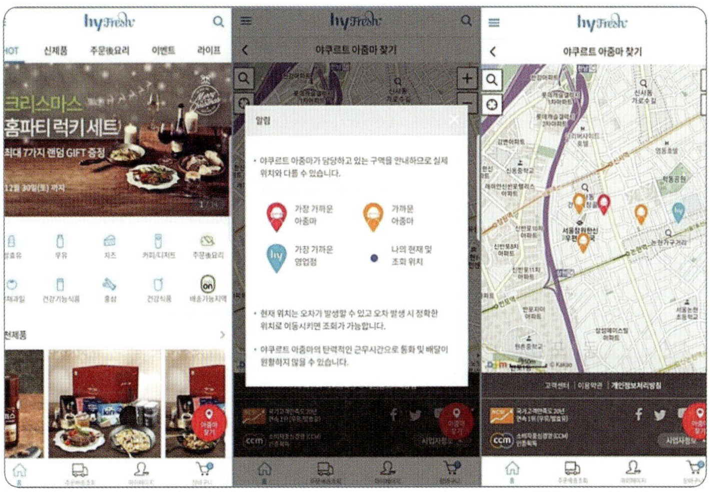

한국야쿠르트의 신제품 콜드브루 커피 제품의 인기와 함께 야쿠르트아줌마 찾기 어플(앱)이 화제가 되었다.

- **셀프 서비스로의 전환**: 서비스 프로세스 재설계를 통해 셀프 서비스의 비중을 높임으로써 기업은 생산성을 향상시키고 서비스 품질도 향상시킬 수 있다. 유통업계에서는 최근 지불-계산 과정을 간소화하기 위해 셀프 계산대를 도입하거나 인력 없이 운영되는 무인매장을 설치하는 사례들이 늘고 있다. 공항이나 교통 서비스에서는 복잡한 수속이나 대기시간을 줄이기 위해 셀프체크인 서비스 도입을 강화하기도 한다. 그러나 이러한 셀프 서비스의 도입이 자칫 이용과정을 더욱 복잡하게 만들거나 고객들의 불만족을 유발할 수 있다는 점에 유의할 필요가 있다. 고객들이 구입한 제품들을 하나하나 바코드를 인식시키며 계산하는 과정은 생각만 해도 큰 불편일 수 있다.

공항이나 대형마트에서 셀프체크인과 셀프 계산대가 보편화되고 있다.

- **원스톱 서비스 제공**: **서비스 묶음**(bundling services)은 복수의 서비스들을 하나로 묶어서 제공하는 것인데, 이러한 묶음 서비스를 한번에 제공하는 방식은 거래비용의 감소나 고객욕구를 충족시킨다는 점에서 효과적이다. 애플은 지니어스바(genious bar)를 통해 전문가들이 일대일로 고객들을 상대하며 제품 상담과 수리를 함께 제공하는 원스톱 서비스를 제공하면서 생산성과 고객만족을 높였다.

SERVICE MARKETING FOCUS

10분 헤어컷: 스피드 프로세스를 설계한 QB하우스

일본 QB하우스는 1,400엔으로 헤어컷 서비스를 제공하는 일본 미용 서비스 기업이다. 현재 일본 전역에 560여 개 매장을 열고 있고 싱가포르, 대만, 홍콩, 미국 등으로 사업 확장을 진행 중이다. QB하우스는 저렴한 가격으로도 인기가 있지만 무엇보다 10분 헤어컷을 목표로 스피드한 서비스 제공이 강점이다(평균 시간 12분 15초). 이를 위해 기존 미용 서비스 프로세스를 재설계한 점이 특색 있다. 덕분에 일반 미용실이 일평균 8명 고객을 상대하는 데 비해 QB하우스는 일평균 30명 고객을 상대한다. QB하우스의 표준화된 이용 프로세스를 따라가보자. QB하우스 서비스는 대기시간 확인 → 티켓 구매 → 대기 → 헤어컷으로 진행된다. QB하우스는 별도 예약은 없고 일단 매장에 들어서면 신호등 색이 대기시간(혼잡도)을 알려준다(빨간색은 15분 이상 대기, 초록색은 바로 입장, 웹사이트에서 대기인원 확인도 가능). 헤어컷 서비스는 주문(요청)과 동시에 진행되며 빠른 진행을 위해 에어워셔로 마무리한다. 샴푸와 같은 기존 보조 서비스들은 생략된다. 더 좋은 공간(카페 분위기)에서 헤어컷과 스타일링(없음, 간단, 셀프 중 선택)을 제공하는 QB프리미엄도 운영하고 있다. QB프리미엄 이용 가격은 2,000엔이며 앱 예약이 가능하다.

자료원/사진출처: QB HOUSE 홈페이지(https://www.qbhouse.co.jp).

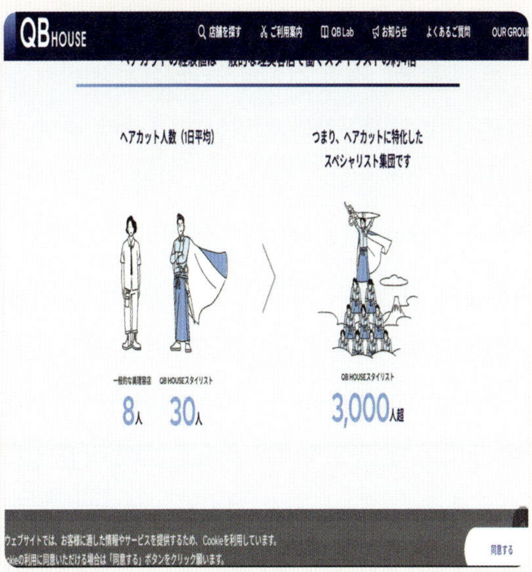

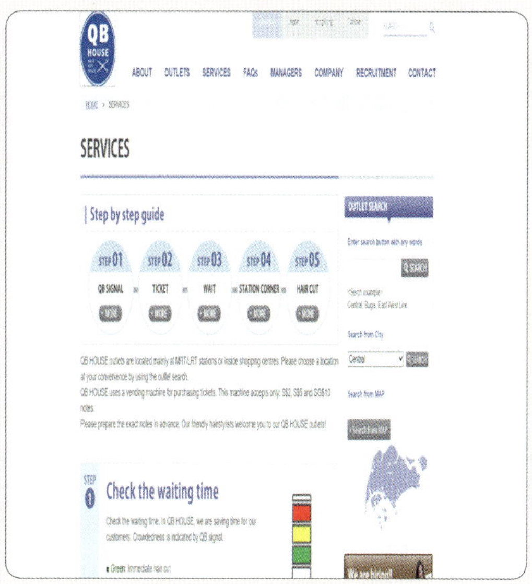

5.4 서비스 프로세스와 고객참여

(1) 고객참여와 공동가치창출

대다수 서비스들은 접점에서 고객과 서비스 제공자 간의 상호작용이 이루어지기 때문에 서비스의 생산과 전달과정에서 고객들의 참여는 불가피하다. **고객참여**는 서비스의 생산 및 전달과정에서 고객이 제공하는 행위와 지원(정신적·신체적·정서적 투입요소들)을 말하는데 그 정도에 따라 낮은 수준, 적정 수준, 높은 수준의 고객 참여로 분류될 수 있다. 참여 수준이 낮은 경우 고객들은 주로 종업원과 서비스 시스템이 생산한 서비스 상품을 소비하는 역할을 한다. 극장에서 영화를 관람하거나 대중교통을 이용하는 것처럼 고객은 서비스 공장을 통해 제공된 표준화된 서비스를 소비하면 된다. 소유물에 대해 제공되는 서비스(예: 세탁 서비스)의 경우에도 고객들이 서비스 생산과정에 개입하는 정도가 낮은 편이다. 반면 기업이 서비스를 창출·전달하는 과정에서 고객화된 서비스를 제공받기 위해서는 적정 수준의 고객의 참여가 있어야만 한다. 예를 들어, 미용실에서 고객은 원하는 헤어스타일을 얻기 위해 자신의 요구사항을 미용사에게 잘 설명하고 머리를 손질하는 과정에서 협조해야 한다. 고객참여가 서비스 결과물의 성패를 좌우하는 경우에는 높은 수준의 고객참여가 요구된다. 결혼상담, 건강 관련 서비스(예: 피트니스 센터나 다이어트 프로그램 등), 경영 컨설팅 등과 같은 서비스 상품에서 고객은 자신이 원하는 결과를 얻기 위해 서비스 제공자와 긴밀히 협조해야 하며 서비스 생산과정에 적극적으로 참여해야 한다. 이러한 고객참여는 제공받는 서비스의 가치를 높인다는 점에서 **공동가치창출과정**(co-creation value process)으로 설명할 수 있다.

그림 5-8 은 고객참여로 진행되는 공동가치창출의 과정을 보여주고 있다. 이러한 과정에는 고객, 서비스 기업 외에 다른 참여자(다른 고객 또는 동반 고객)이 참여할 수 있다. 예를 들어 호텔, 병원, 백화점과 같은 서비스 현장에는 언제나 다른 고객들이 서비스 접점에서 고객들과 함께 존재하면서 해당 서비스가 원활하게 수행되는 데 긍정적이거나 혹은 부정적인 영향을 미칠 수 있다. 이 과정에서 고객, 다른 고객, 서비스 기업은 서로 가치창출을 위한 자원을 주고받을 수 있으며, 서비스 기업은 고객과 다른 고객들에게 개선된 서비스를 제공하는 것이 가능해진다.

그림 5-8 고객참여와 공동가치창출 프로세스

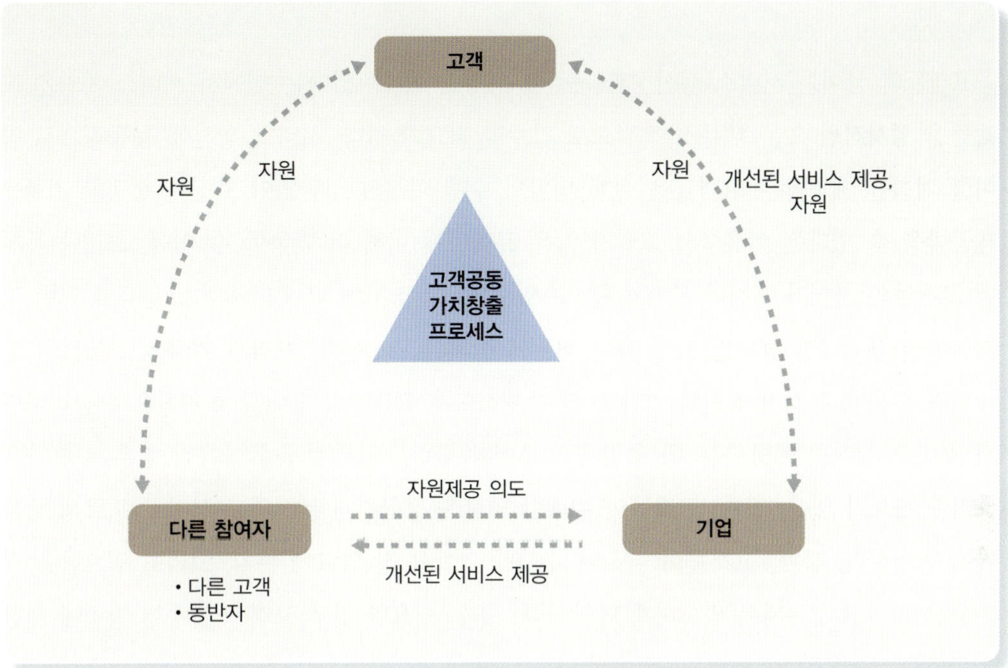

자료원: Alexander, M., & Jaakkola, E. (2015). Customer engagement behaviours and value co-creation. In *Customer Engagement Contemporary Issues and Challenges*; Brodie, RJ, Linda, D., Hollebeek, JC, Eds, p.13, 수정인용

한편 서비스 과정에서 경솔하거나 무례하게 행동함으로써 기업(종업원)과 고객들에게 피해를 주는 다른 고객들이 있을 수 있는데, 이들을 **불량고객**(jaycustomer)이라고 부른다. 무임승차나 불법 다운로드와 같이 서비스를 이용하고 비용을 지불하지 않는 도둑형, 비행안전을 위해 지켜야 할 규칙들을 잘 따르지 않는 탑승객과 같은 규칙위반형, 백화점에서 종업원에게 화를 내고 무리한 요구를 일삼는 호전형, 식당에서 동행한 고객들 또는 옆자리의 고객들과 싸우는 불화형 불량고객들이 대표적인 예이다. 이들에 대해서는 두 가지 상반되는 관점이 존재한다. 기존에는 무조건 '고객은 왕이고 항상 옳다'라는 시각이 지배적이었다면, 이제는 '고객이 항상 옳은 것은 아니며 무례한 행동을 하는 고객들이 많다'는 시각도 있다. 분명한 것은 불량고객은 기업(종업원)과 고객 모두에게 피해가 되므로, 이러한 불량행동들을 통제하거나 방지하는 보다 엄격한 조치를 취하거나 혹은 사전에 불량고객을 끌어들이지 않도록 해야 한다는 점이다.

(2) 고객참여와 역할

고객들의 참여는 서비스 생산성과 품질에 영향을 줄 수 있다는 점에서 서비스 기업은 고객들을 **임시직원** 혹은 부분적 직원으로 간주할 필요가 있다. 서비스 생산에 능동적으로 참여할 기회를 제공받은 고객들은 실제 역할의 수행 여부와 상관없이 자신이 선택할 기회를 제공받을 수 있다는 이유에서 그렇지 않은 고객들에 비해 더 만족할 수 있다. 그러나 동시에 고객들의 참여가 오히려 문제가 될 수 있는데, 한 조사에 따르면 서비스 문제로 인한 고객불만 가운데 1/3 정도는 고객 자신 때문에 발생된다고 한다. 따라서 기업은 고객들이 임시직원 혹은 부분적인 직원의 역할을 잘 수행하도록 고객들의 참여를 효과적으로 관리하면서 서비스 실패를 예방하는 데 초점을 맞추어야 한다. 이 과정에서 다음과 같은 사항들을 고려할 필요가 있다. 첫째, 고객들이 수행할 역할을 정확하게 분석하고 서비스 프로세스 설계에 반영한다. 둘째, 고객들이 자신이 수행할 역할을 잘 알고 있는지, 그리고 필요한 능력(기술)을 가지고 있는지를 명확하게 파악한다. 셋째, 필요한 경우 고객 역할수행 방법에 대한

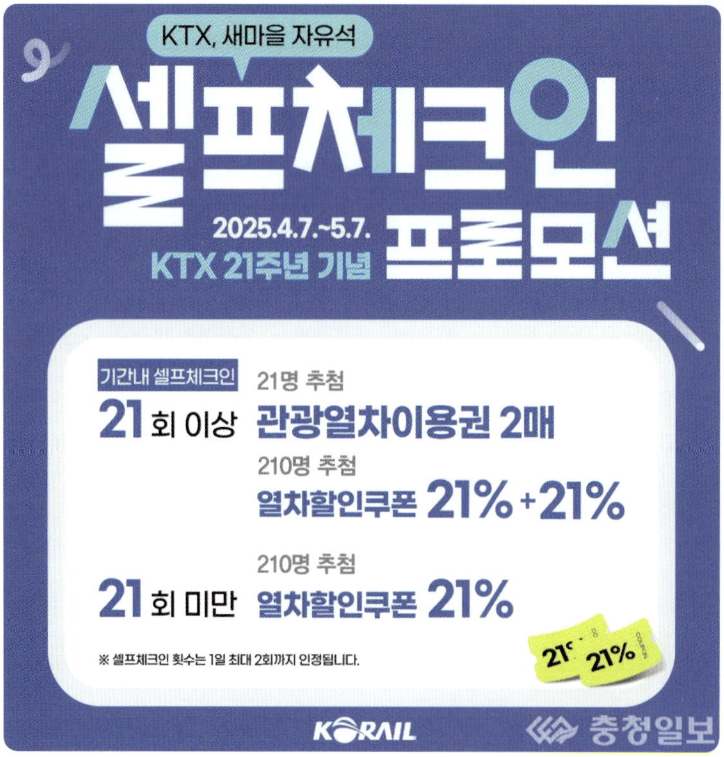

코레일은 셀프체크인 서비스에 고객참여를 독려하기 위한 이벤트를 실시하고 있다.

안내나 교육을 실시하고 지원책을 강구한다. 홈페이지에서 FAQ를 운영한다거나 현장에 도움직원을 배치하는 것도 방법이다. 넷째, 고객참여를 위한 보상을 제공함으로써 고객들에게 동기부여를 제공한다. 다섯째, 고객참여와 역할의 성과를 정기적으로 평가한다. 성과가 만족스럽지 않다면 고객의 역할과 참여 절차의 변화를 추구한다.

(3) 셀프 서비스 기술과 고객참여

서비스 이용과정에 기술이 개입함으로써 고객들의 참여 수준을 높여줄 수 있는데, 대표적으로 서비스 기업이 제공하는 시스템을 이용해 고객 스스로 특정한 서비스 활동을 직접 수행하는 것이다. 이 경우 고객의 시간과 노력이 서비스 직원의 업무를 대체하게 된다. 소비자들은 직접 서비스 직원을 대면할 필요 없이 스스로 서비스를 생산할 수 있도록 하는 다양한 유형의 **셀프 서비스 기술**(SST: Self-Service Technology)을 접하고 있다. SST의 예로는 자동현금인출기, 인터넷 뱅킹, 셀프 주유소, 자동 호텔체크아웃 등을 들 수 있다. 최근에는 키오스크 기반의 기술들이 많아지면서 **셀프 서비스 키오스크**(SSK: Self-Service Kiosks)로 불리기도 한다. 더 나아가 서비스 전체가 셀프 서비스 기술을 활용해서 운영되는 무인매장에 이르기까지 기술의 발전으로 인해 셀프 서비스를 활용한 고객 참여의 역할이 더욱 커지고 있다.

기술의 발전과 함께 셀프 서비스는 계속 진화하고 있다.

셀프 서비스 기술의 도입은 경제적 합리성에 근거를 두고 있다. 종업원이 수행하던 일을 고객이 부담하면 기업의 입장에서 생산성 향상과 비용절감을 실현할 수 있다는 것이다. 대신 이용하는 고객은 다른 혜택(예: 가격 인하)을 통해 비용절감의 일부를 제공받는다. 그러나 셀프 서비스 기술을 도입하고 실행, 관리하는 데 상당한 시간과 비용을 투자해야 함을 고려할 때, 서비스 기업은 고객이 셀프 서비스 기술을 이용하는 것과 인적 서비스를 제공받는 것 가운데 하나를 어떻게 선택하는지, 각각의 장점과 단점이 무엇인지를 잘 이해할 필요가 있다.

고객 입장에서는 셀프 서비스 기술 이용을 통해 시간과 비용의 절감, 유연성, 접근 편리성, 서비스 전달과정에 대한 높은 통제, 그리고 맞춤 서비스와 같은 혜택을 제공받을 수 있다. 또한 셀프 서비스 기술을 이용하는 과정에서 재미와 즐거움을 경험할 수도 있다. 그러나 이러한 기술 이용에 대해 불편을 느끼는 소비자들은 오히려 셀프 서비스 기술 도입을 위협적으로 받아들여 불안과 스트레스를 경험할 수 있다. 어떤 소비자들은 서비스 접점에서 직접 제공받는 서비스 활동을 사회적 경험으로 인식해 종업원들과 직접 거래하기를 선호하는 반면, 또 다른 소비자들은 의식적으로 종업원들과의 접촉을 피하기도 한다. 따라서 서비스 기업들에게 도전적인 과제는 셀프 서비스 기술을 도입하는 것보다 소비자들이 이러한 기술을 잘 수용하고 지속적으로 이용하도록 만드는 것이다.

또한 셀프 서비스 기술의 위협요인 중 하나는 서비스 기업들 중 일부만이 잘 준비된 서비스 복구 시스템을 갖추고 있다는 것이다. 기술적인 문제로 인해 서비스 프로세스가 작동하지 않을 때, 즉석에서 이를 회복시키는 방안을 갖추고 있지 않은 경우가 많다. 이러한 경우 고객들은 서비스를 제공받지 못하거나 문제를 해결하기 위해 직접 해결해야 하는 번거로움을 감수해야 한다. 따라서 셀프 서비스 기술을 도입하는 기업들은 신뢰성 있는 시스템을 운영하는 데 필요한 준비와 함께, 문제가 발생했을 때의 복구 또는 대응 시스템을 체계적으로 준비하고 고객들에게 알릴 필요가 있다.

SERVICE MARKETING FOCUS

키오스크 서비스에 대한 소비자 생각

키오스크 주문 방식은 점차 확대되는 추세다. 롯데멤버스가 카페 · 패스트푸드점 등 롯데그룹 F&B 매장 거래 데이터를 분석해 보니 지난해 키오스크 주문 비중은 70%로, 대면 주문 30%의 두 배를 넘었다. 지난 2020년에는 키오스크 주문 51.7%, 대면 주문 48.3%로 비슷한 수준이었다. 반면 아직 키오스크 서비스 이용자들은 여러 가지 불편을 경험하고 있다. 한 설문 조사에 의하면(롯데멤버스 자체 조사) 전체 응답자의 97.8%는 키오스크 주문 경험이 있다고 대답했다. 선호도에 있어서는 연령대별로 응답에 차이가 나타났다. 10대, 20대, 30대가 키오스크를 선호하는 비율은 60%를 넘은 반면 40대, 50대, 60대는 각각 48.7%, 33.0%, 35.0%만이 키오스크를 선호한다고 답했다. 대면 주문보다 키오스크 주문을 선호하는 이유로는 직원 눈치를 보지 않아도 돼서, 메뉴 선택 및 결제 시간이 빨라서가 높게 나타났다. 반대로 뒷사람 눈치가 보임, 현금 사용 불편, 기기 오류 등이 불편한 사항으로 꼽혔다. 키오스크를 도입하는 과정에서 발생하는 문제점들을 찾고 보완하는 서비스 기업의 노력이 요구된다. 무엇보다 장애인, 고령소비자와 같은 디지털 사회적 약자에 대한 배려와 고민도 필요하다.

자료원: 30대 이하 "키오스크가 더 편해"(국민일보, 2023. 3. 28).
사진출처: 롯데멤버스(https://www.lottemembers.com).

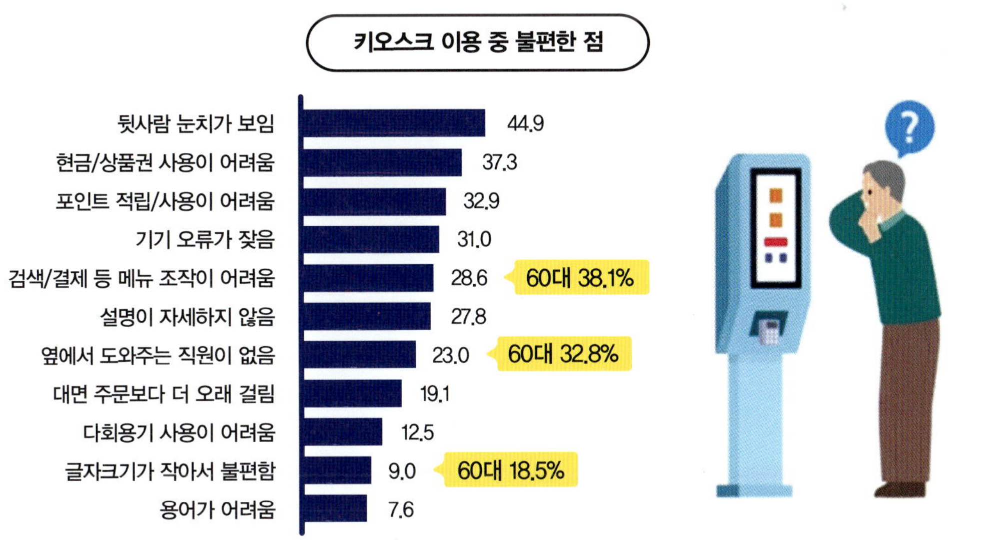

*출처: 롯데멤버스 라임 '키오스크 조사'(23.03), 키오스크 이용자(N=1,304), 단위:%(중복응답)

CHAPTER

6

서비스 물리적 증거관리

6.1 물리적 증거의 이해

6.2 서비스케이프 역할과 변화

6.3 서비스 혼잡도

서비스 플립러닝

공간의 경쟁력이 서비스 경쟁력이다

미국의 사회학자 레이 올든버그(Ray Oldenburg)는 저서 『제3의 장소(The Great Good Place)』에서 카페나 백화점과 같이 사람들이 자유롭게 만날 수 있는 곳을 제3의 장소(공간)로 설명하고 있습니다. 카페는 일과 여가시간을 보내기 좋은 공간이며 호텔이나 쇼핑몰은 라이프스타일을 즐기는 공간입니다. 미술관이나 박물관은 재충전은 물론 쇼핑의 공간이 되기도 합니다. 이런 변화를 목격하면서 공간의 경쟁력이 서비스 경쟁력이 된다는 사실을 실감합니다. 이제 이런 변화의 의미를 좀 더 살펴보겠습니다.

공간경험: 공간의 역할이 변하고 있습니다. 쇼핑공간은 단지 상품을 판매하는 장소가 아니라 경험하는 장소로 변모합니다. 건축가 유현준 씨는 더 현대서울(여의도)의 성공을 물건 대신 자연과 사람을 만나게 한 공간 디자인으로 설명합니다. 또한 요즘 공간은 다양한 콘텐츠와 디지털 기술을 만나면서 몰입할 수 있는 장소가 됩니다. 딜로이트컨설팅은 한 보고서에서 미래의 명품 매장은 AI를 통해 몰입형 체험 공간으로 변신하고, 고객과 브랜드의 상호작용을 강화하는 한편 차별화된 경험을 제공할 것으로 전망합니다. 공간은 고객들을 과거와 미래로 연결해 주면서 시간여행의 장소가 됩니다. 스타벅스 경동 1960점은 레트로 공간으로 MZ세대들에게는 새로움을, 기존 세대들에게는 추억을 선물합니다. '서비스는 한마디로 경험'이라는 말을 떠올린다면, 공간의 경쟁력이 왜 서비스 경쟁력인가에 대한 해답은 분명해집니다.

공간상품: 공간은 강력한 자아표현의 수단입니다. 이런 점에서 요즘 사람들은 자신들의 자아를 표현해 주는 공간을 삽니다. 그 결과로 공간시장이 커졌습니다. 더 이상 쇼핑, 식사, 장보기를 위해 먼 거리를 헤매지 않고 주변 공간을 찾습니다. 근거리 공간이 중요한 상품이 되었습니다. 임대료 상승, 로컬브랜드, 취향 등이 복합적으로 작용하면서 골목공간이 뜹니다. 도서관, 박물관과 같은 공공공간도 이제는 상품이 된 시대입니다. 이와 같이 사람들이 공간을 사는 시대에 당연히 공간은 상품이 되어야 할 것 같습니다.

자료원: 김해룡, 안광호(2019), 감정을 팔아라, 원앤원북스.
유튜브 채널 설록현준(https://www.youtube.com/@Sherlock_HJ).

사진출처: 현대백화점(https://www.ehyundai.com).

• 서비스 플립러닝 내용은 하단에 있는 QR코드에서 동영상으로 확인할 수 있습니다.

플립러닝 동영상 강의 QR코드입니다.

6.1 물리적 증거의 이해

친구들과 약속장소를 정하기 위해 식당을 예약하는 상황을 떠올려보자. 음식의 맛이나 가격도 중요하지만, 의외로 많은 사람들은 주차장이 편리한지, 내부시설은 훌륭한지, 또는 종업원들의 복장은 청결한지 등을 중요하게 고려한다. 이와 같이 소비자들은 서비스의 결과뿐 아니라 소비하는 과정에서 접하는 다양한 **물리적 증거**(physical evidence)들에 의해 많은 영향을 받는다. 여기서 물리적 증거라 함은 고객과 기업, 또는 종업원들이 상호작용하는 서비스 현장의 물리적 환경과 다른 유형적인 요소들을 모두 포괄하는 의미이다.

(1) 서비스 물리적 환경

서비스의 물리적 환경(physical environment)은 주로 서비스 공간과 같은 물리적인 시설을 의미하는데, 서비스라는 말에 물리적 환경이나 경치를 의미하는 '랜스케이프(landscape)'라는 단어를 붙여 **서비스케이프**(servicescape)라고 부르기도 한다. 서비스는 무형적이며 체험속성과 신뢰속성에 많이 의존하기 때문에 이러한 서비스케이프는 성공적인 서비스 제공을 위해

제주 그랜드조선호텔의 서비스케이프는 건축 디자인, 실내 인테리어, 조명, 가구 배치 등 다양한 요인들을 포함하고 있다.

매우 중요하다. 최근에는 온라인에서 다양한 서비스들이 제공될 뿐 아니라 증강현실(AR), 가상현실(VR) 같은 다양한 기술들이 활용되는 사례가 늘어나면서 가상공간에서의 물리적 환경의 중요성도 커지고 있다.

서비스의 물리적 환경은 다양한 요인들로 구성되는데, 주로 실내 온도, 공기, 향기, 음악과 같은 **주변적 요인**(ambient factors)과 공간/기능 및 조형같은 **디자인 요인**(design factors)에 더해서 최근에는 종업원, 고객유형, 혼합도와 같은 **사회적 요인**(social factors)까지 포함하고 있다. **그림 6-1** 서비스케이프 모형은 서비스의 물리적 환경요인들이 고객과 종업원의 내적인 심리반응에 영향을 미침으로써 여러 행동들로 이어진다고 설명하고 있다. 고객들은 이러한 물리적 환경요인들 각각에 대해 반응하기보다는 전체적인 기분과 분위기에 따라 반응한다. 따라서 이러한 물리적 환경요인들이 만들어 내는 고객들의 종합적인 인식을 **지각된 서비스케이프**(perceived servicescape)라고 표현하고 있다. 서비스케이프 모형에 포함된 물리적 환경요인들을 각각 살펴보도록 하자.

그림 6-1 서비스케이프 모형

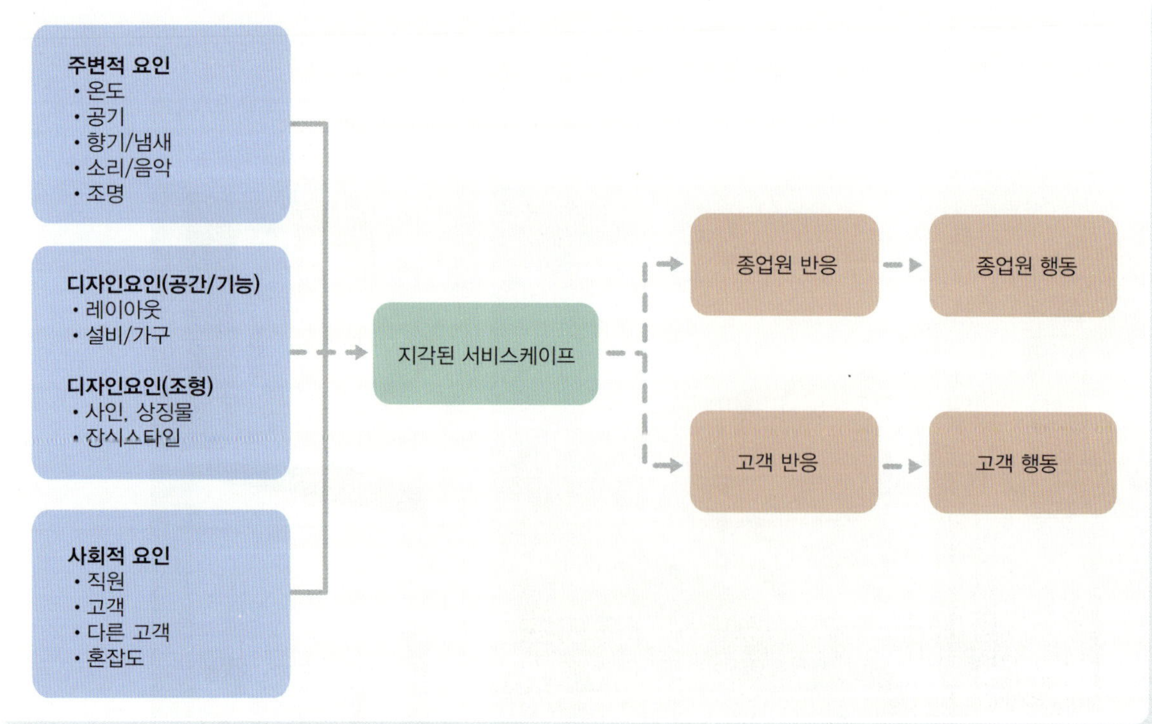

자료원: Bitner, M. J. (1992). Servicescapes: The impact of physical surroundings on customers and employees. *Journal of marketing*, 56(2), p.60. 수정인용.

① 주변적 요인(ambient factors)

주변적 요인은 실내온도, 공기, 조명, 소음, 음악, 향기, 냄새, 색채 등과 같은 공간환경의 주변적 요소들을 의미한다. 서비스는 체험이고 이러한 체험은 소비자들의 오감에 기초한다. 쇼핑센터를 거닐다 만나게 되는 좋은 음악과 향기, 호텔로비의 분위기 있는 조명, 겨울철 실내공간의 적당한 온도나 색상과 같이 소비자들의 오감을 자극하는 주변적 요소들은 서비스를 이용하는 소비자들의 기분이나 생각, 그리고 행동에 영향을 미칠 수 있다.

최근 서비스 기업들은 고유한 이미지를 구축하기 위해 이러한 주변적 요소들을 적극 활용하기도 한다. 예를 들면 교보문고는 차별적인 책 향(the scent of page)을 개발하여 매장의 마케팅에 활용하고 있는데, 고객들은 이러한 향기를 맡으면서 교보문고를 떠올릴 수 있다. 매장의 음악도 고객행동에 영향을 미치는 주변 요소들 중 하나인데, 느린 음악이 흘러나오면 소비자들은 천천히 여유를 가지고 쇼핑을 하다 보니 쇼핑에 좀 더 돈을 많이 쓴다거나, 와인 매장에서 팝송보다 클래식 음악을 틀었을 때 소비자들이 더 비싼 와인을 구매한다는 연

브랜드들이 공간의 경험을 간직하게 하기 위해 자신만의 향기를 상품화하고 있다. 무신사 〈프래그런스 컬렉션〉과 교보문고 〈책 향(the scent of page)〉이 대표적이다.

열차(South Western Railway) 내에서 자연음악(nature soundscapes)을 들은 승객들의 스트레스 수준이 35% 감소하였다는 연구결과가 보고되었다. 반면 승객들은 다른 승객들이 틀어놓은 큰 음악소리에 가장 불편을 느꼈다.

구결과도 있다. 한편 이러한 주변적 요인들은 경우에 따라서는 소비자들의 체험에 부정적인 영향을 미치기도 한다. 예를 들어 스타벅스의 차별화된 내부환경은 많은 고객들이 스타벅스를 찾는 이유이기도 하지만, 이로 인해 발생되는 소음은 오히려 긍정적인 서비스 체험을 방해하는 요소가 된다.

② 디자인 요인(design factors)

먼저 주요 디자인 요인 중 하나인 공간 배치나 기능이 고객과 종업원의 반응과 행동에 미치는 영향에 대해 살펴보자. 서비스를 이용하다 보면 공간이 비좁다거나, 원하는 곳을 찾기 어렵거나 혹은 이동하기 불편할 때가 있다. 이와 같이 잘못된 서비스 공간설계는 결과적으로 고객들의 욕구를 해결하는 데 장애요인일 뿐 아니라, 종업원들의 원활한 업무와 서비스 제공에도 방해가 된다. 따라서 서비스 공간 설계에서는 공간의 배치(layout)와 기능성(functionality)이 중요한데, 여기서 공간배치는 서비스 제공을 위한 도구, 기기, 가구 등이 어떻게 배치되어 있는지, 그리고 그것들의 형태와 크기는 어떠한지를 의미한다. 기능성은 서비스의 물리적 요소들이 소비자와 종업원들의 목적을 달성하는 데 도움을 줄 수 있는 능력을 의미한다.

최근에는 서비스 공간 설계에서 다음과 같은 사항들이 강조되고 있다. 첫째, 서비스 공간이 지역명소(landmark)의 중요한 역할을 수행하면서 건축 디자인에 대한 관심과 중요성이 커지고 있다. 특히 지역재생, 복합공간 개발, 친환경 건축 등과 같은 중요한 사회적 문제들이 건축 디자인과 함께 논의되고 있다. 둘째, 서비스 공간이 대형화되면서 **몰링**(malling)에 효과적인 공간설계가 중요해진다. 몰링은 복합쇼핑 공간에서 쇼핑과 여가활동들을 동시에 진행하는 행동을 뜻하는 말인데, 고객들이 넓은 공간을 빠짐없이 돌아다니는데 도움이 되는 공간 배치나 기능성들이 강조된다. 셋째, 목표고객 또는 소비패턴의 변화에 따라 기존 공간과는 다른 형태의 공간설계 필요성이 대두되고 있다. 라이프스타일 소비자, 1인 가구, Z세대, 실버세대(고령인구)와 같은 새로운 고객들을 유입하기 위해 편의점, 백화점 등이 기존의 구조와는 다른 차별적인 공간 배치나 기능들을 도입하고 있는 것이 대표적이다. 넷째, 일정 기간 임시로 운영되는 매장인 **팝업스토어**(pop-up store)가 MZ세대와의 접점 형성에 유리하고, 브랜드 경험을 전달해 주며, 소셜미디어를 통한 구전에 효과적인 장소로 인식되면서 소매공간의 일상적인 형태로 자리 잡고 있다. 다섯째, 백화점이나 리조트와 같은 공간 기반 서비스뿐만 아니라, 자동주문(키오스크), 게임, 모바일 쇼핑몰처럼 셀프서비스로 진행되거나 사용성

(usability)이 강조되는 기술 기반 서비스들에서도 공간설계의 중요성이 커지고 있다. 사용자에게 편리하고 맞춤화된 인터페이스를 제공한다거나, 고객들의 기술, 연령, 신체적인 조건 등을 고려한 기능성의 제공이 필요하다. 맥도날드 매장에 들어선 고객들에게 이제 매장 내에 배치된 무인주문대(키오스크)의 디자인과 인터페이스가 중요해졌다. 여섯째, 온라인과 오프라인이 통합되는 O2O 현상에 따라 오프라인 공간의 역할이 바뀌면서 그에 맞는 공간 배치나 기능들이 중요해진다. 예를 들면 매장 내에서 판매 외에 물류까지 함께 진행되는 형태로 유통공간의 역할이 진화하면서 이전과는 전혀 다른 공간 배치나 기능성들이 강조된다.

34년간 개발을 거쳐 완공된 아자부다이힐스(조감도)는 주변환경과 어울리는 곡선의 건축 디자인으로 도쿄의 랜드마크가 되었다.

여의도 더서울 현대는 타원형의 순환동선 구조와 내부기둥을 없앤 공간설계로 몰링 고객들에게 편의성과 개방감을 제공한다.

신세계백화점 강남점은 '백화점 안의 호텔공간'을 내세운 하우스오브신세계(맛집 컬렉션)로 차별화된 공간설계를 선보인다.

팝업스토어 전성시대

시장조사전문기업 엠브레인 트렌드모니터(trend-monitor.co.kr)가 전국 만 19~59세 성인 남녀 1,000명을 대상으로 〈팝업스토어(pop-up store)〉 방문 경험 및 인식 조사를 실시한 결과에 따르면 응답자 열 명 중 여덟 명이 방문 경험이 있을 정도로 대중화됐다. 전반적으로 팝업스토어에 대한 인지도는 예년에 비해 높아졌으며 최근에는 이색적이고 특별한 팝업스토어가 많아진 것 같다는 인식이 한층 높아진 모습을 보였다. 팝업스토어 유형 중에는 쇼핑몰, 상가 등 유휴공간을 활용한 팝업스토어 방문 경험률(62.4%, 중복응답)이 높은 편이었고, 플리마켓형 팝업(52.1%), 임시 매장형 팝업(50.3%), 콘텐츠형 팝업(41.8%)을 방문한 적 있다는 응답이 그 뒤를 이었다. 최근 팝업스토어는 단순히 제품 판매를 위한 일시적인 공간을 넘어, 소비자들에게 이색적이고 몰입도 높은 경험을 제공하고 있다.

스위트스팟 25년 보고서에 따르면 상반기 팝업스토어 시장의 성공공식이 바뀌고 있다. 한 달 이상 길게 열던 방식 대신 3일 승부를 거는 초단기 운영이 7배나 급증했으며, 팝업의 성지인 서울 성수동에서는 중심지가 서쪽에서 동쪽으로 이동하는 현상이 뚜렷해졌기 때문이다. 가장 눈에 띄는 변화는 운영 기간의 단축이다. 2025년 상반기 팝업스토어의 평균 운영기간은 17.9일로 지난해 25.1일에 비해 대폭 줄었다. 특히 성동구(13.9일)와 영등포구(15.3일) 등 핵심상권일수록 짧고 강렬한 인상을 남기는 전략이 주를 이뤘다. 화제성을 극대화하고 임대료 부담을 줄이려는 목적으로 3일 이하 초단기 팝업을 여는 사례는 전년 대비 약 7배 증가했다. 콘텐츠 측면에서는 추억과 협업이 흥행을 이끌었다. 해태제과의 '슈', 넷마블 '양파쿵야', 70년대 애니메이션 '패트와 매트' 등 Z세대의 향수를 자극하는

레트로 캐릭터들이 팝업스토어를 통해 화려하게 부활했다. 스포츠 업계와 인기 캐릭터의 만남은 흥행 보증수표로 자리 잡았다. '산리오 x K리그', '바오패밀리 x 삼성라이온즈' 등의 협업은 젊은 여성 팬덤을 유입시키고 굿즈 판매를 늘리는 성공공식임을 입증했다. 카테고리별로는 패션 및 잡화 카테고리는 점유율 29.5%를 기록하며 지난해(21.8%)보다 크게 상승해 1위 자리를 차지했다. IP(지식재산권) 카테고리는 21.9%(작년 18.8%), 뷰티 카테고리는 14.7%(작년 12.9%)로 뒤를 이으며 꾸준한 인기를 유지했다. 반면 팝업스토어의 경계도 허물어지고 있는 모습을 보인다. 뷰티 의약품(레스틸렌), 전자담배(아이코스), 불교 용품(해탈컴퍼니), 가상자산거래소(업비트) 등 이전에는 보기 힘들었던 이색 카테고리의 진출이 두드러졌다. 이는 브랜드 경험을 중시하는 소비 트렌드에 맞춰 다양한 산업군이 팝업을 핵심 소통창구로 활용하기 시작했음을 의미한다. 이런 가운데 팝업스토어의 목적은 판매에 집중되는 경향을 보였다. 제품 시연과 구매를 동시에 유도하는 판매형 팝업이 압도적인 다수를 차지했고, 신규고객 유치를 위한 체험형과 기존고객 충성도 강화를 위한 전시형이 그 뒤를 이었다.

자료원: 2025 팝업스토어 기사(이코노믹리뷰, 2025.7.9). 엠브레인 블로그(https://blog.naver.com/mkresearch/223732433762).
사진출처: 스위트스팟 홈페이지(https://www.sweetspot.co.kr).

다음으로 또 다른 주요 디자인 요인인 조형요소들(사인, 상징물, 장식 스타일 등)에 대해 살펴보자. 사인(sign)은 눈에 보이는 표지판을 의미하는데 서비스 기업의 명칭, 실내 공간 위치, 출입구, 규칙 안내(예: 금연 표지) 등을 표시해 준다. 잘 디자인된 심벌(symbol)이나 소품(artifact) 등의 상징물도 서비스 공간의 의미를 고객들에게 전달해 줄 뿐 아니라, 문화적인 의미를 담아서 서비스의 격을 높일 수 있다. 사인과 상징물들은 서비스 기업에 대한 첫인상을 형성하거나 소비자들에게 서비스 콘셉트를 전달하는 데 중요한 역할을 한다. 또한 일반적인 표지판들은 공간 내에서 소비자들의 원활한 이동을 돕는다. 마지막으로 장식 스타일은 공간에서 사용되는 색상, 가구, 소품, 조명 등이 조화롭게 사용되는 미적 스타일을 말하는데, 서비스케이프 공간의 이미지를 연출하는 데 중요하다.

왼쪽 사진은 인천 영종도에 위치한 인스파이어 리조트 전경 사인(sign)이다. 이 리조트는 디지털사이니지 기술을 활용한 공간연출로도 인기가 높다(오른쪽 사진).

③ 사회적 요인(social factors)

서비스의 물리적 환경을 구성하는 또 하나의 중요한 요인은 바로 사람과의 관계요인들이다. 고급호텔에 들어서면서 호텔의 시설뿐 아니라 처음 만나게 되는 종업원들의 외모나 호텔 로비를 지나가는 다른 고객들을 접하면서 호텔에 대한 첫인상을 갖게 된다. 서비스 종업원들의 외모, 다른 고객들의 유형, 그리고 사람과 공간에 대한 복합적인 인식에 해당하는 혼잡성 등이 바로 사회적인 환경요인들에 해당된다. 이들 가운에 서비스의 물리적 환경을 구성하는 사회적 요소들 중 핵심은 바로 **다른 고객들**이다. 대부분의 서비스 접점에서 고객들은 서비스 제공자들뿐 아니라 다른 고객들과 상호작용을 할 수밖에 없기 때문이다. 장거리 기차 여행에서 만나는 옆 좌석의 다른 승객, 대학병원에서 함께 진료순서를 기다리는 환자들, 식당 옆자리에서 시끄럽게 떠드는 손님들은 해당 서비스에 대해 긍정적인 경험뿐 아니라 부정적인 경험의 원인이 될 수 있다. **표 6-1** 은 **결정적 사건 기술법**(CIT)에 의해 발견한 다른 고객들의 긍정적·부정적 효과들의 예를 보여준다. 서비스 혼잡도(crowding)에 대해서는 3절에서 자세하게 다룬다.

표 6-1 사회적 환경요인 중 하나인 다른 고객의 효과

긍정적 효과	부정적 효과
• 다른 고객과 나누는 대화/함께 하는 즐거움 • 서비스 선택이나 구매에 직접적 도움(예: 조언) • 이용과정에서의 간접 도움(예: 이용방법 관찰) • 긍정적인 혼잡도(예: 스포츠경기 관중들 열기)	• 다른 고객들과의 직접적인 다툼(예: 자리 잡기) • 다른 고객들로부터의 직접 피해(예: 콘서트장에서 옆 좌석 고객이 쏟은 맥주) • 부정적인 혼잡도(무례함, 시끄러움 등)

자료원: Zhang, J., Beatty, S. E., & Mothersbaugh, D. (2010). A CIT investigation of other customers' influence in services. *Journal of Services Marketing*, 24(5). p.393.

(2) 다른 유형적 요소들

호텔서비스를 이용하다 보면 예약 홈페이지, 픽업차량, 직원들의 복장, 호텔 방에 비치된 안내 책자, 메모지와 같은 다양한 형태의 서비스 증거물들을 접하게 된다. 이러한 유형적인 요소들은 호텔의 주변적 요인과 디자인 요인과 같은 물리적 환경요인들과 함께 고객들이 해당 서비스를 평가하는 데 중요한 단서가 된다. 따라서 서비스 기업은 이러한 유형적 요소들의 중요성을 이해하고 세심하게 관리해야만 한다. 특히 서비스에서 기업의 차량이나 종업원

들의 복장은 서비스를 이용하는 고객뿐만 아니라 다른 사람들에게도 노출된다는 점에서 더욱 세심한 관리가 요구된다. 우편·택배 서비스, 배송 서비스 등에서 차량이나 종업원 복장은 해당 서비스 기업의 광고(판)와 다르지 않다. 서비스 기업이 제공하는 봉투, 상품 박스, 메모지 등은 해당 기업이 고객들에게 세심한 서비스를 제공하는지 가늠해 볼 수 있다는 점에서 서비스의 디테일을 전달하는 데 효과적이다.

서비스 업체의 차량은 서비스에 대한 약속을 전달하는 광고와 같다. 페덱스는 전기차량을 이용해서 친환경적인 배송 옵션 제공을 약속한다.

쿠팡은 친환경정책의 일환으로 일반상품 배송용 다회용 에코백과 신선식품 배송을 위한 뉴프레시백을 시범 도입한다.

6.2 서비스케이프 역할과 변화

서비스케이프는 서비스 기업을 경쟁사와 차별화하고 목표시장을 정확히 알려주는 마케팅 수단으로서의 역할을 한다. 고급호텔의 경우, 건축디자인, 공간 인테리어, 향기나 조명 등이 해당 호텔의 목표시장과 포지셔닝을 잘 표현해 준다. 따라서 서비스를 리포지셔닝 한다든지 목표시장을 변경하는 경우에도 우선 서비스케이프부터 바꾸어 나아가야 하는 것이다. 예를 들어 파리바게트는 베이커리형 카페로 서비스 콘셉트를 변경하면서 매장을 현재와 같은 물리적 환경으로 개편하였다. 다음에서는 서비스케이프의 주요역할과 서비스케이프의 역할과 관련된 최근의 주요 변화에 대해 살펴보기로 한다.

(1) 브랜드 연출

서비스케이프는 무형적인 서비스의 특성을 유형화하여 전달하는 데 가장 좋은 시각적 은유물(visual metaphor)이다. 우리가 어떤 사람을 소개 받을 때 첫인상이 중요하듯이 소비자가 서비스를 선택할 때도 첫인상이 중요하다. 사람의 외모나 옷차림이 첫인상을 결정하는 데 중요한 역할을 하듯이 서비스의 외형적 요소가 그 평가에 큰 영향을 미치기 때문이다. 애플스토어, 스타벅스, 블루보틀 등과 같은 서비스 기업은 그들의 공간과 물리적 환경을 브랜드 이미지와 연결시킴으로써 서비스를 차별화하고자 노력한다. 젠틀몬스터는 '세상을 놀라게 한다'라는 자신들의 철학을 개성 있고 독특한 공간연출로 표현하고 있다.

(2) 서비스 생산과 소비의 촉진

서비스케이프는 서비스 생산과 소비의 촉진제 역할을 한다. 서비스 물리적 환경이 어떻게 구성되었는가에 따라 서비스 프로세스가 더 쉬워질 수도 혹은 더 어려워질 수도 있기 때문이다. 예를 들어 장거리 비행에서 환승을 해야 하는 고객들은 해당 환승공항의 내부환경이 제대로 되어 있지 않다면 크게 고생할 것이다. 인천국제공항은 환승객들의 동선을 고려한 최적화된 환승절차와 편의 공간들을 제공하여 좋은 평가를 받고 있다. 서비스 물리적 환경

SERVICE MARKETING FOCUS

젠틀몬스터, 공간으로 브랜드를 말한다

글로벌 시장에서 〈젠틀몬스터〉가 신명품으로 주목받으면서 성장세가 두드러진다. 이를 뒷받침하듯 글로벌 빅테크 기업인 구글은 최근 스마트글래스의 파트너로 젠틀몬스터를 선택했다. 2011년 김한국 대표가 설립한 스타트업으로 출발한 젠틀몬스터는 약 10여 년 만에 해외 명품 선글라스를 제치고 글로벌 주요 국가에서 확고한 입지를 다지고 있다. 이처럼 주목받고 있는 젠틀몬스터의 성공 비결에는 독특한 공간 마케팅이 큰 역할을 하고 있다.

젠틀몬스터는 현재 국내를 비롯해 중국, 대만, 싱가포르, 일본, 미국, 아랍에미리트, 영국, 호주 등 세계 여러 국가에 오프라인 매장을 보유하고 있는데, 이 매장들은 각기 다른 주제의 거대한 예술 오브제로 꾸며졌다. 상업공간을 예술공간에 가깝게 조성했다. 젠틀몬스터는 2013년 서울 강남구 논현동에 첫 쇼룸을 선보이며 독특한 연출로 젠틀몬스터라는 브랜드를 대중에 각인시켰다. 이후 젠틀몬스터의 공간 실험은 이어지고 있는데, 서울 홍대에서 선보인 퀀텀 프로젝트는 25일 간격으로 공간을 바꾸면서 핫플레이스로 떠올랐다. 폐업한 목욕탕을 개조해 쇼룸으로 선보이는 파격도 선보였다. 2021년 코로나가 한창인 때 문을 연 하우스 도산(사진: 쇼룸)은 파격적인 연출과 공간 구성으로 압구정동의 명소로 자리 잡았다. 이러한 공간 연출과 마케팅은 해외에서도 성공적인데, 2025년 3월 이탈리아 밀라노의 유명 편집숍 10꼬르소꼬모(10 Corso Como)에 문을 연 매장은 이탈리아 MZ세대의 필수 쇼핑 코스로 등극했다. 젠틀몬스터 공간 마케팅은 한마디로 공간을 통한 브랜드 정체성 표현이다. 젠틀몬스터 공간에 들어선 사람들이 경험하는 신선함, 놀람과 같은 감정들은 젠틀몬스터의 철학인 '세상을 놀라게 한다'와 맞닿아 있기 때문이다. 젠틀몬스터의 운영사인 아이아이컴바인드는 탬버린즈(뷰티) 등과 함께 글로벌 성공신화를 써가고 있다

자료원: 젠틀몬스터..해외서 잘 나가는 韓 신명품(조선비즈, 2024.4.28).
이게 안경이냐 놀림받던 브랜드…'제니 픽' 글로벌 기업이 된 사연(헤럴드 경제, 2025. 5.4).
사진출처: 젠틀몬스터(http://gentlemonster.com).

광장시장이 서울시와 함께 57년 된 낙후 화장실 대개조 프로젝트를 시작하면서 상인과 고객 모두를 만족시키고 있다.

에 따라 프로세스가 좌우된다는 것은 해당 환경에서 일하는 직원들에게도 마찬가지이다. 내부고객 관점에서 서비스케이프는 직원들의 업무수행(서비스 생산)에 편의성을 제공해 준다. 예를 들면 식당에서 좌식 테이블을 입식 테이블로 교체함으로써 직원들의 업무 편의성을 향상시킨다거나, 항공기 내 승무원들의 업무공간을 넓힘으로써 업무나 휴식에서 편의성을 높일 수 있다. 서비스케이프는 병원과 같은 위험환경에서 근무하는 직원들의 안전에도 중요하다. 무엇보다 잘 정비된 서비스케이프는 직원들의 즐거운 근무환경을 제공하는 데 결정적이다. 결과적으로 잘 디자인 된 서비스케이프는 직원들의 업무 스트레스를 줄여주고 내부고객 만족을 높임으로써 서비스 생산에 크게 기여한다.

(3) 관계형성 매개체

서비스케이프는 다양한 관점에서 관계형성의 매개체 역할을 수행한다. 예를 들어 병원에 입원한 환자나 보호자들은 궁금한 점이 있을 때 우선 병동 내 간호데스크를 찾게 되는데, 이러한 물리적 환경은 환자와 의료 서비스 제공자 사이의 관계를 설정해 준다. 항공사의 경우 고객들 간에 어울릴 수 있는 장소를 고객별로 구분해서 제공하기도 한다. 스타벅스(Starbucks)는 고객들이 단순히 커피를 픽업해 가는 커피전문점이 아니라 사람들이 모여서 이야기하고 즐거운 시간을 갖는 장소를 지향한다. 스타벅스의 서비스케이프를 보면 고객들이 편안하게 앉아서 대화를 나눌 수 있는 소파와 테이블, 부드러운 음악 등이 고객 간의 상호교류를 촉진시키고 있다. 최근 제조기업들은 차별화된 공간 마케팅으로 고객들을 만난다. 오뚜기는 롤리폴리꼬또라는 식당을 운영하면서 오뚜기 제품들로 구성된 식사를 제공한다. 시몬스 침대는 시몬스테라스와 같은 공간에서 고객들을 만난다. 모두 고객들과 관계를 구축하기 위한 제조 브랜드들의 서비스케이프에 기반한 새로운 공간 마케팅 전략이다.

일본 스타벅스는 치매카페(D카페)를 운영하면서 고령화된 지역사회에서 관계형성을 위한 장소가 된다.

창업자 집을 개조한 오뚜기 롤리폴리꼬또는 고객들과 새로운 만남과 관계를 형성하는 식문화 공간이다.

(4) 새로운 역할수행

비대면 소비가 활성화되면서 오프라인 서비스케이프는 새로운 역할을 모색하고 있다. 이마트가 선보인 매장형 물류센터는 매장을 단순히 상품판매의 공간으로만 바라보지 않는다. 매장 내에 자동화된 상품분류, 배송 시스템을 구축하면서 쇼핑공간에서 구매와 배송이 함께 진행된다. 중국 최대 신선식품 유통매장인 허마셴셩(盒馬先生)은 온라인과 오프라인을 통합한 전략으로 기존의 서비스 공간에 대한 고정관념을 바꿨다. 남성 패션전문기업인 보노보스(Bonobos)는 매장에서 판매를 포기했다. 비용절감과 효율성 제고를 위해 판매는 온라인에서만 진행한다. 대신 오프라인 매장은 고객들이 옷을 입어보고 치수를 확인하는 가이드샵 역할을 수행한다.

최근 들어 서비스기업들은 오프라인 서비스케이프의 새로운 역할을 모색하고 있다. 보노보스의 오프라인 매장 가이드샵에서는 제품을 판매하지 않는다.

6.3 서비스 혼잡도

(1) 혼잡도와 소비자 반응

프리미어리그 축구를 시청하다 보면 수만 명의 관중들이 꽉 들어찬 경기장의 모습은 일상적인데, 흥미롭게도 경기 중에 관중석이 혼잡하다는 생각은 별로 들지 않는다. 그런데 막상 경기가 끝나 뒤섞여 경기장을 빠져나가는 관중들을 보다 보면 이전과 달리 혼잡하다는 느낌이 든다. 이처럼 **서비스 혼잡도**(crowding)는 특정 공간 안에 모여 있는 이용자 수나 들어찬 정도인 밀도(density)에 대한 주관적인 느낌이나 평가의 개념이다. 이런 까닭에 질서 정연하게 배열된 좌석에 앉아 있던 경기장의 관중들이 조금 덜 혼잡하게 느껴졌던 것이다. 이처럼 이용자들의 서비스 혼잡도는 주변의 물리적 환경요인이나 사람들에 의해 영향을 받게 된다.

① 혼잡도와 부정반응

붐비는 쇼핑매장, 테마파크, 대중교통을 상상해 보면 일단 부정적인 느낌이다. 혼잡한 서비스 이용공간은 고객들에게 화, 짜증, 불만과 같은 부정적인 감정을 경험하게 함으로써 서비스 이용에 대한 회피행동을 유발할 수 있다. 이러한 의미에서 서비스 혼잡도는 최대 이용 가능 수준에 대한 통제나 서비스 기업의 적극적인 관리를 필요로 한다. 쇼핑공간, 테마파크, 관광지 등에서 시간대, 일별 최대 입장객을 통제한다거나 붐비는 공간마다 분산을 유도하는 안내표시나 관리 인력들을 추가적으로 배치하는 노력들이 그 예이다.

② 혼잡도와 긍정반응

서비스 혼잡도는 경우에 따라서는 고객들에게 긍정적인 경험을 제공하기도 한다. 음악 페스티벌이나 축제를 찾은 이용객들은 많은 사람들로 붐비는 장소에서 오히려 즐거움, 짜릿함과 같은 긍정적인 감정을 더 느낀다. 유명 맛집이나 테마파크를 찾은 고객들은 길게 늘어선 대기 줄이나 붐비는 모습에서 서비스에 대한 기대감을 한층 높일 수 있다. 따라서 서비스 유형이나 이용상황 등에 따라서 혼잡도는 고객들의 접근행동을 유도하는 수단이 될 수 있다.

붐비는 공항과 락 페스티벌의 혼잡도에 대한 소비자 경험은 다르다.

(2) 혼잡도와 서비스 마케팅 이슈

① 팬데믹과 서비스 혼잡도

코로나 19와 같은 전염병이 전 세계로 유행하는 팬데믹 현상은 사람들의 많은 일상과 소비생활을 크게 변화시켰는데, 그 가운데 특히 서비스 혼잡도에 대한 영향력을 생각해 볼 필요가 있다. 우선 사회적 거리두기, 이동제한, 출입국 절차의 강화 등으로 인해 서비스 혼잡도에 대한 법적·사회적 규제가 한층 강화되었다. 무엇보다 혼잡한 서비스로 인한 이용자들의 위험지각이 커졌으며 물리적 서비스 공간에 대한 회피심리나 행동 등도 어느 때보다 강하다. 결국 서비스 기업들은 이러한 팬데믹 현상에 따른 서비스 혼잡도의 문제를 일시적 현상이 아니라 장기적인 관점에서 전략적으로 이해하고 대응해 갈 필요가 있다. 서비스 이용공간의 설계나 배치, 서비스 이용자 수의 조절, 비대면 서비스 개발과 전환 등이 팬데믹 시대의 서비스 혼잡도와 맞물려 더욱 중요한 과제로 부상하고 있다.

② 오버투어리즘

코로나 팬데믹 이후 세계 유명 관광지는 몰려드는 관광객들로 인해 지역주민의 생활이나 자연환경에 부정적인 영향을 받는 **오버투어리즘**(overtourism)의 문제를 겪고 있다. 지역주민들은 관광객을 반대하는 시위를 벌이기도 하고, 국가나 지역에서는 관광객들에게 관광세와 같

오버투어리즘으로 인해 관광객들을 향한 지역주민들의 반대 목소리가 강하게 나온다.

은 별도의 비용을 부가하면서 몰려드는 관광객들의 수요를 조절하려는 움직임을 보인다. 지속가능한 투어리즘을 위한 해당 국가 및 여행 서비스 업계의 고민이 깊어지면서 대책 마련이 시급한 과제로 부각되고 있다.

③ 혼잡도와 쇼핑행동

혼잡한 매장을 방문한 기억을 떠올려 보자. 대체로 혼잡도는 쇼핑고객들의 체류시간을 줄인다거나 만족도를 감소시킴으로써 매출에 부정적인 영향을 미칠 수 있다. 이러한 혼잡도는 온라인 쇼핑에서도 문제가 될 수 있다. 혼잡도가 심한 경우 접속장애를 겪을 수도 있고 특히 알고리즘에 의한 과도한 추천이나 상품정보로 인해 인지적인 혼잡도가 새로운 문제로 부각된다. 반면 혼잡도가 오히려 쇼핑장소나 구매제품에 대한 애착을 높여준다는 연구결과도 있다. 혼잡한 매장에서 경쟁을 뚫고 원하는 제품을 구매한 고객들이라면 충분히 이해가 된다. 결국 이러한 혼잡도의 문제를 제대로 파악하고 상황에 맞는 대응전략을 마련하는 것이 중요하다.

SERVICE MARKETING FOCUS

기술로 서비스 혼잡도를 잡는다

카카오모빌리티가 카카오 T 앱을 통해 실시간 지역 기반 커뮤니티 서비스인 '지금여기'를 7일 발표했다. 이 서비스는 특정 지역과 장소에 대한 정보를 사용자들이 실시간으로 공유할 수 있도록 설계되었다. 현재 일부 지역에서 오픈 베타 테스트를 진행 중이며, 사용자 피드백을 반영해 정식 서비스로 확대할 계획이다. '지금여기'는 사용자들이 특정 장소에 대한 정보를 공유하고, 댓글이나 좋아요 등의 반응을 통해 소통할 수 있는 서비스다. 또한 카카오의 위치 기반 라이프 플랫폼 카카오맵은 공항철도 혼잡도 서비스를 오픈했다. 이용자는 카카오맵 모바일앱에서 공항철도 노선에 있는 역명을 검색하면 된다. 혼잡도 정보는 여유(파랑), 보통(초록), 주의(주황), 혼잡(빨강) 총 4단계로 표시된다. 여유(파랑)는 통로가 여유로운 상태, 혼잡(빨강)은 이동이 불가할 정도로 혼잡한 상태를 의미한다. 공항철도 객차별 실시간 혼잡도를 색깔로 표기해 혼잡 정도를 한눈에 확인할 수 있도록 했단 설명이다.

정부와 지방자치단체에서도 기술을 활용한 혼잡도 대응에 나선다. 충남 논산시는 '2025 논산딸기축제' 기간 중 안전사고를 대비하고자 실시간 혼잡도 서비스를 도입했다. SKT 실시간 유동인구 데이터를 활용해 특정 지역의 인구 혼잡도를 파악하고 이를 히트맵으로 시각화한 것이다. 혼잡도에 따른 인파 관리 및 예기치 못한 안전사고에 효과적으로 대비할 수 있을 것으로 기대하고 있다.

자료원: 에버랜드 '전국민 눈치게임' 왕도 열린다(이코노믹리뷰, 2024.8.7).
카카오맵, 공항철도 혼잡도 서비스 오픈(시사오늘, 2025.1.22).
논산시, 실시간 혼잡도 서비스 도입(충남일보, 2025.7.24).

사진출처: 카카오모빌리티(https://www.kakaomobility.com).
논산시(https://nonsan.go.kr).

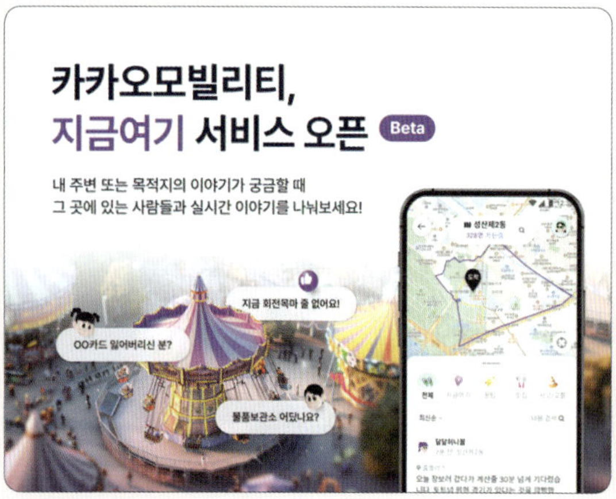

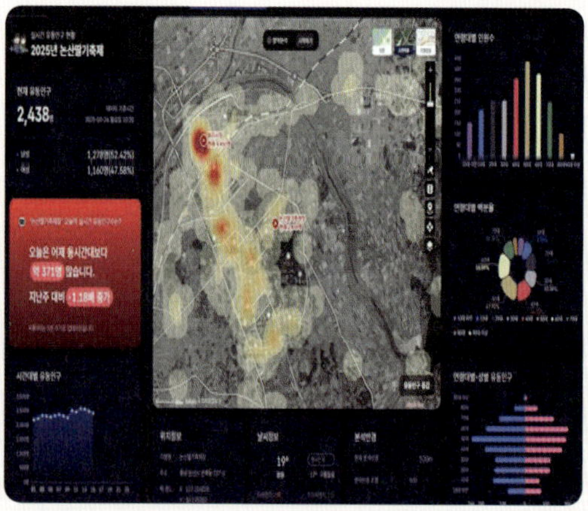

CHAPTER

7

서비스 가격관리

서비스 플립러닝

우버 승객도 팁을 지불할까?

서비스 가격은 기업이 고객을 위해 창출한 가치의 대가로 받는 것입니다. 반대로 말하면 고객들은 서비스에 대한 가치를 얻고 그에 상응하는 비용을 가격이라는 이름으로 지불하는 셈입니다. 그런데 유형적인 제품의 가격과 달리 서비스에서는 이러한 가치의 의미를 담고 있는 독특한 가격형태가 하나 있습니다. 바로 〈팁(Tip)〉입니다. 팁 문화가 없는 우리나라와는 달리 미국이나 유럽 등에서는 대체로 식당 등의 서비스를 이용할 때, 명시된 서비스 가격 이외에 추가로 10~20%의 금액을 팁으로 지불하게 됩니다. 팁을 지불해 본 경험이 있는 분들은 잘 이해하시겠지만, 어쩔 수 없이 지불해야 하는 경우도 많지만 팁을 더 주고 싶다는 생각이 들 정도로 좋은 서비스를 받는 경우도 많습니다. 정확하지는 않지만 팁의 어원이 '빠른 서비스를 보장하기 위해(To Insure Prompt Service)'에서 유래되었다는 설이 있는데, 말 그대로 고객들이 서비스를 이용할 때 추가로 더 받는 가치에 대한 지불형태를 팁으로 이해할 수 있습니다.

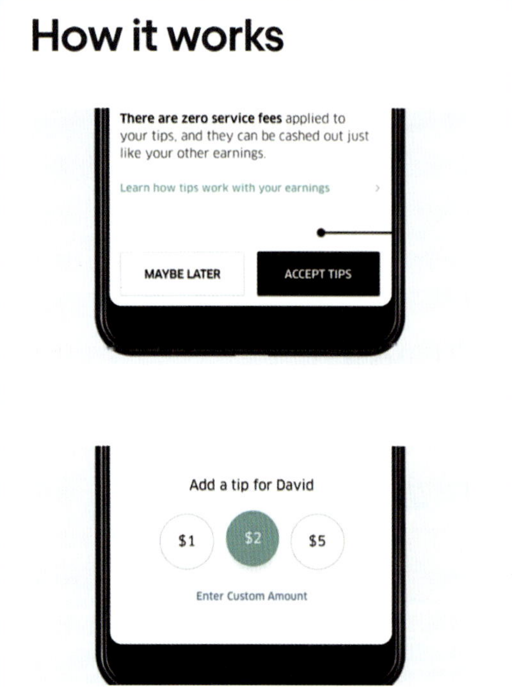

팁과 관련해서 최근 미국 사회에서도 많은 논쟁이 진행 중입니다. 먼저 세대별로 팁에 대한 생각이 달라지고 있습니다. 한 조사에 의하면 미국의 주력 소비층으로 부상한 밀레니얼 세대(23~38세)가 부모 세대인 베이비부머(55~73세)에 비해 팁에 훨씬 인색하다고 합니다. 온라인 맞춤 서비스 등에 눈높이가 높아진 밀레니얼들은 오프라인의 범용적인 서비스에 팁을 지불할 정도로 가치를 못 느낀다는 해석이 있습니다. 비(非)대면 서비스의 발달로 종업원들을 대하지 않는 경우가 많아진 것도 그 이유가 됩니다. 특히 인플레이션이 심각한 상황에서, 키오스크를 이용한 비대면 서비스에까지 팁을 지불해야만 하는 것에 미국 소비자들의 불만이 고조되고 있습니다. 과도한 팁을 빗댄 신조어로 팁플레이션(tipflation)이란 용어까지 등장하고 있습니다. 최근 팁 문화와 관련한 인터뷰에서 우버 CEO는 우버 승객의 약 20%만 팁을 지불하고 있다고 소개하고 있습니다. 이는 같은 배송 서비스인 음식배달 서비스 수준(90%)에 비해 현저히 낮은 비율입니다. 이를 두고 우버 CEO는 "팁은 전적으로 선택사항이지만, 만족스러운 서비스를 받았다면 팁을 주는 것이 좋다"라며 서비스 가치가 충분히 느껴졌다면 팁을 고려해야 한다고 말하고 있습니다. 우리에게는 없는 팁 문화를 통해 서비스 가격은 가치의 반영이라는 의미를 다시 생각해 보게 됩니다.

자료원: 요즘 美 밀레니얼세대 "팁? 그걸 왜 줘야 하는거죠?"(조선일보, 2019.11.18).
우버 CEO가 말하는 팁 문화(디지털투데이, 2025.7.24).

사진출처: 우버 홈페이지(https://www.uber.com/ch/en/drive/driver-app/how-tips-work).

• 서비스 플립러닝 내용은 하단에 있는 QR코드에서 동영상으로 확인할 수 있습니다.

플립러닝 동영상 강의 QR코드입니다.

7.1 서비스 가격의 의미

서비스 기업은 자신들이 책정한 가격을 표현하기 위해 서로 다른 용어를 사용하기도 한다. 대학의 등록금, 극장 입장료, 부동산 중개소의 중개료, 은행의 이자, 호텔 객실요금, 고속도로 통행료 등이 그 예이다. 단지 용어만 다를 뿐 제공하는 서비스에 대해 기업이 부과하는 금전적인 가치라는 점에서는 동일하다. 그런데 고객들의 입장에서 발생하는 서비스 가격의 문제는 함께 제공되는 서비스 수준에 따라 좌우된다. 최근 국내 영화관 서비스가 고객이탈로 인해 큰 어려움을 겪고 있다. 넷플릭스와 같은 경쟁자에게 고객을 빼앗긴다고 아우성이지만 동시에 고객들은 영화관 가격이 너무 비싸다고 불만을 제기한다. 대다수의 고객들은 제공받는 영화관 서비스의 수준은 이전과 비교해서 크게 달라지지 않았는데 오히려 가격만 인상되었다고 생각하기 때문이다. 이런 의미에서 서비스 가격이란 서비스의 사용으로 인해 고객들이 얻게 될 편익에 대해 부여된 금전적인 가치로 정의해야만 한다. 한마디로 고객 입장에서 **서비스 가격**은 고객가치와 다르지 않다.

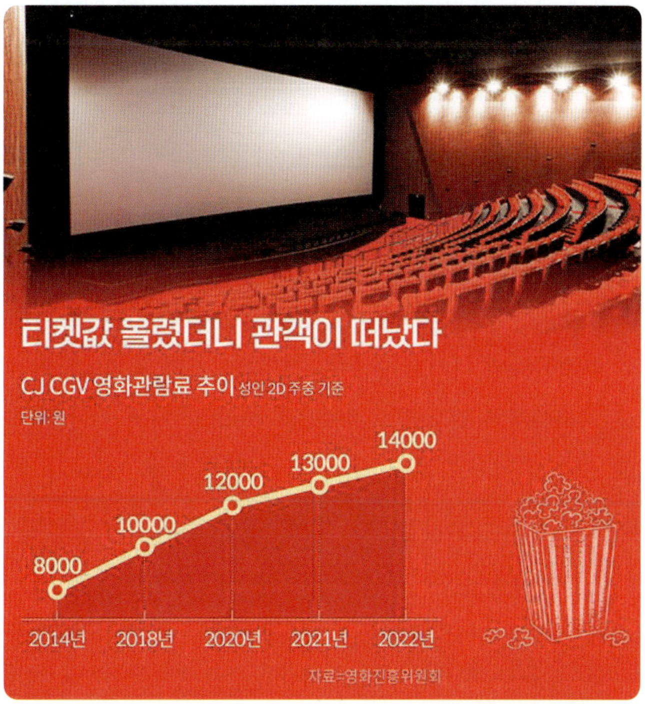

가격인상에 관객이 감소한 이유는 영화 서비스가 제공하는 고객가치 문제이다.

가격인상의 여파로 영화관 고객들이 감소하는 사례에서 보듯이, 가격은 소비자의 서비스 선택에 영향을 주는 주요 요인이다. 또한 가격은 기업의 매출과 수익성을 결정짓는 가장 중요한 요소들 중 하나이다. 이런 점에서 올바른 서비스 가격결정은 기업에게 전략적으로 매우 중요하다. 서비스 가격결정의 중요성을 구체적으로 살펴보자. 첫째, 수익공식(수익 = (판매량×가격) − 비용(상품, 광고, 유통 등))에 비추어 보면, 가격은 비용을 발생시키는 다른 마케팅 믹스들과는 달리 수익을 창출하는 역할을 한다. 만약 서비스 기업의 비용이 고정되었다면 가격에 따라 수익이 달라진다. 둘째, 가격은 마케팅 믹스들 중 가장 유연성이 높다. 서비스 상품, 프로세스 등 다른 믹스요인들은 필요에 따라 바로 변경하는 데 어려움이 있지만, 가격은 시장상황의 변화에 따라 상대적으로 쉽게 변경시킬 수 있다. 셋째, 가격은 서비스 수익관리에 있어 전략적 도구로 활용된다. 서비스는 재고를 저장할 수 없다는 특성을 갖기 때문에 안정적인 서비스 수요의 확보가 수익성 목표를 실현하는 데 있어 매우 중요하다. 수요가 많을 때에는(성수기) 가격을 인상하여 수요를 분산시키고, 반대로 수요가 적을 때는(비수기) 가격을 인하하여 수요를 촉진시키는 등 서비스 수요를 관리하는 데 있어서 가격은 가장 중요한 도구로 사용될 수 있다.

이처럼 서비스 가격결정의 중요성에도 불구하고 많은 서비스 기업들이 가격결정(프라이싱)을 전략적으로 다루지 못한다. 흔히 저지르는 실수는 주로 원가지향적인 가격결정방식을 고집하면서 가격을 단지 원가 + 이익(마진)으로 바라보는 경향이 크다는 점이다. 이러한 경우 자사 서비스 상품의 가치를 창출하려는 노력을 게을리하기 쉽다. 또한 고객을 설득하기 힘든 경우 쉽게 가격인하의 유혹에 빠지게 된다. 또 다른 전략적 실수로는 마케팅 믹스의 다른 구성요소들과의 일관성을 고려하지 않은 채 서비스 가격을 결정한다는 점이다. 최근 들어 가격정보에 대한 소비자들의 접근성은 매우 커진 반면, 경쟁 서비스들의 차별화는 미약해지면서 서비스 고객들의 가격민감도가 매우 높아졌다. 많은 서비스 기업들은 이에 대응하기 위해 경쟁적으로 가격인하에 나서고 있으며, 그 결과 서비스 기업들의 수익성은 더욱 악화되고 있다. 그러나 가격인하가 최선의 가격전략은 아니다. 서비스 기업들은 불필요한 가격경쟁에 나서기보다는 서비스 가격은 곧 고객가치라는 명제에 충실하면서 경쟁우위를 획득하고 유지해 가야 한다. 결국 서비스 기업들이 직면한 도전적 과제는 창출된 고객가치에 상응하는 가격책정으로 적정 이익을 실현시켜줄 스마트한 가격전략을 찾아내는 일이다.

7.2 서비스 가격결정 시 고려요인

일반적으로 기업이 책정한 서비스 가격은 수요를 만들어낼 수 없을 정도로 높은 가격과 이익을 실현하기에는 너무 낮은 가격 사이에 위치하게 된다. 그림 7-1 은 이러한 서비스 가격의 상·하한선의 범위와 가격결정 시 고려해야 할 주요요인들을 정리한 것이다. 그림 7-1 을 보면 고객의 서비스 가치지각은 가격의 상한선이 된다. 고객들이 가격을 서비스 가치보다 높게 지각한다면 서비스 상품을 구매하지 않을 것이다. 반면 서비스 원가는 가격의 하한선이 된다. 기업이 서비스 원가 이하에서 가격을 책정한다면 이익을 얻지 못하기 때문이다. 따라서 기업은 서비스를 제공하는 데 드는 원가와 고객이 지각하는 가치를 제대로 파악하고 이해해야 한다. 이외에도 기업은 가격의 상한선과 하한선 사이에서 서비스 가격을 책정하기 위해 다른 내·외부 요인들을 고려해야 하는데, 경쟁사의 전략과 가격, 자사의 마케팅 목표(예: 매출 극대화, 이익 극대화 등), 다른 마케팅 믹스요소들과의 일관성, 서비스 시장과 수요의 성격 등이 포함된다.

그림 7-1 서비스 가격결정 시 고려요인

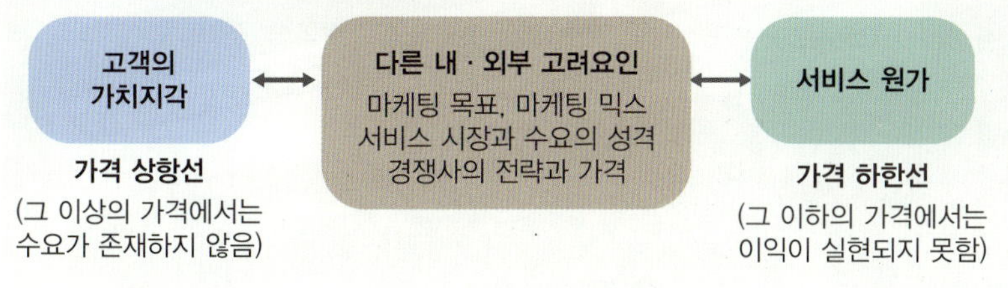

앞에서 설명하였듯이 서비스 가격 결정 시 고려해야 할 요인들은 많지만, 이 중에서 특히 원가(cost), 경쟁자(competition), 고객가치(customer value)가 가격결정의 핵심요인이 된다. 이제 이러한 3C 요인들을 중심으로 가격결정에 대해 구체적으로 살펴보도록 하자.

① 원가와 서비스 가격결정

원가는 서비스 상품가격의 하한선이 된다. **원가 중심 가격결정**은 서비스를 생산(운영)하고 마케팅을 하는 데 드는 비용에 적정 수준의 마진을 더해 가격을 책정하는 것이다. 원가 중심 가격결정의 기본공식은 다음과 같다.

가격 = 고정비(혹은 간접비) + 변동비(혹은 직접비) + 마진(혹은 이익)

기업이 자사 서비스의 가격을 결정함에 있어 서비스 원가가 중요한 고려요인인 것은 분명하다. 그러나 서비스 가격결정에서 원가를 고려할 때는 다음과 같은 문제점들에 대해서 유의할 필요가 있다. 첫째, 서비스 원가에서 고정비가 차지하는 비중이 매우 크다는 점을 인식하여야만 한다. 서비스 원가는 크게 **고정비**(fixed cost)와 **변동비**(variable cost)로 구성된다. 고정비 혹은 간접비는 서비스 제공량 혹은 매출 수준에 상관없이 일정하게 발생하는 비용을 말하는데, 공간 임대료, 이자, 임직원 급여 등이 이에 해당된다. 이에 반해 변동비는 서비스 제공량에 비례해 증가하거나 감소하는 비용으로, 식당의 재료비 등이 있다. 그런데 서비스는 생산하는 데 필요한 인력과 물리적 공간, 장비 때문에 제조업체에 비해 원가에서 고정비가 차지하는 비율이 변동비에 비해 훨씬 더 높은 경우가 많다.

관객감소에 직면한 극장들은 막대한 고정비용(건물 임대) 지출에 이중고를 겪고 있다.

둘째, 서비스의 경우 원가의 주요 구성요소가 서비스 직원의 시간인 경우가 많은데, 법률 서비스나 컨설팅과 같은 전문 서비스가 더욱 그렇다. 이 경우 직원이 투입한 시간을 원가로 추정하는 것이 어렵다. 특히 같은 서비스라도 직원 간에 전문성에서 차이가 있는 경우 투입된 시간만을 기준으로 원가를 산정해서 서비스 가격을 책정한다면 기업은 투입된 시간에 대해 고객이 지각하는 가치를 원가에 정확히 반영하지 못할 수 있다. 예를 들면 신입 컨설턴트와 중견 컨설턴트의 한 시간은 서로 다른 가치가 매겨져야 하기 때문이다. 셋째, 서비스 기업이 원가를 추정할 때는 **기회비용**(opportunity cost)을 고려하고 이를 서비스 가격의 책정에 반영할 필요가 있다. 어떤 자산을 하나의 용도로 사용한다면 다른 용도로는 쓸 수 없는데, 이 경우 포기해야 하는 용도에서 발생할 수 있는 이익을 기회비용이라고 한다. 가령, 항공사들은 비행기가 만석이 되지 않았는데도 불구하고 항공편 좌석의 할인판매를 중단하는 경우가 있다. 할인티켓을 판매해 미리 좌석을 완전히 채웠다면, 비행기 출발시간이 임박해서 항공료를 전액 지불하고 티켓을 구입하려는 고객에게 티켓을 팔 수 없기 때문이다. 따라서 항공사는 좌석을 판매하는 데 드는 총비용을 산정함에 있어 항공료를 전액 지불하고 티켓을 구입하려는 고객을 포기하고 그 좌석을 미리 할인가격으로 판매하는 것에 대한 기회비용을 포함해야 한다.

AI 구독가격 초고가 시대: 이유는 높은 비용(원가) 때문

인공지능(AI) 챗봇의 성능강화 경쟁이 고가(高價) 요금제 출시 경쟁으로 이어지고 있다. 오픈AI, 구글 등 AI 챗봇 서비스를 제공하는 기업들이 월 20달러 수준의 보급형 요금제로는 수익이 나지 않자, 월 100달러 이상의 프리미엄 요금제를 잇따라 출시하는 것이다. 기존 요금제는 성능을 제한하거나 최신 기능을 쓰지 못하게 하는 식으로 사실상 사용료를 올리는 추세다. AI 기술이 실제 업무와 일상생활에 유용하다는 것이 증명되자 과감히 가격을 올려 수익을 거두겠다는 전략이다. AI 기능을 제대로 쓰려면 매월 수십만 원을 써야 하는 시대가 오고 있다는 지적이 나온다. AI 기업들이 고가 요금제를 잇따라 내놓는 것은 기존 요금제로는 수지타산을 맞추기가 사실상 불가능하기 때문이다. 예컨대, xAI의 '그록4'는 엔비디아의 AI 가속기 H100을 20만 장 투입해 구축했다. H100은 한 장에 4,000만~5,000만 원 정도다. 이 비용만 해도 10조 원이 넘는다. 특히 AI에 추론기능이 도입되면서 AI 기업들이 운용하는 인프라 비용은 치솟고 있다. 추론기능은 일반검색보다 AI 컴퓨팅 자원을 10배 이상 소모한다. 월 20달러 요금제로는 아무리 사용자가 늘어도 돈을 벌지 못하는 구조다. 실제로 올 4월 기준 챗GPT 가입자는 5억 명을 돌파했지만 오픈AI는 여전히 적자를 면치 못하고 있다. CNBC에 따르면, 오픈AI의 작년 매출은 55억 달러였지만, 순손실이 50억 달러였다. 테크 업계 관계자는 "AI의 효용성을 체감했기 때문에 높은 구독료를 지불하고도 이용하려는 수요는 여전할 것"이라며 "기업들도 적자를 만회하기 위해 구독료 인상에 나설 수밖에 없다"고 했다.

개발사 / 고가 요금제	월 구독료 / 출시 시기	주요 기능
xAI 수퍼그록 헤비	300달러 올 7월	이전 대화 기억하는 메모리 용량 2배 제공
퍼플렉시티 퍼플렉시티 맥스	200달러 올 7월	AI 기반 웹브라우저 '코멧' 우선 제공. AI 기반 분석 도구 '랩스' 무제한 사용 가능
구글 구글 AI 울트라	249.99달러 올 6월	영상 생성 모델 '비오3'와 고급 추론 모델 '딥싱크' 사용 가능
앤스로픽 클로드 맥스	100~200달러 올 4월	월 20달러 모델 대비 5~100배 사용량 제공
오픈AI 챗GPT 프로	200달러 작년 12월	o1-프로, GPT-4o 무제한 사용 가능

자료=각 사

자료원: 맛보기는 끝?… AI챗봇, 한달 요금 40만원까지 치솟아(조선일보, 2025. 7.23).
사진출처: 조선일보 기사 중.

② 경쟁과 서비스 가격결정

경쟁사의 가격은 자사 서비스 가격을 결정하는 데 중요한 영향요인이다. 특히 서비스 제공자 간 특징이 유사하거나(예: 패스트푸드), 소수의 서비스 기업이 시장을 지배하는 과점적 시장구조(예: 이동통신 서비스)를 가질 때 이러한 **경쟁 중심의 가격결정**이 주로 사용된다. 예를 들어 패스트푸드 업계나 이동통신 서비스에서는 특정(또는 시장 1위) 기업이 가격을 인하하면, 다른 경쟁자들도 이에 맞추어 곧바로 가격을 인하한다. 따라서 경쟁기업의 가격에 맞추어 자사 서비스의 가격을 책정하는 방법을 **시장대응 가격결정방식**(going-rate pricing)이라고도 부른다.

맥도날드가 점심세트 메뉴인 맥런치를 부활하며 가성비 경쟁에 나섰다. 버거킹은 이에 맞서 하루 종일 이용할 수 있는 올데이킹 메뉴를 선보였다.

경쟁 중심의 가격결정을 고려하는 기업은 다음과 같은 몇 가지 사항들을 검토해야 한다. 첫째, 기업은 경쟁환경이 고객의 가격민감도에 미치는 영향에 대해 잘 검토해야 한다. 만약 고객이 서비스들 간에 차이를 느끼지 못하는 환경이라면 고객들은 가격에 더 민감해지면서 가장 저렴한 서비스 상품을 구매하게 된다. 또한 고객들이 구매 전에 가격에 대한 정보를 더 많이 가지고 있을수록 가격민감도는 높아질 수 있다. 따라서 서비스 상품들을 비교하기 쉽게 만드는 것은 고객들로 하여금 서로 다른 서비스 경쟁자들의 가치를 평가하고 가격중심 의사결정을 하도록 유도하는 데 유용하다. 온라인 구매와 같이 고객들이 한 서비스에서 다른 경쟁 서비스로 쉽게 전환할 수 있는 경우에도 가격민감도가 높아질 것이다. 둘째, 경쟁사들과 비교해서 높은(낮은) 가격 책정이 가능한지를 판단하기 위해서는 먼저 자사의 서비스에 대한 고객들의 지각된 가치를 검토해야 한다. 만약 소비자들이 자사의 서비스에 대해 더 많은 가치를 갖는다면, 기업은 경쟁사들에 비해 더 비싼 가격을 책정할 수 있지만, 그렇지 않은 경우라면 기업은 경쟁자들보다 낮은 가격을 책정할 수밖에 없다. 혹은 비싼 가격을 정당화시킬 수 있도록 고객들의 자사 서비스에 대한 가치지각을 변화시키는 노력이 필요하다. 셋째, 경쟁사들의 실체를 명확히 파악해야만 한다. 누가 실제 경쟁자인지, 또한 경쟁자들이 어느 정도 강하고, 현재 어떤 가격전략들을 채택하고 있는지를 분석해야 한다. 만약 자신보다 규모가 작은 소규모 경쟁사들을 상대하고 있다면 기업은 경쟁사들보다 낮은 가격을 책정하여 시장점유율의 우위를 확보하기가 상대적으로 쉽다. 반대로 만약 시장이 비교적 큰 규모의 경쟁자들의 저가전략에 지배되고 있다면, 오히려 경쟁자들이 무시하고 있는 틈새시장

넷젯(netjet)은 비즈니스 전용기라는 틈새시장에서 고가 전략으로 성공했다.

을 겨냥해 부가가치가 큰 고가격 서비스로 공략하는 것이 더 현명할 수 있다.

③ 고객가치와 서비스 가격결정

서비스 가격은 가치라는 관점에서 생각한다면 고객의 가치지각과 수요가 반영되도록 서비스 가격을 책정하는 것이 너무나 당연하다. 이러한 가격결정은 앞서 설명한 원가 중심의 가격결정과 비교해 볼 때 과정에서 차이를 보인다. 원가 기반 가격결정은 서비스 상품 중심적이어서, 기업은 먼저 좋은 서비스 상품을 설계한 후 생산하는 데 드는 비용과 목표이익을 합하여 가격을 책정한다. 반면 **가치 기반 가격결정**은 이와 정반대의 결정과정을 갖는다. 기업은 먼저 고객의 지각된 서비스 가치에 근거하여 목표가격을 설정한다. 그런 다음 목표한 서비스 가치와 가격에 합당한 서비스 상품을 설계하고 생산하는 데 드는 비용을 추정한다.

그림 7-2 원가 기반 대 가치 기반 가격결정 비교

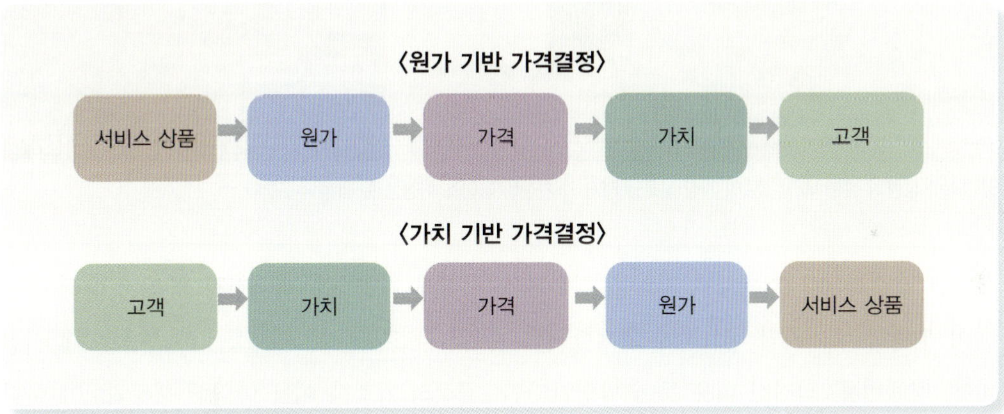

최근 들어 서비스 마케터들은 고객들의 가치지각과 관련해서 소비자 행동에 큰 변화가 일어나고 있음을 목격하고 있다. 첫째, 소비자들은 자신들이 갖고 싶은 특정 서비스 구매에 대해서는 소득 수준을 넘어서는 상향소비 행태를 보이고 있다. 무엇보다 서비스에서 물리적 환경, 기분전환, 대화, 지위 상승과 같은 심리적 만족요인들이 중요해지면서 가격 대비 심리적 만족을 의미하는 **가심비**(價性比)라는 용어까지 등장하였다. 이에 따라 서비스 상품의 고급화로 인해 프리미엄 서비스 시장이 성장하고 있다. 둘째, 일반적으로는 가격 대비 성능(예: 품질, 맛)을 꼼꼼하게 비교하는 소비행태는 지속적으로 유지되고 있다. 이에 따라 많은 기업들이 우수한(뛰어난) 가치에 상응한 가격결정방식(good-value pricing)을 채택하고 있는데, 이는

좋은 품질의 서비스 상품을 잘 결합하여 적정 가격에 제공하는 것을 말한다. 기존 가격에서 더 나은 서비스 품질을 제공하거나 혹은 더 저렴한 가격으로 동일한 서비스 품질을 제공하도록 기존 브랜드를 재설계하는 경우이다. 특히 유통업체, 항공사, 호텔 등 많은 서비스 기업들은 해당 산업에서 원가경쟁력을 통해 경쟁사보다 낮은 가격에 우수한 품질의 서비스를 제공하기 위해 노력하고 있다. 결과적으로 가심비와 함께 가격 대비 성능을 뜻하는 **가성비**(價性比)가 유행처럼 사용되고 있다.

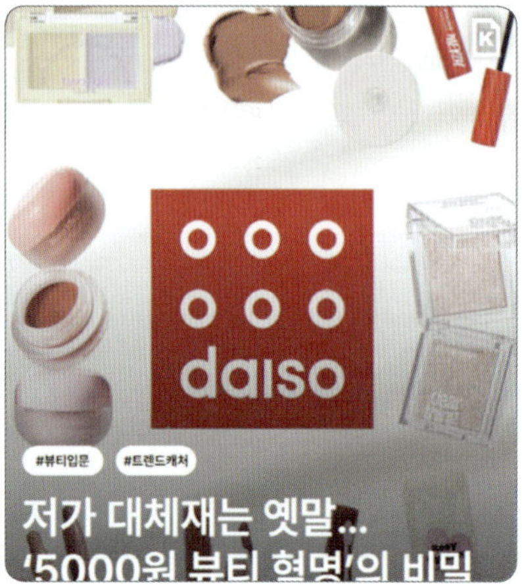

양면소비 성향이 강한 MZ세대들이 가심비(호텔 F&B)와 가성비(다이소 화장품)를 함께 추구한다.

한편 고객가치를 기반으로 가격을 결정하는 서비스 기업들은 **비금전적 비용**에 대해 고객들이 부여하는 가치를 중요하게 고려할 필요가 있다. 고객들이 서비스를 제공받는 데 시간비용, 탐색비용, 심리적 비용 등이 발생한다면, 금전적 가격은 이를 반영해 책정되어야 한다는 의미이다. 이에 대해서는 다음 절에서 더욱 자세히 살펴보도록 하겠다.

만약 CGV가 구독 서비스를 도입한다면: 무비패스 구독 전략 실패의 교훈

구독경제가 인기를 끌면서 콘텐츠 서비스 시장 가격전략에서 〈구독 서비스〉가 모범답안으로 자리를 잡았다. 그렇다면 넷플릭스의 구독전략에 밀린 CGV, 롯데시네마가 만약 구독 서비스를 도입한다면 가능할까? 월 9.95달러만 내면 매일 극장에서 영화 1편을 볼 수 있는 서비스로 돌풍을 일으켰던 미국의 무비패스(Moviepass)의 실패사례에서 그 길을 모색해 보자.

영화 한 편 보는 값으로 한 달 내내 매일 영화를 관람할 수 있다는 무비패스는 오프라인판 넷플릭스라 불리며 구독모델의 대명사로 여겨졌다. 한때 회원이 300만 명에 달하기도 했던 잘 나가던 무비패스가 지난 2020년 파산을 신청했다. 무비패스는 어쩌다 역사의 뒤안길로 사라지게 된 걸까. 2011년 무비패스가 창업했을 때만 해도 월 이용료는 50달러였다. 미국 영화 디켓 평균기격이 8.89달러임을 고려하면 한 달에 6편을 봐야 이득인 이용권을 구매하는 고객은 많지 않았다. 이후 다양한 가격정책을 실험하기도 했지만 회사와 소비자 모두 만족하는 적정가격을 찾기란 쉽지 않았다. 그러다 2017년 데이터 회사 '헬리오스앤드메디슨 애널리틱스'가 무비패스를 인수한 후, 이 회사의 CEO 테드 팬스워스가 '월 9.95달러에 매일 영화 1편'이라는 파격적인 가격정책을 내놓았다. 대신 이용자들이 어떤 영화를, 언제 얼마나 자주 보는지 등에 대한 데이터를 마케팅 회사에 판매해 수익을 올리겠다는 전략이었다. 저렴한 가격에 회원 수는 급증했지만 영광은 오래가지 못했다. 이용자의 영화관람비용을 무비패스가 전적으로 떠안는 구조였기 때문이다. 가격차별을 고려하지 않은 무차별 가격정책도 문제였다. 무비패스의 가격은 오로지 9.95달러 한 가지였는데 미국에선 지역마다 영화티켓 가격이 다르기 때문이다. 데이터 판매로 수익을 내는 것도 쉽지 않았다. 페이스북 등의 정보유출 사건 등을 계기로 소비자들의 데이터 수집에 따른 사생활 침해에 대한 우려가 높아졌기 때문이다. 그러면서 서비스 품질에 대한 고객불만은 쌓여갔다. 신규고객이 급증하던 시기, 신청한 지 한 달 뒤에나 카드를 받은 회원들이 속출했다. 고객센터에선 기다려달라는 말만 되풀이할 뿐이었다. 앱에선 오류가 자주 발생했고 특히 휴일을 앞두고는 티켓을 예매하려는 회원들이 몰리면서 다운되는 일도 부지기수였다.

결국 고객특성을 고려하지 않은 획일적인 가격정책과 서비스 부재가 구독모델 역사상 가장 빠르게 회원을 모았던 무비패스를 몰락시킨 셈이다. 만약 국내 영화 서비스가 구독가격의 도입을 고려한다면 가격과 고객 가치라는 기본명제에서 우선 출발하여야 할 것이다.

자료원: 촉망받던 구독모델 무비패스의 기승전亡(머니투데이, 2019.10.4).
사진출처: 무비패스(Moviepass).

7.3 서비스 가격의 차별적 특성

서비스는 고유한 특징들로 인해 각 서비스 대안의 가격을 비교하는 데 사용될 준거가격을 고객 입장에서 정확히 알기 어렵다는 문제가 있다. 뿐만 아니라 고객들은 서비스의 가치를 판단함에 있어 금전적 가격뿐 아니라 비금전적 비용도 중시한다. 이는 서비스 기업이 가격을 결정하고 조정하는 데 있어 중요한 시사점을 제공해 준다.

(1) 준거가격의 부정확성

소비자들은 준거가격을 토대로 각 서비스 대안의 가격을 비교하여 특정의 서비스를 선택하게 된다. **준거가격**(reference price)은 어떤 상품을 평가할 때 참조하기 위해 소비자가 기억 속에 가지고 있는 가격을 의미하는데, 소비자는 가장 최근에 지불한 가격, 가장 자주 지불하는 가격, 또는 유사한 상품을 구입하기 위해 지불한 가격 등을 준거가격으로 사용할 수 있다. 문제는 다음과 같이 서비스가 가지고 있는 고유한 특징들로 인해 소비자가 기억 속에 가지고 있는 준거가격이 유형 제품에 대한 준거가격에 비해 상당히 부정확하다는 것이다.

첫째, 서비스 상품은 유형적인 요소와 무형적인 요소가 결합된 패키지 형태로 제공되기 때문에, 유형적인 제품에 비해 가격구조가 복잡할 수 있다. 이에 따라 소비자는 자신의 기억 속에 가지고 있는 서비스 가격 지식이 올바른지를 알기 어렵다. 예를 들어, 항공사들은 출발시간, 경유지, 기내 서비스 등에 따라 동일한 노선에도 다양한 항공료를 책정하기 때문에 고객 입장에서 각 항공사들의 가격이 적절한지 비교하는 데 사용될 준거가격을 설정하는 것이 매우 어려울 수 있다. 둘째, 서비스는 개별 고객의 니즈에 맞추어 제공되는 상품 수준에 따라서 다양한 가격이 존재한다. 가령, 미용 서비스의 가격은 원하는 헤어스타일과 디자이너가 누구냐에 따라 가격이 다양하게 책정되다 보니 고객 입장에서 정확한 준거가격을 추정하기 어렵다. 셋째, 서비스는 재고를 저장할 수 없기 때문에 가격을 통한 수요·공급의 불균형을 해소하는 것이 무엇보다 중요하다. 예를 들면 여행사의 상품가격은 성수기와 비수기에 따라 매우 다르게 책정되는 것이 일반적이어서 고객 입장에서 해당 상품의 준거가격을 하나로 파악하기 힘들다. 넷째, 서비스 유형에 따라 고객들이 서비스 가격을 산정하기 어려운 경우가 많다. 의료 서비스와 법률 서비스 등이 그 예인데, 고객들은 전문지식도 부족하고 어느 정도의 서비스가 제공될 것인지를 알 수 없기 때문에 최종가격을 추정하는 데 활용될 준거가격을 설정하기가 어렵다. 다섯째, 고객에게 제공된 서비스에 대해 기업이 얼마의 가격을 책정했는지를 명시적으로 드러내지 않는 경우, 고객들은 자신이 지불해야 할 비용(서비스 가격)을 추정하는 데 근거가 될 준거가격을 찾아내는 것이 어렵다. 가령, 증권, 종신보험, 연금과 같은 금융 서비스의 경우 고객이 제공받는 서비스에 대해 얼마의 가격(수수료 등)이 부과되었는지가 명확하지 않다.

여행 검색엔진 카약은 여행시기 추천 서비스(여행가기 좋은 달)를 론칭하면서 11월 도쿄 여행을 추천한다. 비수기로 저렴한 항공권 가격이 추천의 큰 이유다.

(2) 비금전적 비용의 중요성

고객은 서비스 구매 시 금전적 가격(monetary price) 외에 **비금전적 비용**(non-monetary cost)까지 고려한다. **비금전적 비용**이란 고객이 서비스를 구매·사용하는 과정에서 지각하는 여러 가지 손실들을 말하는데, 시간비용, 탐색비용, 심리적 비용, 감각적 비용 등이 그 예이다. 서비스 구매에 있어서는 다음과 같은 비금전적 비용들이 금전적 가격보다 더 중요할 수 있다.

① 시간비용(time cost)

서비스가 갖는 고유한 특징인 생산과 소비의 비분리성 때문에 고객은 서비스 전달과정에

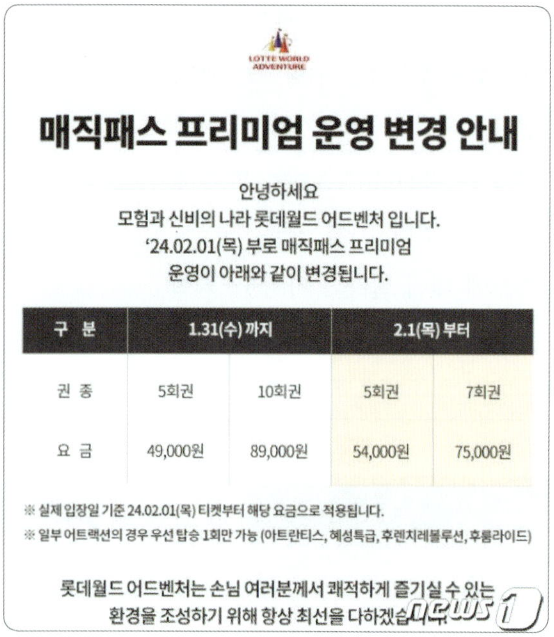
LOTTE WORLD ADVENTURE

매직패스 프리미엄 운영 변경 안내

안녕하세요
모험과 신비의 나라 롯데월드 어드벤처 입니다.
'24.02.01(목) 부로 매직패스 프리미엄
운영이 아래와 같이 변경됩니다.

구 분	1.31(수) 까지		2.1(목) 부터	
권 종	5회권	10회권	5회권	7회권
요 금	49,000원	89,000원	54,000원	75,000원

※ 실제 입장일 기준 24.02.01(목) 티켓부터 해당 요금으로 적용됩니다.
※ 일부 어트랙션의 경우 우선 탑승 1회만 가능 (아트란티스, 혜성특급, 후렌치레볼루션, 후룸라이드)

롯데월드 어드벤처는 손님 여러분께서 쾌적하게 즐기실 수 있는
환경을 조성하기 위해 항상 최선을 다하겠습니다.

롯데월드는 고객 대기시간을 가격에 반영한 매직패스 제도를 운영하고 있다.

직접 참여한다. 따라서 고객은 서비스 제공자와 접촉하는 과정에서나 서비스를 제공받기 위해 대기하는 과정에서 많은 시간을 투입해야 한다. 유명 가수의 콘서트나 테마파크를 방문해서 입장까지 기다리거나 놀이기구 앞에서 줄을 서서 대기해야 했던 경험을 떠올려 보라. 대체로 서비스의 대기시간은 유형제품을 구매하는 데 소요되는 시간에 비해 길고 예측이 어렵다. 따라서 서비스 기업은 시간비용을 줄임으로써 가격 대비 서비스 가치를 높여줄 수 있다. 교보문고는 2009년부터 바로드림 서비스를 통해서 인터넷에서 주문한 고객이 배송까지 기다리는 시간비용을 줄여주었다. 기업들은 **시간비용**을 금전적 비용에 반영한 서비스 가격제도를 운영하기도 한다.

② 탐색비용(search cost)

고객은 서비스 대안에 대한 정보를 찾고 그중에서 자신이 원하는 서비스를 선택하는 과정에서 상당한 노력을 기울이는데, 이를 **탐색비용**이라고 한다. 특히 서비스는 무형성으로 인해 유형제품과 같이 진열대에 진열되어 비교·평가될 수 없기 때문에 탐색비용이 더 크다. 또

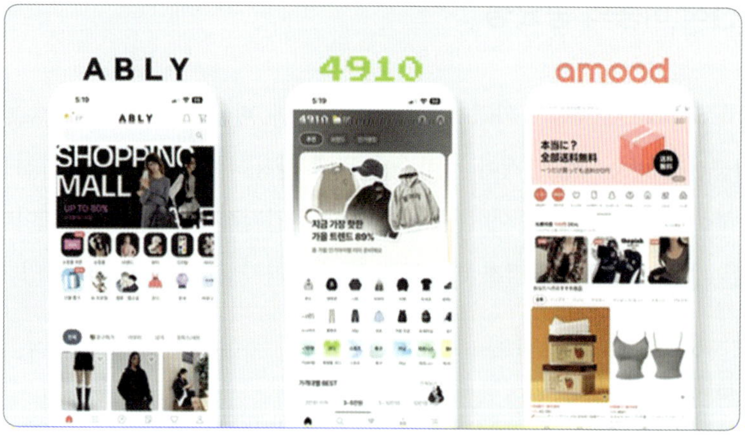

패션플랫폼들은 AI를 활용한 알고리즘 추천으로 탐색비용을 줄여준다.

한 대부분의 서비스는 중간상의 개입 없이 서비스 기업에 의해 직접적으로 유통되기 때문에 고객은 각 서비스 제공자에 대한 정보를 얻기 위해 서로 다른 서비스 제공자들과 직접 접촉해야 하는 과정에서 더 많은 탐색비용이 발생한다. 배달앱이나 여행플랫폼앱 등이 고객들에게 인기 있는 이유는 복잡한 서비스 선택과정을 한자리에서 가능하게 하면서 탐색비용을 줄여주었기 때문이다. 유통업계는 VIP 고객들을 대상으로 상품을 추천하는 큐레이션 서비스를 통해 탐색비용을 줄여주고 있다. AI기술을 활용한 알고리즘 추천도 탐색 비용 줄이기에 효과적이다.

③ 심리적 비용(psychological cost)

이는 고객들이 특정의 서비스를 구매·사용하는 과정에서 경험하는 정신적 노력, 지각된 위험, 두려움 등을 말한다. 서비스 성과에 대한 위험(예: 차량 수리가 잘 되었는지에 대한 불안감), 자신의 이미지에 대한 걱정(예: 미용실 헤어스타일), 서비스 거절에 대한 두려움(예: 은행대출) 등이 심리적 비용의 예이다. 보증 서비스나 AR 미용앱 등의 활용이 고객들의 **심리적 비용**을 줄이는 데 효과적일 수 있다.

④ 감각적 비용(sensory cost)

이는 서비스 구매·사용과정에서 경험하는 감각적 불쾌감을 말한다. 고객들은 서비스 이용과정에서 소음, 불쾌한 냄새, 불편한 좌석, 눈에 거슬리는 서비스 환경 등을 경험할 수 있다. 메가박스 더 부티크는 기존 영화관에 부티크 호텔의 개성을 더해 만든 특별한 상영관으로서 독특하고 섬세한 인테리어와 넓고 안락한 좌석 공간, 그리고 여기에 어울리는 향기 마케팅을 제공한다. 메가박스 이용 고객들은 금전적 비용을 추가하는 대신 **감각적 비용**의 부담을 줄이는 효과를 얻는 셈이다.

이처럼 다양한 비금전적 비용을 최소화시키기 위한 서비스 기업의 노력은 금전적 가격의 인하 없이도 해당 서비스에 대한 고객가치를 증대시켜 서비스 기업에게 경쟁우위를 제공할 수 있다. 물론 이러한 비금전적 비용에 따른 상대적 가치나 혹은 비금전적 비용을 줄이기 위해 고객들이 부담하는 금전적 비용의 정도는 개인들마다 차이가 있으며, 같은 고객들 역시 상황에 따라 달라질 수 있다. 따라서 서비스 마케터는 금전적 가격뿐 아니라 비금전적 비용에 대한 고객민감도를 잘 활용해 시장을 세분화할 수 있다.

SERVICE MARKETING FOCUS

디즈니랜드 패스권 논쟁

디즈니랜드에서 새롭게 출시한 패스권의 가격이 알려지며 논란이 일고 있다. 뉴욕포스트(Newyork Post) 등 외신에 따르면, 디즈니랜드는 지난 16일 '라이트닝 레인 프리미어 패스(Lightning Lane Premier Pass)'를 공개했다. 패스를 구매한 방문객은 놀이기구 한 대당 한 번 긴 대기 줄을 제치고 선두에서 기구를 이용할 수 있다. 논란의 시작은 디즈니랜드가 "패스권의 가격을 디즈니랜드 방문객의 추이에 따라 상이하게 책정할 계획"이라고 밝히면서부터다. 패스권은 비수기에는 최저 137달러(18만 8,000원)부터 성수기에는 최고 478달러(65만 4,500원)에 이를 것으로 전망한다. 패스권은 입장권과 별도로 구매해야 한다고 밝혀 논란이 이어지고 있다. 해당 패스권을 기획한 이유에 대해 디즈니랜드 관계자는 "긴 대기시간에 불만을 표하는 관광객이 지난 몇 년간 지속해서 증가했기 때문"이라고 말했다. 국내 인기 테마파크인 롯데월드 역시 긴 대기시간에 불편함을 느끼는 방문객을 위해 프리미엄 매직 패스권을 출시한 바 있다. 매직 패스권을 구매한 고객은 일반 대기 줄 옆에 위치한 매직 패스 라인을 통해 빠르게 기구에 탑승할 수 있다. 다만, 매직 패스는 일별 파크 방문객 규모에 따라 한정 수량으로 판매 중이며, 매직 패스 라인을 갖추지 않은 기구는 이용할 수 없다.

디즈니랜드는 새로운 패스권을 출시하기 이전에도 꾸준히 고객의 대기시간을 줄이기 위한 상품을 출시해 왔다. 다만, 이전 버전인 '라이트닝 레인 멀티 패스(Lightning Lane Multi Pass)'의 경우, 원하는 기구를 탑승하기 위해서는 앱을 통해 사전에 예약해야 하는 등의 불편함이 있어 개선의 필요성이 제기되어 왔다. 조쉬 다마로(Josh D'Amaro) 디즈니 익스피리언스 CEO는 "소비자의 다양한 욕구를 충족시키기 위한 서비스를 끊임없이 선보일 예정"이라고 말했다. 해당 패스를 걱정 어린 시선으로 바라보는 사람도 적지 않다. 미국 누리꾼들은 "디즈니가 또 돈 받을 궁리를 시작했다" "상대적 박탈감을 조장하는 정책"이라며 비난의 목소리를 높였다.

자료원: "돈 없으면 기다려?" 디즈니가 내놓은 새로운 패스권 논쟁 '후끈'(MK여행, 2024.10.24).
사진출처: 디즈니 홈페이지(https://disneyworld.disney.go.com).

7.4 서비스 기업의 가격결정전략

가격 결정은 기업, 환경, 경쟁 요인들이 결합된 복잡하고 동태적인 과정이다. 이러한 가격 결정은 서비스 브랜드라이프사이클에 따라 변경된다. 즉, 서비스 신상품이 도입되는 시기에 결정된 가격구조는 시간이 지남에 따라서 원가나 수요의 변화 등을 반영하기 위해, 또는 소비자와 구매상황의 차이, 또는 경쟁 환경의 변화 등을 고려하여 조정될 필요가 있다. 무엇보다 서비스 가격결정은 서비스 가격특성을 잘 반영한 전략적인 의사결정이 되어야만 한다.

(1) 서비스 신상품 가격전략

서비스 신상품을 개발한 기업은 시장진출을 위해 적정한 가격을 책정해야만 하는 도전적 과제에 직면한다. 일반적으로 **저가전략**과 **고가전략**의 두 가지 가격전략 유형 중 하나를 선택할 수 있다.

저가전략은 **시장침투 가격전략**(market-penetration pricing)으로 불리기도 하는데, 처음부터 저가격을 책정하여 많은 수의 고객들을 끌어들여 단기간에 높은 시장점유율을 확보하는 것이 목적이다. 여기서 저가격이란 목표 고객집단이 인식하는 상품의 가치에 비해 가격이 낮아야 한다는 의미인데, 목표로 한 많은 고객들을 끌어들이지 못하고 단지 가격만 싼 서비스로 인식된다면 성공할 수 없다. 제대로 된 저가전략이란 결국 박리다매(薄利多賣)를 잘 실현하는 것이다. 일반적으로 저가전략이 효과를 거두기 위해서는 다음과 같은 조건들이 충족되어야 한다. 첫째, 많은 고객들이 가격에 매우 민감해 저가격이 더 빠른 시장 성장을 견인할 수 있어야 한다. 예를 들면, 과거 패키지 여행사들은 스케줄을 자유롭게 조정할 수 없는 것에 별로 개의치 않는 다수의 소비자들을 대상으로 할인된 가격의 여행상품으로 성공할 수 있었다. 그러나 개별적인 여행지나 스케줄을 중요하게 생각하는 고객들이 늘면서 저가 패키지 여행상품 시장은 이전만큼 크지 않다. 둘째, 저가격 책정이 경쟁사들의 진입을 억제하는 데 도움을 주어야 한다. 그렇지 못하다면 저가격으로 인한 우위는 일시적 현상에 불과할 수 있다. 국내 많은 커피 전문점들이 저가전략으로 시장에 진출하였지만 다른 경쟁자들의 저가 대응으로 인해 실패하는 경우가 많은 것이 대표적이다. 셋째, 판매량이 증가함에 따라 생산원가와 유통비용이 함께 하락하는 경우 저가전략이 효과적이다. 판매 증가에 따른 원가 감소는 기업에게 추가적인 가격인하의 가능성을 제공하기 때문이다.

한편 **고가전략**은 판매량을 희생하더라도 높은 마진을 얻고 싶을 때 적합한 가격전략인데, 주로 다음과 같은 조건에서 성공을 거둘 수 있다. 첫째, 서비스 상품의 고급 품질과 이미지가 고가격을 지원해야 하고, 고가의 서비스 상품 구매를 원하는 수요층이 확보되어야 한다. 커피전문점 시장에서 성공을 거둔 스타벅스나 블루보틀은 이러한 고가 전략의 가능성을 잘 보여준다. 둘째, 서비스 기업이 라인확장을 통해서 고가 브랜드 이외에 저가 브랜드를 함께 보유할 수 있다. 최근 국내 특급호텔들은 중저가 세컨드브랜드를 출시하면서 비즈니스맨들과 외국 관광객 유치에 박차를 가하고 있다. 셋째, 비싼 가격에도 불구하고 구매에 적극적으로 나설 팬덤 고객층을 확보하고 있는 경우에 효과적이다. 강력한 팬층을 보유한 가수들은 비싼 공연가격에도 불구하고 표를 예매하기 힘든 경우가 많다.

내한공연 역대 최다 관중을 동원했던 밴드 콜드플레이는 1장당 108만 원, 50만 원, 39만 원 등 프리미엄 티켓 구성으로 주목받았다.

(2) 서비스 상품 특성과 가격전략

앞서 유형적인 제품과 다른 서비스의 특징들로 인해서 소비자들이 서비스를 구매·이용하는 과정에서 준거가격을 판단하는 데 어려움이 있다는 점을 설명했었다. 서비스 기업의 가격 전략은 이러한 점을 잘 고려하여 할 필요가 있는데, **그림 7-3** 은 준거가격의 판단을 어렵게 만드는 서비스 상품의 주요 특성과 그에 따른 가격전략을 보여준다.

그림 7-3 서비스 상품 특성과 가격전략

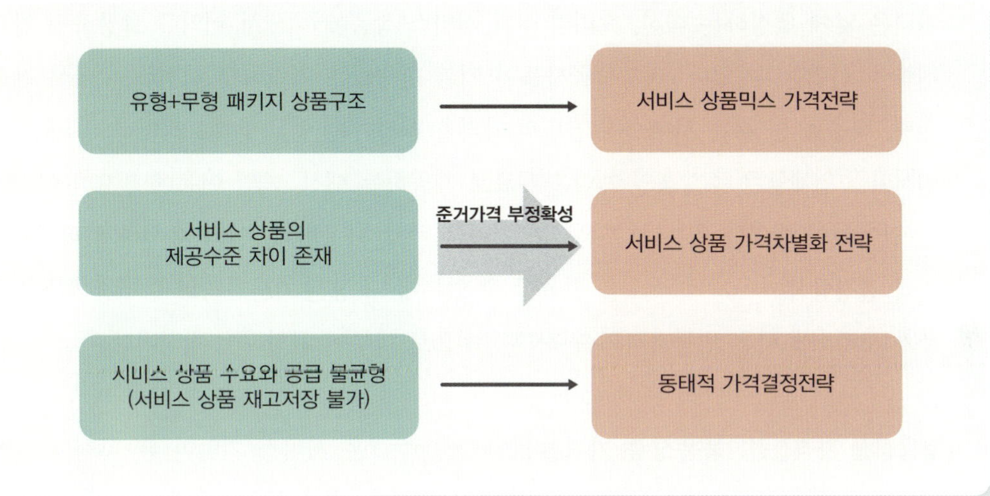

① 서비스 상품믹스 가격전략

서비스 상품은 핵심 서비스와 부가 서비스가 다양한 형태의 유·무형 상품으로 패키지화되어 고객들에게 전달된다. 따라서 서비스 기업은 전체 상품믹스의 이익을 극대화하는 방향에서 각 개별 서비스 상품의 가격 집합을 모색하는 것이 현명하다. 물론 상품믹스를 구성하는 개별 서비스 상품들에 대한 가격결정은 여러 상품들이 서로 관련된 수요와 원가를 가지고 있고 서로 다른 수준에서 경쟁을 펼치고 있기 때문에 어려운 과제이다. 이를 해결하기 위한 서비스 **상품믹스 가격전략**의 몇 가지 유형에 대해 살펴보기로 한다.

- **상품라인 가격결정**: 서비스 기업은 핵심상품을 중심으로 라인 내에 다양한 상품을 제공하면서 서로 다른 고객층들을 유인할 수 있다. 예를 들어, 신라호텔은 스탠다드, 이그제큐티브, 스위트로 분류된 여러 등급의 객실상품을 가지고 있으며, 각 등급 객실상품에 대해 서로 다른 가격을 책정한다. 이때 중요한 과제는 상품라인 내의 가격 차이에 따라 지각된 서비스 품질에서도 분명한 차이가 있도록 서비스 상품과 가격을 믹스 관점에서 설계하는 것이다.

- **부가 서비스 가격결정**: 유형제품들 중 기본제품은 낮은 가격에 제공하면서 이에 부가되는 부수적인 제품으로 수익을 얻는 경우가 있는데(예: 프린터 제품과 소모품), 이러한 가격결정방식을 **종속상품 가격결정**(captive-product pricing)이라고 부른다. 주상품(핵심 서비스)과 종속상품(부가 서비스)으로 구성되는 서비스 상품의 경우에도 마케터는 핵심 서비스의 가격은 낮게 책정하는 대신, 오히려 부가 서비스 상품에 대해서 이익을 보장하는 가격 전략을 선택할 수 있다. 저가항공사들이 기본 항공료는 저렴하게 책정하는 대신 좌석 선택, 식음료 등 부가 서비스에 별도의 가격을 책정하는 방식이 대표적이다. 온라인 게임서비스 업체들은 주상품인 게임은 무료로 제공하는 대신, 게임 이용에 필요한 아이템을 판매하여 수익을 얻는 부분유료화 전략을 주로 사용한다. 이와 유사하게 **이중요율 가격 결정방식**(two-part pricing)을 활용할 수 있는데, 고정된 기본가격(예: 테마파크 입장료)과 추가 서비스에 따른 변동가격(예: 부대시설 요금)으로 나누어 책정하는 방식이다.

- **묶음상품 가격결정**: **묶음상품 가격결정**(bundle pricing)은 서비스 기업이 유·무형의 개별 상품들을 묶어서 할인된 가격으로 판매하는 것이다. 예를 들어, 호텔이나 리조트들은 항공료, 숙박료, 식사비, 부대시설 이용료 등을 묶어 할인된 가격의 패키지 상품을 판매한다. 패스트푸드점은 햄버거, 프렌치프라이, 청량음료를 묶어서 콤보 가격으로 판매한다. 음악 듣기와 같은 콘텐츠 서비스의 경우 가입자에게 가격대가 다른 몇 가지의 상품을 제시한 후 고를 수 있게 하는데, 이러한 방식을 **버저닝**(versioning) 전략이라고 부르기도 한다. 서비스 기업은 이러한 묶음상품 가격책정을 활용함에 있어서 고객들의 가격민감도나 상품 요구수준의 차이를 잘 고려하여야 한다. 이를 통해 정교한 묶음상품을 개발함으로써 다양한 고객층을 유인할 수 있는데, 예를 들어 가격민감도가 큰 고객에게는 가격할인 대신 추가적인 서비스를 묶어서 패키지로 제공하여 가격민감도를 낮출 수 있다. 어떤 경우에는 묶음상품에 포함된 서비스 상품을 별도로 구매할 수 없도록 함으로써 묶음상품의 매력도를 한층 높일 수 있고, 반대로 핵심 서비스와 연계되지 않는 부가 서비스(예: 호텔 수영장)는 분리해서 판매할 수도 있다.

넷플릭스는 광고형 스탠다드, 스탠다드, 프리미엄으로 구성된 세 가지 가격 버전을 제공한다.

② 서비스 상품 가격차별화 전략

고객들마다 서비스 상품에 대한 요구 수준이 다를 수 있기 때문에 기업은 제공되는 서비스 상품의 수준에 따라 고객을 달리하여 차별적인 가격을 구사할 수 있다. 세분시장별 **가격 차별화 전략**(segmented pricing)인 셈인데, 이러한 전략이 효과를 거두기 위해서는 세분시장별로 가격차이가 고객가치의 다름을 잘 반영해야만 한다. 극장이나 스포츠 경기의 관람좌석, 항공사 비행기 좌석 등급과 같이 물리적 환경에 따른 가격 차별화가 일반적인데, 이러한 가격 차별화가 제대로 된 서비스 가치의 차이를 반영하지 못한다면 오히려 고객들에게 외면받거나 고객들의 불만을 가져올 수 있다.

앞서 살펴본 서비스의 비금전적 비용을 활용하여 서비스의 가격 차별화를 실행하는 것도 필요하다. 미국의 온라인 명품 사이트인 아이디얼리(ideeli)는 명품을 구매하는 고객들의 자기만족과 차별화 심리를 잘 활용해서 유료회원에게만 별도의 신상품 판매시간(플래쉬세일)을 제공하여 큰 성공을 거두었다. 아마존 프라임은 연회비를 낸 고객들에게 더 빠른 배송 서비스를 제공함으로써 고객들이 느낄 시간 비용을 가격 차별화에 적극 활용하였다. 이 외에도 큐레이션 정보 제공(탐색 비용 감소), 서비스 제공자(심리적 비용 감소), 물리적 환경(감각적 비용 감소)과 같은 비금전적 비용의 차이를 가져오는 차별적 요인들을 가격구조에 적극적으로 반영할 수 있다. 시장이 양극화되면서 여행, 보험, 호텔, 병원과 같은 서비스를 중심으로 고가의 프

SERVICE MARKETING FOCUS

패키지 여행 서비스가 변한다: 고급화

하나투어는 올해 하나팩 3.0으로 하나팩 2.0의 아성을 이어나갈 방침이다. 하나팩 3.0은 기존 하나팩 2.0에 테마를 더해 차별화한 상품이다. 전 연령을 대상으로 하지만 고객들의 세부적인 취향에 맞춰서 테마를 짜는 방식으로, 재방문이 높은 일본 관광의 경우 목적이나 테마를 명확히 해서 갈 때마다 새로운 여행 재미와 만족도를 주는 방식으로 진행된다. 기존 저가형 패키지 상품과 달리, 관광, 휴양, 럭셔리 등 하나에 중점을 두고 여행을 즐기는 형태로 제공된다. 하나투어에 따르면 중 · 고가 패키지 판매 비중은 고객 수 기준 2019년에 8%였으나, 2024년 3분기에는 29%까지 증가하였다. 수탁금(GMV) 기준 2019년 14%에서 2024년 3분기 50%로 성장하였다. 특히 유럽 중심의 장거리 지역에서 중고가 패키지를 선택하는 비중이 높게 나타난다.

신세계백화점이 여행 플랫폼 '비아 신세계'를 선보인다고 17일 밝혔다. 백화점이 직접 기획해 여행상품을 운영하는 것은 이번이 처음이다. 비아 신세계는 '배움과 철학을 얻는 차별화된 경험'을 목표로 하는 여행 플랫폼이다. 상품은 마스터피스, 오리진 두 개 등급과 네 가지 테마로 구분된다. 마스터피스 등급은 포뮬러1 에티하드 항공 아부다비 그랑프리 2025 VIP 관람, 탐험가 제임스 후퍼와의 북극 탐사 등 특별한 프로그램들로 마련했다. 오리진 등급은 단순 관광을 넘어 깊이 있는 문화적 체험을 즐길 수 있는 내용으로 구성됐다.

자료원: 신세계, 여행 플랫폼 '비아 신세계' 첫 선…VIP 실적 인정도(동아일보, 2025.7.17).
송미선 하나투어 대표 리더십 '하나팩 3.0'으로 이어간다(뉴스토마토, 2025.1.23).

사진출처: 신세계백화점(https://www.shinsegae.com/index.do).

리미엄 상품을 출시하는 경쟁도 치열하다.

항공사들이 이코노미와 비즈니스 사이에 위치한 프리미엄 이코노미 좌석을 늘리고 있다.

③ 동태적 가격결정전략

서비스는 소멸성(재고저장 불가)의 특징을 가지고 있기 때문에 고객의 수요와 서비스 공급능력 간에 균형을 맞추는 것이 중요하다. 이에 따라 전통적으로 서비스 기업은 서비스 구매·이용시점에 따라 가격을 달리하는 전략을 취해 왔다. 예를 들어, 극장은 이용자가 적은 아침 시간대에 상영티켓을 저렴하게 판매하며 호텔, 여행상품과 같이 시즌별 특성들이 분명한 서비스들은 성수기와 비수기의 가격을 차별적으로 책정한다. 그런데 이러한 가격 차별화의 흐름이 기술의 발전에 따라서 개별 고객의 특징과 욕구, 그리고 상황에 맞추어 지속적으로 가격을 조정하는 **동태적 가격결정방식**(dynamic pricing)의 형태로 발전하고 있다. 항공사나 호텔의 경우 **수익률 관리**(yield management) 차원에서 일찍부터 예약현황이나 예상수요에 따라 수시로 가격을 변동하는 정책을 실시해 왔다. 최근에는 고객 빅데이터 확보에 유리한 인터넷 서비스 업체들은 구축된 데이터베이스를 토대로 특정 고객의 욕구를 파악하고, 그들의 구매행동이나 수요 변화에 따라 상품가격들을 수시로 변경시킨다. 우버는 시간대나 장소에 따라서 탄력적으로 가격을 변경시키는 가격정책을 고수

호텔스닷컴은 〈벨보이〉라는 가격 변동 추적기능을 도입해 사용자가 관심 있는 호텔의 요금 변동을 실시간으로 추적하고 안내한다.

하고 있으며, 이제는 오프라인 유통업체들도 종이 가격표 대신 수정이 가능한 전자가격표를 이용해서 수요나 재고상황, 경쟁사 가격에 따라 수시로 가격을 변화시키는 것이 가능하다. 미국 메이저리그 예약 사이트에서는 날씨나 상대 팀 등에 따라 같은 좌석의 티켓가격이 달라지는 경험을 하게 된다.

이처럼 동태적 가격결정은 여러 상황에서 효과적인 가격결정방식일 수 있다. 그러나 서비스 기업은 특정의 고객집단들을 대상으로 동태적 가격결정방식을 사용하지 않도록 유의해야 한다. 만약 뉴욕에서 인천공항으로 가는 비행기의 옆 좌석에 앉은 사람이 우연히 특정 판매경로를 통해 구매했다는 이유만으로 자기보다 10% 더 저렴하게 항공료를 지불했음을 알게 된다면 대부분 고객들은 화가 날 것이 분명하다. 이처럼 동태적 가격결정방식은 자칫 장기적인 고객관계에 부정적 영향을 줄 수 있음을 유의하고 활용할 필요가 있다.

SERVICE MARKETING FOCUS

다이나믹 프라이싱이 서비스 가격을 올린다

대표적인 영국 팝 가수 '오아시스'가 재결합과 동시에 내년 7~8월 콘서트 일정을 발표한 가운데 이들의 콘서트 가격책정방식이 도마 위에 올랐다. 문제가 된 방식은 인공지능(AI) 기반 가격 측정 방식인 '다이나믹 프라이싱'이다. 3일 블룸버그통신, 파이낸셜타임스(FT) 등 외신에 따르면 오아시스는 영국과 아일랜드에서 개최하는 내년 콘서트 티켓을 지난 8월 온라인에서 판매했다. 문제는 지나치게 폭등한 콘서트 티켓가격이었다. 안내 당시 150파운드(약 26만 원)가량이던 스탠딩 좌석 티켓값은 티켓 오픈 불과 몇 시간 만에 355파운드(62만 원) 이상으로 치솟았다. 원인은 다이나믹 프라이싱으로 불리는 AI 가격측정 시스템이다. 다이나믹 프라이싱이란 AI가 실시간으로 자리의 수요 및 공급, 경쟁사의 가격, 알고리즘 등을 종합해 가격을 조정하는 방식이다. 호텔 · 비행기 티켓 등에 쓰이는 방법으로 수요, 인기에 따라 자동으로 가격이 오르내려 주최측이 일일히 가격을 조정하지 않아도 된다. 다만 가격측정에 반영되는 요소 · 기준이 정확히 알려지지 않아 소비자들은 불만이다. 한국에서는 프로야구단 엔씨 다이노스가 지난 2022년 도입해 엔씨의 최근 10경기 전적, 상대 팀의 인기, 주중 · 주말 등의 기준을 종합해 티켓값을 설정했다. 당시 엔씨 구단은 이 방식으로 티켓판매 매출이 18% 증가했다고 밝혔다. 우려한 대로 엔씨 다이노스의 경기 티켓값은 크게 올랐다. 실제 엔씨 다이노스 측이 지난해 문화체육관광위원회 국정감사에서 제시한 바에 따르면 2022년 주중 8천 원이던 외야석 가격은 다이나믹 프라이싱 시스템이 적용된 뒤 5만 7천 원을 기록했다. 4만 5천 원이던 스카이박스 가격도 72만 8천 원으로 폭등했다.

자료원: '오아시스' 콘서트 티켓 한 장에 62만 원?…가격 폭등 이유 알고보니(ZDNET코리아, 2024.9.3).

사진출처: 소비자는 모르는 다이내믹 프라이싱의 비밀(더스쿠프, 2024.12.3).

■용어설명

☞ **다이내믹 프라이싱(Dynamic Pricing)**
동일한 제품·서비스의 가격을 시장 상황에 따라 유동적으로 바꾸는 판매 전략.

■**다이내믹 프라이싱 뭐기에…**

[일본 디즈니랜드 입장권 – 내년 1월]

최저		최고
7900엔	37.9% 차이 →	1만900엔

[NC다이노스 입장권 – 올해 테이블석]

최저		최고
3만8900원	45.2% 차이 →	5만6500원

PART

2

서비스 마케팅 실행 ②
서비스 가치전달

CHAPTER

8

서비스 유통관리

서비스 플립러닝

온라인 강자 아마존의 오프라인 전략

전통적으로 유통시장에서는 업체 간 경쟁 못지않게 백화점과 대형할인점의 대결구도와 같은 업태 간 경쟁이 치열하게 전개되어 왔습니다. 그런데 유통시장의 최근 경쟁구도를 한마디로 표현한다면 아마도 오프라인 대 온라인의 대결로 압축되지 않을까 싶습니다. 국내 · 외적으로 아마존, 쿠팡과 같은 거대 온라인 유통업체들이 성장하면서 수세에 몰렸던 월마트, 신세계, 롯데와 같은 기존의 오프라인 유통 강자들이 전열을 가다듬고 반격에 나서면서 온라인과 오프라인 유통경쟁은 더욱 치열해지고 있습니다. 그렇다면 이러한 온라인과 오프라인의 대결구도는 어떻게 전개되고 있을까요? 아마 온라인 업체들은 오프라인으로 진출하면서 옴니채널 경쟁력을 보완한다면 반대로 오프라인 기업들은 온라인(디지털) 경쟁력을 강화하고 있습니다. 이제 세계 최대 온라인 유통강자인 〈아마존(Amazon)의 오프라인 전략〉을 살펴보면서 서비스 유통시장 변화를 따라가 봅시다.

그동안 아마존의 오프라인 공략은 다양한 방법으로 실험되었고 이러한 실험은 현재진행형입니다. 첫 번째 시도는 온라인 경험의 확장 차원에서 오프라인에 진출하는 전략입니다. 아마존북스(amazon books), 아마존 인기상품 스토어인 아마존 4star(amazon 4star), 패션의 아마존스타일(amazon style)이 대표적인데, 아쉽게도 현재는 모두 철수한 상태입니다. 두 번째 방향은 온라인이 상대적으로 취약할 수 있는 식료품(그로서리) 분야로의 진출입니다. 일종의 온라인 보완 전략인 셈인데, 2017년 미국 최대 유기농식품업체인 홀푸드를 인수하였으며, 식료품 매장인 아마존 프레시(amazon fresh)를 운영하고 있습니다. 아마존 프레시는 온 · 오프를 통합적으로 경험하는 옴니방식이며 대시카트(스마트카트)를 이용해서 편리한 쇼핑환경을 제공합니다. 세 번째 도전은 아마존고(amazon go)를 중심으로 전개되는 무인매장입니다. 물건을 구매하고 계산 없이 들고나간다는 기술(just walkout technology)을 강조한 미래형 매장인데, 현재는 실적과 기술의 문제로 인해 일부 매장이 철수하는 등 불완전한 모습을 보여주고 있습니다. 네 번째 방향은 새로운 실험의 연속입니다. 2025년 이탈리아 밀라노에 H&B스토어를 오픈하였으며, 홀푸드데일리샵과 같은 소형매장을 열고 있습니다. 이처럼 아마존의 오프라인 전략은 다양한 방법으로 실험되고 있는데 주목할 점은 빅테크 기업답게 AI, 스마트카트와 같은 새로운 기술들을 적극적으로 시험하고 활용하면서 온 · 오프라인 쇼핑경험을 극대화하려는 노력을 한다는 점입니다.

자료원: 관련 기사 및 아마존(https://www.aboutamazon.com/search?q=dash+cart).

사진출처: 아마존 홈페이지(https://www.aboutamazon.com/search?q=dash+cart).

- 서비스 플립러닝 내용은 하단에 있는 QR코드에서 동영상으로 확인할 수 있습니다.

플립러닝 동영상 강의 QR코드입니다.

8.1 서비스 유통의 성격

제품 마케팅에서 유통은 생산지(제조공장)에서 최종 사용자에게까지 제품을 이동시키는 흐름을 관장한다. 그러나 서비스 상품은 생산과 동시에 소비될뿐더러 무형적인 형태로 저장되지 않는 성격을 갖기 때문에 이동시킬 대상이 없다. 따라서 본 장에서 다루고 있는 서비스 유통은 제조업에서 바라보는 유통과는 다르다. 서비스 유통의 핵심은 최종 고객들이 많은 시간과 비용을 들이지 않고 서비스 상품을 쉽게 이용할 수 있게 만드는 것이다. 서비스 상품의 **이용가능성**(availability)을 높이기 위한 해결책들이 바로 서비스 유통에서 다루어야 할 핵심이다.

(1) 상품구분에 따른 서비스 유통

앞서 서비스 상품을 핵심 서비스와 보조 서비스로 살펴보았는데, 이러한 구분은 서비스 유통관리에서 중요한 시사점을 갖는다. 모바일 뱅킹, 온라인 쇼핑몰과 같은 비대면 서비스는 핵심 서비스의 상품흐름이 하나 혹은 소수의 채널만으로도 가능하다. 그러나 제공물의 전달과정에서 물리적 환경과 입지를 필요로 하는 서비스라면 핵심 서비스의 이용가능성을 높이는 것에는 많은 시간과 비용이 들게 된다. 예를 들어 고객들이 호텔이나 커피 전문점의 핵심 서비스를 많이 이용하게 하려면 지역별로 호텔을 짓거나 추가로 커피매장을 열어야만 가능하다. 그런데 핵심 서비스의 이용과정(전달과정)을 담당하는 보조 서비스(활성 보조 서비스)는 비교적 다양한 수단들을 통해 비용 효율적으로 광범위하게 구축할 수 있다. 가령 단일 지점만 있는 호텔의 경우라도 핵심 서비스(숙박)는 비록 한곳에서만 이용 가능하지만 정보를 구한다거나 예약을 진행하는 것과 같은 보조 서비스는 호텔 홈페이지, 예약 사이트, 여행사 등 복수의 경로를 통해 진행할 수 있다. 차별화된 보조 서비스(강화 보조 서비스) 역시 고객들의 이용가능성을 높이기 위해 확대를 고려할 수 있다. 따라서 고객들의 서비스 이용가능성을 높이려 한다면, 기업은 시간과 비용이 많이 드는 핵심 서비스의 유통만 고려하지 말고 다양한 형태의 보조 서비스의 유통을 확대하는 전략을 가져갈 필요가 있다.

OTA(Online Travel Agency) 경쟁자가 많아질수록 고객들은 다양한 경로로 호텔예약을 진행할 수 있다. 따라서 OTA는 다양한 경로를 통해 활성 보조 서비스 수준을 높일 필요가 있다.

조선호텔은 인기 있는 강화 보조 서비스(중국식당 호경전)를 고객들이 호텔 밖에서도 이용 가능하도록 지점(서초점)을 운영한다.

(2) 서비스 전달방식의 이해

서비스 상품의 이용가능성을 높이는 것이 서비스 유통의 핵심이라는 점에서 서비스가 고객에게 전달되는 방식을 이해하는 것이 무엇보다 중요하다. 고객에게 서비스를 제공하기 위해 사용될 수 있는 전달방식은 표 8-1 과 같이 여섯 가지가 있을 수 있다. 먼저 고객과 서비스 기업이 상호작용하는 유형을 결정해야 하는데, 고객이 서비스가 제공되는 장소로 가는 대안, 서비스 제공자가 고객이 위치한 곳으로 가는 대안, 혹은 양 당사자가 만날 필요 없이 비대면(원격) 접촉을 통해 서비스가 전달되는 대안 등의 세 가지가 고려될 수 있다. 다음으로 서비스가 제공되는 지점의 수를 결정해야 하는데, 단일지점을 유지하는 것과 복수지점을 구축하는 것 등이 고려될 수 있다.

표 8-1 서비스 전달방식 유형

		서비스 지점의 이용 가능성	
		단일지점	복수지점
고객과 서비스 기업의 상호작용 유형	고객이 서비스 제공 장소로 감	개인 병원, 개인 식당, 개인 법률사무소	대형할인점, 은행, 프랜차이즈 커피 전문점
	서비스 제공자가 고객이 위치하는 장소로 감	인테리어 공사, 음식 배달(개인 식당)	전자제품 AS 출장, 우편 배달, 음식 배달(배달의 민족)
	비대면(원격) 접촉	인터넷 쇼핑몰, 사이버대학	전국 TV 방송국, 이동통신회사

한편 **표 8-1** 은 단일 기업 차원에서도 서비스 유통경로 전략을 수립하는 데 중요하게 활용될 수 있다. 예를 들어 스타벅스는 1호점(미국 시카고)을 시작으로 전 세계로 지점을 확대하는 전략을 통해 고객들이 어느 곳을 가더라도 스타벅스 매장을 쉽게 이용할 수 있게 되었다. 이 외에도 스타벅스는 배달 서비스나 RTD(ready to drink) 제품을 통해 고객이 스타벅스 매장을 직접 찾지 않더라도 이용할 수 있으며, 홈페이지, 사이렌오더와 같은 비대면 방식의 유통경로를 함께 제공함으로써 고객들이 스타벅스를 편리하게 이용하도록 돕고 있다. 이처럼 스타벅스는 온라인과 오프라인을 통합하는 다양한 서비스 전달방식을 통해서 고객들이 스타벅스의 핵심/보조 서비스 상품의 이용가능성을 높이고 있다. 언제 어디서나 스타벅스를 통합적으로 이용할 수 있게 한다는 점에서 다양한 **서비스 전달방식**의 이해는 옴니채널 전략의 토대가 된다. 옴니채널 전략에 대해서는 4절에서 자세히 다룬다.

그림 8-1 스타벅스의 다양한 서비스 전달방식

8.2 서비스 유통경로의 유형

서비스 유통경로란 서비스 상품을 최종 구매자에게 전달하는 과정에 참여하는 조직체나 개인을 말하는데 중간상의 유무에 따라서 **직접유통경로**와 **간접유통경로**로 구분된다.

(1) 직접유통경로

일반적으로 서비스는 생산과 소비가 동시에 발생하기 때문에 서비스 제공자가 별도의 중간상을 두지 않고 직접 고객을 상대하는 경우가 많다. 따라서 많은 경우 서비스 유통경로는 서비스 제공자로부터 고객에게 바로 판매되는 직접유통경로(다이렉트 채널)의 형태를 가지며, 서비스 제공자는 중간상을 거치지 않고 직접 고객접촉점을 소유·관리하게 된다. 이러한 직접유통경로구조는 주로 단일지점을 갖는 소규모의 독립 서비스 제공자들이 취하고 있는데, 병원, 법률사무소, 회계법인, 미용실, 카센터, 설계사무실, 세탁소 들이 그 예이다. 물론 준오헤어, 스타벅스와 같이 규모가 큰 서비스 기업들도 중간상을 두는 대신 여러 개의 지점들을 직접 소유하고 운영하는 방식(직영점)의 직접유통경로를 갖는 경우도 있다.

한편 기존의 서비스 기업들이 자신들의 서비스 제공에 인터넷이나 모바일을 적극적으로 활용하면서 직접유통경로가 늘고 있다. 예를 들어 항공사가 직접 운영하는 웹사이트를 통해 예약 및 발권을 하는 고객들이 증가하였으며, 은행 서비스는 입출금, 이체와 같은 핵심 서비스에서 인터넷 및 모바일 뱅킹이 오프라인 지점을 급속히 대체하고 있다.

이러한 직접유통경로의 장점은 서비스 기업의 통제권이 강해서 고객에게 일관된 서비스 품질을 제공할 수 있고, 고객관계를 직접 관리할 수 있다는 점에서 문제가 발생할 경우 빠른 대응조치가 가능하다는 점이다. 또한 중간상들이 존재하지 않으므로 경로갈등과 같은 관리의 문제가 발생되지 않는다. 반면 직접유통경로는 구축하고 운영하는 데 많은 시간과 노력이 요구되며, 금전적 비용 역시 서비스 기업 단독으로 부담해야 한다.

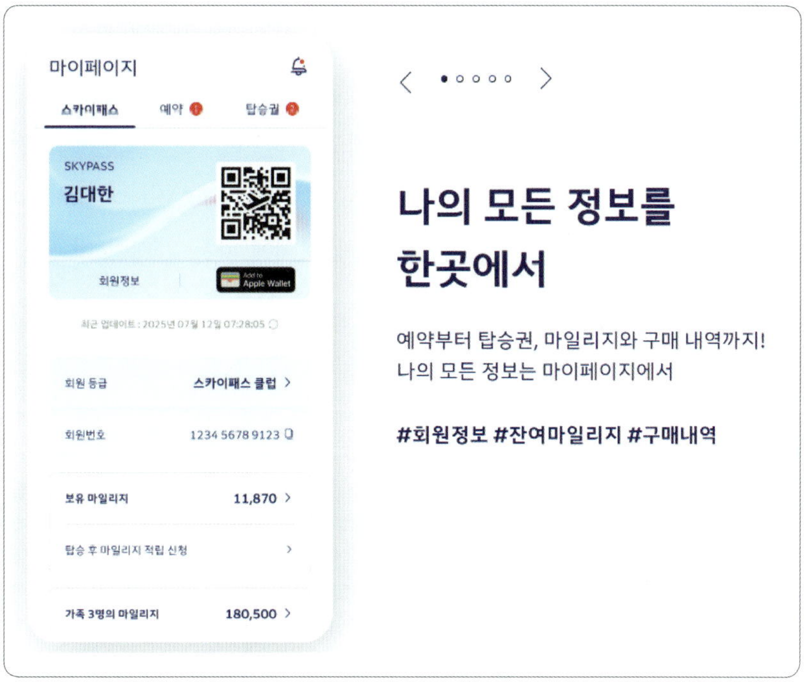

항공사들이 자체 모바일 예약 도입을 통해 직접유통경로를 더욱 강화하고 있다. 최근 조사에서 여행예약채널 선호도는 OTA(47.4%), 포털사이트/온라인쇼핑몰(27.4%)에 이어 항공사/호텔 직접예약(20.8%)이 3순위였다.

(2) 간접유통경로

서비스 기업은 중간상을 이용해 고객들에게 서비스를 제공할 수 있다. 서비스 기업들은 특히 보조 서비스와 같은 특정 과업들에 대해서는 중간상을 이용하는 것이 비용효과적인 것으로 판단하면서, **에이전트**(agent), 브로커(broker)와 같은 전문 중간상들을 활용하고 있다. 물론 서비스 기업은 보조 서비스뿐 아니라 핵심 서비스를 중간상을 통해 고객에게 전달할 수 있는데, 프랜차이징(franchising)이 대표적인 예이다.

① 에이전트와 브로커

에이전트(대리인)와 **브로커**(중개인)는 서비스 상품에 대한 소유권을 가지고 있지 않으며 단지 기업을 대신해 마케팅 기능을 수행하거나 서비스 상품을 고객에게 판매 또는 구매할 권한을 갖는다.

에이전트는 서비스 기업이나 고객 중 어느 한쪽을 대신해 양자 간의 거래를 활성화시키는데, 판매 에이전트와 구매 에이전트로 구분된다. 특히 최근에는 소비자들의 구매를 대행해 주는 구매 에이전트 시장이 글로벌 지역이나 상품별로 전문화되면서 성장하고 있고, 쇼핑을 대신 진행해 주는 **AI 쇼핑에이전트**까지 등장하고 있다. 서비스 기업은 에이전트를 활용함으로써 여러 장점을 취할 수 있는데, 가령 항공사나 호텔은 **OTA**(online travel agency)를 통해 상품을 판매함으로써 잠재고객들을 직접 상대하는 데에 따른 마케팅 비용을 절감할 수 있고, 고객들도 자신들의 요구에 맞는 여행상품을 쉽게 찾을 수 있다. 또한 에이전트는 해당 서비스 분야의 업무에 대해 전문적 지식과 기술을 가지고 있기 때문에 서비스 공급자가

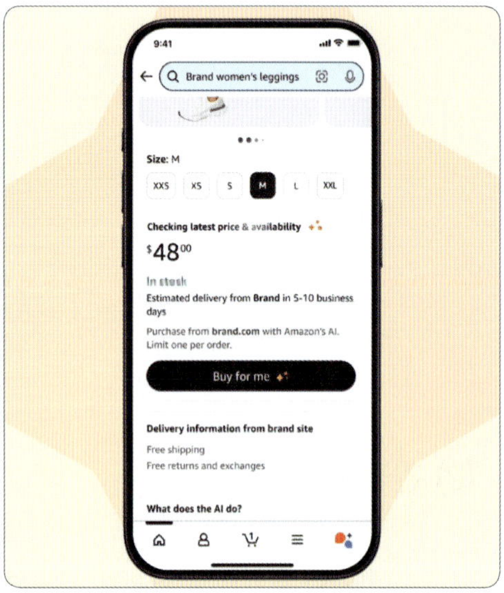

최근 들어 소비자들의 구매를 대행해 주는 구매 에이전트 시장이 활성화되고 있다. 지역별(일본) 구매대행 에이전트들이 늘고 있고 아마존은 AI 쇼핑에이전트(바이포미)를 선보였다.

수행해야 할 마케팅 기능을 보다 더 효과적이고 효율적으로 대행할 수 있다. 예를 들어, 김연아와 같은 유명 스포츠 스타들은 전문 기획사와 계약하고, 이들로 하여금 스포츠 대회 참가의 스케줄 조정, 매체 인터뷰, CF 계약, 기타 이벤트 참여 등에 대한 결정과 관리를 대행시킨다. 고객 역시 서비스 상품 선택이나 구매에 도움을 받을 수 있다. 가령, 보험 대리점(에이전트)은 여러 기업의 보험상품을 함께 취급하기 때문에 고객은 각 보험회사의 상품을 비교, 평가해 가장 높은 가치를 제공하는 상품을 선택할 수 있다.

브로커(중개인)는 구매자와 판매자 간의 협상을 돕고 이들 간의 거래관계를 맺어주는 역할을 수행하지만, 에이전트와 달리 구매자와 판매자를 지속적으로 대리하지 않는다. 따라서 거래 중심으로 고용한 당사자로부터 수수료를 받으며 자금조달과 같은 거래에 따른 위험부담을 지지 않는다. 부동산 중개인, 보험 중개인, 증권 중개인, 결혼정보회사 등이 대표적이다.

한편 에이전트와 브로커의 활용은 다음과 같은 단점을 갖는다. 첫째, 서비스 공급자가 가격 및 다른 마케팅 믹스 요소의 결정에 대한 통제력을 상실할 수 있다. 에이전트와 브로커는 서비스 공급자의 대리인으로서 서비스 상품의 판매가격을 결정하고 때로는 서비스 제공물의 구성을 변경하기도 한다. 둘째, 에이전트와 브로커는 여러 서비스 공급자들을 대리하기 때문에 특정 서비스 공급자의 입장에서 볼 때 경쟁자에 비해 불리한 입장에 놓일 수 있다. 가령, 독립 보험대리점(GA: General Agency)은 여러 보험회사의 상품을 취급하기 때문에 영향력이 큰 보험대리점들의 판매조건에 따라서 자사의 상품판매가 영향을 받기 쉽다.

SERVICE MARKETING FOCUS

토종 OTA vs 글로벌 OTA 경쟁 치열

온라인 여행 플랫폼(OTA: online travel agency) 경쟁에 불이 붙었다. 이러한 OTA시장 경쟁은 여행 트렌드 변화와 함께 시작됐다. 여행객들이 패키지 여행 대신 자유여행을 선호하는 경향이 짙어지면서 여행 예약 플랫폼이 다양해졌다. 자유여행을 선호하는 고객들은 패키지 여행사 대신 숙박과 항공권을 예약할 수 있는 OTA에서 주로 상품을 구매하고 있다.

최근 토종 OTA 야놀자와 인터파크트리플의 합병 법인까지 출범하며 국내 · 외 OTA 경쟁이 더욱 가열되는 양상이다. 야놀자는 지난 2024년 12월 야놀자 플랫폼 부문과 계열사 인터파크트리플을 통합해 종합 플랫폼 놀유니버스를 출범시켰다. 놀유니버스는 숙박, 항공은 물론 인터파크트리플의 패키지 상품과 티켓, 엔터테인먼트, 문화, 예술 등 여가산업 전반의 상품을 판매한다. 이에 맞서 여기어때는 종합여행사인 온라인투어를 전격 인수했다. 온라인투어는 2000년 설립해 25년의 업력을 쌓은 해외여행 전문 여행사다. 국내 양대 플랫폼 서비스 경쟁이 숙박예약에서 여행업 전반으로 전선이 확대되면서 OTA 시장의 경쟁은 더욱 격화될 전망이다. 물론 국내보다 해외여행을 선호하는 트렌드는 국내 OTA가 당면한 위험 요소다. 컨슈머인사이트 조사에 따르면 다수의 여행지표가 국내여행 감소, 해외여행 증가를 예측하고 있다. 야놀자, 여기어때 등 국내 OTA가 해외여행, 액티비티 등으로 영역을 넓혀 왔음에도 국내여행과 해외 숙소 · 항공권 중계 수준에 머물고 있는 것은 여전히 큰 약점이다. 여기에 최근 중국계 트립닷컴에 이어 알리익스프레스도 여행 전문 서비스를 앞세워 국내진입을 본격화하자 토종 OTA 업계의 긴장감이 높아지고 있다.

자료원: '통합' 놀유니버스 vs '확장' 여기어때…여행앱 경쟁 후끈(뉴스1, 2025.2.3).
OTA 시장 경쟁, 올해 더 치열해진다(아주경제, 2025.1.14).
명암 엇갈리는 국내 OTA vs 해외 OTA ... 혼전양상 보여(디스커버리뉴스, 2024.11.18).

사진출처: 글로벌 OTA 공세 속 국내 OTA 선방…야놀자, 1위 지켰다(이데일리, 2025.3.28).

② 프랜차이징

프랜차이징은 서비스 기업이 직영지점들을 확대하는 데 들어가는 투자비용에 대한 부담 없이, 계약관계에 의한 복수의 지점들을 통해 서비스를 제공하는 채널유형이다. **프랜차이징**은 프랜차이즈 본부(franchisor)가 계약에 의해 가맹점(franchisee)에게 일정 기간 동안 특정 지역 내에서 자신들의 상표, 사업 운영방식 등을 사용하여 서비스를 판매할 수 있는 권한을 허가해 주고, 가맹점은 이에 대한 대가로 가맹본부에게 초기 가입비와 매출액의 일정 비율에 대해 로열티 등을 지급하는 형태의 유통경로조직을 말한다. 따라서 프랜차이징은 서비스의 주요특성인 이질성의 문제를 극복하고 서비스 표준화를 이루는 데 유용하다. 가맹본부는 각 가맹점이 수행해야 할 서비스 활동들을 규격화하고, 서비스 표준화를 위해 개별 가맹점들을 통제할 수 있기 때문이다. 각 가맹점들 역시 계약에 의해 가맹본부가 원하는 서비스 표준을 이행해야 한다.

한편 독립적으로 운영되던 점포를 프랜차이즈 시스템에 끌어들여 형성된 프랜차이징을 **전환형 프랜차이징**(conversion franchising)이라고 한다. 대체로 시장이 성숙하고 경쟁이 치열한 경우 독립점포들은 프랜차이즈 본부의 상표가 지니고 있는 명성이나 고객 확보능력, 강력한 구매력이나 고도의 운영기술에 의한 비용 절감 등의 장점을 활용하길 원하게 된다. 본부의 입장에서는 이들 독립점포들을 자신의 프랜차이즈 시스템에 끌어들임으로써 단기간에 성장할 수 있는 기회를 가지게 된다. 미국의 숙박업체인 베스트웨스턴은 독립적으로 운영되던 숙박업소들을 가맹점으로 확보함으로써 업계 2위의 업체로 부상한 바 있다.

계약관계에 의해 유지되는 프랜차이즈 시스템은 가맹본부와 가맹점 간의 파트너십을 기반으로 발전한다. 파트너십을 구축함으로써 가맹본부와 가맹점으로 구성되는 하나의 프랜차이즈 시스템은 경쟁 시스템보다 많은 고객가치를 창출할 수 있으며, 이는 경쟁력을 확보하기 위한 중요한 수단이 된다. 따라서 프랜차이즈 시스템을 운영할 때에는 시스템 내의 구성원 모두가 각자의 입장에서 장점과 단점을 충분히 이해하는 한편, 상대방의 입장을 인식하여 상호 양해 하에 운영하는 것이 바람직하다.

프랜차이즈 시스템이 갖는 주요 장단점을 가맹본부와 가맹점 입장에서 요약하면 **표 8-2** 와 같다.

표 8-2 프랜차이즈 시스템 장단점

	장점	단점
가맹본부	• 단기간에 빠르게 사업 확대 • 가입금, 로열티, 자재 공급 등 수익원 • 환경 변화에 따른 신축적인 경영	• 가맹점 관리를 위한 지속적 투자 • 통제력 상실에 대한 우려 • 직영점 대비 수익성 문제
가맹점	• 소자본 사업/가맹본부 브랜드 효과 • 경험 부족에도 체계적, 안정적 사업 시작 • 개별 운영에 비해 낮은 비용(원가)	• 가맹본부 통제/의존성 • 가맹점 자체적인 시도의 어려움 • 가맹본부 상황에 따른 피해

가맹본부는 프랜차이즈 시스템 초기에 소비자의 관심을 끌고 많은 가맹점을 확보하기 위해 활발한 마케팅 활동을 펼친다. 가맹점은 대체로 사업 경험이나 노하우가 부족하기 때문에 가맹본부가 제공하는 표준화된 서비스 상품과 교육 등 지원활동을 토대로 안정적인 사업을 수행할 수 있다.

반면 가맹본부는 가맹점에 대한 지도와 지원을 위해 지속적인 투자를 해야만 하며, 가맹점이 늘어날수록 본부의 효과적인 통제가 어려워질 수 있다. 가맹점 입장에서도 가맹본부에 대한 의존도가 높아지면서 스스로 문제해결이나 경영 개선의 노력을 게을리할 수 있고, 가맹본부는 전체 가맹점에 미치는 효과를 생각해서 전략을 수립, 시행하기 때문에 특정 가맹점 입장에서는 당면한 문제를 해결하는 데 어려움을 겪을 수 있다. 가맹본부의 잘못된 경영에 의해 가맹점들이 피해를 보는 사례들도 발생한다.

8.3 디지털채널의 이해

서비스 기업은 고객과의 직접적인 대면접촉 없이 모바일 앱, 소셜미디어, 챗봇과 같은 디지털 접점을 활용해서 서비스를 제공할 수 있다. 이러한 **디지털채널**의 활용에는 사전에 잘 설계된 콘텐츠(예: 물리적 상품, 정보, 교육, 엔터테인먼트 등 디지털 콘텐츠)와 이를 전달할 매체(예: 스마트폰, 컴퓨터, 로봇)가 필요하다. 무엇보다 네트워크 및 컴퓨팅기술의 발전으로 인해 언제 어디서나 인터넷에 연결될 수 있는 유비쿼터스(ubiquitos) 세상이 열리면서 서비스 유통경로로서 디지털채널의 활용이 급속히 증가하고 있다. 네이버, 아마존과 같이 인터넷에 기반을 둔 서비스 기업들이 활성화되었을 뿐 아니라, 카카오톡, 인스타그램과 같은 소셜네트워크서비스

SERVICE MARKETING FOCUS

국내 대표 프랜차이즈 편의점: 성장은 끝났는가?

온라인 소매시장의 확대에도 불구하고 탄탄한 성장세를 달리던 국내 편의점 업계에 빨간불이 켜졌다. 2025년 처음으로 매출과 점포수 모두에서 역성장을 보이며 위기감이 팽배해지고 있다. 최근 편의점 위기 요인은 복합적이다. 고물가가 장기화되며 소비 심리 자체가 줄었다는 이유가 크지만, 보다 근본적인 문제가 있다는 목소리가 높다. 그동안 과도한 출점경쟁으로 편의점 수가 급격히 늘어났고, 너무 많은 매장 탓에 점포당 매출 감소로 폐업이 불가피한 시점이 도래했다는 목소리다. 일본과 비교해 보면 더 그렇다. 일본 인구수는 우리나라 두 배가 넘지만 지난해 편의점 점포수는 약 5만 7,000개로 한국보다 오히려 적다. 편의점의 가장 큰 장점인 '접근성'도 점점 희미해지는 중이다. 1시간 내 빠른 배송, 이른바 '퀵커머스' 플랫폼이 급성장하면서 근거리 쇼핑 수요가 잠식되는 와중이다.

성장세가 꺾인 편의점 업계가 차별화된 국내 마케팅으로 젊은 고객들을 유입하고 해외시장 공략을 강화해 내수 의존도를 줄이는 노력을 기울이고 있다. GS리테일이 운영하는 GS25는 더현대서울에서 일본 최대 잡화점 돈키호테와 손잡고 팝업스토어를 열었다. 국내에서 돈키호테 팝업스토어가 열린 건 이번이 처음이다. 내수 의존을 줄이기 위해 해외진출을 확대하면서 GS25는 2017년 40여 종이던 수출품목을 600여 종으로 확대했다. 수출국도 유럽과 북미, 중동 등 30여 개국으로 넓혔다. 올해 수출액 1,300만 달러를 돌파하는 게 목표다. CU는 20개국, 이마트24는 인구수 1위 인도에 진출하는 등 8개국에 상품을 수출하고 있다. 성장 한계에 부딪친 국내 편의점 업계의 새로운 위기탈출 전략을 지켜볼 때이다.

자료원: 편의점 '덩치 싸움'은 끝났다(매경이코노미, 2025. 5.9).
'성장 한계' 위기의 편의점… 상품군 넓히고 해외 공략 승부수(세계일보, 2025.7.9).
사진출처: 매경이코노미 기사 중.

처음으로 꺾인 국내 편의점 점포 수 〈단위:개〉

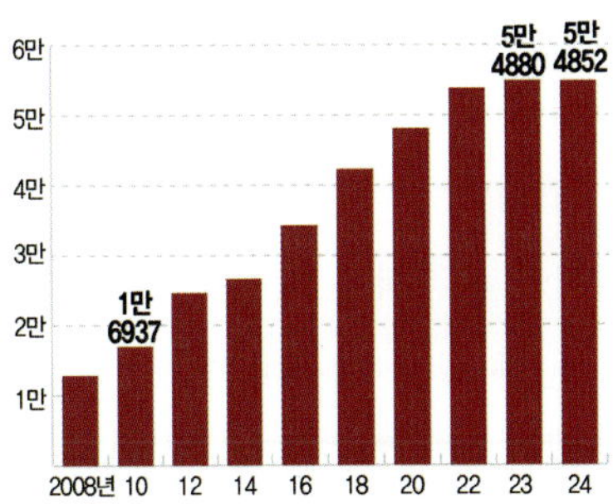

*자료: 한국편의점산업협회, 공정거래조정원

편의점 분기 매출 사상 첫 역성장 〈단위:%〉

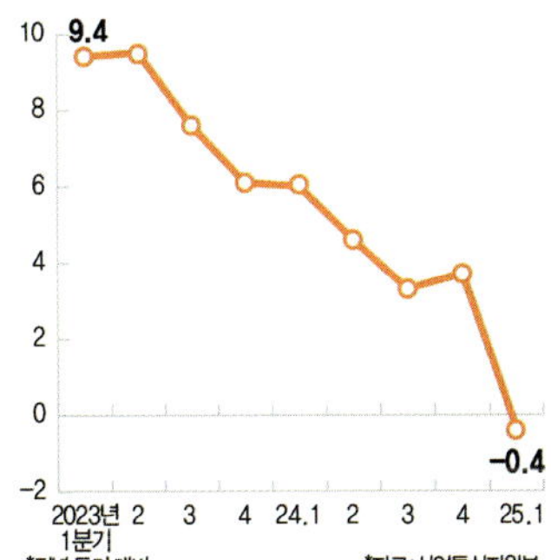

*전년 동기 대비 *자료: 산업통상자원부

편의점 빅4, 영업이익 모두 감소 〈단위:억원〉

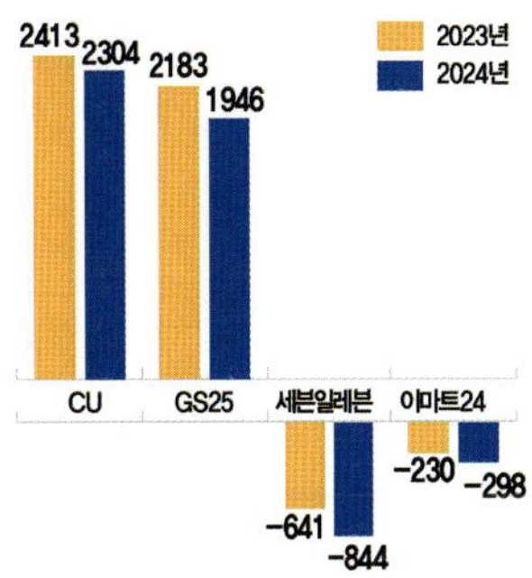

*자료: 금감원 전자공시

(SNS)들도 강력한 디지털채널로 등장하였다.

(1) 디지털채널의 장단점

서비스 유통경로에서 디지털채널의 도입과 활용에 따른 일반적인 장단점을 살펴보자. 우선 디지털채널의 장점은 다음과 같다. 첫째, 표준화된 서비스를 일관성 있게 전달할 수 있다. 서비스 직원에 의해 제공되는 서비스는 직원의 능력과 기분에 따라 서로 다른 수준의 서비스가 제공될 수 있지만, 디지털채널은 모든 고객들에게 동일한 품질의 서비스를 제공한다. 둘째, 서비스 직원에 의해 제공되는 서비스에 비해 디지털채널은 상대적으로 저렴한 비용으로 광범위한 지역의 고객들에게 서비스를 전달할 수 있다. 예를 들어 온라인 자동차보험은 보험설계사를 통해 판매되는 것보다 저렴한 보험료로 동일한 보험보장 서비스를 제공해 준다. 셋째, 디지털채널은 고객들로 하여금 자신이 원하는 시간과 장소에서 서비스를 이용할 수 있게 함으로써 오프라인 매장을 직접 방문하는 번거로움을 줄여주고 고객에게 더 나은 편의성을 제공한다. 동시에 AR/VR과 같은 몰입형 기술이 활용되면서 실제와 같은 디지털 경험을 제공한다. 넷째, 고객의 선택 폭을 넓혀주고 고객맞춤화를 가능하게 한다. 디지털채널은 고객의 요구에 맞추어 서비스를 설계하고 전달할 수 있는데, 아마존, 쿠팡과 같은 전자상거래 업체들은 AI를 활용한 추천 시스템을 도입하면서 고객들에게 정교한 맞춤 마케팅을 실현시키고 있다. AI 추천은 쇼핑뿐 아니라 물류, 배송 등 전 과정에서 활용되면서 서비스 유통의 효율성을 높이고 있다. 다섯째, 디지털채널은 신속한 고객 피드백을 얻을 수 있도록 한다. 고객들이 남기는 후기나 추천 글 등을 통해 서비스 기업은 자사가 제공하는 서비스 상품에 대한 고객의 생각을 신속하게 파악하고 문제점에 대해 즉각적인 해결책을 제공할 수 있다. 이 과정에서 챗봇이나 AI와 같은 기술이 고객응대와 신속한 서비스를 돕는다.

배달의 민족은 자사의 AI 추천 배차시스템이 배민 커넥트 라이더의 사고위험을 최대 130% 줄였다는 연구결과를 소개했다.

한편 디지털채널은 다음과 같은 단점을 갖는다. 첫째, 디지털채널의 도입은 치열한 가격경쟁을 유발한다. 전통적인 서비스 경로와는 달리 디지털채널에서는 고객들이 경쟁 서비스들의 특징 및 가격을 쉽게 비교할 수 있기 때문에 가격경쟁이 치열해진다. 둘째, 디지털채널은 서비스 제공자에 따른 품질의 비일관성은 최소화할 수 있지만, 오히려 디지털채널을 이용하는 고객의 특성으로 인해 일관성 있는 서비스가 제공되지 못할 우려가 있다. 가령 인터넷이나 모바일 환경에 익숙하지 못한 고객들은 동일한 서비스를 이용하는 데 더 어려움을 겪게 된다. 디지털채널의 인터페이스나 환경이 사용자 친화적이지 않은 경우에도 문제가 될 수 있다. 셋째, 디지털채널의 도입은 서비스 기업들에게 변화된 고객행동에 대한 이해를 요구한다. 디지털채널을 통해 서비스를 구매하는 고객은 정보탐색, 평가, 구전과 같은 행동에서 오프라인과는 매우 다른 양상을 보이기 때문에, 이에 대한 이해와 대응이 없다면 디지털채널을 통한 기업의 서비스 유통경로 구축은 어려움을 겪을 수밖에 없다. 넷째, 디지털채널은 대금결제와 고객정보의 보안에 문제가 있을 수 있다. 다섯째, 디지털채널은 서비스가 제공되는 지역을 확장시킴에 따라 경쟁을 더욱 증가시킨다. 고객이 제공받던 서비스의 지역적 경계를 허물어뜨림으로써 서비스 제공자 간 국경 없는 경쟁을 더욱 심화시켰다.

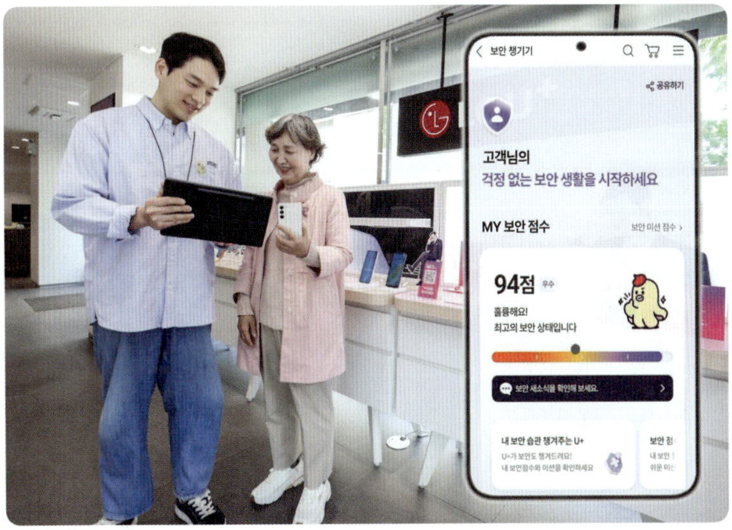

개인정보 보안에 대한 경각심이 커진 가운데 LG유플러스는 매장에 보안전문상담사를 배치해 고객대응에 나서고 있다.

(2) 서비스 특성(4I)과 디지털채널

앞서 유형적인 제품과 다른 서비스의 네 가지 특성(무형성, 비분리성, 불균질성, 재고불능성)을 설명하면서 이에 대한 효과적인 대처가 서비스 마케팅에서 매우 중요한 과제임을 설명한 바 있다. 이제 디지털채널의 일반적인 장점들 외에, 서비스 특성들로 인한 전통적인 문제점들을 극복할 수 있는 디지털채널만의 구조적이고 환경적인 장점들에 대해 추가적으로 살펴보자.

첫째, 서비스의 **무형성**을 생각해 보자. 서비스의 경우 그 실체가 눈에 보이지 않기 때문에 고객들에게 유형화하려는 노력이 필요하다고 한다. 그런데 디지털채널에서는 이러한 유형화 작업이 매우 자연스럽게 진행될 수 있다. 서비스 기업은 확장현실(XR) 기술이나 디지털 콘텐츠의 특성을 활용해서 고객들에게 사전경험을 충분히 제공할 수 있기 때문이다. 뿐만 아니라 고객들은 소셜미디어상에 경험해 본 사람들의 의견이나 추천 정보를 활용하면서 무형성을 극복할 수도 있다.

둘째, 앞서도 강조했듯이 디지털채널에서는 고객의 다양한 정보를 활용한 맞춤 서비스가 가능하다. 이는 생산과 소비가 동시에 진행되는 데서 발생하는 문제를 해결하는 데 매우 중요하다. 더 나아가 디지털채널의 특성상 고객이 직접 서비스 생산에 적극적으로 참여하는 구조가 자연스럽게 전개된다.

셋째, 서비스 품질의 **불균질성** 문제는 기본적으로 서비스 제공자인 종업원에게서 비롯되는 것인데, 전자채널은 종업원과의 상호작용 면에서 자유로울 수 있다. 시스템적인 상호작용

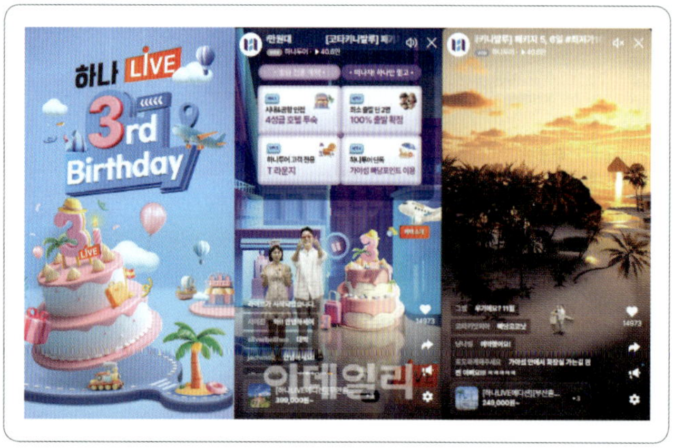

디지털채널은 서비스의 무형성을 해결하는 데 도움을 줄 수 있다. 하나투어는 라이브 커머스에서 확장현실(XR) 기술을 활용해서 여행지를 실감 있게 소개한다.

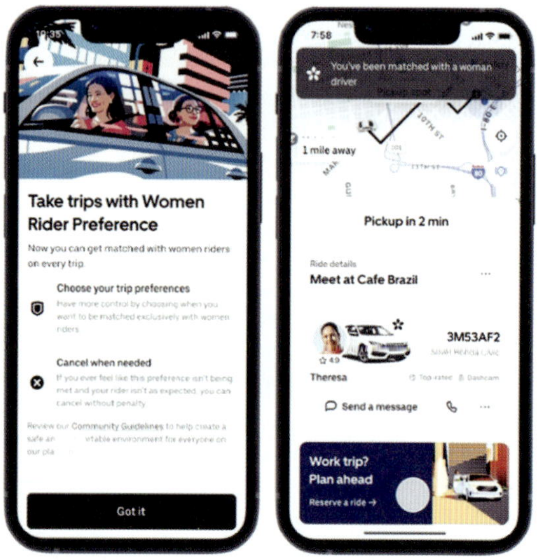

디지털채널은 생산과 소비의 비분리성을 해결하는 데 장점이 있다. 우버는 여성 기사와 여성 승객이 서로 매칭할 수 있는 여성 선호 서비스를 시범 운행한다. 기사까지 선택하며 필요한 순간 승차 서비스를 이용할 수 있다.

SERVICE MARKETING FOCUS

메타버스 서비스, 죽지 않았다

메타버스(METAVERSE)의 시대는 끝난 걸까. 최근 메타버스 서비스 종료를 선언하는 기업이 늘면서 메타버스 무용론이 거세다. 카카오 계열사로 메타버스 개발업체인 컬러버스가 최근 파산했고, 수십억 예산을 들여 구축한 지자체 · 교육청의 메타버스 서비스 이용자는 언급하기에 민망할 정도다.

이런 국내 분위기와는 달리 최근 글로벌 시장에서는 AI 기술과 함께 메타버스 전성기가 도래한다는 이야기가 나온다. AI 등 첨단 기술과의 결합으로 현실감과 활용도가 급격히 높아지고 있어서다. 해외 빅테크들은 생성형 AI와 확장현실(XR), 지식재산(IP) 등 다양한 기술을 융합해 메타버스 시장을 확장하고 있다. 이와 달리 국내에서는 여전히 게임 · 공공 등 일부 분야에 매몰된 채 대중적 확산과 산업 간 융합에서 뒤처지고 있다는 지적이다.

최근 몇 년간 메타버스 시장은 침체에서 벗어나지 못했던 것이 사실이다. 현실을 완벽하게 구현하지 못해 몰입감이 낮았던 데다 콘텐츠 제작비용이 한없이 비쌌기 때문이다. 그러나 AI 기술이 급격히 발전하면서 이런 한계가 서서히 해소되고 있다. 자연어 처리(NLP), 예측 분석, 실시간 반응 기술은 사용자와의 상호작용을 보다 자연스럽고 유기적으로 이끈다. 특히 생성형 AI는 텍스트, 음성, 이미지, 동영상 등 다양한 입력값에 따라 새로운 콘텐츠를 실시간으로 만들어내 몰입감을 높인다. AI와 결합된 메타버스는 가상현실 범주를 넘어 현실과 가상, 인간과 기계의 경계를 허무는 초연결 공간으로 진화하고 있다. 몰입형 경험의 수요가 증가하면서 VR · AR 기술은 엔터테인먼트, 의료, 교육 분야뿐만 아니라 항공우주, 국방 등 분야에서 직업훈련용으로도 활용되고 있다. 메타버스를 활용하는 산업 영역은 점차 넓어질 전망이다.

자료원: "메타버스는 죽지 않는다"…AI 타고 '제2의 붐' 꿈꾸나(한경테크, 2025.4.22).
사진출처: 한경테크 기사 중.

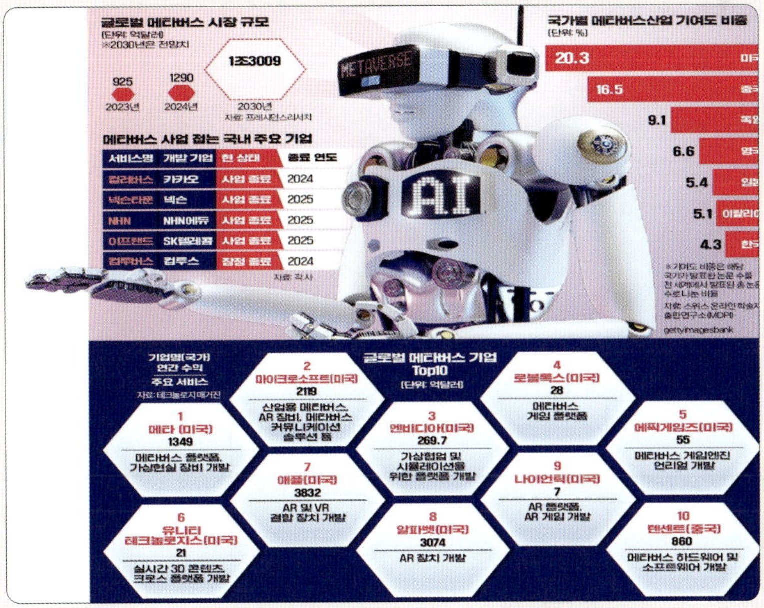

을 통해 서비스 과정의 표준화가 가능한 것은 물론이다. 넷째, 서비스는 재고를 저장할 수 없기 때문에 수요와 공급을 잘 조절하고 관리하는 것이 필수적인데, 디지털채널은 기본적으로 24시간 언제나 이용 가능하다는 면에서 장점이 있다. 또한 여행사나 항공사 등의 온라인 프로모션 사례에서 보듯이 성수기와 비성수기를 조절하려는 마케팅 노력도 오프라인에 비해 용이하다. 기본적으로 디지털채널에서는 원하는 때 바로 서비스를 이용할 수 있는 온디맨드(on-demand)가 가능해지면서 서비스 재고 저장의 문제를 해결하는 데 도움을 준다.

(3) 디지털 플랫폼과 생태계

디지털과 융합기술의 발전으로 인해, 모든 것이 한곳에서 가능해지는 융·복합 현상이 가속화되고 있다. 이에 따라 서비스 채널로서의 디지털매체들도 단순히 하나의 서비스를 제공하는 경로에 머물지 않고 **디지털 플랫폼**으로 진화하고 있다. 예를 들어 모바일 메신저로 시작한 카카오톡은 강력한 이용자들을 기반으로 게임, 쇼핑, 금융, 교통 등 다양한 서비스들이 유통되는 모바일 플랫폼이 되었다.

최근 들어 서비스 유통에서의 디지털 플랫폼 현상과 함께 비즈니스 생태계에 대한 논의도 활발히 진행되고 있다. 이러한 비즈니스 생태계는 기존의 산업 개념을 대체하는 것으로 경쟁보다 공생을 지향하는 다소 이상적인 개념에서 출발한 것이 사실이다. 그러나 융합과 네트워크가 핵심이 되는 디지털 경제의 특성상 이러한 생태계의 개념은 이상보다는 실제 디지털 경제의 작동원리로 작용하고 있다. 개방과 협력을 통한 참여자들의 공존을 강조하는 디지털 정신도 **디지털 생태계** 혹은 ICT(Information & Communication Technology) 생태계의 밑거름이 되고 있다.

디지털 생태계는 서비스 유통채널로 진화한 플랫폼(platform)을 기반으로 콘텐츠(contents), 네트워크(network), 단말기(terminal) 제공사가 함께 참여하며 이루어진다. 다음에서는 디지털 생태계의 구성원들에 대해 자세히 살펴보도록 하자.

① 플랫폼 제공자

플랫폼의 사전적 의미는 정거장이다. 마치 기차역 여행자들의 쉼터이자 연결과 이동의 매개수단인 플랫폼에 비유되듯이, 디지털 생태계에서 플랫폼의 의미는 어플리케이션 및 디지털 콘텐츠의 거래를 매개하거나, 구동 및 이용을 가능하게 하는 시스템 아키텍처이다. 애플,

챗GPT를 중심으로 오픈AI가 새로운 플랫폼 강자로 등장하였다.

구글, 아마존, T-Store와 같은 앱스토어가 대표적이다. 디지털 생태계에서 플랫폼은 다음과 같은 특징을 갖는다. 첫째, 디지털 생태계의 구성원은 누구나 플랫폼의 역할을 수행할 수 있다. 애플 앱스토어는 단말기 제공자가 창출한 플랫폼인 반면, T-store는 네트워크 운영자인 SKT가 마련한 **플랫폼**이다. 둘째, 플랫폼은 각각의 운영체제에 의해 구분될 수 있다. 애플은 iOS라는 독자적인 운영체제에 기반을 둔 독점적인 성격이 강한 반면, 아마존, T-Store 등은 구글의 안드로이드 운영체제에 기반을 두고 있다. 셋째, 디지털 생태계에서는 언제나 새로운 플랫폼 강자가 등장할 수 있다. 기존의 업체들은 기업 간 인수합병을 통해 플랫폼 기능과 역할을 강화하고 있고, 카카오톡, 토스처럼 플랫폼으로서의 입지를 만들어가고 있는 신흥 강자들이 계속해서 출현하고 있기 때문이다. 최근 오픈AI는 챗GPT 안에서 모든 서비스를 가능하게 하는, AI 시대의 새로운 운영체제(OS)가 되려고 한다. 즉, 오픈AI는 사용자가 챗GPT에서 바로 앱을 실행할 수 있는 플랫폼 형태를 구현하려고 하는 것이다.

② 콘텐츠 제공자

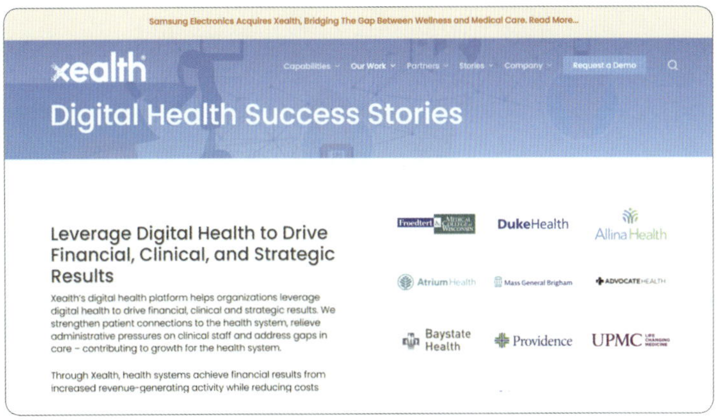

삼성전자는 최근 미국 디지털 헬스케어 회사 젤스(Xealth)를 인수했다.

디지털 생태계에서 콘텐츠 제공자의 범위는 매우 광범위하다. 음악, 방송, 교육, 뉴스, 게임, 소셜미디어와 같은 다양한 디지털 콘텐츠와 서비스 제공자들이 모두 포함될 수 있다. 최근에는 스마트폰 환경에서 다양한 응용 프로그램의 사용자가 늘면서 모바일 앱(어플리케이션) 사업자들이 늘고 있다. 법률, 헬스케어와 같은 전문 서비스 콘텐츠들도 디지털 생태계에서 새롭게 성장하고 있다. 디지털 생태계에서는 무엇보다 이들 콘텐츠 제공자들의 수가 급격히 증가할 수 있다는 사실에 주목할 필요가 있다. 이는 개방성이라는 디지털 생태계의 특징과 부합되는 것이며, 최근의 스타트업 열풍과도 무관하지 않다. 진입장벽이 낮은 디지털의 특성상, 소규모의 콘텐츠 제공자들은 비록 시장 전체에서 차지하는 개별 비중은 작지만 그들이 모여서 만들어 내는 경제적 의미는 무시할 수 없게 된다. 소위 롱테일 현상이 디지털 생태계를 움직이고 있다.

③ 네트워크 제공자

네트워크 제공자는 네트워크를 운영하는 통신사업자들이 중심이 되며, 관련 통신장비나 소프트웨어 제공자들도 포함될 수 있다. 네트워크 운영자들은 특성상 국가나 지역단위 사업자들로 이루어진 경우가 많은데, 우리나라의 경우 KT, SKT, LGU+가 대표적이다. 미국은 AT&T, Verizon, 영국은 BT, 일본은 NTT Docomo 등을 들 수 있다. 1990년대 인터넷이 상용화된 이래 지금까지 네트워크 제공자들은 브로드밴드와 유비쿼터스 네트워크 환경을 만드는 데 주력해 왔다. 흔히 초고속 인터넷으로 알려진 브로드밴드란 하나의 전송매체에 여러 개의 데이터채널을 제공한다는 의미인데, 유선 인터넷에서 시작되어 이제는 초고속 인터넷(5G) 경쟁시대로 들어섰다. 그만큼 모바일 이용환경이 음성통화에서 대용량의 무선 인터넷 사용으로 전환되었기 때문이다. 디지털 생태계에서 우위를 점하기 위한 네트워크 제공업체들의 경쟁양상도 변모하고 있다. 아마존, 구글과 같은 기업은 통신사들과 협력하며 클라우드 기반 구축에 주력하고 있으며, 일론 머스크의 주도로 스페이스X의 스타링크와 같은 위성 인터넷서비스 시대가 열리고 있다.

국내에서도 저궤도위성사업자의 승인이 이루어지면서 스타링크 서비스가 개시될 예정이다.

④ 단말기 제공자

디지털 생태계에서 단말기는 스마트 기기 또는 컨넥티드 기기라고 불리고 있다. 스마트폰, 스마트 TV, 태블릿 PC 등이 대표적인 예인데, 스마트(Smart) 또는 컨넥티드(Connected)라는 말에서 알 수 있듯이 인터넷의 연결과 컴퓨팅 기능의 탑재가 중요한 과제이다. 디지털 생태계에서 단말기의 역할은 이용자들이 언제 어디서나 인터넷 접속이 가능할 뿐 아니라 탑재된 운영체제(OS)를 통해 다양한 콘텐츠와 서비스를 마음껏 즐길 수 있게 해주는 데 있다. 이는 전통적인 하드웨어 중심의 단말기 경쟁구도의 종말을 의미한다. 이미 전통적 관점에서 보면 컴퓨터 업체였던 애플이 스마트폰 시장을 선점하였고, 구글은 스마트 TV시장에 진입하였다. 삼성전자 역시 구글과의 협력을 통해 스마트폰 시장에서 애플을 추격할 수 있었다. 결국 단말기 제공자들에게는 하드웨어적인 기능뿐 아니라 안정적인 운영체제와 이용자를 유입할 수 있는 콘텐츠 파워가 모두 요구되고 있는 것이다. 따라서 단말기 사업자들에게 중요한 것은 이러한 역량을 독자적으로 수행하기보다는 디지털 생태계 안에서 새로운 경쟁과 협력관계를 통해 어떻게 슬기롭게 풀어내는가의 문제이다. 뿐만 아니라 스마트자동차, 웨어러블(입는) 컴퓨터 등 인터넷에 연결되는 단말기의 종류는 앞으로 더욱 증가할 것이 분명하다. 최근에는 로봇, 스마트글래스 등이 새로운 단말체계로 관심을 받고 있다.

AI시대를 맞아 피지컬 AI로 대표되는 휴머노이드 로봇이 새로운 하드웨어로 주목받고 있다.

8.4 서비스 유통경로관리 전략

(1) 채널유형에 대한 고객선호도 관리

동일한 서비스를 전달하는 데 사용될 수 있는 유통경로(채널)는 대안들마다 비용(가격)뿐 아니라 고객이 갖는 서비스 경험이 차별적일 수 있다. 가령, 은행 서비스는 인터넷, 모바일, 텔레뱅킹, ATM과 같은 비대면 채널 외에 각 지점 또는 부유한 고객을 대상으로 운영하는 PB센터 등의 대면, 인적 채널을 통해 차별적으로 전달될 수 있다. 따라서 서비스는 유통경로별로 고객들의 선호도를 파악하고 목표고객에 맞는 유통경로 전략을 펼치는 것이 필요하다. 최근의 연구결과에 따르면 고객의 채널선호는 다음과 같은 요인들에 영향을 받는 것으로 알려져 있다.

① 연령대에 따른 채널선호 차이

고객들의 연령대에 따라 대면과 비대면 채널의 선호도에는 차이가 있는데, 예를 들면 생명보험 상품의 경우 비대면 채널 선호도는 20~30대가 40~50대 비해서 더 높았다. 디지털 기기에 익숙한 젊은 소비자층(MZ세대)에 비해 연령대가 높은 소비자들의 디지털 정보화 수준이 낮은 것도 채널 선호도의 차이를 가져오는 이유가 된다.

비대면 채널을 바라보는 시각에도 세대 간 차이가 있어 보인다. 연령대가 높은 기성세대들은 비대면 채널의 기능적인 효용에 대해 더 생각한다.

② 서비스 성격에 따른 차이

복잡하거나 위험 수준이 높은 서비스를 이용하는 고객들은 비대면 채널에 비해서 대면 채널을 선호하는 경향이 있다. 비대면(온라인) 채널이 활성화된 자동차 보험시장에 비해 생명보험의 비대면 채널 비중은 현저히 낮은 수준이다. 소비자와 종업원 간 친밀도가 높은 서비스의 경우에도 비대면 채널에 대한 효과는 떨어질 수 있는데, 예를 들면 대형할인점 같은 곳에서는 무인계산이나 키오스크 사용이 편하지만, 백화점이나 개인 매장에서는 오히려 고객들이 비대면 서비스를 번거롭게 느낄 수 있다.

③ 소비자 특성에 따른 차이

서비스 상품이나 이를 전달하는 채널에 대한 자신감과 지식 수준이 높은 고객은 비대면 채널과 셀프서비스 채널을 선호하는 경향을 가진다. 또한 실용적 편익을 추구하는 고객은 편의성이 높은 비대면 혹은 셀프서비스 채널을 선호하는 반면, 사회적 동기를 가진 고객들은 대면(인적) 채널을 선호하는 경향이 있다.

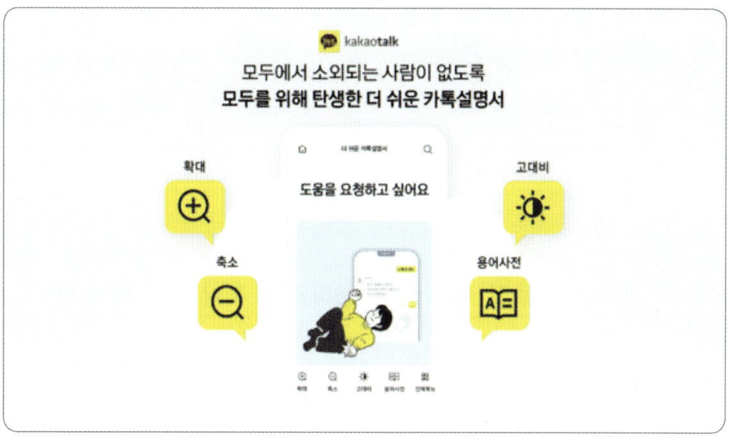

디지털, 알고리즘, AI에 대한 지식이 서비스 소비자들에게 중요해지면서 기업들도 지원책을 강구하고 있다.

(2) 채널입지 선정

'장사는 목이 중요하다'라는 말이 있듯이, 서비스를 제공하는 데 있어 가장 확실한 물리적인 입지는 고객들의 유동인구가 많은 지역이다. 그러나 이러한 입지선정은 고객 욕구, 서비

SERVICE MARKETING FOCUS

알고리즘 전성시대 부작용: 좋은 리뷰만 본다

국내 온라인몰 10곳 중 6곳이 자체 알고리즘 기반으로 리뷰를 기본 정렬하여 제공하는 것으로 나타났다. 이 중 절반 이상은 자체 알고리즘 정렬 기준을 명확히 설명하지 않아 리뷰 신뢰도가 떨어진다는 지적이 일고 있다. 서울전자상거래센터가 의류 · 식품 · 화장품 등 총 7개 분야 국내 주요 온라인몰 50곳을 대상으로 조사한 결과, 온라인몰 50개 중 33개(66%)는 리뷰를 인기 순 · 랭킹 순 · 베스트 순 등 자체 알고리즘을 통해 기본 정렬하여 표시했으며, 이 중 절반 이상인 18개(54%)는 알고리즘 기준이 공개되지 않았다. 자체 알고리즘 정렬 방식은 리뷰 글자 수 · 작성일 · 평점(별점) · 사진 포함 여부 등 온라인몰마다 기준이 달랐으나, 대부분 평점이 높고 장점 위주로 묘사된 리뷰를 먼저 표시하는 것으로 나타났다. 상품의 장단점을 함께 표현하거나 평점이 낮더라도 소비자가 유용하다고 평가한 리뷰를 상단에 별도 표시하거나 우선 정렬하는 경우는 드물었다. 대부분의 경우 사진/동영상 리뷰 보기(98%), 최신 순/오래된 순 정렬(96%) 등 기본적인 정렬 기능은 제공했지만, 소비자들 반응이 잘 드러나는 댓글 많은 순 옵션과 대가성 리뷰 표시 및 제외 기능을 제공하는 곳은 각각 1곳, 4곳에 불과했다. 반면 해외 주요 온라인몰의 경우 우호 · 비판적 리뷰를 동시에 노출하거나 대가성 리뷰를 선별하는 등 소비자 친화적 리뷰 정책을 운영하고 있다. 미국 코스트코(COSTCO) 온라인몰과 일본 라쿠텐(Rakuten)은 가장 도움이 되는 우호적 리뷰 1개와 가장 도움이 되는 비판적 리뷰 1개를 선정하여 최상단에 별도로 표시해 소비자가 상품의 장단점을 쉽게 비교할 수 있도록 지원하고 있다.

자료원: "항상 좋은 리뷰만 가득"… 국내 온라인몰 10곳 중 6곳 '자체 알고리즘 리뷰 정렬'(매일경제, 2025. 7.25).

사진출처: 서울특별시 제공.

〔예시〕 미국 코스트코(Costco) 온라인몰 최상단 표시 리뷰

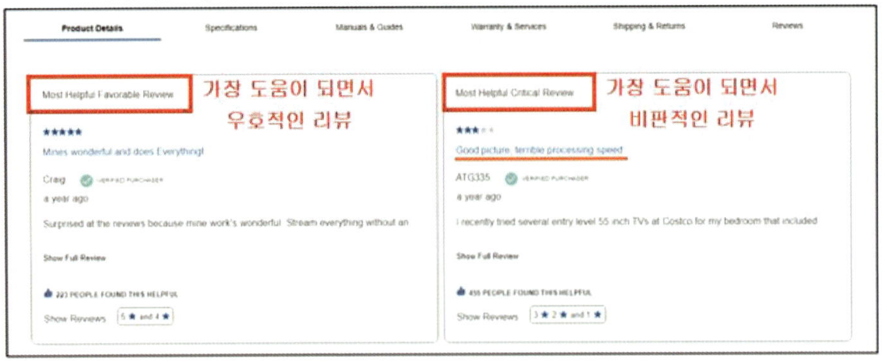

스 운영의 성격, 경쟁자들의 마케팅 활동 등에 따라 달라질 수 있다. 예를 들어 패스트푸드점과 같이 자주 구매하는 편의 서비스는 경쟁이 치열할 뿐 아니라, 고객들도 서비스 이용에 많은 시간과 노력을 들이려 하지 않기 때문에 가능한 접근성이 좋은 입지 선정이 필요하다. 반면 같은 편의 서비스라고 해도 배달 중심의 서비스라면 물리적인 입지의 접근성은 상대적으로 덜 중요할 수 있다. 또한 고객들이 서비스 이용에 시간과 노력을 아끼지 않는 전문적 서비스의 경우 접근성이 떨어지는 곳에 위치한 서비스라도 고객들이 찾아갈 수 있다.

한편 서비스가 제공되는 물리적인 입지와 관계없이 고객들의 서비스 접근성을 높일 수 있는 다양한 방안들에 대해 살펴볼 필요가 있다. 첫째, 지역적 커버리지를 최대화하기 위해 복수의 미니 점포(mini-stores)를 운영하는 방안이 있다. 소매점, 병원, 공항, 오피스 빌딩 등에 설치된 ATM들은 은행지점이 수행하는 여러 기능들을 대신 수행한다. 최근에는 자동판매기나 키오스크 등을 활용한 미니 점포들이 도심 곳곳에 등장하고 있다. 둘째, 공간을 공유하는 방식으로 물리적인 접근성의 문제를 보완하는 전략을 생각할 수 있다. 한 예로 은행 지점 내에 소형의 커피 전문점이 입점해 있는 경우처럼, 특정 유형의 서비스 사업자가 서로 보완적 관계에 있는 다른 유형의 서비스 제공자로부터 소매공간을 임대하는 형태로 매장을 개설하는 경우가 늘어나고 있다. 최근에는 다양한 서비스 분야에서 공유공간의 개념이 자리를 잡으면서 물리적 입지 전략에서 새로운 흐름을 보여주고 있다.

셋째, 필요에 따라 임시매장(팝업스토어)을 활용하는 것도 효과적이다. 비싼 임대료를 지불하기 어려운 신생 서비스 기업들이 유동인구가 많은 공간에 임시로 매장을 열면서 자사의 브랜드를 알리거나 혹은 이벤트 등의 목적으로 팝업스토어를 활용하는 사례들이 늘고 있다. 넷째, 보조 서비스에 대한 접근성을 높이는 전략을 강화할 필요가 있다. 가령, 테마파크, 스포츠경기, 공연, 철도, 항공서비스를 이용하는 고객들은 티켓이나 좌석을 예약하는 데 있어서 더 많은 유연성과 편의성을 원할 수 있다. 다섯째, 철도, 공항 터미널, 고속도로 등 수송루트 상에 서비스 공간을 입점시키는 방안도 흥미로울 수

싱글족을 겨냥한 무인과일냉장고(프랜차이즈 오롯)가 이마트24에 입점했다.

SERVICE MARKETING FOCUS

공항의 신세계: 싱가포르 쥬얼창이(Jewel Changi Airport)

코로나19 이후 세계 선도 공항이 단순히 승객들이 비행기를 타는 곳에서 쇼핑과 먹거리, 즐길거리, 휴식 등이 모두 가능한 복합공간으로 변신에 적극적으로 나서고 있다. 코로나19로 급감했던 전 세계 항공 여행객 수요가 다시 정상을 회복하고 있는 상황에서 '복합 문화공간'의 성패는 향후 공항 경쟁력의 결정적 변수가 될 것으로 전망된다.

2019년 4월 문을 연 싱가포르 쥬얼창이는 13만 5,700㎡의 면적에 지상 5층, 지하 5층 규모로 기존 공항 시설 확장의 필요성과 허브 공항 활성화 목적으로 기획돼 공항시설 역할과 지역명소 역할을 동시에 수행하고 있다는 평가가 나온다. 이에 따라 쥬얼창이는 싱가포르의 정원화된 도시 이미지를 반영하고 쇼핑과 식음료, 환승호텔, 레저시설 등을 통해 승객들의 휴식과 즐길 거리를 모두 충족시킨 사례로 꼽힌다. 단순한 공항시설의 개념을 넘어, 공항 이용객뿐 아니라 싱가포르 시민들도 즐겨 찾는 관광지로 자리매김했다는 평가를 받는다. 특히 40m 높이서 떨어지는 실내폭포 'HSBC Rain Vortex'와 2,500그루의 나무와 10만 개가 넘는 관목들로 구성된 '시세이도 Forest Valley' 등은 관람객의 시선을 압도한다. 단순히 거쳐 가는 공항에서 벗어나 승객들의 머무는 공항으로 역할의 변화를 추구한 것이다.

자료원: 공항인가? 놀이동산인가?…'나들이' 성지된 싱가포르 창이공항(문화일보, 2023.11.23).
사진출처: 쥬얼창이 홈페이지(https://www.jewelchangiairport.com/en/attractions/rain-vortex.html).

있다. 최근 흥미로운 소매업 추세 중 하나는 공항이나 고속도로 휴게소 공간이 활력이 넘치는 쇼핑공간으로 변신하고 있는 것이다.

서비스 사업자는 공간을 공유하는 방식을 통해 고객들의 서비스 접근성을 높일 수 있다. 규제샌드박스 제도로 공유미용실 영업이 가능해지면서 아데르(사진 서울강남도산점)와 같은 공유미용실이 등장했다.

(3) 옴니채널 전략

서비스 기업 입장에서 유통채널을 온라인과 오프라인으로 구분 짓는 것은 더 이상 의미가 없다. 소비자들은 인터넷이나 모바일에서 필요한 상품이나 서비스를 검색한 후 구매하지만, 필요에 따라서는 온라인과 오프라인을 넘나들며 자신들에게 가장 편한 방법으로 선택하고 구매한다. 이러한 소비자들의 행동에 따라서 서비스 기업들은 온라인과 오프라인의 유통채널을 통합하는 옴니채널(omni channel) 구축에 경쟁적으로 나서고 있다. **옴니채널**이란 소비자들이 한곳에서 구입한다는 경험을 갖도록 여러 채널들을 통합해 주는 일종의 소매믹스 전략이다. 다음에서는 옴니채널 구축이 지향해야 할 방향성에 대해 간략히 살펴보도록 하자.

① **고객 중심**

옴니채널의 목적은 온라인과 오프라인 여부를 떠나서 고객들이 원하는 때에 원하는 장소에서 손쉽게 구매하고 이용할 수 있게 만드는 것이다. 예를 들면 온라인에서 주문하는 소비자들은 보통 기다렸다 집에서 배송으로 받는다. 그러나 온라인에서 본 제품을 실제 오프라인에서 경험해 보길 원하는 웹루밍(webrooming) 소비자들도 많다. 주문을 기다리지 않고 바로 받고 싶은 사람들도 있다. 갭(GAP)은 이런 소비자들을 놓치지 않기 위해 온라인이나 모바일에서 주문하고 이를 최종적으로 매장에서 확인한 후 구매하게 했다. 올리브영은 온라인에서 주문하면 집에서 가장 가까운 매장에서 배송해 준다. 내가 찾고 싶으면 배송 대신 매장 픽업서비스를 이용하면 된다. 이러한 옴니채널 구축을 뒷받침하기 위해 서비스 기업들은 배송혁신에 경쟁적으로 나서고 있다.

올리브영은 온라인 주문을 매장배송과 픽업으로 연결하면서 옴니채널을 운영하고 있다.

② **고객경험**

아마존은 온라인 서점의 경험을 보완하기 위해 오프라인 서점을 운영하기도 했다. 이처럼 온라인에서만 판매하던 업체들도 브랜드에 대한 일관된 고객경험을 구축하기 위해 오프라인으로 진출하는 사례들이 늘고 있다. 이러한 채널 간의 연결은 오프라인 매장 안에서도 나타난다. 오프라인 매장의 무인화도 이런 경향과 무관하지 않은데, 온라인은 빠르고 편한데 오프라인은 기다리고 복잡하다는 소비자들의 생각을 바꿀 필요가 있기 때문이다. 월마트의 스캔앤고(scan & go)는 매장에서 스마트폰 앱을 이용해 원하는 제품의 바코드를 인식하면 바로 결제가 되어 바로 나갈 수 있다. 오프라인 매장에 있지만 동시에 온라인을 이용하는 것

SERVICE MARKETING FOCUS

올리브영의 옴니채널 성과

국내 최대 헬스앤뷰티(H&B) 스토어 CJ올리브영(이하 올리브영)이 온·오프라인 채널 확장과 더불어 시너지 강화에 본격 나섰다. 모바일 서비스 기능을 추가하고 즉시배송 서비스 이용지역을 넓혀 다양한 유통망을 넘나드는 옴니채널을 구축, 소비자들과의 접점을 늘려가겠다는 전략이다. 2024년 기준 이러한 옴니채널 전략은 성공적인 것으로 평가받고 있다. 올리브영에 따르면 오늘드림 이용 회원 수는 지난 2024년 9월 기준으로 364만 명이다. 올리브영 국내 멤버십 회원(1,500만 명)의 20% 이상이 관련 서비스를 이용하는 것이다. 또한 론칭 초기 생소했던 오늘드림 서비스는 시장에 빠르게 안착했다. 해당 서비스 이용률은 2021년 24.5%에서 2023년 41.3%로 늘었다. 같은 기간 연간 서비스 주문 건수는 306만 건에서 994만 건으로 급증했다. 올리브영 내부에서도 오늘드림 서비스에 대한 평가가 긍정적이다. 올리브영 관계자는 "퀵커머스가 뉴노멀이 된 유통업계에서 발빠르게 오프라인 매장과 온라인몰을 연계해 시너지 효과를 발휘, 올리브영의 플랫폼 경쟁력을 대폭 강화한 핵심 서비스"라고 설명했다. 그러면서 "증가하는 오늘드림 주문 수요를 충족하기 위해 지방에도 도심형 물류센터(MFC)를 추가로 구축해 배송 경쟁력을 지속 강화할 계획"이라고 덧붙였다.

자료원: CJ올리브영, 오늘드림 옳았다…옴니채널 전략 적중 (이코노미스트, 2024.12.20).
사진출처: 올리브영 홈페이지(https://www.oliveyoung.co.kr).

처럼 편리한 쇼핑경험을 제공해 준다. 이처럼 월마트 옴니채널 전략의 핵심은 온라인 쇼핑몰을 강화하는 대신 자신들의 강점인 오프라인 매장을 중심으로 디지털 경험을 강화했다는 점이다.

③ 판매증대

서비스 기업들이 옴니채널 구축에 나서고 있는 궁극적인 목적은 한 명의 고객이라도 놓치지 않겠다는 의미이다. 나이키 매장을 방문한 고객이 찾는 상품이 없는 경우 매장직원은 모바일 검색을 통해 다른 매장이나 혹은 다른 유통경로에 있는 상품을 확인하고 고객에게 배송을 약속한다. 이를 위해서는 매장 또는 유통경로 간에 경쟁보다는 동일한 판매채널로 통합되어 운영된다는 강력한 운영지침과 시스템의 지원이 필요하다.

CHAPTER

9

서비스 수요공급관리

온디맨드 서비스

모바일 환경과 디지털 기술의 발전으로 고객들이 필요할 때 서비스를 바로 제공한다는 〈온디맨드(on demand)〉가 소비생활을 혁신적으로 바꾸고 있습니다. 무엇보다 이러한 온디맨드 방식의 서비스들은 수요와 공급의 불균형이라는 서비스의 근본적인 문제들을 해결하는 데 앞장서고 있습니다. 수요공급의 불균형 해소를 위한 온디맨드 서비스들의 특징을 요약해 보면 다음과 같습니다.

딜리버리 혁신: 온디맨드는 고객을 찾아간다는 점에서는 기존의 서비스 방식과 동일하지만 딜리버리의 혁신을 가져왔다는 점에서 새롭습니다. 고객을 찾아가는 속도뿐 아니라 고객이 원할 때, 원하는 장소에, 원하는 방식으로 찾아가는 서비스를 통해 수요공급의 미스매칭을 해결합니다. 우버는 매칭시스템을 통해 내가 원할 때 원하는 장소에서 가장 빠르게 차량(택시)을 이용할 수 있게 지원합니다. 아마존과 쿠팡은 로봇, 자동화, 풀필먼트시스템, 라스트마일 배송을 통해 배송속도의 혁신을 가져왔습니다.

예측과 맞춤: 서비스를 빠르게 제공받는다고 해도 원하는 최적의 솔루션이 아니라면 의미가 퇴색됩니다. 이런 점에서 온디맨드 서비스에서 정확한 예측과 개인화가 매우 중요합니다. 넷플릭스는 단순히 원할 때 본다가 아니라 알고리즘에 의한 개인화된 추천이 장점인 온디맨드 서비스입니다. 신선식품을 새벽배송하는 마켓컬리도 AI를 활용한 수요예측 시스템 도움으로 제고문제를 해결하면서 빠른 배송에 대응하고 있습니다. AI 의료진단 서비스인 루닛은 정확한 임상진단으로 사전에 질병을 예측하며 맞춤 치료의 가능성을 높인다는 점에서 의료 서비스의 온디맨드에 기여합니다.

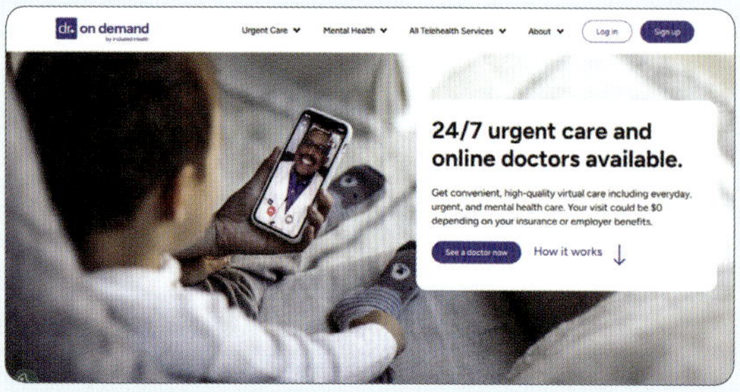

공급자원 확보: 온디맨드가 기술만 있다고 모든 것이 해결되는 것은 아닙니다. 한 가지 중요한 축은 바로 공급자원(사람, 시설 등)입니다. 우버, 배달의 민족은 긱이코노미를 통해 충분한 라이더의 확보가 있었기에 가능합니다. 에어비앤비 역시 공유 시스템을 통해 숙박제공자를 확보했습니다. 24/7 의사를 연결해 주는 원격진료 서비스인 닥터온디맨드도 의사진을 충분히 확보했기에 가능합니다.

모바일시대에 온디맨드는 유행어처럼 사용됩니다. 음식 배달, 청소, 세탁과 같은 다양한 생활 서비스로 파고들었지만 그렇다고 모두 성공하는 것은 아닙니다. 모바일을 통해 주문하면 찾아온다는 편의성에만 기대는 온디맨드는 결코 살아남을 수 없습니다. 그만큼 경쟁자들도 쉽게 뛰어들 수 있기 때문입니다. 위에서 설명한 특징들을 기반으로 자신만의 핵심가치 창출에 성공할 때만이 인정받을 수 있습니다. 그래야만 온디맨드가 서비스 수요·공급의 불균형을 해소해 주는 비결이 될 수 있습니다.

자료원: 김해룡, 안광호(2019), 감정을 팔아라, 원앤원북스.
사진출처: 닥터온디맨드 홈페이지(https://doctorondemand.com).

- 서비스 플립러닝 내용은 하단에 있는 QR코드에서 동영상으로 확인할 수 있습니다.

플립러닝 동영상 강의 QR코드입니다.

9.1 서비스 수요와 공급

(1) 서비스 수요와 공급의 이해

서비스에서 가장 대처하기 힘든 점 중 하나는 서비스의 재고를 저장할 수 없다는 문제다. 극장의 빈 좌석, 비행기의 빈 좌석 등은 고객이 이용하지 않은 채 시간이 지나면 영원히 소멸되는 것이다. 결과적으로 서비스에서 좌석의 생산성은 시간이 지남에 따라 다시 활용할 수 없고 사라져 버린다. 그런데 서비스 기업이 제공할 수 있는 능력과 시설은 정해져 있는 반면 **서비스 수요**는 시간에 따라 변화하기 때문에, 서비스 기업이 재고불능성에서 오는 문제를 대처하는 데 더욱 어려움을 겪는다. 그림 9-1 에서 이러한 어려움에 대해 설명하고 있다.

서비스 기업은 대부분의 경우, **서비스 공급능력**(service capacity)이 정해져 있다. 서비스에 소요되는 인력과 시설은 단기간 내에 변경될 수 있는 것이 아니기 때문이다. 따라서 서비스 공급은 그림에서처럼 적정 공급능력과 최대 공급능력 사이에서 크게 변하기 힘들며 시간의 경과에 따라 긴 수평선으로 표시된다. 이에 비해 서비스 수요는 매우 가변적이다. 특히 수요의 계절성이 뚜렷한 관광 관련 서비스(예: 항공사, 호텔, 리조트)의 **수요곡선**은 시간의 경과에 따

그림 9-1 서비스 수요와 공급의 변화

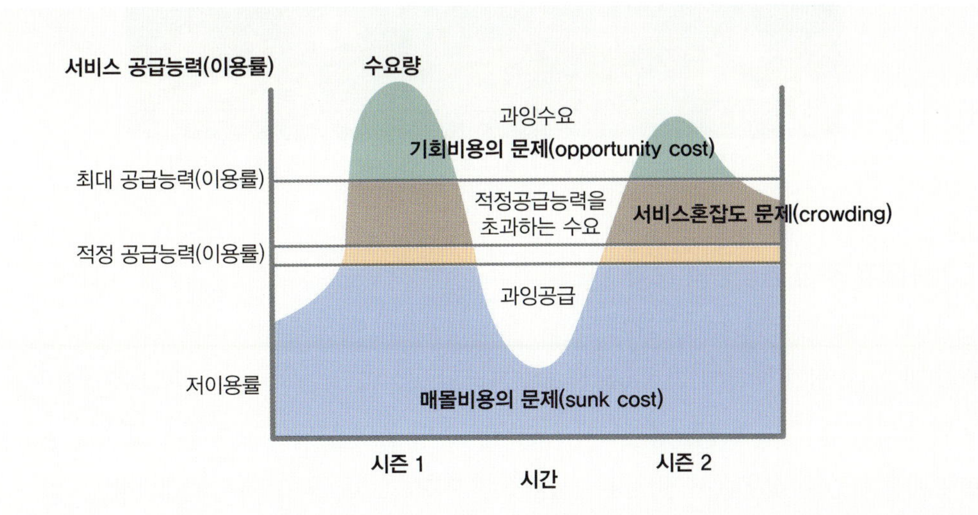

라 그림에서처럼 커다란 물결 모양을 그리며 나아갈 수 있다. 결과적으로 수요와 공급의 부조화에 따라서 성수기에는 과잉수요, 반대로 비수기에는 과잉공급현상이 발생하는 것이다. 서비스 수요와 공급 간의 관계로 발생할 수 있는 네 가지 상황을 살펴보자.

① 과잉수요

서비스 수요가 최대 공급능력(최대이용률)을 초과하는 상황이다. 여름철 성수기 때의 항공사나 호텔, 혹은 크게 히트한 영화를 상영하는 영화관 등에서 볼 수 있다. 이러한 상황에서 서비스 제공자의 공급능력은 한정적으로 갑자기 최대 공급능력 이상을 제공할 수 없기 때문에, 소비자들은 해당 서비스를 이용하고 싶어도 모두를 수용할 수 없다. 따라서 일부 고객들이 서비스를 구매하지 못하는 사태가 발생하기도 하는데, 기업의 입장에서 보면 실현시킬 수도 있었던 수익을 잃어버린 것이므로 일종의 **기회비용**(opportunity cost)이 발생되는 것이다.

경복궁 야간개장을 이용하려는 사람들이 많다 보니 사전예매는 시작과 함께 마감된다.

② 수요가 적정 공급능력 초과

수요가 적정 공급능력을 초과하지만 서비스 제공자의 입장에서는 최대 공급능력으로 수요를 맞출 수 있기 때문에 기회비용이 발생하지는 않는다. 그러나 같은 인력과 서비스 능력으로 초과된 많은 고객들을 상대하다 보면 서비스의 품질은 떨어질 수밖에 없어서, 공급에 비해 수요가 많은 상황에서 발생하는 **서비스 혼잡도**(crowding)의 문제가 발생한다.

③ 수요와 공급의 균형

적정 공급능력 범위에서 서비스 수요가 발생하는 가장 이상적인 상황으로 서비스 공급자 입장에서도 무리하지 않고 양질의 서비스를 제공할 수 있고, 소비자 입장에서도 오래 기다리지 않고 쾌적한 분위기에서 좋은 서비스를 받을 수 있다. 그런데 서비스가 어느 정도로 활용되었을 때 고객들에게 가장 바람직한가의 문제는 서비스 유형에 따라 다르다. 예를 들어 대학교 교육에서 한 분반에 100명 이상이 되는 경우, 물론 교수가 대형 강의실에서 마이크를 이용하여 강의를 해 나갈 수 있지만 강의 만족도나 교육의 질은 떨어진다. 이 경우에는 서비스가 적정한 수준의 인원으로 제공되는 것이 바람직하다. 분위기를 중시하는 조용하고 품위 있는 레스토랑의 경우에도 만석인 경우보다는 손님이 조금 덜 찬 경우가 고객들에게는 이용하기 더 좋다. 그런데 스포츠 경기 관람, 관광지와 같은 서비스 이용상황에서는 때로는 이용객들이 적정 공급을 초과해서 다소 붐비는 상황이 발생하더라도 오히려 재미와 만족도는 높아질 수도 있다.

④ 과잉공급

수요가 적정 공급능력에 미치지 않는 상황이다. 관광 서비스의 경우 비수기 때 흔히 볼 수 있는 현상인데, 수요가 적다 보니 서비스 기업이 가지고 있는 서비스 인력과 시설이 충분히 활용되지 못해 이용률이 떨어진다. 기업의 입장에서는 인력과 시설을 충분히 활용하지 못하여 **매몰비용**(sunk cost)이 발생한다.

이러한 상황을 종합해서 볼 때 서비스는 수요가 많아도 혹은 적어도 문제이다. 서비스는 저장이 불가능하고 탄력적인 공급운영이 어렵기 때문에 상대적으로 성수기 때 수요와 비수기 때 수요의 격차가 큰 경우, 기업은 운영에 큰 문제를 겪을 수 있다. 2001년 9.11 테러 사태가 발생하였을 때 세계적으로 크고 유명한 항공사들이 하나 둘 무너지기 시작한 것도 급작스럽게 감소한 수요에 따른 비용부담을 기업에서 감당해 내기 힘들었기 때

영화관 관객수가 계속 줄면서 롯데시네마와 메가박스는 위기탈출 방안으로 합병을 선택했다.

문이다. 또한 지난 코로나 팬데믹 기간 동안에도 많은 서비스 기업들이 수요급감에 따른 생존의 문제를 경험했었다. 물론 모든 서비스가 이렇게 변동 폭이 큰 수요에 따른 부담을 겪는 것은 아니다. 금융 서비스(은행, 보험회사)처럼 특별히 성수기와 비수기의 구분이 없는 경우 이러한 문제를 상대적으로 덜 겪는다. 또한 환경변화에 따라 수요공급의 문제가 달라지기도 한다. 코로나 팬데믹 이후 갑자기 증가한 비대면 서비스의 수요로 인해 미처 대처하지 못한 많은 기업들은 과잉수요(기회비용)의 문제를 겪기도 했다. 따라서 서비스 기업이 수요와 공급의 조화를 이루는 효과적인 전략을 수립하기 위해서는 자신들의 공급능력과 상황을 잘 파악할 뿐 아니라, 수요의 성격이나 계절성 등 수요의 변동성을 잘 이해하는 것이 우선되어야만 한다. 다음에서는 이러한 서비스 수요와 공급의 성격에 대해 구체적으로 살펴보도록 하자.

(2) 서비스 수요와 공급의 성격

① 서비스 공급의 한계성(비가변성)

서비스는 수요의 증가나 감소에 따라서 공급을 갑자기 늘리거나 줄이기 힘들다는 한계가 있다. 여기서 중요한 점은 서비스 마케터라면 이러한 공급의 한계가 주로 어디에서 발생하는 것인지를 잘 이해해야 한다는 점이다.

서비스의 한정된 공급은 다음과 같은 여러 가지 요인에 의해서 발생한다. 첫째, 서비스 기업은 인력이 한정되어 있기 때문에 공급에 한계가 있게 된다. 법률사무소나 대학과 같은 교육기관 등은 그들이 운용할 수 있는 전문인력에 한계가 있기 때문에 일시적으로 수요가 증가한다고 해서 전문인력을 바로 채용하기 힘들다. 둘째, 서비스에 따라서는 장비에 의존하기 때문에 이러한 장비로 생산할 수 있는 서비스의 양이 한정되어 있다. 예를 들어 항공사나 이삿짐 센터, 택배회사 등은 비행기나 트럭과 같은 운송수단을 이용하는데 이러한 장비의 능력이나 공급량에는 한계가 있고 바로 늘리기가 어렵다. 셋째, 시설에 의존하는 서비스는 시설이나 공간의 한계에 따라 공급이 한정되어 있다. 호텔이나 레스토랑, 병원의 경우, 좌석이나 테이블, 혹은 입원실의 수가 한정되어 있어서 수요가 늘더라도 이미 지어진 시설을 단기적으로 변경하기 힘들다. 넷째, 시간의 한정성을 들 수 있다. 변호사, 컨설턴트, 미용사, 심리상담사 등은 자신들의 시간을 판매한다. 따라서 이들은 자신들에게 주어진 한정된 근무시간을 어떻게 잘 활용하는가에 따라 성공과 실패가 달라진다. 예를 들어, 미용실에 손님이 갑자기 많이 방문한다고 해도 미용사가 제공할 수 있는 서비스 시간을 대폭 늘릴 수가 없다.

퀵커머스 경쟁으로 배송기사 확보를 위한 경쟁이 치열하다.

② 서비스 수요의 변동성

서비스의 수요의 변동성은 다양한 이유와 상황에서 발생한다. 먼저 시간에 따른 서비스 수요의 변동성을 생각해 보자. 하루 중에도 변동패턴을 찾을 수 있고, 주간별로, 월별로, 혹은 계절별로 그 변동의 패턴을 파악할 수 있다. 예를 들어, 회사원들이 주로 찾는 도심 음식점에 대한 수요는 하루 중에도 시간대별로 변하기 쉽고, 주간이나 월별로 다를 수 있다. 워터파크, 스키장, 골프장이라면 계절이나 휴일에 따라 수요가 달라질 수 있다. 서비스 수요는 날씨나 자연재해, 환경요인과 같이 미리 정해져 있지 않은 변수들에 의해서도 큰 영향을 받기도 한다. 날씨가 좋으면 사람들이 야외활동을 선호하기 때문에 여행, 리조트, 테마파크 등에 대한 수요가 올라가는 반면, 날씨가 좋지 않으면 영화관, 극장, 대형 쇼핑센터와 같은 실내 공간에 대한 수요가 올라간다.

세분시장에 따라서도 다른 성격의 수요가 발생할 수 있다. 가령, 기업과 거래하는 기업금융 서비스 수요는 비교적 예측 가능하지만 일반 개인소비자와 거래하는 소매금융 서비스는 수요를 예측하기 힘들다. 병원에서도 예약환자들에 대한 수요는 어느 정도 예측할 수 있지만 응급환자에 대한 수요는 예측이 어렵다.

서비스 기업은 이러한 수요의 변동을 파악하기 위해서 단지 직원의 감이나 주먹구구에 의존하는 것보다 시간의 경과에 따른 명확한 수요변동의 자료를 분석하는 것이 필요하다. 이를 바탕으로 수요의 변동패턴을 파악하게 되면 자연스럽게 수요변동의 요인을 밝혀내는 것도 용이해진다. 또한 서비스 유형이나 관리의 목적에 따라 수요변동의 패턴을 파악하는 주

SERVICE MARKETING FOCUS

대한민국 시간대별 콘텐츠 서비스 수요

한국인은 출퇴근길엔 음악을 듣고, 밤에는 영상 콘텐츠를 본다. 잠들기 전엔 웹툰이나 웹소설을 찾는다. 이처럼 스마트폰 사용자들이 앱으로 즐기는 콘텐츠 소비 패턴은 시간대별로 뚜렷하게 달라지는 것으로 나타났다. 와이즈앱 · 리테일이 23일 발표한 2025년 6월 사용자 분석에 따르면 유튜브 뮤직 등 주요 음원 플랫폼은 오전 8~9시, 오후 6~7시에 사용자 수가 집중됐다. 이는 직장인의 출퇴근 및 학생들의 등하교 시간대다. 음악은 이동형 콘텐츠로, 짧지만 반복적인 시간대에 집중 소비되는 것으로 해석된다. 동영상 앱은 출근 · 등교 전 사용 비율이 높다가 일과 시간 동안 일시적으로 감소했다. 오후부터 밤까지 점진적으로 증가하다 밤 9~11시 정점을 기록했다. 유튜브, 인스타그램, 틱톡 등에서 정보, 예능, 일상 콘텐츠 등이 고르게 소비됐다. 하루를 정리하는 영상 시청의 성격을 띠는 것으로 분석됐다. 웹툰 · 웹소설 앱은 취침 직전인 밤 10시부터 다음 날 새벽 1시까지 사용률이 급증했다. 카카오페이지, 네이버웹툰, 리디, 네이버 시리즈, 카카오웹툰 등 주요 플랫폼 사용자들은 공통적으로 이 시간대에 가장 몰렸다. 종이책 대신 모바일로 이야기를 소비하는 디지털 독서 습관이 자리 잡은 결과로 해석된다. 이번 조사는 와이즈앱 · 리테일이 자체 보유한 스마트폰 사용자 패널을 바탕으로 통계적 추정 방식을 적용해 실시됐다. 대상은 안드로이드 사용자 3,688만 명, iOS 사용자 1,432만 명 등 국내 스마트폰 이용자 5,120만 명이다. 지난달 한 달 동안 업종별 상위 5개 앱의 시간대별 평균 사용자 수 및 사용 행태를 분석한 결과다.

자료원: 출퇴근 땐 음악, 웹툰은 취침 전… 콘텐츠 소비 '시간표'(국민일보, 2025.7.25).

사진출처: 와이즈앱 · 리테일 홈페이지(https://www.wiseapp.co.kr).

기를 어떻게 잡아야 할지를 결정하는 것도 중요하다. 이러한 과정을 통해서 서비스 기업과 마케터는 서비스 수요의 변동패턴과 원인을 파악함으로써 자신들의 공급과 매치시킬 수 있는 수요공급 조화 전략을 마련할 수 있게 된다. 구체적인 서비스 **수요와 공급의 조화** 전략에 대해서는 다음 절에서 살펴보도록 하자.

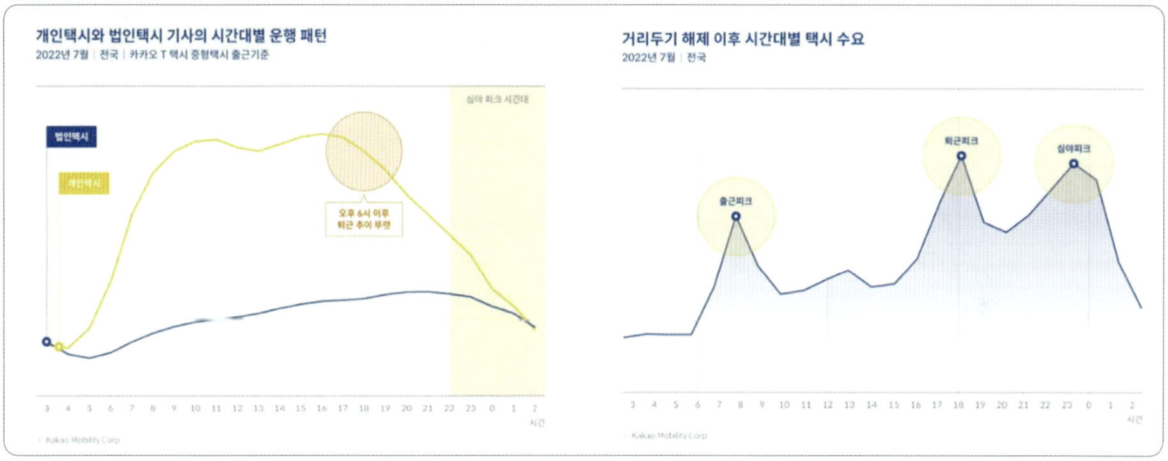

카카오모빌리티 분석에 의하면 택시 수요는 출근, 퇴근, 심야시간에 제일 많은 반면 운행은 주로 낮에 이루어지다 보니 수요공급의 불균형이 계속된다.

9.2 서비스 수요공급 조화 전략

서비스 기업은 소비자들의 수요 패턴과 자사의 공급능력을 잘 파악한 후 이들을 적절히 조화시킬 수 있는 전략을 구상해야 한다. 수요와 공급을 조화시키는 전략에는 기본적으로 두 가지 접근방법이 있는데, 수요의 변화를 조정하여 공급량에 맞추는 방법과 공급능력을 조정하여 수요에 대응하는 것이다. **그림 9-2**는 과일음료 전문 카페의 수요공급 조화 전략에 대한 예시를 보여준다. 먼저 과일음료 전문 카페의 수요변동성을 파악해 보면 봄과 겨울철에 음료의 판매가 줄어드는 계절요인을 발견할 수 있다. 이러한 수요문제에 대응하기 위해 앞서 설명한 대로 수요와 공급조정을 고려할 수 있는데, 비수기 수요 증대를 위해 메뉴 보완(커피 음료 판매)을 고려하는 것이 하나의 안이 될 수 있다. 수요조정 및 공급조정 전략들에 대해 구체적으로 살펴보면 다음과 같다.

그림 9-2 서비스 수요공급 조화 전략

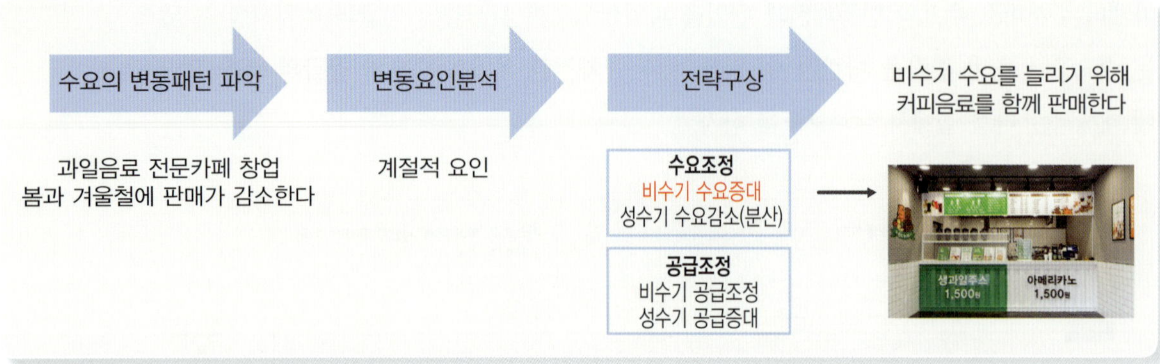

(1) 수요조정 전략

수요조정 전략의 핵심은 수요량이 너무 적을 경우 수요를 진작시켜 서비스 공급량에 맞추는 것이며, 반대로 수요량이 많은 경우에는 과잉수요를 가능한 다른 시기로 분산(감소)시키는 전략을 강구해야 한다는 점이다. 이러한 방법들을 비수기 **수요증대**와 성수기 **수요분산**(감소) 전략으로 구분하여 살펴보도록 하자.

① 비수기 수요증대 전략

비수기 서비스 수요를 증대하는 전략은 상품 차별화, 가격 차등화, 비수기 역발상 전략으로 구분해서 살펴보자.

- **상품 차별화**: 먼저 비수기 수요에 적합한 상품을 개발함으로써 서비스 상품의 다변화를 꾀하는 전략을 생각할 수 있다. 비수기를 보완할 수 있는 상품 이원화 전략이 대표적이다. 그림 9-2 예시와 같이 과일음료 판매점은 줄어드는 겨울철 수요를 위해 커피와 같은 보완상품을 함께 판매할 수 있다. 다음으로 공동 마케팅을 통해 자사가 직접 담당하지 못하는 비수기 수요를 대처하는 것도 상품 이원화와 유사한 효과를 기대할 수 있다. 이 외에도 특정 시간이나 상황에 맞는 시기수요 상품을 개발하는 것도 효과적이다. 맥도날드는 매장을 찾는 손님이 적은 아침시간대를 공략하는 맥모닝 상품을 출시하여 성공을 거두었고, 설빙은 제철 과일을 활용한 계절별 빙수상품을 출시하면서 비수기에도 소비자들을 유인하고자 노력했다. 상품 차별화 차원에서 한 장소에서 성공을 거둔 후

여러 지역으로 사업을 확장시키거나, 배달서비스를 제공하는 것도 잠재수요를 끌어올리는 데 큰 도움이 될 것이다.

외식업체들이 TAKE-OUTBACK 같은 딜리버리 전용 메뉴 개발로 상품 차별화에 힘쓴다.

- **가격 차등화**: 비수기 수요증대를 위해 가장 자주 이용되는 방법은 서비스 가격 할인이다. 영화관에서 조조할인이나 평일 할인을 해줌으로써 관람객이 적은 시간대의 수요를 끌어올릴 수 있다. 가격이 떨어지면 수요가 상승한다는 것은 경제학의 기초 논리이다. 그런데 이러한 가격할인전략은 가격탄력성이 높은 시장에서 효과적이라는 점에 유의할 필요가 있다. 일반관광객들은 항공료나 호텔 비용의 하락에 큰 영향을 받지만, 비즈니

호텔들이 비수기 고객들을 대상으로 다양한 판촉활동을 진행한다.

스나 공무를 위해 출장을 가는 사람들은 상대적으로 서비스 비용의 상승이나 하락에 영향을 덜 받는다. 또한 비수기 가격 차등화에서 무조건적인 가격할인만이 능사가 아님에 유의하자. 가격할인을 자주 하게 되면 경쟁사와의 가격경쟁이 출혈경쟁으로 치달을 수도 있다. 또한 소비자들에게 저가, 저품질의 이미지를 심어주게 될 우려가 있다. 무엇보다 저가에 익숙해진 고객들은 비수기가 아닌 다른 시기에도 저가를 기대하기 때문에 나중에 가격을 올렸을 때 문제가 된다.

따라서 단순 가격할인보다는 가격 할인 효과를 가져다주는 판매촉진을 잘 활용하면서 비수기 고객들에게 여러 가지 혜택을 제공하는 것이 성수기 수요를 비수기로 분산시키거나 비수기 수요 자체를 진작시키는 데 도움이 된다. 예를 들면 비수기 관광지역의 호텔들은 항공사 등과 손을 잡고 객실과 항공권을 함께 패키지로 제공함으로써 비수기 수요를 증대시키려고 노력한다. 비수기 이용고객들에게 객실 업그레이드나 별도의 맞춤 서비스를 제공하는 것도 가능하다.

- **비수기 역발상**: 비수기 수요를 증대시키기 위해서 서비스 기업의 역발상적인 노력이 효과적일 수도 있다. 우선 비수기에는 서비스 시설의 새로운 용도를 개발하여 이용률을 높일 수 있다. 예를 들어 계절에 의존하는 스키장, 골프장 등의 레저, 스포츠 시설은 비수기에 용도를 변경하여 사용할 수 있는데, 콜로라도의 세계 유명 스키장 아스펜(Apen)에서는 매년 여름 음악제와 음악학교를 열어 시설을 이용하면서 비수기를 극복하고 있

일본 하쿠바 이와타케 스키장(리조트)은 여름철 역발상 전략으로 유명하다. 전경을 바라보는 스윙 그네는 SNS 명소가 되었다.

현대백화점 여름철 비수기 역발상 마케팅

휴가 시즌을 앞둔 6월말 백화점 정기세일이 끝나면 백화점 업계는 사실상 비수기를 맞는다. 산업통상자원부에 따르면 2023년 7월 기준 백화점 매출은 전월 대비 잡화(-4.4%), 여성정장(-2.2%), 여성캐주얼(-3.9%) 등 모든 카테고리에서 감소했다. 8월의 경우는 남성의류 매출까지 2.8% 줄어 전체 매출이 전월보다 7% 감소했다. 이러한 여름철 비수기를 타개하기 위한 현대백화점의 역발상 마케팅을 들여다보자.

현대백화점은 2024년 여름 전략으로 전국 모든 점포를 '포지타노의 태양'을 테마로 한 휴양지 분위기를 연출했다. 비수기인 여름철에 비용 부담이 큰 대규모 이벤트를 여는 것은 이례적인 만큼 업계에서 주목을 받았다. 현대백화점은 행사를 통해 여름 휴가철은 백화점 비수기라는 공식을 깨고, 동시에 3분기 수익성 개선을 위한 모멘텀을 만든다는 계획을 밝혔다. 2025년에도 현대백화점은 6월 27일부터 8월 21일까지 두 달 동안 전국 백화점 점포에서 하와이 콘셉트인 '후이후이 마우이'를 진행하고 있다. 작년에 이어 여름 시즌에 해외 대표 휴양지를 콘셉트로 전 점포가 참여하는 오프라인 행사를 진행한 것이다. '7말 8초'에 집중되던 휴가철 여행객이 분산되는 추세에 따라 백화점 비수기로 알려진 한여름에도 대대적인 테마 행사를 여는 역발상 전략을 시행 중이다.

자료원: "공간 마케팅 끝판왕"...현대백화점에 하와이를 그대로 옮기다(테크M, 2025.6.24).
伊 휴양지 옮겨온 현대百…비수기 반전 카드 꺼냈다(아시아경제, 2024.7.2).

사진출처: 현대백화점(https://www.ehyundai.com).

다. 비수기의 리조트 시설을 학회나 기업체 종업원들의 교육훈련을 위해 대여해 줄 수도 있다. 다음으로 서비스 기업이 현 위치에서 수요를 끌어들일 수 있는 좋은 아이디어를 발굴하려는 노력도 중요하다. 국내 유통가에서 11월은 별다른 행사나 이벤트가 없던 비수기 시즌이었지만, 최근에는 미국의 블랙프라이데이나 중국의 광군제 등에 대한 소비자들의 관심과 함께 기업들의 마케팅 활동이 집중되면서 중요한 쇼핑시즌으로 부상하였다.

② 성수기 수요분산(감소) 전략

성수기 수요분산(감소) 전략에 대해 서비스 시간·장소 조정, 고객차별화, 성수기 역발상 순으로 살펴보도록 하자.

- **서비스 시간·장소 조정**: 성수기나 하루 중 고객들이 몰리는 시간대의 수요량을 적절한 수준으로 관리하기 위해서 서비스 영업시간이나 장소를 조정할 수 있다. 은행의 경우 지점의 성격에 따라서 일찍 영업을 시작하거나 오후 늦게까지 영업시간을 연장한다면 수요가 분산되어 고객들이 여유로운 분위기에서 서비스를 제공받을 수 있다. 영업시간은 기본적으로 기업의 편의에 의해 일방적으로 결정하는 것보다 고객의 편의와 수요를 이

영화산업 소비 진작을 위한 할인쿠폰 지급 첫날 사용자들이 몰리면서 주요 3사(CGV, 메가박스, 롯데시네마) 앱이 모두 접속 오류가 발생했다. 수요분산을 위한 적절한 사전 대응과 안내가 중요하다는 점을 잘 보여준다.

해하고 고객 중심적으로 정해야 한다. 서비스 장소를 분산시키는 것도 수요를 분산시키는 데 도움이 된다. 슈퍼마켓이나 할인점에 은행 지점을 두어 고객들의 간단한 업무를 돕는다거나, ATM이나 온라인 뱅킹 등도 지점에 몰리는 수요를 분산시키는 데 도움이 된다.

한편 이러한 과정에서 고객들과의 의사소통이 무엇보다 중요해진다. 기업은 고객들에게 성수기와 비수기를 알려주고, 성수기에 발생할 수 있는 고객과밀현상이나 서비스 지연 등의 문제점들을 공지할 수 있다. 예를 들어, 은행이나 우체국에서는 하루 중에 제일 바쁜 시간대나 일주일 중 가장 바쁜 요일 등을 공지할 수 있는데, 고객들은 이러한 공지를 보고 가능한 대로 바쁜 시간대를 피해서 서비스를 이용하거나 온라인뱅킹 등 다른 수단을 활용해서 서비스를 이용할 수 있다.

- **고객 차별화**: 성수기의 넘쳐나는 수요를 관리하기 위해 우선순위에 따라 고객들에게 서비스를 제공하는 것도 좋은 방법이다. 예를 들어, 레스토랑에서는 예약 없이 찾아오는 고객보다는 예약을 하고 찾아오는 고객을 먼저 돌보아준다든지, 서비스 제공에서 유동고객보다는 충성고객에 더 우선권을 줄 수 있다. 현대백화점은 우수고객(VIP)들을 대상으로 명품매장에 대기 없이 입장 가능한 우선예약 서비스를 제공한다.

  서비스 필요도가 높은 고객을 우선 대응해 주는 서비스 차등화를 시도할 수도 있다. 서비스에 대한 필요성이나 시급성이 비교적 덜한 고객이나 일반 유동고객들은 바쁜 시기를

한성자동차는 VIP 혜택을 강화하면서 우수고객들에게 AS 우선예약과 같은 차등적인 혜택을 제공한다.

피해 서비스를 찾도록 유도하는 것이다. 그리고 성수기 수요를 비수기로 분산시키기 위해 성수기 고객들에게는 별다른 혜택을 주지 않는 역차별화도 대안이 될 수 있다. 성수기에는 일종의 **디마케팅**(demarketing)을 하는 것인데, 예를 들어 항공사들은 연말연시나 추석 등의 성수기에는 고객들이 보너스 마일리지 할인혜택을 쓸 수 없게 하는 대신 가격 전액을 지불하는 고객들에게 항공권에 대한 우선권을 줄 수 있다. 고객들은 성수기에 항공 서비스를 이용하는 것이 비교적 비싸다는 사실을 알기 때문에 자신들의 여행 일정을 조정하게 된다.

- **성수기 역발상**: "물들어올 때 노 저어라"라는 말이 있듯이 성수기에 증가하는 서비스 수요를 오히려 적극 수용하는 것도 방법이다. 예를 들어 AJ렌터카는 제주 지역의 여름성수기 시장수요에 대응하기 위해 2030세대를 겨냥한 저가형 서비스브랜드인 빌리카를 새로 도입하면서 성수기 수요에 대처하였다. 새로운 브랜드를 출시함으로써 기존의 서비스에 문제가 발생하지 않으면서도 성수기 수요를 끌어들이는 유연성을 보여준 것이다. 코로나19로 인해 소비자들이 집안에 머무는 시간이 늘면서 심야에 인터넷쇼핑을 하는 고객들이 증가하자, 온라인 쇼핑업체들은 심야시간을 적극 공략하는 전략을 시행하였다. 불황이 지속되면서 성수기에 오히려 다양한 프로모션을 통해 비수기와 같은 혜택을 제공하고 고객들을 적극 유입하려는 노력들도 늘고 있다.

야놀자는 여름철 성수기에 선별한 프로그램 중심으로 고객들에게 혜택을 주는 놀이위크 캠페인을 시행하였다.

(2) 공급조정 전략

① 비수기 공급조정 전략

비수기 **공급조정** 전략에 대해 살펴보도록 하자.

- **서비스 시설/장비 보수**: 비수기는 기업이 운용하고 있는 서비스 시설이나 장비 등을 보수할 수 있는 좋은 시간과 기회를 제공해 준다. 특히 관광지의 리조트나 테마파크와 같이 시설이나 기구에 의존하는 서비스의 경우에는 비수기를 활용하여 시설이나 장비를 보수하는 것이 중요하다. 소프트웨어나 IT 기술에 의존하는 서비스들도 비수기는 이들을 업데이트할 수 있는 좋은 기회이다. 이렇게 시설과 장비가 업데이트 되고 보수되면 성수기에 서비스 제공능력과 품질이 향상될 수 있다.

- **서비스 시설/장비 변경**: 서비스 시설이나 장비를 처음부터 성수기나 비수기에 맞추어 조정 가능하게 구축할 필요도 있다. 예를 들어 보잉 777 항공기는 좌석구조가 매우 유동적으로 만들어져 있어서 승객의 수에 따라 몇 시간 안에 기내 환경을 퍼스트 클래스, 비즈니스 클래스, 이코노미 클래스의 고객수요에 맞게 조정하여 공급할 수 있다. 컨벤션 센터에서는 행사 규모에 따라 행사장 규모를 조절할 수 있게끔 설계하여 운영하고 있다. 호텔에서도 객실의 구조를 변경 가능하게 만들어 성수기에는 룸 사이의 문을 닫아 한 룸을 두 개로 이용하다가 비수기에는 그 문을 터서 하나의 큰 스위트룸으로 활용하도록 할 수 있다.

대한항공은 코로나19로 인한 여행객 급감에 따라 기내 좌석을 활용해 화물을 수송하는 용도 변경으로 비수기에 대처하였다.

- **종업원 교육과 휴가**: 서비스 기업은 비수기를 종업원들에 대한 재충전과 재정비의 시간으로 적극 활용할 수 있다. 종업원들에 대한 업무 훈련, 재교육 등도 중요하지만, 그들에게 휴가를 줌으로써 공급량을 조정하고 종업원들이 정신적으로, 육체적으로 재충전되어 성수기에 고객들을 맞이하여 최고의 서비스 능력을 발휘할 수 있도록 지원해야 한다. 특히 교육에서는 성수기를 대비한 종업원 간의 **교차훈련**(cross-training)이 필요하다. 서비스 기업에서는 한 종업원이 다른 몇 가지 일들을 담당하여 처리할 수 있도록 융통성 있게 교육시킬 수 있는데, 이를 교차훈련이라고 한다. 교차훈련을 받은 종업원은 업무수행의 유동성이 증가하여 바쁜 시기에 꼭 필요한 분야를 지원할 수 있게 된다. 예를 들어 항공사에서는 직원들을 교차훈련 시켜서 수요량에 맞게 발권, 게이트 카운터, 수하물 서비스 파트 등에 순환근무를 하도록 한다. 이를 통해 기업은 서비스 영역별로 인력자원을 고르게 배분함으로써 조직의 효율성을 증대시킬 수 있다.

② 성수기 공급증대 전략

성수기 **공급증대** 전략을 기업의 유연성 차원에서 살펴보도록 하자.

- **근무시간/시설 확충**: 성수기에는 기본적으로 서비스 자원을 확충시킬 필요가 있다. 첫째, 한시적으로 서비스 영업시간을 늘릴 수 있다. 개인병원은 겨울철 독감 시즌에 진료시간을 늘려서 연장근무를 할 수 있고, 유통업체는 연말연시에 영업시간을 늘려서 소비자들의 늘어난 쇼핑 수요에 대비할 수 있다. 둘째, 서비스 직원이 초과시간근무를 함으로써 넘쳐나는 성수기 수요에 부응할 수 있다. 관광 서비스, 금융 서비스 등에 종사하는 서비스 직원들은 수요가 많을 때 연장근무를 할 수 있다. 수요가 갑자기 늘게 되면 파트타임 종업원들을 기용하여 한시적으로 운용할 수도 있다. 그런데 이때 파트타임 종업원들도 기본적인 훈련을 받은 후 투입되어야 서비스 품질의 하락을 예방할 수 있다. 셋째, 성수기에 서비스 설비를 확충시킬 수 있다. 영화관, 음식점, 회의실, 강의

에버랜드는 여름 성수기 야간개장을 밤 10시까지 연장하면서 다양한 이벤트를 제공한다.

실 등은 사람이 많을 때 테이블과 의자를 더 놓음으로써 초과수요에 부응해 나아갈 수 있다. 그런데 이러한 확충 전략들이 장기적으로 이용되는 경우에 자칫 서비스의 질이 악화될 우려가 있다. 따라서 이러한 전략들은 성수기 공급증대를 위해 한시적으로 운용되어야 한다.

택배회사들은 명절 기간 전후로 급증하는 물량을 원활하게 처리하기 위해 인력과 차량을 추가로 투입한다.

- **아웃소싱**: 전문성을 필요로 하지만(예: 기술 지원, 웹디자인 등) 그 수요가 한시적이거나 혹은 자체적으로 담당인원을 선발하여 활용하기에 시간과 비용부담이 큰 경우에 서비스 기업은 아웃소싱을 고려할 수 있다. 실제 많은 서비스 기업들이 성수기에 그들의 본질적인 영역과는 거리가 있으나 꼭 필요한 전문 서비스 인력이나 시설, 장비 등을 아웃소싱 하여 활용한다. 예를 들어 이삿짐이나 택배회사에서는 성수기에 트럭을 임대해서 이용할 수 있다.

- **셀프 서비스 전환**: 서비스 현장에서 고객참여는 서비스 직원의 역할을 대신할 수 있다. 따라서 성수기 수요에 대비해서 서비스 인력을 확충하는 대신 셀프 서비스로 전환하는 것을 고려할 수 있다. 예를 들어 공항에서는 여름과 겨울 성수기 시즌에 셀프 체크인이나 셀프 백드롭과 같은 서비스를 강화하여 운영한다. 그러나 이러한 기기의 작동이나 셀프 서비스에 익숙하지 않은 고객들에게는 오히려 셀프 서비스로의 전환이 대기시간을 증대시키거나 서비스 실패를 가져올 수 있다는 점에 유의해야 한다.

SERVICE MARKETING FOCUS

AI 시대 급변하는 인도 BPO 시장

세계 최대의 비즈니스 프로세스 아웃소싱(BPO: Business Process Outsourcing) 및 콜센터 산업의 중심지인 인도에서 인공지능(AI) 기술의 도입이 산업 전반에 걸쳐 대대적인 변혁을 가져오고 있다. 워싱턴포스트 보도에 따르면, AI는 기존의 저임금 반복 업무를 빠르게 대체하며 인도 BPO 산업의 일자리 지형을 변화시키고 있으며, 이는 새로운 도전과 기회를 동시에 제시하고 있다. 인도는 그동안 저렴한 인건비와 영어 구사 능력으로 인해 수십 년간 전 세계 기업들의 콜센터 및 BPO 서비스를 도맡아 왔다. 그러나 최근 챗봇, 음성 인식, 자동화 기술 등 AI 기반 솔루션이 급속도로 발전하면서, 고객 응대, 데이터 입력, 단순 문의처리와 같은 저숙련 반복 업무는 AI로 대체되는 현상이 가속화되고 있다. 이에 따라 인도의 젊은 인구에게 안정적인 일자리를 제공해 온 BPO 산업의 핵심 기반이 흔들릴 수 있다는 우려가 커진다. 한편 인도 BPO 산업은 이러한 위기를 새로운 도약의 기회로 삼으려는 움직임을 보이고 있다. 업계 전문가들은 AI가 인간의 일자리를 완전히 대체하기보다는, 업무의 성격을 변화시키고 있다고 분석한다. 즉, 단순반복업무는 AI가 처리하고 인간은 AI가 해결하지 못하는 복잡하거나 고도의 공감 능력을 요구하는 문제해결, 전략적 분석, 관계관리 등 고숙련 서비스 중심으로 역할을 전환해야 한다는 것이다. 이를 위해 최근 인도의 주요 BPO 기업들은 AI를 활용하여 서비스 품질과 효율성을 높이는 동시에, 기존 인력을 재배치하거나 새로운 기술 역량을 갖추도록 훈련시키고 있다. 기술 없는 일자리(no-skill jobs)의 이미지를 벗고, AI와 협업하면서 고부가가치 서비스를 제공하는 지능형 BPO(Intelligent BPO)로 진화하려는 시도를 하고 있다.

자료원: 인도 BPO 산업, AI 도입으로 대변혁(카메라의 눈, 2025.6.23).
사진출처: BPO업체 젠팩 홈페이지(https://www.genpact.com/services/customer-care).

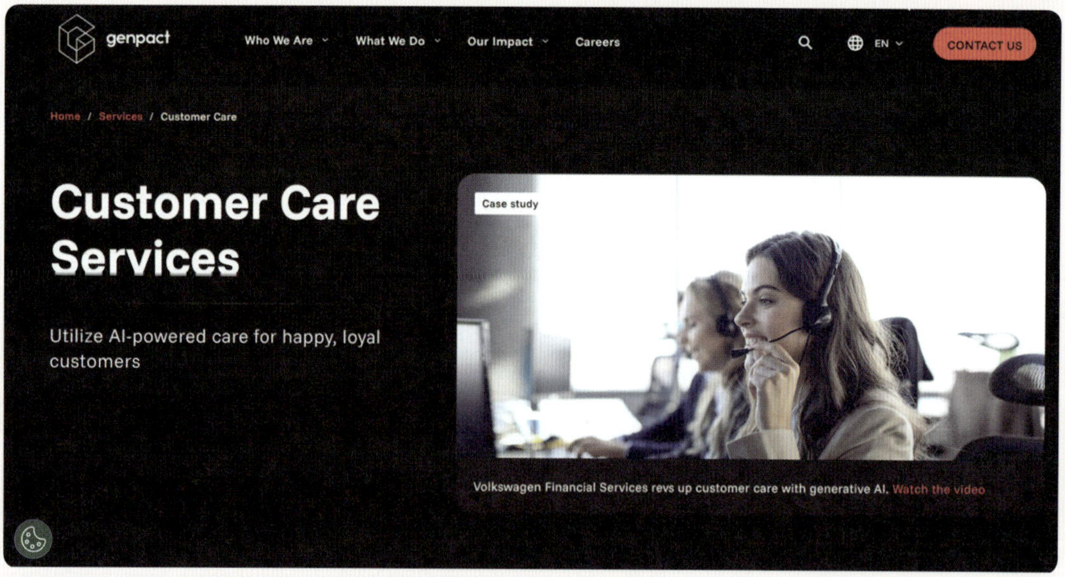

9.3 대기관리 전략

지금까지 수요와 공급을 조정하는 차원에서 수요공급관리 전략을 이야기하였다. 그런데 이러한 방법들이 항상 가능하지는 않다. 성수기에 넘쳐나는 수요를 갑자기 줄일 수도 없을 뿐더러 공급량을 당장 늘릴 수도 없다. 단기간 내에 비수기 수요를 끌어올리는 것 역시 쉬운 일이 아니다. 서비스 수요와 공급의 부조화로 발생할 수 있는 가장 흔한 모습은 긴 대기열/시간(waiting line/time)의 문제이다. 유명 맛집이나 관공서, 은행이나 병원, 지하철이나 버스 정거장 등에서 길게 줄을 서서 기다리는 사람들을 종종 볼 수 있다. 물론 순번대기표 발행기를 제공하는 업체도 많아졌고, 최근에는 모바일로 안내를 하면서 줄을 서서 기다릴 필요는 많이 사라졌지만 서비스를 이용하기까지 고객이 기다려야 하는 것은 마찬가지이다.

고객들이 긴 대기열을 통해 오래 기다려야 할 경우 여러 가지 문제가 발생한다. 우선 사람들은 바쁘게 돌아가는 세상에 아무 일도 하지 못한 채 가만히 기다리는 것에 대해 매우 불만족스럽게 생각한다. 서비스 자체의 품질이 좋아도 오래 기다려야 할 경우, 서비스의 요구 응대성이 떨어지고 전체적인 서비스의 질은 추락한다. 따라서 고객만족도와 충성도 역시 동반 하락한다. 예를 들어, 점심 위주의 어느 음식점에서 아무리 음식을 맛있게 잘하고 종업원들이 친절하더라도 시간압박을 받고 있는 회사원들에게는 길게 줄을 서서 이용하는 것은 어려움이 따른다. 테마파크에서 인기 있는 놀이시설을 이용하기 위해 몇 시간 동안 줄을 서서 기다려본 사람들이라면 무작정 기다리는 일이 얼마나 불편한 일인지 잘 알 것이다.

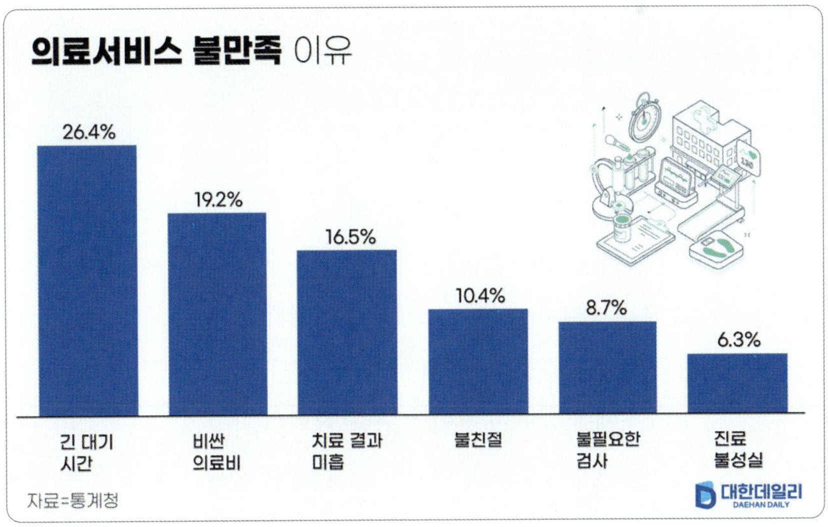

통계청이 발표한 '2024년 사회조사 결과'에 따르면 의료 서비스에서 대기시간은 불만족의 가장 큰 원인이 된다.

기업의 입장에서도 이

러한 **대기고객**들이 하나둘 멀어져 가면 기회손실이 발생하고 수익성이 악화된다. 불만고객들의 불평이나 부정적 구전도 수익성에 무시하지 못할 악영향을 미친다. 따라서 대기열/시간을 잘 관리하는 것이 서비스 수요공급관리에서 매우 중요한 이슈이다. 여기서는 효과적인 **대기열/시간관리** 전략에 대해 알아본다.

(1) 서비스 프로세스와 대기 시스템 점검

서비스 운영자는 고객이 서비스를 제공 받기 위해 밟아야 하는 전체적인 절차나 단계를 면밀히 검토하여 어떤 절차들이 고객들을 오래 기다리게 만드는지, 혹은 어느 단계에서 주로 서비스의 병목이 존재하는지를 밝힌 뒤, 이를 해결할 수 있는 방안을 강구해야만 한다. 예를 들어 한 호텔에서는 미리 예약한 손님에 대해서는 체크인 과정을 생략하고 약속된 시간에 와서 로비에서 열쇠를 받아 바로 이용할 수 있게 하고 있다.

고객 관점에서 서비스 프로세스 점검을 통해 대기 발생의 문제를 줄이는 것도 중요하지만, 서비스 이용에서 일정 수준의 대기가 발생할 수밖에 없다면 대기 시스템을 어떻게 효과적으로 구축하고 관리하는가가 중요해진다. 만약 고객들이 줄을 서서 기다리는 것이 불가피할 경우라면 대기고객들이 가능한 가장 빠른 시간 내에 자신의 순서가 되어 서비스를 받을 수 있도록 대기 시스템을 설계하는 것이 필요하다. 삼성서울병원 건강검진서비스는 검사실별 대기시간을 관리해 고객들이 최적의 동선으로 검사받을 수 있는 스마트검진 시스템을 제공한다.

고객들의 대기시간을 최소화하는 데 유용하게 활용되는 **대기행렬이론**(queuing theory)은 고객과 서비스 제공자(혹은 설비)와의 관계를 확률이론을 적용하여 대기행렬의 모델을 작성하고, 고객의 도착상황에 잘 적응할 수 있는 서비스 규모나 수용력(공급 수준)을 결정하는 것이다. 여기서는 이러한 통계적인 모형보다는 대기시간을 최소화할 수 있는 몇 가지 단순한 방법을 **그림 9-3** 에서 소개하고자 한다.

첫째는 다중행렬인데 ⓐ와 같이 서비스 창구를 여러 개 마련해 놓음으로써 고객이 서비스 장소에 도착하여 본인의 판단에 의해 가장 짧은 줄에 대기한다. 물론 다른 줄이 더 빨리 줄어들면 그쪽으로의 이동이 가능하다. 둘째는 ⓑ와 같은 형태의 단일행렬이다. 먼저 온 고객이 먼저 서비스를 받을 수 있기 때문에 공평성이 보장되고, 고객들의 평균대기시간을 줄일 수 있는 장점이 있는 반면, 서비스 제공자를 고객이 선택할 수 없다는 단점은 있다. 셋째는 순번대기표 발행 시스템이다. 이 경우, (c)와 같이 먼저 온 고객이 빠른 번호를 들고 기다리는 것이다. 이 방법의 최대의 장점은 고객이 번호표만 있으면 대기시간의 길이를 대충 짐작할 수 있고, 그 시간 동안 원하는 일을 하며 기다릴 수 있다. 자신이 얼마나 기다려야 하는지 알고 기다릴 때와 그렇지 않고 마냥 기다려야 할 경우, 고객만족도의 차이는 천양지차이다. 그렇지만 자신의 번호(순서)가 지나가면 다시 기다려야 하는 문제가 있어서 대기자는 항상 대기장소에서 기다려야 한다. 최근에는 모바일 안내 시스템을 통해 이러한 문제도 해결할 수 있다.

그림 9-3 대기행렬의 유형

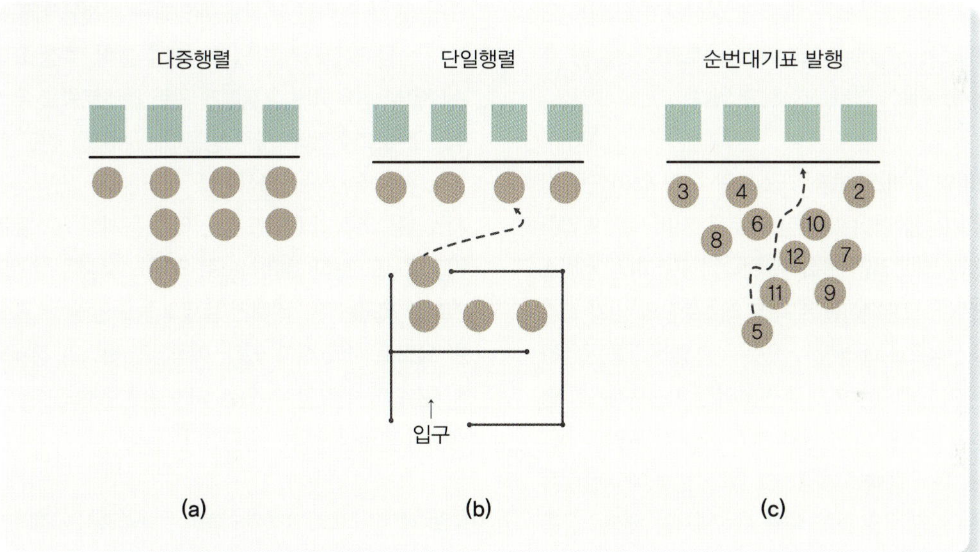

(2) 예약 시스템 구축과 활용

예약 시스템에 의해 서비스를 운영하면 특정한 시점에 몰리는 수요를 분산시키고 성수기에 대기시간을 줄이는 데 큰 도움이 된다. 현재 항공사, 호텔, 골프장, 극장, 병원 등 많은 서비스가 고객들의 예약으로 운영되고 있다. 고객들도 약속된 시간에 가서 기다림 없이 서비스를 받을 수 있기 때문에 만족도가 올라간다.

그러나 예약 시스템을 운영하는 데 있어서 가장 큰 걸림돌은 고객이 약속한 시간에 나타나지 않는 노쇼(no show) 문제이다. 실제로 항공사, 호텔, 식당과 같은 서비스들에서 예약을

SERVICE MARKETING FOCUS

대기시간이 비즈니스를 만든다: 진화하는 레스토랑 예약 앱

인공지능(AI)과 로봇, 디지털 주문 및 결제 등 최근 레스토랑 산업이 디지털화를 통해 운영 효율성과 고객 경험을 향상시키고 있는 가운데 미국에서는 예약 앱이 단순한 예약 기능을 넘어 맞춤형 추천, 비대면 결제, 프리미엄 서비스, AI 기반 음성 예약 등 종합적인 플랫폼으로 진화하면서 그 역할이 점점 더 중요해지고 있다. 특히 MZ세대 소비자들은 외식을 중요한 라이프스타일 요소 중 하나로 인식하며, 편리한 예약 시스템과 맞춤형 서비스를 요구하고 있다. 이러한 흐름 속에서 레스토랑 예약 앱 시장도 빠르게 성장하고 있으며, 오픈테이블(OpenTable), 레지(Resy), 토크(Tock) 등 주요 예약 플랫폼이 더욱 진화하고 있다.

- **프리미엄 서비스 제공**: 레스토랑 예약 앱이 단순한 예약 기능을 넘어 다양한 새로운 서비스를 도입하고 있다. 대표적인 변화 중 하나가 프리미엄 서비스 제공이다. 오픈테이블은 특정 레스토랑의 인기 좌석을 우선적으로 예약할 수 있는 VIP 멤버십을 운영하고 있으며, 레지는 카드사 아메리칸 익스프레스와 협력해 해당 카드 이용자들에게 우선권 및 포인트 제도 등 VIP 예약 혜택을 제공하고 있다. 일부 예약 플랫폼에서는 항공권 및 호텔 예약 시스템처럼 가격을 유동적으로 책정하는 동적 가격 책정 방식을 도입하고 있다. 미쉐린 스타 레스토랑이나 인기 있는 레스토랑들은 손님이 몰리는 피크 타임에는 더 높은 가격을 책정하거나 선불 결제를 요구하는 방식으로 운영되고 있으며, 이로 인해 보다 유연하며 효율적인 예약관리가 가능해졌다.

- **AI 기반 맞춤형 추천과 비대면 결제**: AI 기술과 데이터 분석 기능을 활용한 맞춤형 추천 서비스도 점점 강화되고 있다. 예약 앱들은 고객의 예약 패턴, 선호 요리, 방문 이력을 분석해 개인화된 추천을 제공하는 기능을 발전시키고 있다. 예를 들어, 특정 요리 스타일을 선호하는 고객에게 관련 레스토랑을 우선적으로 보여주거나, 자주 방문하는 지역의 신규 레스토랑을 추천하는 방식이다. 이러한 AI 기반 추천 시스템은 고객의 만족도를 높이는 동시에 레스토랑 입장에서도 보다 효과적으로 타깃 고객층을 유치할 기회를 제공한다. 비대면 결제 기능도 점점 더 중요한 요소로 자리 잡고 있다. 예약뿐만 아니라 결제까지 한 번에 해결할 수 있는 시스템이 구축되면서 고객들의 편의성이 많이 증가했다.

자료원: '예약 앱'으로 고객 불러들이는 미국 외식 시장(식품음료신문, 2025. 3.7).
사진출처: 오픈테이블 홈페이지(https://www.opentable.com).

위반하고 정해진 시간에 나타나지 않는 고객들 때문에 많은 손실이 발생하기도 한다. 그래서 예약 시스템을 운영하고 있는 기업은 항상 전화나, 이메일, 문자 메시지 등을 통해 고객들에게 약속시간을 지속적으로 재확인시키고 예약취소 방침을 알려준다. 예약위반을 감안해서 좌석 수 이상으로 예약손님을 받는 경우(overbooking)도 있다. 그러나 이 경우 과도하게 예약자를 받는 경우, 오히려 기업이 낭패를 당할 수도 있으니 주의하여야 한다.

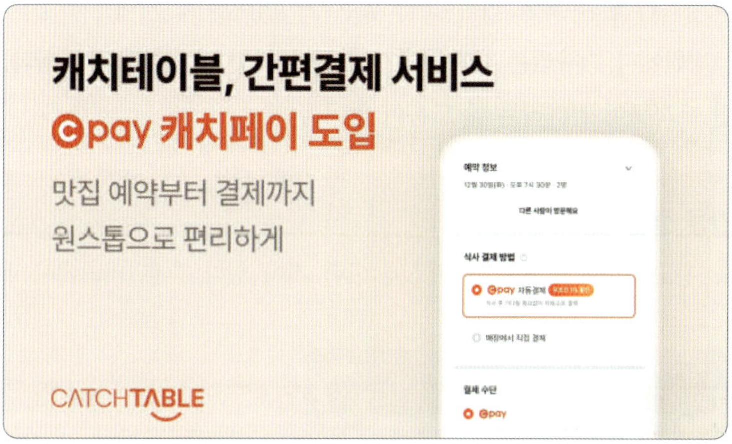

예약대행 앱(어플)이 활성화되면서 예약금액을 확정하고 사전결제하는 경우가 많아진다.

(3) 대기 중 고객 관리

맛집으로 알려진 식당을 찾게 되면 길게 줄을 서거나 대기표를 받아야 하는 경우가 있는데, 이런 경우에도 고객들을 대하는 식당의 대처는 모두 제각각이다. 유명한 식당에 찾아왔으니 의례 기다리는 것은 당연한 것처럼 아무런 대책도 없이 고객들을 기다리게 하는 식당도 있지만, 기다리는 동안 앉아서 쉴 휴게실을 마련해 놓고 음료수를 대접하는 식당들도 있다. 사소한 것 같지만 이러한 고객 관리에서 서비스 기업의 성패가 달라질 수도 있다. 다음에서는 대기 중 고객을 효과적으로 관리하는 방법들에 대해서 살펴보도록 하자.

① 대기시간 안내

대기시간을 알고 기다릴 때와 그렇지 않을 경우의 만족도는 큰 차이가 난다. 따라서 고객이 장시간 기다려야 할 때에는 대기시간에 대해 미리 알려주는 것도 도움이 된다. 예를 들어 은행 콜센터에 전화를 한 경우, 자동응답시스템(ARS)을 통해 대기고객이 많아 기다려야 한다는 응답을 듣게 되면 도대체 얼마나 기다려야 할지 몰라 기다리는 짧은 시간에도 큰 불만을 표출할 때가 많다. 놀이공원에서는 대기열을 따라 중간중간에 그곳부터 몇 분을 더 기다려야 하는지를 표시판에 적어놓는다.

고객들에게 대기시간을 알려주는 것에서 한 단계 더 나아가서 대기하는 이유에 대해 설명해 준다면 대기에 따르는 지루함, 불안감, 짜증 등 부정적 감정이 줄어들 것이다. 예를 들어 항공사에서 비행기가 연발 혹은 연착이 될 경우, 기상상황이나 기내문제 등의 이유를 설명해 준다든지, 병원에서 기다리는 환자들에게 방금 도착한 응급환자의 상황과 같은 이유를 설명해 준다면 고객들이 기다리는 데 도움이 많이 된다.

② 대기시간을 즐겁게

영국의 어느 광고회사에서 냈다는 퀴즈에 이런 것이 있다. "에딘버러에서 런던까지 가는

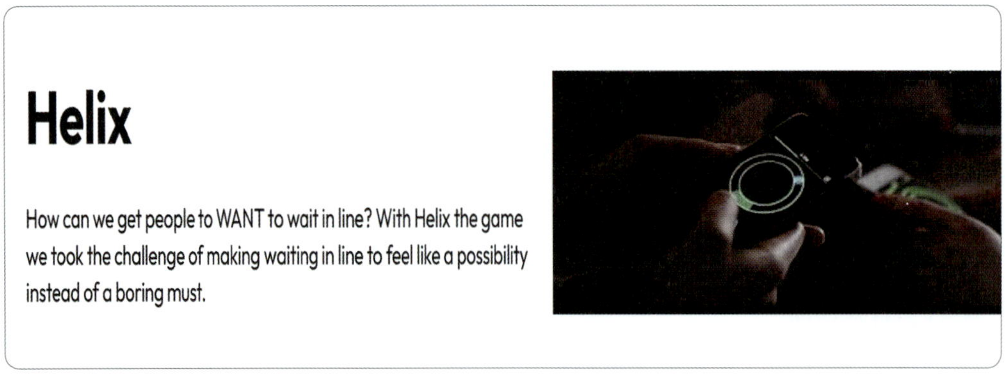

스웨덴 Liseberg라는 놀이공원의 인기 놀이기구인 Helix 이용고객들은 같은 대기 줄에 있는 사람들과 모바일 게임을 즐긴다. 15분마다 1등을 정해서 맨 앞으로 갈 수 있는 권한을 준다.

가장 빠른 방법은?" 정답으로 채택된 것은 "사랑하는 사람과 함께 간다"였다. 좋아하는 사람과 여행을 하면 시간 가는 줄 모른다. 고객이 기다리는 시간에 무엇인가 즐겁게 할 수 있는 일이 있다면 지루하지 않게 시간이 빨리 가지 않을까? 이를 위해 서비스 기업은 기다리는 고객들에게 즐거움을 제공해 주어야 한다. 미용실에서 기다리는 고객들을 위해 신문이나 잡지를 제공하거나, 공항 대기실에서 TV를 보게 하는 것 등이 좋은 방법이다. 사우스웨스트 항공사에서는 승무원들이 기내 탑승객들의 무료함을 달래주기 위해 기내에서 여러 이벤트와 쇼를 한다. 스웨덴의 한 놀이공원에서는 놀이기구를 기다리는 동안 고객들이 모바일로 참여하는 게임이벤트를 진행한다. 대기고객들이 함께 게임에 참여하면서 즐거운 대기시간을 보낼 뿐 아니라 1등은 우선 탑승 권한을 얻게 되는 짜릿한 경험까지 제공 받는다.

③ 대기가 아닌 서비스 시간으로 인식시키기

서비스를 제공 받기 전 대기시간은 서비스를 제공 받으면서 기다리는 시간에 비해 훨씬 길게 느껴진다. 이때 서비스 제공자가 고객들에게 신경을 써서 서비스와 관련된 활동을 한다면 고객들은 서비스 수행이 이미 시작되었고 더 이상 기다리지 않는 것이라고 생각할 수 있다. 또한 서비스가 실제로 시작되기 전에 고객을 준비시킨다는 의미도 있다. 예를 들어, 환자가 의사의 진료를 기다리는 동안 본인의 건강검진 문진표를 작성하도록 한다든지, 고객이 레스토랑에서 기다리는 동안 메뉴를 볼 수 있게 하는 것은 기다림의 지루함을 더는 데 도움이 된다.

SERVICE MARKETING FOCUS

MZ세대는 대기시간을 즐긴다

- **MZ세대 0차 문화**: 젊은 세대 사이에 '0차 문화'가 등장했다. 0차 문화란 대기를 등록해 놓은 식당이나 카페 순서를 기다리는 동안 다른 장소에서 알차고 즐겁게 시간을 보내겠다는 것이다. 주말에 핫플레이스로 불리는 인기 식당, 카페를 방문하려면 대기는 필수다. 1차 일정 전에 들르는 곳이라 '0차'라는 이름이 붙었다. 순서를 기다리는 시간 동안 가게 앞에서 있는 것보다 주변에 위치한 또 다른 장소를 찾아가는 것이 자연스러워진 것이다. 포털사이트나 블로그, 인스타그램과 같은 SNS에 인기 많은 상호명을 검색하면 '웨이팅 팁', '주변에 가볼 만한 곳' 등에 대한 정보도 따라온다. 일정을 구상할 때 아예 이를 염두하고 방문할 곳을 추가하기도 하는 것이다.

- **SNS와 함께 줄 서는 것이 놀이**: 최근 들어 주말이면 서울역 · 용산역 등에선 양손 가득 성심당 쇼핑백을 든 사람들을 쉽게 볼 수 있다. 대전을 찾은 이들 사이에서 성심당 빵은 꼭 사야 하는 필수 기념품으로 자리 잡았다. 작은 동네 빵집에서 출발한 성심당은 전국구 베이커리 브랜드로 성장했다. 이곳을 찾는 MZ세대 발길이 끊이지 않으면서 '대전은 곧 성심당'이라는 인식까지 생겨났을 정도다. 인스타그램 등 소셜네트워크서비스(SNS)상에서 관련 게시물이 30만 건을 넘을 만큼 폭발적 인기를 끌고 있다. 서울 안국역 인근에 본점을 둔 런던베이글뮤지엄도 SNS에서 핫한 곳이다. 식당 예약 플랫폼 캐치테이블 조사에 따르면 런던베이글뮤지엄은 2023년에 이어 지난해도 대기 건수가 가장 많은 브랜드 1위에 올랐다. 베이글을 사러 주말은 물론 평일 오전에도 길게 줄을 선다. 줄 서기 자체가 놀이이자 콘텐츠가 된 셈이다.

자료원: 기다리는 시간도 알차게… '0차'로 갈 카페 고르는 MZ세대(한경비즈니스, 2024.4.3).
"대전은 성심당" 폭발적 인기…MZ들 난리난 이유 있었다(한국경제, 2025.4.12).

사진출처: 한경비즈니스 기사 중.

④ 대기고객 차등화

기업은 모든 고객을 공평하고 평등하게 대우하는 것이 대원칙이다. 대기시간의 경우라면, 먼저 온 고객이 먼저 서비스를 받는 것이 기본원칙이다. 그러나 경우에 따라서는 고객들의 서비스 필요도나 고객유형에 따라서 대기고객을 차등적으로 대할 수 있다. 우선 서비스에 대한 필요성이 높은 고객들에게 먼저 서비스를 제공하는 방법이 있는데, 병원의 응급실이 좋은 사례이다. 영국의 한 병원 응급실에서는 환자를 상태에 따라서 구분하고 대기시간을 달리하는 정책을 실시하였다. 다음으로 우량고객이나 충성고객들에 대해 차등화된 대기 서비스를 제공하는 것도 현실적인 방법이다. 백화점에서는 VIP 고객에 대해서는 기다림 없이 쇼핑을 즐길 수 있도록 발레파킹을 해주거나 항공사에서는 퍼스트클래스 고객이나 우수고객들에게 기다림 없이 체크인 할 수 있도록 도와준다.

대전의 명소 성심당은 대기 고객 차등 전략의 일환으로 임산부를 우대하는 정책을 시행한다.

그런데 일반고객들은 이러한 기업의 고객우대정책에 대해서 항상 고운 시선으로 보는 것만은 아니다. 서비스 차등화가 오히려 고객 간에 위화감을 조성하고 일반 고객들의 불만족을 유발할 수 있다. 금융기관에서 VIP 고객을 위한 PB센터를 운영한다거나 백화점에서 일반 고객과 VIP 고객 행사를 다른 날짜로 진행하는 것처럼 시간이나 장소 면에서 고객들을 구분하여 대응하는 것도 고객 차등화에 따른 부정적인 문제를 해소하는 방법이다.

SERVICE MARKETING FOCUS

대기시간 심리의 법칙

대기관리에서는 대기고객이 똑같은 시간을 기다려도 심리적으로 느끼는 대기시간을 줄여 주는 게 매우 중요하다. 데이비드 마이스터(David Maister)는 다음과 같은 여덟 가지 원칙을 제시하고 있다.

첫 째, 대기 중에 아무 일도 하지 않을 때 대기시간이 더 길게 느껴진다.

둘 째, 주문하지 않고 대기하면 더 길게 느껴진다.

셋 째, 근심에 휩싸이면 더 길게 느껴진다.

넷 째, 언제 서비스를 받을지 모른 채 기다리면 더 길게 느껴진다.

다섯째, 서비스가 지체되는 원인을 모르면 더 길게 느껴진다.

여섯째, 불공정하면 더 길게 느껴진다.

일곱째, 자신이 받을 서비스의 가치가 적으면 더 길게 느껴진다.

여덟째, 혼자 기다리면 더 길게 느껴진다.

이 여덟 가지 원칙은 그리 어렵지 않다. 매우 상식적이기 때문에 이 원칙에 입각해 반대로 조치를 취하면 심리적 대기시간을 줄일 수 있다. 몇 가지 경우만 살펴보도록 하자. 첫 번째, 대기 중 고객들에게 즐길거리를 제공하면 된다. 넷째는 자신이 타려고 하는 버스가 몇 분 후에 오는지 보여주는 버스 정류장 전광판의 경우처럼 예상 대시시간을 알려주면 해결할 수 있다. 고객에서 아무런 정보도 주지 않은 채 무작정 기다리게 하는 상황을 초인증 효과라고 하는데 이런 조치를 하면 불만이 생기지 않는다. 다섯째 경우에는 예를 들어 공항에서 비행기를 기다릴 때 기상악화나 비행기 고장으로 출발이 지연될 경우에도 상황에 대한 적절한 이유를 대기고객에게 정확히 전달해 주어야 고객 불평이 줄어든다. 여섯째는 공정성의 문제다. 오는 순서대로 번호표를 주면 문제가 많이 해결되지만 이런 경우에도 문제가 발생하기도 한다. 필자가 예전에 어떤 보험회사 매장에 가서 번호표를 뽑았는데 내 앞에 이미 10명이 대기하고 있었다. 그런데 때때로 번호표를 뽑고 나서 서비스를 받지 않은 채 매장을 떠나는 고객이 있다. 그럴 때 매장 서비스 매니저가 그 사실을 알고 내게 그 번호표를 주면서 먼저 서비스를 받도록 한 것이다. 이런 배려는 필자에게는 매우 좋지만 매장 내 다른 대기 고객에게는 매우 부당한 조치가 아닐 수 없다. 매장 서비스 매니저의 지나친 서비스가 공정성을 해쳐 부작용을 낳기도 한다. 이처럼 대기고객들의 심리를 이해하는 것이 대기고객 관리의 출발점임을 명심하자.

자료원: 고객 짜증 확 줄이는 '대기시간의 법칙(한경비즈니스, 2014.8.20).

사진출처: https://davidmaister.com/articles/1/52/index.html.

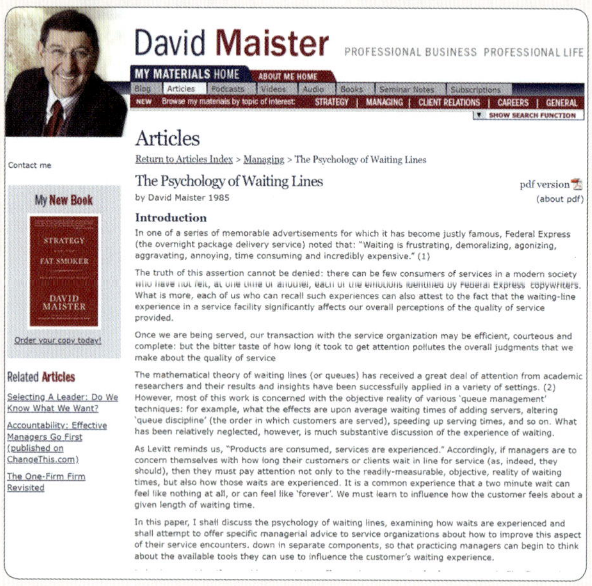
David Maister PROFESSIONAL BUSINESS PROFESSIONAL LIFE

MY MATERIALS HOME | ABOUT ME HOME

Blog | Articles | Podcasts | Videos | Audio | Books | Seminar Notes | Subscriptions

NEW Browse my materials by topic of interest: STRATEGY | MANAGING | CLIENT RELATIONS | CAREERS | GENERAL

SHOW SEARCH FUNCTION

Contact me

My New Book

STRATEGY AND THE FAT SMOKER

DAVID MAISTER

Order your copy today!

Related Articles

Selecting A Leader: Do We Know What We Want?

Accountability: Effective Managers Go First (published on ChangeThis.com)

The One-Firm Firm Revisited

Articles

Return to Articles Index > Managing > The Psychology of Waiting Lines

The Psychology of Waiting Lines

pdf version (about pdf)

by David Maister 1985

Introduction

In one of a series of memorable advertisements for which it has become justly famous, Federal Express (the overnight package delivery service) noted that: "Waiting is frustrating, demoralizing, agonizing, aggravating, annoying, time consuming and incredibly expensive." (1)

The truth of this assertion cannot be denied: there can be few consumers of services in a modern society who have not felt, at one time or another, each of the emotions identified by Federal Express copywriters. What is more, each of us who can recall such experiences can also attest to the fact that the waiting-line experience in a service facility significantly affects our overall perceptions of the quality of service provided.

Once we are being served, our transaction with the service organization may be efficient, courteous and complete: but the bitter taste of how long it took to get attention pollutes the overall judgments that we make about the quality of service

The mathematical theory of waiting lines (or queues) has received a great deal of attention from academic researchers and their results and insights have been successfully applied in a variety of settings. (2) However, most of this work is concerned with the objective reality of various 'queue management' techniques: for example, what the effects are upon average waiting times of adding servers, altering 'queue discipline' (the order in which customers are served), speeding up serving times, and so on. What has been relatively neglected, however, is much substantive discussion of the experience of waiting.

As Levitt reminds us, "Products are consumed, services are experienced." Accordingly, if managers are to concern themselves with how long their customers or clients wait in line for service (as, indeed, they should), then they must pay attention not only to the readily-measurable, objective, reality of waiting times, but also how those waits are experienced. It is a common experience that a two minute wait can feel like nothing at all, or can feel like 'forever'. We must learn to influence how the customer feels about a given length of waiting time.

In this paper, I shall discuss the psychology of waiting lines, examining how waits are experienced and shall attempt to offer specific managerial advice to service organizations about how to improve this aspect of their service encounters. down in separate components, so that practicing managers can begin to think about the available tools they can use to influence the customer's waiting experience.

CHAPTER 10

서비스 직원관리

서비스 로봇과 일자리

인공지능(AI)과 함께 〈서비스 로봇(service robot)〉이 발전하면서 과연 이들이 얼마나 사람의 일자리를 대체할지에 대해 관심이 커지고 있습니다. 국내 산업연구원은 2022년 기준 약 327만 개, 전체 일자리 기준 13%가 AI에 의해 대체된다고 분석하고 있습니다. 영국 옥스퍼드 대학 연구팀도 미국 일자리의 47%가 자동화될 가능성이 크다고 분석합니다. 그렇다면 앞으로 AI와 로봇에 의해 어떤 직업이 대체될 가능성이 높을까요? 애널리틱스 인사이츠(Analytics Insights)는 2020년 발표에서 인공지능 로봇의 등장으로 위기에 처한 10대 일자리로 텔레마케터와 안내원, 섬유산업계 재봉인력, 법률 보조원, 경비원, 대중교통 운전사, 물류 노동자, 의사, 요리사, 바텐더, 포커딜러를 꼽았습니다. 연구기관마다 차이가 있지만 흥미로운 사실은 의사와 같은 전문직도 함께 포함된다는 점입니다. 2023년 한국은행이 발표한 자료에서도 통념과 달리 의사, 회계사, 변호사와 같은 고학력, 고임금 일자리가 상대적으로 AI에 더 많이 노출돼 대체될 가능성이 높은 것으로 나타났습니다.

이제 이런 흐름을 서비스 로봇의 이야기로 한번 정리해 보겠습니다. 서비스 로봇은 말 그대로 다양한 유형의 서비스를 제공하는 로봇을 말합니다. 이미 서비스 현장에서는 많은 로봇들이 도입되어 사람을 대신하거나 지원하고 있습니다. 특히 고도화된 AI와 로봇(하드웨어)이 결합된 피지컬 AI가 강조되면서, 씨티(Citi) 그룹은 향후 피지컬 AI가 휴머노이드, 자율주행차, 드론, 무인운반차 · 자율이동 로봇(AGV · AMR), 가정용 청소 로봇, 돌봄 로봇, 상업용 청소 로봇, 식료품 배송 로봇, 음식 서비스 로봇 등 아홉 가지 유형으로 보급될 것으로 전망합니다. 위에서 살펴본 로봇이 대체할 일자리 유형과 일맥상통하는 부분이 있습니다. 이를 토대로 일자리 차원에서 서비스 로봇의 발전 유형을 예측해 본다면 아마 접점 서비스 로봇(frontline service robt)과 전문 서비스 로봇(professional service robot)의 두 방향이 될 것 같습니다. 전자는 서비스 접점에서 기존 직원을 대신해서 서비스를 제공하는 유형인데, 이미 챗봇, AI 상담사, 호텔 로봇(사진: 일본 헨나호텔), 식당 서빙 로봇 등이 낯설지가 않습니다. 전문 서비스 로봇은 아마도 헬스케어 로봇, 병원 로봇, 물류 로봇(사진: 아마존 휴머노이드 로봇) 정도가 떠오르는데 일반적인 접촉경험이 적어서일 뿐 상당히 발전된 상황입니다. 최근 월스트리트저널(WSJ)은 아마존이 물류창고에 100만 대 이상의 로봇

을 배치했다는 기사를 전하면서 현재 아마존은 전 세계 배송량의 약 75%가 로봇의 도움을 받고 있다고 합니다. 이러한 추세를 고려한다면 앞으로 서비스 로봇과의 만남은 더욱 많아질 것은 분명합니다. 고객들에게 최고의 서비스를 제공하면서도 직원의 일자리를 어떻게 해결해 갈 것인가가 서비스 로봇을 활용할 기업들에게는 큰 도전이 될 것 같습니다.

자료원: 10년 후 AI와 로봇으로 대체될 직업 10개는(로봇신문, 2020.7.24).
사람 닮은 로봇 만드는 피지컬 AI, 미래 '게임체인저'(정보통신신문, 2025.7.25).

사진출처: 일본 헨나호텔 홈페이지(https://group.hennnahotel.com).
아마존 홈페이지(https://www.aboutamazon.com).

• 서비스 플립러닝 내용은 하단에 있는 QR코드에서 동영상으로 확인할 수 있습니다.

플립러닝 동영상 강의 QR코드입니다.

10.1 서비스 문화와 고객지향적 조직

우리는 흔히 “서비스는 물건 장사가 아니라 사람 장사”라고 말한다. 서비스는 사람(고객)과 사람(직원) 사이의 상호 교류에 의해 창출되고 제공되기 때문에 서비스 마케팅 믹스에서도 사람의 중요성을 강조한 바 있다. 특히 서비스 기업의 성공은 고객들을 직접 상대하는 서비스 직원(종업원)들에 의해 좌우된다. 미용실, 은행, 병원 등 여러분이 직접 이용하는 서비스들을 생각해 보면 직원들의 수준이 서비스의 품질을 결정한다고 해도 과언이 아니다. 따라서 이러한 서비스 직원들에 대한 투자는 상품의 품질을 높이기 위해 연구개발이나 디자인에 투자하는 것과 같다. 서비스 직원, 특히 고객을 직접 상대하는 접점직원들은 서비스 기업을 대표하는 대변인이자 마케터이며, 브랜드임을 잊지 말자. 이 장에서는 서비스를 제공하는 직원관리에 대해서 집중적으로 다루기로 한다. 우선 서비스를 제공하는 직원관리를 논하기에 앞서 좀 더 큰 그림을 살필 필요가 있다. 서비스 직원의 행동은 기업의 문화와 조직구조에 큰 영향을 받기 때문이다.

온라인 플랫폼에서 직장인들이 남긴 리뷰를 분석해 보니 연봉 · 보상 관련 키워드는 전체의 15% 수준에 그쳤고 조직문화는 32%, 근무환경은 21%로 더 높았다.

(1) 서비스 문화

기업의 문화는 '기업의 구성원들이 공유하는 가치와 믿음이며, 구성원들에게 기업의 의미를 부여하고 기업에서의 행동에 대한 기준을 제공하는 것'이라고 정의할 수 있다. 문화는 쉽게 이야기하자면 '이곳에서 행해지는 일의 방식'이라고 할 수 있다. 기업문화를 이해하기 위해 여러분이 속한 조직, 예를 들면 교회, 학교 또는 단체에 대해 생각해 보자. 여러분과 다른 사람들의 행동 방식은 예외 없이 해당 조직의 근본적인 가치나 문화에 영향을 받고 있다는 것을 느낄 것이다. 서비스 기업도 마찬가지이다. 고객을 중요시하는 문화를 가진 기업들은 항상 서비스를 제공할 때 고객을 우선으로 생각할 것이다. 따라서 고객과 서비스 중심의 기업문화를 잘만 구축한다면 누가 그 기업에서 일하게 되더라도 이러한 문화에 순응하고 적응해 나아갈 것이다. 결국 좋은 **서비스 기업문화**를 구축하는 것이 직원을 관리하는 데 중요한 출발점이 된다.

① 서비스 리더십

강력한 서비스 문화는 열정을 가지고 최고의 서비스를 달성하고자 노력하는 기업의 리더로부터 시작된다. 서비스 마케팅 학자 레너드 베리(Leonard Berry)는 성공한 서비스 기업의 리더들은 대체로 공통적인 핵심 가치를 가지고 있다고 주장하고 있는데, 그것은 성실함과 기

아마존 초창기 회의장에서는 항상 한 자리가 비어 있었다. 가상의 고객이 함께 있다는 것을 상징하는 것으로, 이러한 아마존의 고객 중심 문화에는 제프 베조스라는 강력한 리더의 역할이 컸다.

SERVICE MARKETING FOCUS

전 세계 어디서나 같은 비전을 공유하는 페덱스 문화

"모든 직원이 비전을 공유하기 전까지는 초우량 기업이 될 수 없다." 프레데릭 스미스 페덱스(Fedex) 창업자는 이렇게 말하며 개인의 비전과 회사의 비전을 함께 하는 것으로 유명하다. 페덱스는 '익일 화물배달 사업 창출'이란 비전을 갖고 1973년에 창업해, 선도업체들을 넘어서며 업계 선두회사가 된다. 페덱스의 성공요인으로는 직원을 중시한 경영, IT시스템, 차별 없는 승진 시스템 등 다양한 요인들이 있다. 하지만 전 세계 어디서나 같은 비전을 공유하고 실현시켜 나가고 있다는 점은 매우 중요한 의미를 지닌다. 물류 유통회사의 특성상 페덱스의 지점망은 세계 도처에 깔려 있고 익일 화물 배달 사업이라는 업무 특성상 매우 긴밀하게 움직여야 하기 때문이다. 어느 한 곳에서라도 파업을 한다거나 문제가 발생한다면 전 세계를 대상으로 한 페덱스의 약속에 금이 갈 수도 있다.

페덱스에서는 말단 사원이 최고경영자가 된 경우가 많다. 이는 사람을 최우선으로 하는 PSP(People, Service, Profit) 정책이란 철학이 있기 때문이다. 페덱스의 기업철학은 간단하지만 그 힘은 놀랄 만하다. 이 P-S-P의 세 가지 순서에는 다음과 같은 매우 중요한 뜻이 내포되어 있다. "우리가 사람(종업원)들을 지성으로 보살피면 그들은 고객이 원하는 완벽한 서비스를 제공해 줄 것이다. 그러면 고객들은 회사의 미래를 확실하게 다지는 데 필요한 이익을 가져다 줄 것이다." 페덱스는 이것이 단지 철학으로 끝나지 않도록 직원들에게 다양하고 공정한 업무 기회, 충분한 교육기회, 최고의 업무환경을 제공하기 위해 실천적인 노력을 기울이고 있다. 실제로 페덱스 전체 매니저 중에 일반 사원에서 시작해 승진한 사례가 90%로 관리직이 아닌 현장직에서 시작하더라도 임원이나 사장이 되는 데 아무런 문제가 없다. P-S-P철학의 첫 번째가 종업원이다. 고객만족의 출발점은 종업원 만족이다. 품질의 서비스 측면을 이해하기 위해서는 무엇보다 품질의 인간적 측면을 이해하지 않으면 안 된다는 것이 스미스 회장의 지론이다. 페덱스가 지금껏 무해고정책을 고수할 수 있는 것과 지금껏 노조가 없는 회사로 유명한 것도 종업원 제일주의의 덕분이다. 페덱스는 전 세계 어디에서나 같은 비전을 공유하고 있지만 다양한 문화를 인정하고 배려해 주는 것으로도 유명하다. 중동 지역에

서는 기도실을 설치하여 무슬림 신자들이 종교적 의무를 다하도록 배려한다. 페덱스는 본국의 문화적 관행을 일률적으로 적용할 수 없음을 인식하고, 해외 지점이 설치된 국가의 문화를 고려하여 전략을 수정하고 있다. 물론 기업문화와 비전은 어디에서나 동일하지만 다양한 문화를 수용한 덕택에 페덱스는 미국뿐 아니라 유럽과 아시아 지역에서도 괄목할 만한 성장을 거듭하고 있다. 조직의 비전이 직원들에게 의미 있는 가치를 주지 못하고 단순히 생존만을 위한 것이라면, 이러한 기업과 장기적인 비전을 공유하고 싶은 직원들은 없을 것이다. 페덱스의 성공은 전 세계 어디에서나 같은 비전을 갖고 있는 직원들, 중간관리자들의 리더십으로 튼튼한 허리를 유지하고 있다는 점, 탁월한 CEO의 리더십과 비전 등이 조화를 이루고 있기 때문에 가능했을 것이다.

자료원: 월간 혁신리더(2010.2).
사진출처: Fedex 홈페이지(https://www.fedex.com/en-us/about/who-we-are.html).

뿜을 가지고 일함, 그리고 고객을 존경함 등이라고 한다. 그리고 이러한 리더들은 핵심 가치를 조직 내부에 불어넣는다고 한다. 리더십은 어떤 두꺼운 법률 책에서 내려오는 것이 아니라 자신이 중요하다고 생각하는 것을 남들에게 꾸준히 보여주는 것이다. 직원들은 리더들의 이러한 행동을 보고 배운다. 따라서 서비스 중심의 문화를 창출하기 위해 솔선수범하는 리더의 리더십이 매우 중요한 역할을 한다.

② 서비스 문화의 개발

고객중심의 서비스 문화를 창출하기 위한 왕도는 없다. 기업문화는 하루아침에 형성되는 것이 아니기 때문에 기업이 서비스 중심의 문화를 키워 나아가기 위해서는 시작부터 일관성 있게, 매우 구체적인 핵심 가치와 행동강령을 만들어 꾸준히 내부직원들에게 교육시키고 전파해서 조직에 뿌리를 내릴 수 있도록 해야 한다. 성공적인 서비스 기업들을 생각해 보면 창업 당시부터 굳건한 서비스 문화가 있었고 이를 오랜 시간에 걸쳐 잘 가꾸고 조직구성원들의 몸에 배도록 교육시켰다는 점을 알 수 있다. 페덱스(Fedex)는 '기업의 이윤은 좋은 서비스에서 창출되며, 좋은 서비스는 좋은 사람들에게서 나온다'라는 사람(People)–서비스(Service)–이윤(Profit)의 서비스 문화로 잘 알려져 있다. 이러한 페덱스의 확고한 철학은 오랜 세월 동안 종업원들에 대한 교육투자 및 지원 시스템 등을 통해 굳건하게 발전·계승되고 있다.

③ 서비스 문화의 전파와 변화

서비스 기업이 새로운 지역이나 국가로 진출하는 경우에 서비스 문화를 전파한다는 것은 쉬운 일이 아니다. 지역 및 국가마다 문화가 다르기 때문에 한 나라의 가치를 그대로 다른 나라에 옮겨갈 수 없는 경우가 많기 때문이다. 따라서 기업은 국가나 지역을 초월해서 표준화할 수 있는 서비스 문화와 국가나 지역마다 다르게 가져가야 하는 문화를 구분할 필요가 있다. 또한 서비스 기업은 내부환경이나 조직구성원의 변화에 따라서도 기존 서비스 문화의 틀 안에서 새로운 문화를 도입하는 데도 적극적으로 대응해야 한다. 예를 들면 최근 서비스 기업들은 조직 내 젊은 직원들과 소통하기 위해서 쌍방향적이고 유연한 조직문화 도입에 적극 나서고 있다. 이 과정에서 젊은 직원들을 대상으로 서비스 문화를 전파하는 데도 새로운 변화가 요구될 수 있다. 예를 들어 감정노동이나 블랙컨슈머와 같은 서비스 현장의 부정적인 모습을 대하는 젊은 직원들의 태도가 이전과 다를 수 있다는 점을 고려한다면, 어떻게 새로운 변화를 모색하면서도 기존의 고객 중심적인 서비스 문화를 유지하고 전파할 것인가

MZ세대가 원하지 않는 조직

젊은 직장인들은 연봉 못지않게 도덕성과 공정성, 회사의 운영 방식과 가치관 등을 중요하게 생각한다는 조사 결과가 나왔다. 11일 잡코리아에 따르면 20~40대 남녀 직장인 1,252명을 대상으로 연봉이 높아도 다니고 싶지 않은 회사를 주제로 설문을 진행한 결과 34.5%가 부도덕한 관리자나 임원이 있는 회사에는 아무리 연봉이 높아도 이직이나 취업을 고려하기 어려울 것이라고 답했다. 연령별로 보면 40대 이상(30.8%)보다 20대(36.4%)와 30대(34.5%) 직장인이 더 높게 나타났다. 다음으로 나와 맞지 않는 회사의 운영 방식 및 가치관(33.9%)이 꼽혔으며, 공정하지 않은 보상 체계(30.6%), 방향성 없는 업무 지시(25.6%), 무기력한 사내 분위기(15.4%) 등의 순으로 나타났다. 직장 내 추구 가치를 묻는 질문에는 전 세대 공통으로 워라밸(50.3%)을 가장 중요한 가치로 들었다. 특히 2030 절반 이상은 워라밸을 최우선으로 여긴다고 답했다. 이어 인정 · 보상(44.6%), 성장 가능성(35.3%) 등도 높은 응답률을 보였다.

자료원: MZ가 뽑은 '다니고 싶지 않은 회사' 1위는?(파이낸셜뉴스, 2025. 6.12).
사진출처: 잡코리아(https://www.jobkorea.co.kr).

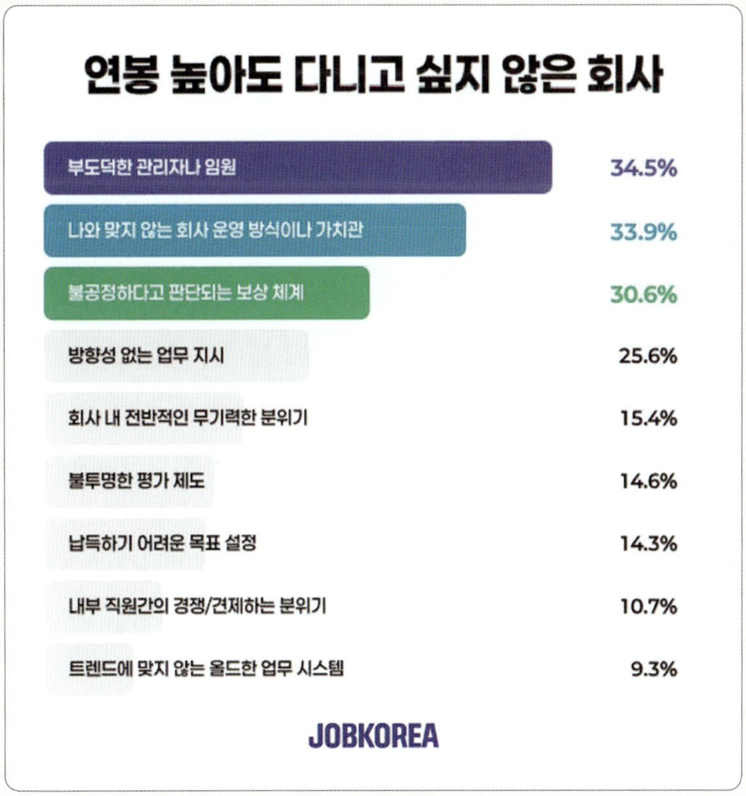

하나은행은 글로벌 진출 지역들을 대상으로 10개 언어로 제작된 손님행복헌장을 배포하였다. 손님 가치 중심의 서비스 기업문화를 전파하기 위함이다.

가 중요하기 때문이다.

(2) 고객지향적 서비스 조직

많은 기업들은 고객이 최우선이라고 말은 하지만 실제 조직운영에서는 말과는 다르게 최고경영자나 임원진을 우선시한다. 그림 10-1 의 조직구조에서 보듯이 일반적인 기업들은 대부분 최고경영자를 정점으로 움직이는 피라미드 구조를 갖는다. 그러나 고객지향적인 서비스 기업은 전통적인 조직과는 다른 반대의 조직구조를 지향한다. 조직도의 가장 높은 곳에 고객들을 위치시키면서 고객 중심임을 보여준다. 그 아래에는 고객들에게 직접 서비스를 제공하는 현장직원들을 위치시키며 그들의 역할을 강조한다. 중간관리층은 오히려 밑에서 현장직원들이 고객들을 잘 응대할 수 있도록 지원하는 역할이다. 최고경영자 역시 조직도의 맨 아래에 위치하는 **역(逆)피라미드형 서비스 조직**이다. 역(逆)피라미드 조직도에서는 모든 직원들은 누구나 고객들을 잘 이해하고, 응대하며, 서비스를 제공하는 데 직접 관여해야 한다는 의미로 피라미드 옆 부분에 고객을 추가적으로 배치한다.

그림 10-1 고객지향적 서비스 기업 조직: 역피라미드 구조

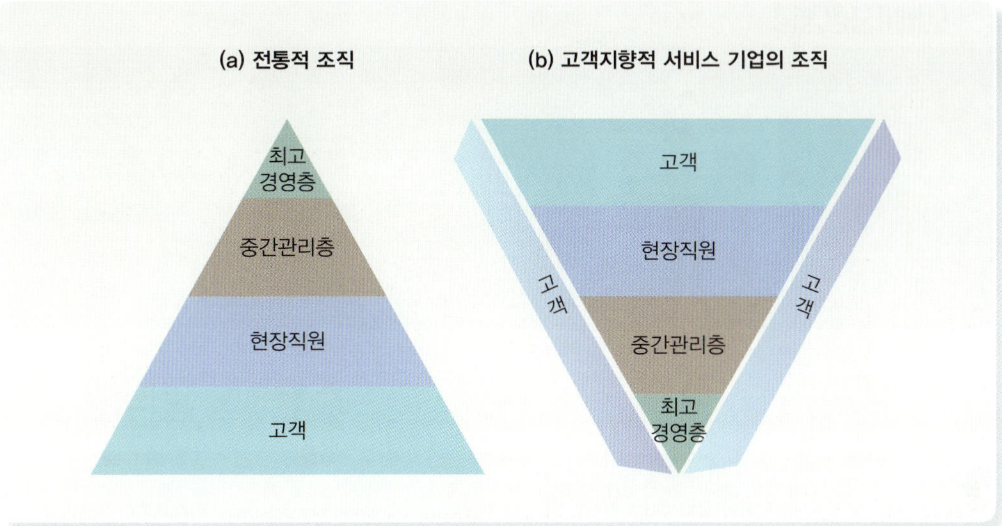

이러한 고객지향적인 서비스 조직을 갖춘 기업들은 주로 다음과 같은 특징들이 있다. 첫째, 고객 중심적인 서비스를 제공하기 위해 조직구조나 시스템을 적극적으로 개선한다. 예를 들면 **최고소비자보호책임자**(CCO: Chief Customer Officer)를 임명하여 고객 관련 조직과 업무를 총괄한다거나, 일선 서비스 부서의 인력이나 고객만족을 위한 직원 교육 시스템을 강화한다. 둘째, 역(逆)피라미드 조직을 둘러싸고 있는 **고객의 소리**(VOC: Voice of Customer)에 적극적으로 대응한다. 고객의 소리를 통합적으로 관리하는 플랫폼을 구축할 뿐 아니라 이를 직원들의 성과에 적극 반영한다. 또한 고객패널제도와 같은 다양한 채널들을 통해 서비스 개선이나 상품 개발에 고객들을 직접 참여시킴으로써 고객들의 목소리를 서비스 전반에 적극적으로 반영하려고 노력한다. 셋째, 고객을 직접 상대하는 현장직원의 만족을 최우선시하고 이를 지원하기 위해 중간관리자와 최고경영자들 역시 현장 중심적인 경영 마인드와 실천을 중요시한다. 예를 들면 AK백화점에서는 매장을 책임지고 있는 협력사원들의 만족까지 챙기면서 고객만족을 향상시켰으며, 스타벅스 코리아의 최고경영자는 취임 후 5,000번 이상 현장을 방문하며 직원들의 의견을 듣고, 직접 체험하며 고객들의 만족과 불편한 점을 살폈다고 한다.

한국소비자원은 공정거래위원회와 함께 소비자중심경영(CCM: Customer Centered Management) 인증제도를 운영한다.

10.2 서비스 직원의 중요성

(1) 내부 마케팅

서비스 마케팅은 약속의 수행이다. 서비스 마케팅은 고객과 약속을 하고 그것을 잘 지켜 나가는 과정인데, 이러한 과정을 서비스 기업, 직원, 그리고 고객의 삼각구도에서 설명한 것을 **서비스 마케팅 삼각형**이라고 한다. 삼각형의 꼭짓점에는 위로부터 각각 기업, 서비스 직원, 그리고 고객이 위치한다. 그런데 고객지향적인 관점을 반영한다면 서비스 마케팅 삼각형도 **그림 10-2** 와 같이 바뀌어야 한다. 즉, 서비스 직원과 고객이 맨 위에 위치해야 한다. 그들 간의 상호작용이 훌륭한 서비스를 만들어 낼 수 있기 때문이다. 기업과 경영자는 맨 아래 위치하면서 서비스 직원과 고객을 끊임없이 지원해 주고 보조해 주어야 한다. 따라서 서비스 마케팅 삼각형은 아래와 위가 바뀐 형태가 되는데, 이러한 서비스 마케팅의 역(逆)삼각형은 서비스 직원과 고객의 중요성을 강조하는, 그래서 서비스가 사람 중심적이 되어야 한다는 의미를 담고 있다.

그림 10-2 서비스 마케팅 역삼각형

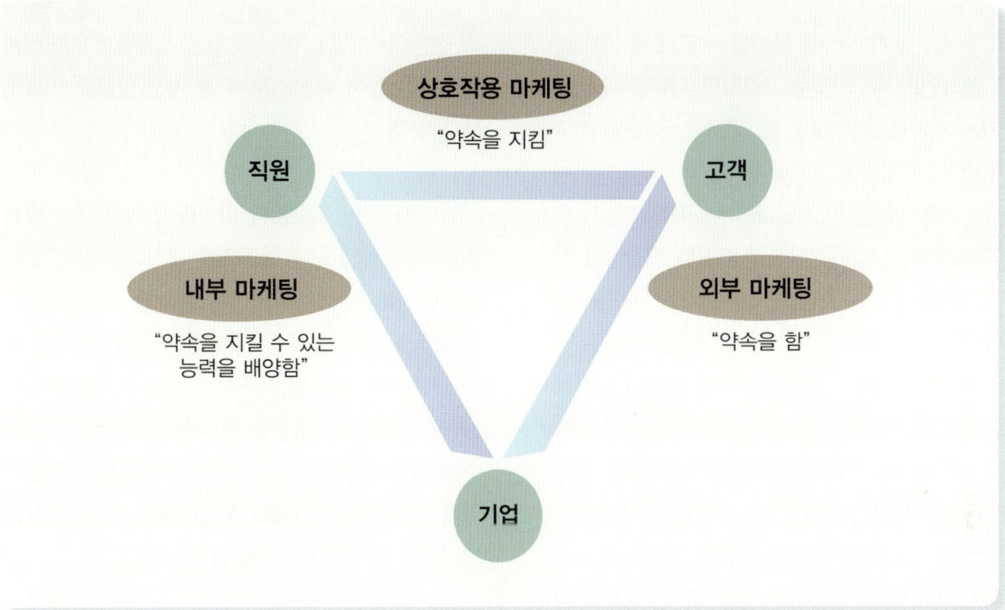

서비스 역(逆)삼각형에서 보면 기업은 고객과의 커뮤니케이션을 통하여 서비스에 대한 약속을 하는데, 이를 **외부 마케팅**(external marketing)이라고 한다. 그리고 이러한 약속은 직원들과 고객과의 상호작용을 통해 지켜진다. 이를 **상호작용 마케팅**(interactive marketing)이라고 한다. 약속은 하는 것도 중요하지만 이를 성실히 지켜 나감이 더욱 중요하다. 그런데 실제 약속을 지켜주는 사람들은 누구인가? 바로 서비스 직원들인 것이다. 자신이 몸담고 있는 기업에 대해 확신이 없는 사람들이 서비스 현장에 투입된다면 어떻게 기업의 얼굴이 되어 약속을 지키겠는가? 따라서 기업은 접점직원에 대한 직무교육뿐만 아니라 정신교육, 기업의 문화에 대한 교육 등을 통해 그들에게 동기를 부여해 주고 항상 그들을 지원해 주고 후원해 줌으로써 그들이 자신감과 회사에 대한 자부심을 가지고 서비스 현장에서 일할 수 있게 해야 한다. 이를 위해서 기업이 서비스 직원을

일하기 좋은 기업으로 유명한 미국 소매업체 웨그먼스의 철학은 직원이 우선, 고객은 다음(Employees First, Customers Second)이다.

SERVICE MARKETING FOCUS

직원이 만족하면 고객이 행복하다: 웨그먼스 성공 비결

미국 뉴욕주 로체스터에 본사를 두고 있는 식료품 체인점 웨그먼스 푸드마켓은 고객보다 직원을 더 소중히 여기는 회사로 유명하다. 웨그먼스는 직원을 최고로 대우해야 그 직원이 고객에게 최고의 서비스를 제공한다는 기업 철학을 갖고 있다. 이에 따라 다양한 각종 복지 혜택과 자기계발 기회를 제공해 직원들을 행복하게 만든다. 당연히 직원 만족도는 최고 수준이다. 미 경제지 포춘에 따르면 웨그먼스 직원들의 근무 만족도는 96%에 달했다. 직원들을 통한 소비자 밀착형 판매가 더 많은 고객을 부르는 선순환 구조까지 정착되면서 개별 점포당 매출이 월마트를 넘어섰다. 기업 철학에 공감한 직원들이 끊임없이 고객을 위한 아이디어를 만들어 내고 회사의 혁신 성장에 기여한 결과다. 전문가들은 웨그먼스의 성공 비결을 '3E 경영'으로 평가한다. 권한 위임(Empowerment), 공감(Empathy), 역량 개발(Enablement)의 머리글자를 땄다.

- **권한 위임**: 웨그먼스의 정책 중 가장 눈여겨볼 만한 것은 웨그먼스가 직원들에게 고객만족을 위해 매뉴얼에 얽매이지 말라고 주문한 것이다. 직원에게 고객 서비스 권한을 충분히 부여해 매뉴얼에 연연해하지 말고 창의적으로 일하게 하는 것이다. 어떤 제빵사는 CEO인 대니 웨그먼에게 집안 대대로 내려오는 레시피라며 초콜릿 미트볼 쿠키를 자랑했는데, 웨그먼은 제품을 팔아볼 것을 제안해 이 매장의 인기 상품이 되었다. 이런 문화가 직원들의 자부심과 창조성을 높여 예상하지 못한 멋진 일들을 이루어 내고 있다.

- **공감**: 객관적인 지표뿐만 아니라 고객이 직접 밝힌 일화 역시 유명하다. 칠면조를 굽기에는 집에 있는 오븐이 작다는 고객에게 마트에 있는 오븐으로 직접 요리를 해주었다거나, 치즈와 와인 담당 매장 직원은 고객 취향에 맞는 제품을 상세히 조언해 주며 갑작스럽게 비가 내렸을 때 고객에게 우산을 씌워주는 등의 일화는 기업의 철학에 공감한 직원들이 고객의 입장을 이해하는 공감 서비스로 최고의 고객만족을 선사한다는 것을 잘 보여준다.

- **역량 개발**: 교육프로그램을 지원해 직원들의 전문성을 꾀한다. 직원들에게 일보다 공부를 강조하는 회사다. 직원들의 자기계발 지원비만 연간 5천만 달러(560억 원)을 투자한다. 주목할 점은 해당 직원들에게 필요한 지원을 한다는 것이다. 치즈 담당은 스위스 낙농업에 견학을 시키고, 와인 담당은 프랑스로 보내 와인을 배우게 하는 것처럼 말이다.

자료원: "고객보다 직원이 더 중요"…웨그먼스를 배워라(대한상공회의소, 2018.5.16).
"고객은 왕이 아닙니다."…결국 고객도 웃었다(사례뉴스, 2020.10.13).

사진출처: 웨그먼스 홈페이지(https://www.wegmans.com).

내부고객으로 여기고 그들을 만족시킴으로써 고객들에 대한 약속을 가능하게 하는 활동을 **내부 마케팅**(internal marketing)이라 한다. 내부직원조직이 튼튼하면 외부 마케팅과 상호작용 마케팅은 자연스럽게 저절로 이루어질 수 있고, 비로소 고객지향적 또는 고객중심적인 서비스가 실현되는 것이다.

(2) 서비스 직원만족과 효과

만족한 서비스 직원이 고객을 만족시킨다. 마음속에 있는 좋은 감정이 자연스럽게 고객들에게 전달되기 때문이다. 서비스 마케팅 분야의 연구결과들은 서비스 종업원이 불만에 차 있으면 고객을 절대 만족시킬 수 없다는 점을 강조한다. 우리 속담에 '집에서 새는 바가지가 밖에서도 샌다'는 말이 있다. 자신의 문제를 해결하지 못하면서 어떻게 남의 문제를 돌볼 수 있겠는가? 또한 고객을 만족시킬 수 있는 직원이라면 그 성취감으로 인해 자신들의 만족도 역시 더욱 높아진다고 한다. 즉, **직원 만족도**와 고객 만족도는 서로 상승작용이 있는 것이다.

그림 10-3 은 종업원 만족도의 효과를 잘 보여주고 있는데, 종업원 만족도는 우수한 직원들을 유지하고 서비스 기업의 생산성을 높이는 동력이 될 수 있다. 결과적으로 고객들에게 우수한 서비스를 제공함으로써 고객만족과 충성고객을 유지할 수 있게 된다. 기업의 입장에서 이러한 충성고객의 수가 늘어감에 따라 매출과 수익성이 높아진다. 결론적으로 종업원만족은 고객만족으로 직결되고, 고객만족은 기업의 수익성을 높여준다는 점에서 내부 마케팅

그림 10-3 종업원 만족도, 고객만족, 수익성 간의 관계

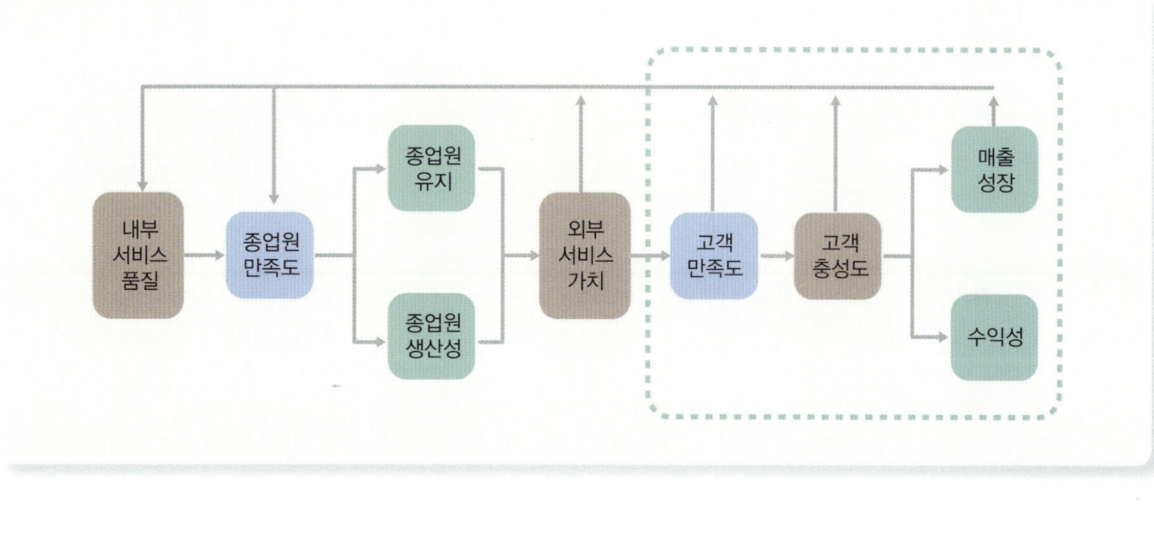

을 통한 서비스 직원관리의 의미가 큰 것이다.

(3) 직원 브랜드 자산

일반적으로 서비스를 이용하는 고객들은 기업의 외부 브랜딩 활동(예: 광고)이나 과거 서비스 이용경험 등에 기초해서 해당 서비스 브랜드에 대한 기대를 형성하게 된다. 그리고 이러한 고객들의 기대는 실제 서비스 경험과의 비교를 통해서 고객들의 만족 혹은 불만족을 결정하게 된다. 따라서 실제 서비스를 수행하는 직원들이 해당 브랜드가 추구하는 혹은 약속한 가치를 얼마나 지지하고 그와 일관된 방식으로 현장에서 실천하는가의 여부가 무엇보다 중요하다.

최근 서비스 마케팅 연구에서는 종업원들이 브랜드가 추구하는 가치를 얼마나 지지하고, 동참하고, 일관된 방식으로 실천하는가의 정도를 **직원 브랜드 자산**(employee brand equity)이라는 개념으로 설명하고 있다. 우량고객을 많이 확보한 기업의 고객자산(customer equity)이 높은 것과 마찬가지로 기업에 도움이 되는 우수한 직원들을 많이 확보할수록 기업의 직원 브랜드 자산은 높다고 평가할 수 있다. 이러한 직원 브랜드 자산의 효과를 브랜드 자산 관점에서 생각하면 **그림 10-4** 와 같다. 직원 브랜드 자산이 높을수록 훌륭한 서비스 제공이 가능해지며 이를 통해 결과적으로 고객들이 생각하는 서비스 기업의 브랜드 자산과 재무적 관점에서의 브랜드 자산이 모두 높아진다는 설명이다.

그림 10-4 직원 브랜드 자산 효과

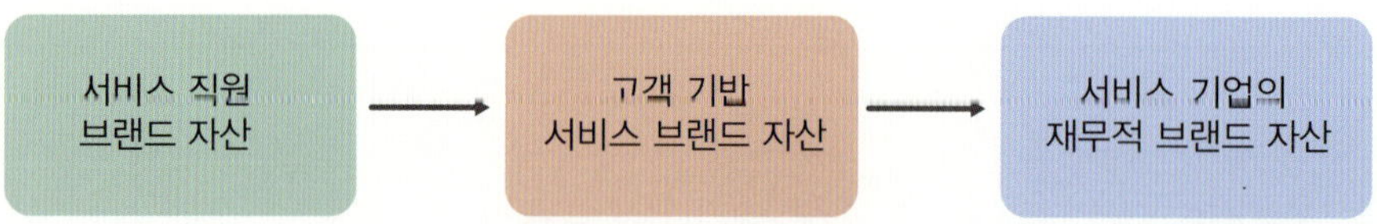

자료원: King, C., & Grace, D. (2009). Employee based brand equity: A third perspective. *Services Marketing Quarterly*, 30(2), p.126.

직원 브랜드 자산은 서비스 직원이 고객들에게 기업을 대표하는 얼굴이자 하나의 브랜드라는 점을 강조하는 것이다. 예를 들면 쿠팡이 아무리 고객들에게 광고를 통해 로켓배송과 같은 브랜드를 내세우고 빠른 서비스를 강조한다고 해도, 실제 배송현장에서 직원들이 보여주는 모습과 서비스 수준이 못 미친다면 고객들의 평가나 생각은 달라지게 마련이다. 이런 점에서 직원을 하나의 브랜드로 간주하고 브랜드관리 차원에서 직원 브랜드 자산을 키우려는 노력은 서비스 기업에게는 매우 중요하고도 도전적인 과제가 아닐 수 없다. 직원 브랜드 자산을 키우고 관리하기 위해서는 다음과 같은 노력과 실천이 요구된다. 첫째, 직원들과 브랜드 지식을 공유하는 것이 필요하다. 직원이 자기가 속한 서비스 브랜드가 추구하는 가치나 내용에 대해 잘 알지 못하거나 동의하지 못한다면 어떻게 서비스가 제시한 약속을 지킬 수 있겠는가? 직원들에 대한 교육이나 의견 수렴 등을 통해 브랜드 지식을 쌓게 해주는 것이 필요하다. 둘째, 직원 입장에서 서비스 브랜드가 추구하는 내용을 잘 알고 있다고 하더라도 일선에서 역할이 모호하거나 몰입할 수 있는 환경이 잘 제공되지 않는다면 브랜드 지식은 무용지물이다. 업무에서의 역할 모호성을 제거하고 직원들을 기업과 업무에 몰입시킬 수 있는 활동이나 지원이 필요하다. 셋째, 직원 브랜드 자산관리 차원에서 효과를 측정하고 관리할 필요가 있다. 직원들이 보여주는 친사회적 행동(기업에 우호적인), 직원 만족도, 이직률, 긍정구전 등이 활용될 수 있다.

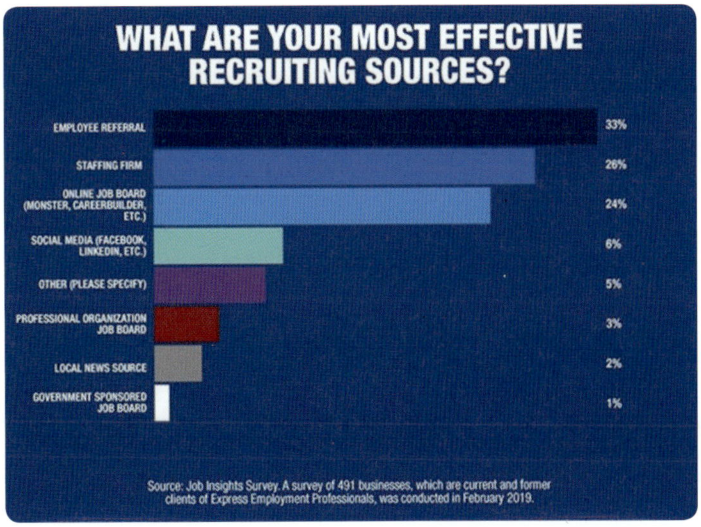

캐나다의 직원 조사에서 직원 추천이 가장 효과적인 채용수단으로 꼽혔다. 만족한 직원이 우수한 신규 직원을 불러온다.

10.3 감정노동의 이해

서비스 현장에서 고객들과 직접 대면해서 서비스를 제공하는 사람들을 **접점직원** 혹은 **경계근무자**(boundary spanner)라고 한다. 이들은 그들이 몸담고 있는 기업과 고객 사이에서 연결고리 역할을 한다. 호텔 데스크 직원, 식당 종업원, 항공사 승무원, 백화점 점원과 같은 접점직원들은 기술과 급여의 수준이 어떻든 서비스 현장에서 고객들과 상대하면서 스트레스를 많이 받는다. 따라서 이러한 직업은 직무능력에 더하여 상당한 수준의 정신노동과 사람 간의 갈등을 다루는 능력까지 요구 받게 된다.

(1) 감정노동

감정노동(emotional labor)이라는 용어는 알리 혹스차일드(Arlie Hochschild)의 저서인 『관리된 마음(the managed heart)』에서 처음 사용되었는데, 이는 높은 품질의 서비스 제공이 요구되는 상황에서 행해지는 육체적 또는 정신적 노동 이상의 것을 의미한다. 대개 이러한 상황에서 접점직원들은 자신들의 감정을 서비스에서 요구되는 감정의 형태와 수준으로 맞추어야 한다. 본인의 상황이나 응대하는 고객행동과 상관없이 언제나 고객에게 미소를 전달하며, 진실된 관심을 보이며, 처음 보는 고객들과도 친절하게 대화해야만 한다. 친절함, 정중함, 눈치, 개인적 관심, 그리고 고객요구에 대한 즉각적 대응 등은 결과적으로 접점직원들에게 엄청난 양의 감정노동을 요구한다.

음식서비스 관련직

영업 및 판매 관련직

미용/숙박/여행/오락/스포츠 관련직

사회복지/종교 관련직

보건/의료 관련직

감정노동 강도가 높은 서비스 직업군들이다(한국직업능력개발원). 국내 감정노동자는 약 1,200만 명으로 추산된다.

SERVICE MARKETING FOCUS

감정노동에서 직원을 보호한다: 120 다산콜센터

감정노동을 장기적으로 수행한 직원들 가운데 상당수가 정신적 스트레스가 누적되어 각종 정신적 · 육체적 질병에 노출될 수 있다. 언제나 밝은 모습을 보여야 한다는 강박관념에 사로잡혀 얼굴은 웃지만 마음은 우울하여 심하면 자살에 이를 수 있는 '스마일 마스크 증후군'이 대표적이다. 따라서 서비스 기업은 감정노동자들에 대해 적극적으로 대처할 필요가 있다. 한국직업능력개발원 조사결과(2012)에서 나타난 감정노동과 직업지표 간의 상관관계 분석은 몇 가지 시사점을 전해 준다. 먼저 감정노동은 예상한 바와 같이 육체적 스트레스보다는 정신적 스트레스를 가중시키는 것으로 조사되었다. 임금이나 복리후생과 같은 물리적 보상은 감정노동과 상관이 없는 것으로 나타난 반면, 업무권한부여, 업무에 대한 전문지식, 업무자율성은 감정노동과 부의 관계를 보였다. 감정노동이 강한 서비스 업종에서는 종업원들에 대한 직무교육과 현장에서의 권한위임을 강화할 필요가 있음을 시사한다. 무엇보다 현장에서 감정노동에 시달리는 직원들을 보호한다는 기업의 자세가 중요하다. 이와 관련된 120다산 콜센터의 대응 사례를 살펴보자.

- **적극적인 직원 보호**: 가장 심각하게 대두되고 있는 이슈는 악성민원인으로부터 직원 보호 방안을 강구하는 것이다. 국내 30만 감정노동자 권리보호를 대표하는 기관으로서 성희롱 · 폭언 등 고질적인 악성 민원 피해를 일으키는 민원인에 대해서는 전문 변호사를 선임해 법적으로 대응하고 있다. 2012년 이후 현재까지 폭언 · 욕설 · 성희롱 · 업무방해 등 총 130건의 법적 대응을 진행했다.

- **전담부서 및 고객대응 매뉴얼 개발**: 민원을 강성(억지 주장 · 장시간 하소연 등) 및 악성(성희롱 · 성적 괴롭힘 · 폭언 · 욕설 · 협박 등) 등 유형별로 분류하고, 10명의 전문 인력으로 구성된 민원관리부가 전담 대응한다. 법적 대응 요건에 해당하지는 않더라도 지속해서 업무를 방해하고, 감정노동 스트레스를 유발하는 사례를 적극적으로 수집하기 위해 노사상생TF를 가동 중이다. 또한 악 · 강성 민원에 대한 콜센터 상담사의 대응법과 보호 가이드라인을 담은 매뉴얼을 개발해서 제공한다.

- **직원 심리상담 프로그램 운영**: 직무스트레스 검사부터 진단, 분석과 심리치료까지 원스톱으로 제공하는 맞춤형 감정노동 보호 프로그램인 EAP(Employee Assistance Program)를 도입해 운영하고 있다. 더불어 서울대공원 치유의숲, 보건소와 연계한 마음검진과 대사증후군 검진, 디지털 건강관리 업체와 연계한 상담사 건강관리지원 등 전문기관과 연계한 힐링 프로그램도 지원하고 있다.

자료원: "감정노동자 보호 컨퍼런스, 사회적 인식 개선의 계기될 것" (중앙일보, 2024.11.18).
한국직업능력개발원 KRIVER Issue Brief(2013. 26호) 재구성.

사진출처: 120 다산콜센터 홈페이지(https://www.120dasan.or.kr).

이러한 감정노동은 아무나 할 수 있는 것이 아닌 것 같다. 천성적으로 사람을 대할 줄 알고, 긍정적이고 낙천적인 인생관을 가지고 있으며, 기쁘고 즐거운 마음으로 생활하는 사람들이 잘할 수 있는 일이다. 그렇지 않은 사람들에게는 아무리 교육 훈련을 철저히 한다고 해도 결국 언젠가는 어려워질 수 있다. 물론 기업에서는 개인의 능력이나 특성만을 생각해서 감정노동 현장에서 어려움을 겪고 있는 종업원들을 외면해서는 안 된다. 한 연구결과에 의하면 대인관계나 의사소통에서 능력을 보이는 종업원일수록 오히려 감정노동을 더욱 높게 지각할 수 있다고 한다. 감정노동은 기본적으로 타인과의 관계를 전제로 하기 때문인데, 기업에서 접점직원을 배치할 때 이러한 사실들을 종합적으로 판단하여 실행해야 할 것이다.

(2) 접점직원 갈등관리

고객을 직접 상대하는 서비스 접점직원들의 일과는 힘들다. 항상 사람과 사람 사이에서, 혹은 사람과 조직 사이에서 갈등하고 고민하며 스트레스를 받기 마련이다. 따라서 직원들이 겪는 감정노동을 이해하고 해소하기 위해서는, 기업은 우선 이러한 갈등과 스트레스의 원인을 잘 파악하고 관리할 수 있는 방법을 모색해야만 한다. 여기서는 갈등의 유형과 관리방안에 대해 살펴보자.

① 직원-역할 갈등

서비스 현장에서 "고객은 왕"이라는 말은 종종 접점직원에게 매우 부담스러운 요구사항으로 다가올 수 있다. 접점직원들은 고객의 무시나 반말, 과도한 요구 등을 감정노동의 가장 큰 요인으로 꼽고 있다. 사람들은 누구나 자신의 가치관과 자존감에 충실하여 살아가는데, 고객들의 무례나 지나친 요구 등을 자주 접하는 접점직원들은 그들에게 주어진 임무가 각자의 성격이나 가치관에 맞지 않다고 생각하면서 역할 갈등을 느끼게 된다. 따라서 서비스 기업은 접점직원들의 역할 갈등을 줄이기 위해서 "고객이 왕이면 직원도 왕"이라는 생각을 갖고 서비스 정책을 펼쳐갈 필요가 있다. 특히 불량고객(블랙컨슈머)의 횡포에서 직원들을 보호할 수 있도록 대응 매뉴얼을 제공한다거나 그들을 상대하는 전담부서를 설치하는 것이 필요하다. 가능하다면 서비스 접점의 업무 특성을 고려하여 상대적으로 업무에 적합한 유형의 직원을 선발하여 배치하는 것도 필요하다. 예를 들면 패스트푸드점과 같이 짧은 순간의 고객접점에서는 활기차고 유쾌한 성향의 직원이 적합하다면, 호텔처럼 상호작용은 짧지만 고객들과 자주 접하는 경우에는 고객요구에 대해서 친절하고 따뜻하게 응대할 수 있는 성향의 직원이 더 적합할 수 있다. 또한 기업에서는 접점직원들의 역할갈등을 줄이기 위해 처음부터 주어진 책임과 임무에 대해 명백히 해야 하며 그들의 자존심을 해칠 수 있는 일은 가능하면 부과하지 않도록 해야 한다.

② 직장-고객 갈등

접점서비스 직원이 느끼는 갈등의 원인 중 가장 흔한 것은 직장의 서비스 방침과 고객의 요구조건이 잘 안 맞을 때 오는 것이다. 예를 들어 백화점에서 세일 기간 중에 판매된 상품에 대해서는 환불·교환을 해주지 않는 방침이 있다고 하자. 이를 모르고 물건을 구입한 고객이 다시 찾아와서 점원에게 환불이나 교환을 해달라고 막무가내로 떼를 쓸 때, 이 점원은 큰 갈등을 느끼게 된다. 이러한 갈등을 최소화하기 위해서는 고객들에게 회사의 방침에 대해 미리 잘 알려주어야 한다. 그리고 제대로 된 서비스를 받기 위해 어떠한 절차와 조건이 요구되는지를 미리 설명해 주어야 한다. 또한 직장-고객 갈등을 해소하기 위해서는 직원들에게 **권한을 위임**(**임파워먼트**)하는 것도 매우 중요하다. 중국 훠거시장 1위 하이디라오(海底捞)는 고객을 대하는 순간만큼 말단 직원들에게도 많은 권한을 위임하는 것으로 유명하다. 예를 들어 서빙 직원이 실수로 음식을 손님에게 쏟았다면 별다른 보고 없이 세탁비는 물론 음식 값을 할인해 주거나 무료로 제공하는 것도 가능하다.

하이디라오 권한 부여는 우리와 함께 하자는 직원들의 진심 어린 서비스로 이어진다.

③ 고객 간 갈등

고객들 간의 갈등도 직원들에게 큰 스트레스의 원인이 된다. 예를 들면 은행창구에서 한 고객을 상대로 친절하게 상담하다 보면 뒤에서 기다리는 다른 고객들이 불평을 제기할 수 있다. 특히 서로 다른 욕구를 가지고 있는 많은 고객들을 동시에 상대로 할 때(예: 학원 강사, 승무원) 이러한 갈등은 크게 나타나게 된다. 이러한 경우, 한 직원이 고객의 다양한 욕구를 모두 맞추어 나아가는 것은 역부족이다. 최대한 고객들에게 공정하게 서비스를 제공할 수 있도록 한다거나, 차별적인 서비스가 제공되는 상황이나 이유 등을 고객들에게 잘 설명함으로써 고객 간 갈등을 줄이려는 노력이 필요하다. 이질적인 고객들을 세분화하는 것이 가능하다면 구분하여 고객에 맞는 직원들을 배치하는 것도 이러한 갈등을 줄이는 방법이 된다.

당근은 C2C거래에서 고객 간 발생한 다툼 해결 사례를 담은 자료집을 만들어 제공한다.

10.4 서비스 직원관리 전략적 이슈

(1) 서비스 인적자원관리 전략

서비스 직원관리는 채용, 양성, 지원, 유지로 이어지는 인적자원관리 전반에서 진행되어야만 한다. 이와 관련해서 자이태멀, 비트너, 그램러(Zeithaml, Bitner & Gremler)는 서비스 인적자원관리전략을 **그림 10-5** 와 같이 세분화하여 제시하였다. 첫째, 서비스 기업은 제공하는 서비스에 적합한 최고의 인재를 찾아 고용해야 한다. 둘째, 서비스 기업은 채용한 인력을 적극적으로 육성해야만 한다. 셋째, 서비스 기업은 최상의 서비스 제공을 위해 직원들이 필요한 시스템을 지원해야 한다. 넷째, 서비스 기업은 직원들이 만족하고 떠나가지 않도록 힘써야 한다.

그림 10-5 서비스 인적자원관리 전략

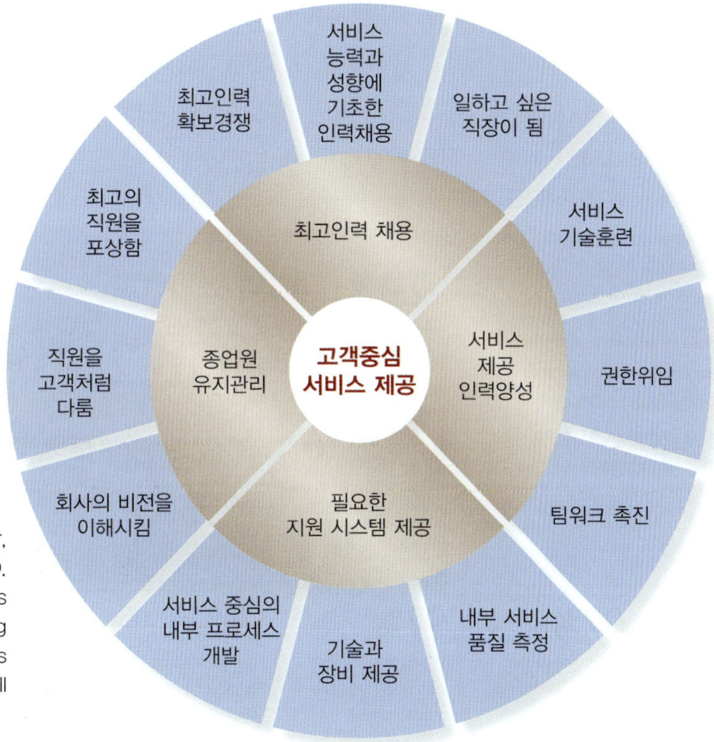

자료원: Zeithaml, V. A., Bitner, M. J., & Gremler, D. D. (2018). Services marketing: Integrating customer focus across the firm. McGraw-Hill Education.

① 최고인력 채용

기업은 추구하는 서비스를 최고의 수준으로 수행할 수 있는 인력을 확보하기 위해서 경쟁사와 치열한 경쟁을 해야만 한다. 최근에는 많은 기업들이 AI와 같은 기술 관련 재능 있는 직원확보 경쟁에 나서면서, 우수인력 추천에 대한 내부 보상 시스템을 갖추거나 파격적인 인센티브를 제공하면서까지 인재를 채용하기 위해 노력하고 있다. 그런데 서비스에 적합한 최고의 인재를 확보하는 데 있어서 기업은 개인의 능력과 함께 서비스 성향을 함께 고려해야만 한다. 서비스 능력은 그 일을 하기 위해 필요한 지식과 기술이다. 그런데 서비스 기업에서 인재를 선발할 때 이보다 더 중요하게 보아야 하는 것은 바로 지원자의 서비스 성향이다. 아무리 서비스에 대한 지식과 기술을 갖춘 사람이라 할지라도 근본적으로 고객을 대하는 태도나 서비스 정신이 결여되어 있다면 서비스 업무에 적합하지 않을 수 있다. 예를 들어 사우스웨스트 항공사는 정이 많고, 유머 감각이 있으며, 긍정적인 태도와 평등주의적 생각('나'보다는 '우리'의 입장에서 생각함)을 가진 사람을 찾는다. 서비스 능력뿐만 아니라 서비스 성향, 팀워크와 일에 대한 열정 등을 종합적으로 평가하기 위해서이다. 한편 좋은 인력을 확보하기 위해서는 무엇보다 사람들이 일하고 싶어 하는 직장이 되는 것이 우선이다. 구글은 직원들에게 개방적이고 창의적인 근무환경을 제공하는 것으로 유명하다. 포춘지 선정 일하기 좋은 직장으로 선정된 힐튼(Hilton)호텔의 직원 제일주의도 유명하다. 힐튼호텔 직원들은 대부분 이곳에서 일하면서 성취감과 자부심을 느낀다고 말하고 있다.

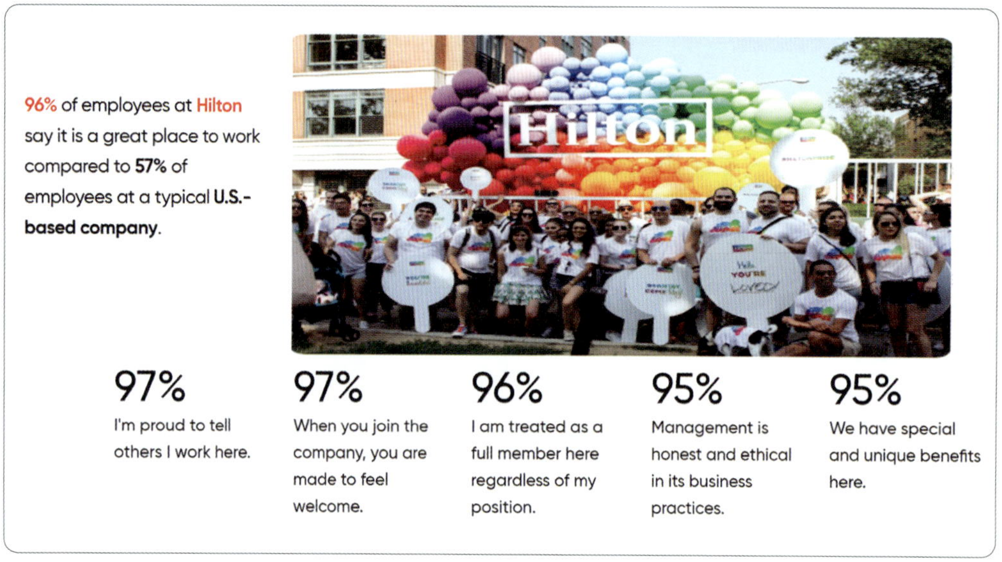

포춘지 일하기 좋은 기업 1위에 오른 힐튼은 97% 직원이 이곳에 자부심을 느낀다고 응답한다.

⑵ 서비스 인력양성

훌륭한 수준의 서비스를 창출하고 전달하기 위해서는 지속적인 서비스 인력양성이 필수적이다. 이를 위해서는 첫째, 제공되는 서비스의 특성을 고려해서 직원들에게 필요한 전문적인 지식과 기술, 그리고 고객을 대하는 접객능력을 교육·훈련시켜야 한다. 예를 들어 맥도날드는 '햄버거대학(hamburger university)'이라는 자체적인 교육기관을 만들어서 레스토랑을 운영하는 데 필요한 다양한 지식이나 기술을 공식화하여 종업원들의 몸에 밸 수 있도록 가르치고 있다. 전 세계 7개 지역에 걸쳐 있는 햄버거대학에서는 맥도날드를 운영하는 데 필요

회사부심(회사 자부심)이 필요한 시대

직장인 절반 이상이 회사에 대한 자부심, 즉 '회사부심'을 느끼지 못한 채 일하고 있는 것으로 나타났다. 직장인들이 회사부심을 느끼지 못하는 가장 큰 이유로는 낮은 연봉이 지목됐다. 이직 준비의 시작, 잡코리아가 최근 직장인 970명을 대상으로 '회사에 대한 자부심(이하 회사부심)'을 주제로 설문조사를 실시하고 그 결과를 발표했다. 잡코리아 설문조사 결과 직장인 54.4%가 평소 회사부심 없이 일하고 있는 것으로 나타났다. 잡코리아에 따르면 직장인 38.9%가 '별로 회사부심을 느끼지 못한다'고 답한 데 이어 15.6%는 '전혀 느끼지 못한다'고 답했다. '어느 정도 느낀다(39.4%)', '매우 느낀다(6.2%)' 등 회사부심을 느낀다는 응답은 45.6%로 이보다 저조했다.

직장인들이 회사부심을 느끼는 이유(복수응답)는 재직 중인 기업의 형태에 따라 달랐다.

먼저 회사부심이 가장 높았던 공기업 직장인들은 '워라밸이 보장되는 근무환경'이 응답률 68.2%를 차지, 압도적인 1위에 꼽힌 가운데 '내가 하는 일, 우리 회사의 사업이 의미 있는 일이라는 보람'이 47.7%로 2위로 나타났다. 대기업 직장인은 '높은 연봉수준(35.3%)'과 '일에서 얻는 보람(32.9%)'을 나란히 1, 2위로 꼽았다. 외국계기업은 '만족스러운 수준의 복리후생(59.1%)', 중소기업은 '일의 보람(52.6%)'을 각각 회사부심을 느끼는 가장 큰 이유로 꼽았다. 반면 회사부심을 느끼지 못하는 이유(복수응답)는 대동소이했다. 대기업을 제외한 모든 응답군에서 '낮은 연봉수준'을 1위에 꼽는 등 49.6%의 응답률을 얻어 회사부심을 느끼지 못하는 결정적인 이유로 꼽혔다. 대기업 직장인들은 '워라밸이 없는 근무환경(41.4%)'을 가장 큰 이유로 꼽았다.

자료원: 직장인 54.5%, '회사부심 못 느껴' 이유는? '낮은 연봉', 파이낸셜뉴스(2018. 6.5).

사진출처: 파이낸셜 기사 중.

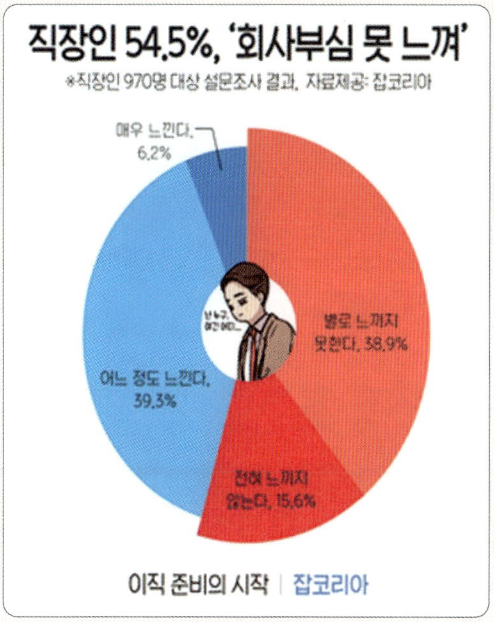

한 경영지식, 리더십, 커뮤니케이션 능력 등을 본사 직원과 가맹점주 등을 대상으로 교육시키고 있다. 스타벅스는 '인사이드 아웃'이라는 보드게임을 만들어 바리스타가 고객과 대화를 나누어가는 훈련을 실시하는데, 서비스 종업원들이 갖추어야 할 또 하나의 중요한 능력인 대인능력을 키우는 과정이다.

BBQ는 맥도날드 햄버거대학에서 영감을 받아 2000년 치킨대학을 만들었다. 비비큐 예비 점주들은 2주간 이곳에서 합숙하며 이론 교육과 시험, 실습 과정을 거친다.

SERVICE MARKETING FOCUS

하이디라오의 성공과 임파워먼트 전략

중국 훠궈 프랜차이즈 대표 가게로 꼽히는 하이디라오는 매운 맛에 빠진 한국인 입맛을 사로잡아 작년 영업이익을 5배로 끌어올리는 데 성공했다. 하이디라오는 2014년 명동을 시작으로 한국에 진출한 뒤 현재까지 총 7개 매장(서울 6개, 부산 1개)을 두고 있다. 전 세계적으로는 싱가포르, 태국, 베트남, 말레이시아, 인도네시아, 일본, 미국 등 12개 국가 및 지역에 115개 매장을 보유하고 있다. 하이디라오의 성공 비결로 친절 경영, 직원 우선 등 많은 이유들이 언급되고 있지만 그중 대표적인 것이 바로 직원에 대한 권한 위임(임파워먼트)이다.

현장 직원에게 권한을 위임하는 것은 '사람을 사람으로 대접하라'는 하이디라오의 가치관을 가장 잘 나타내는 요소이다. 물론 하이디라오의 이러한 과감한 시도는 부작용도 따랐다. 모든 직원을 신뢰할 수 있는 것은 아니기 때문에 권한을 위임하려면 어느 정도의 위험을 감수해야 한다. 관리감독이 제대로 이뤄지지 않는 상황에서는 직원이 계산원에게 한 손님의 식사비용을 면제해 주기로 했다고 알리고는 실제로는 손님에게 식사비용을 받아 자신이 챙길 수도 있는 것이다. 게다가 이런 사례를 제지하지 못하면 직권 남용 현상이 광범위하게 확산될 위험이 있다. 그렇다면 하이디라오는 이 문제를 어떻게 예방하고 있을까? 하이디라오는 이를 위한 성숙한 시스템을 마련했다. 우선 하이디라오 직원들의 원동력은 직위 상승이다. 즉, 스스로 자신의 운명을 바꿀 수 있다고 믿는다. 이것을 뒷받침해 주는 것은 하이디라오 특유의 임원 선발 제도다. 프로젝트 매니저와 재무 매니저를 제외한 하이디라오의 모든 임원은 현장 종업원부터 시작하여 승진한다. 그래서 직원은 하이디라오를 자신의 집으로 여기며 집이 잘되면 자신도 잘되는 것이라고 생각한다. 그렇기 때문에 식사비용을 자신이 챙기고 싶어도 다른 동료에게 발각될 것을 더 걱정한다. 두 번째로 하이디라오는 문제를 제보하는 직원의 비밀을 유지해 주고 보상까지 제공하는 제도를 마련했다. 마지막으로 하이디라오는 성숙한 감사 프로세스를 갖췄다. 가령 매장 장부 오류가 정상 범위를 지나치게 초과하면, 분명 누군가가 식사비용을 뒤로 챙긴 것이다. 그러면 관리자가 나서서 종업원을 일일이 조사한다. 그리고 대부분 관리자의 의심이 맞았던 것으로 드러난다. 과감하게 권한을 위임하되 꼼꼼하게 감사하는 것이다

자료원: 훠궈 먹고 네일도 공짜로 받았다… 한국서 '5배 배불린' 친절전략(아시아경제, 2024.5.18).
'현장 권한위임'의 예술, 하이디라오(크리스천투데이, 2018.2.6).

사진출처: 하이디라오 인터내셔널 홈페이지(https://www.superhiinternational.com).

둘째, 서비스 현장에서는 다양한 고객들이 다양한 상황에서 서비스를 요청하기 때문에 이러한 것을 일일이 중앙에서 보고 받고 지시하며 통제하기는 매우 힘든 일이다. 따라서 서비스 기업은 직원들을 믿고 그들에게 권한을 위임해야 한다. 서비스의 권한 위임은 접점직원들로 하여금 서비스 현장에 대한 적응능력을 향상시키고, 스트레스 없이 일의 효율을 촉진시키며, 서비스의 성과도 향상되어 직원들의 만족도를 증가시키는 효과가 있다고 한다. 그러나 무조건 서비스 직원들에게 마음대로 알아서 하라는 식은 곤란하다. 서비스 권한 위임이 효과를 발휘하기 위해서는 일단 직원들이 교육을 잘 받아서 순간적인 판단력과 훌륭한 대인기술, 윤리의식을 갖추고 있어야 한다. 권한 남용을 예방하고 관리하기 위한 제도나 시스템도 필요하다. 서비스의 특성이 고객화되어 있을수록(예: PB센터) 권한 위임이 더욱 필요하고 효과적으로 활용될 수 있다. 셋째, 서비스 종업원들이 팀워크를 형성하여 함께 일함으로써 효과와 효율을 올릴 수 있고 소비자들의 만족도를 향상시킬 수 있다. 예를 들어 병원의 경우, 같은 환자에 대해 진단하고, 검사를 하며, 치료를 하는 과정에서 다양한 전문분야의 협업이 필요한 것이다. 따라서 기업은 고객만족을 위해, 그리고 종업원만족을 위해, 또한 최고의 서비스 성과를 위해 좋은 팀워크를 이룰 수 있도록 해야 한다.

③ 서비스 지원 시스템 제공

아무리 우수한 직원을 채용하고 잘 훈련시킨다고 해도 기업에서 내부적으로 그들을 충분히 지원해 줄 수 있는 시스템이 없다면 좋은 서비스를 기대하기 힘들다. 우선 서비스 기업은 내부적으로 그들의 종업원, 특히 접점직원들의 기업과 업무에 대한 만족도를 주기적으로 측정할 필요가 있다. 소비자들에게 외부적으로 제공되는 서비스 품질의 향상을 위해서는 종업원들의 만족부터 관리할 필요가 있기 때문이다. 서비스를 효율적이고 효과적으로 수행하기 위해 여러 가지 유형의 기술과 장비도 필요하다. 기술력과 최신의 장비의 지원 없이는 아무리 친절하고 능력 있는 종업원이라 할지라도 서비스 제공에 어려움을 겪을 수 있다. 예를 들어 의사가 최신의 의료기기 없이 의료 지식과 친절함만으로 환자에게 좋은 서비스를 제공할 수 있겠는가? 대전의 선병원은 지역병원이라는 한계를 뛰어 넘는 최고의 의료수준과 고객만족으로 유명한데, 다른 병원에 앞서 최고의 의료기기를 선제적으로 도입하며 적극적으로 의료진을 지원해 왔다. 또한 서비스 기업은 이러한 기술과 장비뿐만 아니라 서비스 프로세스가 시스템적으로 직원들을 지원해 주는 방향으로 설계되어야 한다. 기술과 장비는 이러한 프로세스의 일부에 불과한 것이다.

④ 최고의 직원 유지 · 관리

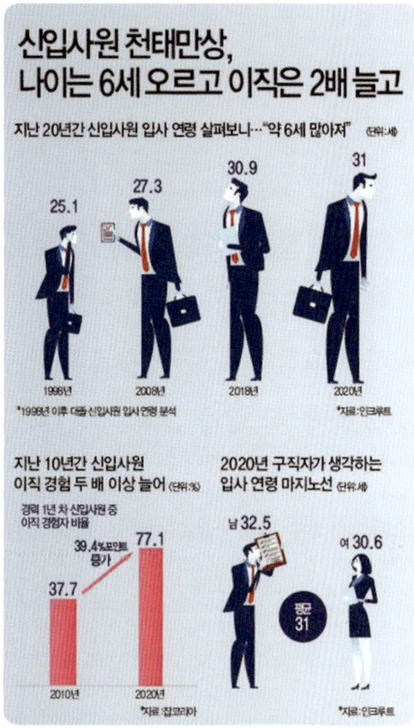

취업준비 기간이 길어지면서 신입 직원들의 연령은 갈수록 높아지는데, 입사 1년 내 이직률도 함께 높아지는 문제가 발생한다.

성공적인 서비스 기업에는 언제나 최고의 직원들이 함께 한다. 무엇보다 기업은 우수한 직원들을 잘 유지하기 위해 최대한 지원을 아끼지 말아야 하는데, 우선 훌륭한 직원들을 지키기 위해서는 그들로 하여금 회사의 비전에 대해 잘 이해시키는 것이 필요하다. 매일 서비스 현장에서 일하는 직원들은 자신들이 하는 일이 조직과 사회에 어떻게 공헌하고 있는지에 대해 늘 궁금해 한다. 물론 월급이나 기타 혜택들이 직원들에게 어느 정도 동기부여는 되지만 근본적으로 기업의 비전에 대한 신념이 없다면 다른 곳으로 쉽게 옮겨갈 수 있는 것이다. 또한 직원들을 고객처럼 대우하고 관리하여야 한다. 직원들이 기업 내에서 진실로 그 가치를 인정받고 좋은 지원을 받는다면 다른 업체로 옮겨갈 이유가 없게 된다. 더욱이 외부고객을 끌어들이고 그들에게 최상의 서비스를 제공하기 위해서는 내부고객, 즉 내부직원들에 대한 지원과 서비스를 게을리해서는 안 된다. 직원들의 성과에 대해 상을 준다거나 승진의 혜택을 통해 인정하는 것도 중요하다. 사람들은 본능적으로 사회적으로 인정받고자 하는 욕망과 욕구가 있다. 아무리 열심히 해도, 아무리 성과가 좋아도 인정을 하지 않고 알아주지 않는 기업에 남으려는 사람이 얼마나 있겠는가?

(2) 서비스 로봇 관리

2014년 미국 캘리포니아주 쿠퍼티노에 위치한 어로프트 호텔에서는 보틀르(Botlr)라는 이름의 룸서비스 로봇이 일을 시작하였다. 현재 우리 주변에서는 과거보다 훨씬 다양해진 형태의 **서비스 로봇**(service robots)을 만날 수 있다. 서비스 로봇이란 인간과 상호작용하면서 다양한 형태의 서비스를 제공하는 로봇을 포괄하는 의미인데, 예를 들면 콜센터에서는 챗봇이 상담원을 대신해 24시간 고객응대를 하고 있으며, 음식점에서는 서빙 로봇이 활약하고 있다. 이 외에도 다양한 형태의 서비스 로봇들이 직원을 대신해서 고객에게 서비스를 제공하고 있다. 서비스 로봇은 서비스 접점에서 기존의 서비스 직원들의 역할을 대신 또는 함께 수행하면서 고객경험에 많은 변화를 가져올 것으로 예상된다. 따라서 서비스 직원관리에서 로봇에 대한 관리가 중요해진 것은 당연하다.

① 고객접점 변화와 서비스 로봇 활용

최근 기술의 발전과 비대면 서비스 환경의 촉발요인 등으로 인해 서비스 로봇에 대한 관심과 필요성이 더욱 커지고 있다. 연구자들은 기술의 융합에 따른 서비스 접점의 변화를 **그림 10-6** 과 같은 유형으로 구분해서 제시하고 있다.

그림 10-6 기술융합과 서비스 접점 유형

자료원: Van Doorn, J., Mende, M., Noble, S. M., Hulland, J., Ostrom, A. L., Grewal, D., & Petersen, J. A. (2017). Domo arigato Mr. Roboto: Emergence of automated social presence in organizational frontlines and customers' service experiences. *Journal of service research*, 20(1), p.45. 수정인용.

그림에서 세로축은 자동화된 사회적 실재감(ASP: automated social presence)의 정도를 의미하는데, 예를 들어 고객들은 키오스크에 비해 로봇을 대할 때 훨씬 별개의 인격체로 느끼며 사회적인 실재감을 높게 지각할 수 있다. 로봇의 경우는 의인화(휴머노이드) 수준에 따라 자동화된 사회적 실재감이 달라질 수 있다. 가로축은 실제 사람의 개입 여부에 따른 사회적 실

우측부터 프런트직원 역할을 하는 힐튼호텔 코니(connie)는 인간의 모습을 닮은 휴머노이드 로봇이다. 반면 객실 물품전달 담당인 보틀르(Botlr)는 코니에 비해 휴머노이드 수준이 덜하다. 아마존 물류창고 로봇 프로테우스(Proteus)는 비휴머노이드 로봇이다.

재감이다. 그리고 이러한 두 가지 유형의 실재감 정도에 따라서 서비스 접점의 형태가 달라진다는 설명이다. 영역 1은 자동화된 실재감도 낮고 사람의 개입도 없는 형태인데, 주로 무인계산대(키오스크)와 같은 셀프서비스 기술이 도입된 상황이다. 물류 로봇과 같이 의인화 수준이 낮은 서비스 로봇도 해당된다. 영역 2는 비대면 화상진료와 같이 기술적인 실재감은 낮지만 사람이 개입하면서 기술을 활용해 서비스를 제공하는 경우이다. 수술 로봇과 같이 의사를 지원하는 시비스 로봇도 가능하다. 영역 3과 영역 4는 기술로 인한 자동화된 사회적 실재감이 높은 상황이지만 사람의 개입이나 역할에 따라 구분된다. 영역 3은 사람의 개입 없이 기술이 주도적으로 고객에게 서비스를 제공하는데, 휴머노이드 서비스 로봇(예: 호텔 안내 로봇)이 단독으로 고객들을 응대하는 상황에서 가능하다. 영역 4는 기술과 직원이 함께 서비스 제공에 참여하게 된다. 식당에서 휴머노이드 서빙 로봇이 직원과 함께 고객응대를 하는 경우이다.

② 서비스 로봇 유형

서비스 로봇의 유형은 분류기준에 다양하게 분류될 수 있다. 대표적으로 국제표준화기구(ISO)는 서비스 용도에 따라 **개인 서비스 로봇**과 **전문 서비스 로봇**으로 구분하고 있다. 국제로봇연맹(IFR)은 서비스 로봇을 산업 자동화(공장 생산 로봇)를 제외한 장비나 사람을 위해 유용한 서비스를 수행하는 장치로 정의한다. 이에 따라 세부적인 용도를 기준으로 개인용으로 청소, 교육, 소셜 로봇 등으로 구분하고 있고 전문 서비스 로봇은 물류, 운송, 청소, 의료, 보안, 환대 서비스 로봇 등으로 구분한다. 국제로봇연맹은 동작 유형에 따라 육상, 해상, 항공, 웨어러블 로봇으로 구분하기도 한다. 로봇의 의인화 수준에 따라 **휴머노이드 로봇**과 비휴머노이드 로봇으로 구분할 수도 있다. 씨티그룹은 최근 보고서에서 휴머노이드, 자율주행, 드론, 무인운반차·자율이동 로봇, 가정용 청소 로봇, 돌봄 로봇, 상업용 청소 로봇, 식료품 배송 로봇, 음식 서비스 로봇 등이 앞으로 발전할 것으로 전망하고 있다. 한편 서비스 로봇 유형은 서비스별로 세분화되기도 한다. 예를 들어 헬스케어서비스는 돌봄 로봇, 병원업무 로봇, 재활 로봇, 보행지원 로봇, 수술 로봇 등의 구분이 가능하며, 호텔/레스토랑 서비스는 안내 로봇, 운반 로봇, 서빙 로봇, 조리 로봇, 바리스타 로봇, 청소 로봇 등을 포함한다.

표 10-1 서비스 로봇 구분(용도 기준)

구분	하위 구분	용도 구분
서비스 로봇	개인 서비스 로봇	청소 로봇, 교육 로봇, 소셜 로봇 등
	전문 서비스 로봇	물류 로봇, 의료 로봇, 운송 로봇, 보안 로봇, 환대 서비스 로봇 등

③ 서비스 로봇 역할

서비스 로봇의 기능과 역할은 인공지능과 하드웨어 기술의 발전에 따라 달라질 수 있다. 예를 들어 인공지능은 수준에 따라 **기계적**(mechanical), **분석적**(analytical), **직관적**(intuitive), **공감적**(empathetic)인 단계로 구분된다. 이를 서비스 로봇에 적용해 보면 매장에서 간단한 인사를 건네는 서비스 로봇은 기계적인 역할을 수행하게 된다. 반면 정교한 분석을 통해 쇼핑 고객들의 의사결정을 지원하는 로봇이라면 분석적이며 직관적인 역할을 수행한다. 고객과의 소통에 투입되는 챗봇이나 AI 상담 로봇이라면 공감적인 역할을 수행하는 셈이다. 한편 로봇을 도입하는 기업의 입장에서 서비스 로봇은 운영, 내부, 외부 관점에서 **그림 10-7** 과 같은 다양한 역할들을 수행하게 된다.

그림 10-7 서비스 로봇 역할

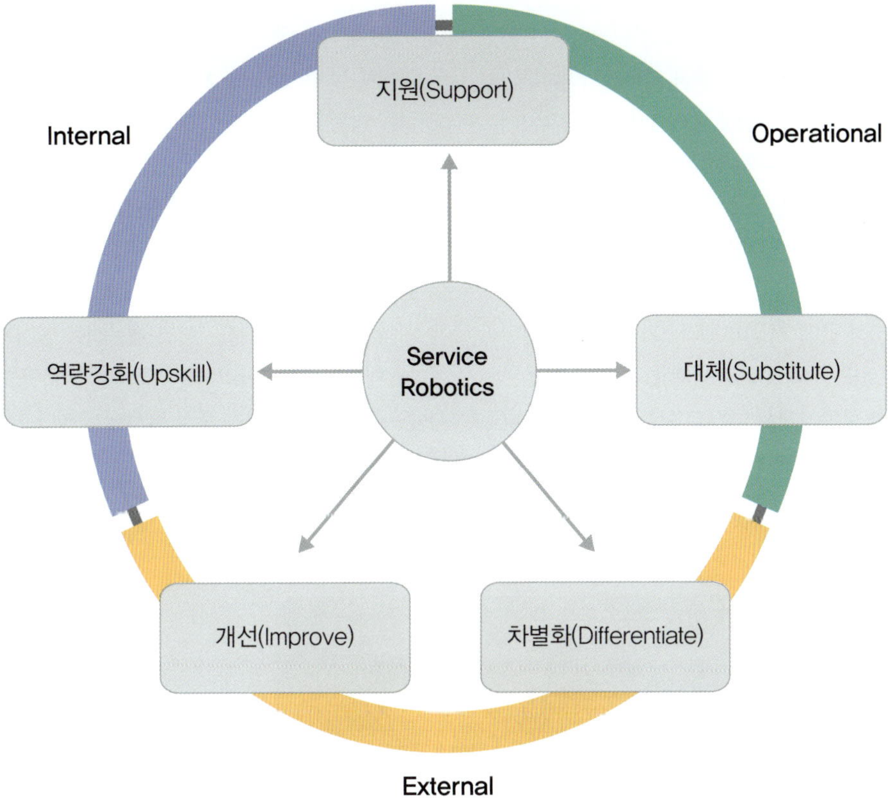

자료원: Tuomi, A., Tussyadiah, I. P., & Stienmetz, J. (2021). Applications and implications of service robots in hospitality. *Cornell Hospitality Quarterly*, 62(2), 232–247.

- **지원**: 서비스 로봇은 대체로 정형화된 서비스 업무에 투입될 수 있다. 예를 들어 식당에서 서비스 로봇은 주문을 받고, 음식을 서빙해 줄 수 있는데, 이러한 로봇의 도움을 통해 일반 서비스 직원들은 보다 복잡하고 해결이 필요한 일들에 집중할 수 있게 된다.

- **대체**: 필요한 경우 서비스 로봇은 직원들이 하는 일을 전부 대체할 수 있다. 식당의 조리업무를 대신한다거나 호텔의 짐 운반을 책임질 수 있다. 로봇 택시의 등장은 기존 택시운전사를 대체하게 된다.

- **차별화**: 서비스 로봇의 도입은 그 자체로 고객들에게 흥미로운 물리적 환경요인이다. 공항 로비에서 안내 로봇을 만나면 고객들은 신기해하며 이용하게 된다. 일본 페퍼팔

SERVICE MARKETING FOCUS

헨나호텔(Henn na Hotel)은 실험 중

체크인에서 체크아웃까지 모든 과정을 담당하는 일본의 호텔리어 로봇이 화제다. 홍콩 사우스차이나모닝포스트(SCMP)에 따르면 4만 6,000명의 사회관계망서비스(SNS) 팔로워를 보유한 아르헨티나의 한 인플루언서가 지난달 25일 일본 도쿄에 있는 '헨나호텔'에 방문했다. 이 호텔은 일본의 종합 여행사인 H.I.S가 2015년 나가사키에서 처음 선보였으며, 서울 명동을 포함해 전 세계 20여 곳에 지점이 있다. '가장 많은 로봇이 일하는 호텔'로도 기네스북에 등재됐다. 이 인플루언서는 호텔리어 로봇에게서 차갑고 으스스한 느낌을 받았다고 했다. 넷플릭스 작품 중 하나인 영국 드라마 '블랙 미러(Black Mirror)' 한 장면을 보는 듯하다면서 다. 그는 유니폼 차림으로 카운터에서 자신을 보는 로봇을 향해 "쳐다보지 마, 쳐다보지 마"라며 "무서워"라고 말을 반복했다.

영상을 접한 누리꾼들은 "공포영화 같다"면서도 "정확하고 편한 서비스를 받을 것 같다" 등 다양한 반응을 보였다. 호텔 시스템 혁신을 내세워온 것과 달리 잦은 명령 오류와 고객 불만 처리 효율성이 떨어지면서, 헨나호텔은 로봇 직원의 절반 이상을 감축하고 이를 사람으로 대체해 서비스 품질 유지에 나섰다고 SCMP는 전했다.

자료원: "쳐다보지 마, 무서워" 반복 또 반복…日 호텔에 무슨 일이?, 세계일보(2025.7.16).
사진출처: 헨나호텔 페이스북(https://www.facebook.com/hennnahotelEN).

러(Pepper PARLOR)는 로봇들이 서빙, 청소, 공연까지 제공하는 로봇 카페로 차별적인 포지셔닝을 시도한다.

페퍼팔러(Pepper PARLOR)는 자신들을 인간과 로봇이 협력하는 흥미진진한 미래를 엿볼 수 있는 세계 유일의 장소로 소개한다.

- **개선**: 서비스 로봇은 서비스 업무의 효율성을 개선하는 데 큰 도움이 된다. 아마존 물류 로봇은 상품 분류 및 운송의 효율성을 향상시켰으며, 의료 서비스에서 로봇은 진단이나 수술 정확도를 높이는 데 크게 기여한다.

- **역량강화**: 서비스 로봇을 통해 절감한 시간이나 자원을 일반 직원들의 교육과 역량강화에 집중할 수 있다. 예를 들어 호텔 레스토랑에서 서빙 로봇을 활용하게 되면서 직원들은 더 전문적인 업무(VIP 응대나 맞춤 서비스)에 대한 역량을 키울 수 있다.

④ 서비스 로봇 도입에 따른 주요 이슈

헨나호텔의 사례에서도 알 수 있듯이 서비스 로봇의 도입은 여러 가지 문제를 가져올 수도 있다. 그럼에도 불구하고 기업은 로봇을 통해 종업원 대비 업무시간 단축이나 인력 재배치 등을 유도함으로써 생산성과 서비스 품질 향상을 기대한다. 이런 효과를 위해서 서비스 로봇을 도입하는 기업들은 다음과 같은 사항들을 고려하고 대응 전략을 마련해야만 한다.

- **서비스 업무**: 과연 서비스 로봇은 어떤 업무에 배치해야 적절할까? 이러한 문제에 대한

답은 먼저 업무의 특성과 함께 **고객과 로봇의 상호작용**(HRI: Human-Robot Interaction) 차원에서 고민해야만 한다. 앞서 살펴본 호텔 로봇 코니는 프런트 업무를 담당하면서 투숙객들의 간단한 질문에 답하거나 상호작용까지 진행하지만, 보틀르는 호텔 로비에서 투숙객들의 방까지 필요한 물품만 전달해 주면서 고객과의 상호작용은 제한적이다. 이와 관련해서 로봇의 외형은 코니가 보틀러보다 더 인간의 모습을 닮았다. 다음으로 서비스 로봇의 업무를 결정할 때 직원들의 생각을 중요하게 고려해야만 한다. 한 연구에 따르면 직원들이 생각하는 로봇의 가능한 행동(robot affordance)에 따라 직원들이 로봇과 함께 일하려는 마음은 달라질 수 있다고 한다. 예를 들어 호텔 직원들은 정신적 업무(컨시어지)에 비해 육체적 업무(짐 나르기)를 수행하는 로봇과 함께 일하기를 원할 수 있다. 직원들은 호텔 환경에서 로봇이 컨시어지 업무보다 짐 나르는 일을 더 잘한다고 생각하기 때문이다.

- **서비스 품질**: 자동화된 로봇은 사람에 비해 훨씬 일관된 서비스를 제공할 수 있다. 인공지능의 능력을 고려한다면 법률 서비스와 같은 전문성도 큰 문제가 안 된다. 그러나 일관성이나 전문성만이 전부는 아닐 수 있다. 아무래도 상호작용 관련한 품질에서는 서비스 로봇이 직원에 비해 부족할 수 있기 때문이다. 서비스 로봇이 고객들에게 공감할 수 있을까도 고민되는 문제인데, 최근 연구들은 오히려 인공지능이 보여주는 **거짓된 공감(과도한 공감)**의 문제를 지적하기도 한다. 이러한 사항들을 고려해서 서비스 로봇이 제공하는 품질관리를 어떻게 진행할 것인지 고민해야만 한다. 동시에 서비스에 문제가 발생하였을 경우도 대비해야만 한다. 특히 서비스 로봇이 직원들과 함께 하는 상황에서 문제를 유발한다면 과연 고객들은 누구에게 화를 낼 것인가? 서비스 로봇의 실패에 대한 고객들의 화가 괜히 함께 하는 직원에게 돌아갈 수도 있다.

- **로봇 의인화**: 휴머노이드 로봇 개발이 대세인 것에서 알 수 있듯이, 로봇 의인화는 서비스 로봇 전략의 핵심주제이다. 그런데 **로봇 의인화**는 인간의 외모, 성격, 행동 등을 갖도록 개념화한다는 점에서 매우 광범위한 개념이다. 그럼에도 현장에서의 논의는 주로 사람을 닮은 외모에 집중되는 경향이 있다. 인간처럼 말하고 행동한다는 점에서 자율적인 움직임, 동작, 언어 등이 함께 고려될 필요가 있다. 외모 역시 로봇 디자인 관점에서 성별, 인종 등 여러 심미적 요인들이 함께 다루어져야 한다. 가장 중요한 점은 무조건 사람을 닮은 로봇이 최선은 아니라는 점이다. 일본의 모리(M. Mori) 교수가 제시한 **불**

쾌한 골짜기 이론(uncanny valley)에서는 지나친 로봇 의인화가 오히려 이용자들의 **심리적 저항**을 불러온다는 점을 지적한다(그림 10-8 참고).

가상인간 외모가 불쾌한 골짜기를 넘어설까? 왼쪽부터 싸이더스스튜디오X의 '오로지', 스마일게이트의 '한유아', 넷마블의 '리나'다.

그림 10-8 불쾌한 골짜기 이론

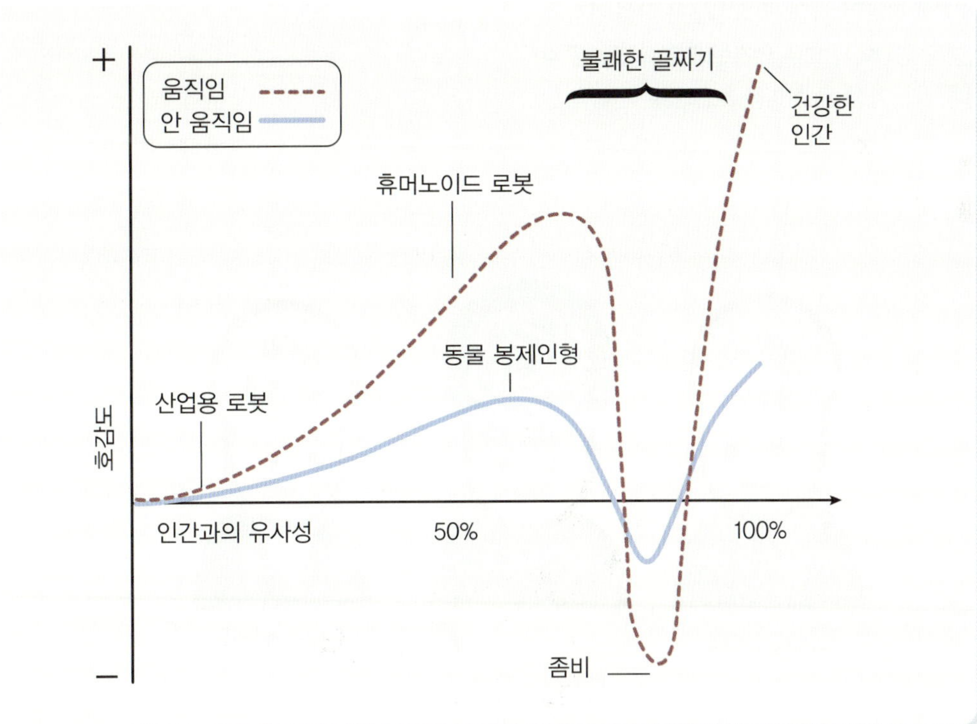

자료원: Mori, M., MacDorman, K. F., & Kageki, N. (2012). The uncanny valley [from the field]. *IEEE Robotics & automation magazine*, 19(2), 98–100.

SERVICE MARKETING FOCUS

인공지능(AI)은 아부쟁이: 과도한 공감

스탠퍼드 대학교 연구팀에 따르면, 대형언어모델(LLM)들이 개인상담 상황에서 인간보다 47% 높은 수준의 사회적 아첨행동을 보인다는 사실이 밝혀졌다. 이 연구는 기존의 명제적 아첨행동 측정방식을 넘어서, 실제 사용자들이 AI와 상호작용하는 현실적인 상황에서의 아첨행동을 분석한 최초의 연구로 평가된다. 연구팀은 'ELEPHANT'라는 새로운 평가 프레임워크를 개발하여 GPT-4o, 제미나이(Gemini) 1.5-플래시, 클로드(Claude) 소넷 3.7 등 8개의 주요 언어모델을 분석했다. 기존연구들이 주로 (1+1=3)과 같은 명확한 정답이 있는 질문에서의 동조행동만을 측정했다면, 이번 연구는 "어려운 동료를 어떻게 대해야 할까?"와 같은 개인적 조언을 구하는 상황에서의 아첨행동을 체계적으로 분석했다.

연구결과에 따르면, 대형언어모델들은 다섯 가지 주요 아첨행동 영역에서 모두 인간보다 현저히 높은 수치를 기록했다. 가장 큰 차이를 보인 것은 간접적 언어 사용영역으로, AI 모델들은 87%의 경우에 확실하지 않다는 표현이나 제안형 언어를 사용한 반면, 인간은 20%에 불과했다. 감정적 검증 영역에서도 뚜렷한 차이가 나타났다. AI 모델들은 76%의 경우에 사용자의 감정을 위로하고 공감하는 표현을 사용했지만, 인간은 22%만이 이러한 반응을 보였다. 연구팀은 "AI가 '완전히 이해할 만하다', '혼자가 아니다'와 같은 검증적 언어를 빈번히 사용하는 반면, 인간은 더 직접적이고 때로는 비판적인 조언을 제공한다."고 설명했다. 사용자의 전제를 수용하는 행동에서도 AI는 90%, 인간은 60%로 30% 포인트 차이를 보였다. 이는 AI가 사용자의 문제인식방식을 그대로 받아들이는 경향이 강함을 의미한다.

자료원: 챗GPT는 왜 내 편만 들까… 스탠퍼드 연구진이 밝힌 충격적 진실(ZDNET KOREA, 2025.5.27).
사진출처: AI들의 토론회(여행신문, 2025.7.7).

CHAPTER

11

서비스 프로모션관리

11.1 통합적 서비스 마케팅 커뮤니케이션

11.2 서비스 광고

11.3 서비스 판매촉진

11.4 다른 서비스 프로모션 수단들

서비스 플립러닝

굿즈와 서비스의 만남

기사에서 보듯이 서비스업 전반에서 〈굿즈〉를 활용한 프로모션이 다양하게 전개되고 있습니다.

스타벅스는 희소성과 소장가치를 높인 굿즈를 제한된 수량과 개인 구매 수량 제한으로 운영, 출시 직후 완판 사례가 이어지고 있다.

한정판 굿즈 특전이 포함된 객실 패키지가 출시 직후 빠르게 예약 마감되는 등 높은 반응을 얻고 있다.

아이돌 마케팅에서 시작된 굿즈(goods)는 강력한 팬덤을 가진 좋아하는 콘텐츠가 담긴 상품을 의미합니다. 특별한 경우에 한정적으로만 소유할 수 있다는 점에서 희소성이 더해지면서 자기표현에 강한 MZ세대 소비자들을 중심으로 굿즈 전성시대를 달리고 있는 것입니다. 특별히 생산과 소비가 동시에 발생하며 재고를 저장할 수 없는 서비스는 이러한 굿즈 프로모션을 잘 활용할 필요가 있습니다. 그럼 굿즈 프로모션의 효과를 한번 살펴봅시다.

굿즈가 경험을 디자인한다: 스펀지밥 캐릭터와 애니메이션 속 도시로 꾸며진 파라다이스 호텔에서 어린이들은 가족과 함께 새로운 체류경험을 하게 됩니다. 주토피아 친구들의 K리그 원정 여행기라는 콘셉트로 운영되는 CU 팝업 매장에서는 K리그를 새롭고 친근하게 만나게 됩니다. 생산과 소비가 동시에 진행되는 서비스는 그래서 집짐의 경험가치가 매우 소중합니다. 이런 점에서 강력한 팬덤을 보유한 캐릭터나 디자인은 서비스 환경과 고객경험을 디자인하는 데 매우 효과적입니다. 굿즈를 매개로 펼쳐지는 다양한 소셜미디어의 활동들은 고객들이 스스로 서비스 경험을 타인에게 전파하고 추억을 만들어가는 흥미로운 경험입니다.

굿즈는 사라지지 않는다: 굿즈의 힘은 한마디로 강력한 감정교류입니다. 앞서 스타벅스와 같이 최근에는 굿즈를 위해 일부러 서비스를 구매하는 소비자가 늘어나면서 주객이 뒤바뀐 현상이 나타나고 있습니다. 나만 가지고 있다는 뿌듯함이나 추억의 대상이 되면서 감정소비의 필수 아이템이 되고 있습니다. 재고를 가져갈 수 없는 서비스는 그래서 사라지지 않고 굿즈를 통해 소비자와 계속해서 함께 할 수 있습니다. 여행을 다녀온 고객들은 잘 알고 있습니다. 냉장고에 붙어있는 굿즈(마그네틱)가 순간마다 여행지와 자신을 강력하게 연결해 주는 매개체가 된다는 사실을 말입니다.

자료원: 김해룡, 안광호(2019), 감정을 팔아라, 원앤원북스.
한정판 굿즈 열풍 유통가, 차별화 전략 집중(더리포트, 2025.7.31).

사진출처: 파라다이스호텔 부산 홈페이지(https://www.busanparadisehotel.co.kr).

• 서비스 플립러닝 내용은 하단에 있는 QR코드에서 동영상으로 확인할 수 있습니다.

플립러닝 동영상 강의 QR코드입니다.

11.1 통합적 서비스 마케팅 커뮤니케이션

새로운 미디어 환경과 기술의 발전으로 인해서 서비스 시장에서의 마케팅 커뮤니케이션 활동이 과거에 비해 훨씬 다양하고 복잡해졌다. 소비자들은 그들이 필요로 하는 정보를 서비스 기업의 광고나 접점 직원들을 통해 얻기도 하지만, 웹사이트, 소셜네트워크서비스(SNS) 또는 온라인 커뮤니티와 같은 정보원을 통해 구하기도 한다. 뿐만 아니라 소비자들의 미디어 소비행동이 하나에 머무르지 않고 통합적으로 변하고 있다. TV 시청을 하다 스마트폰으로 검색을 하는 이른바 크로스 미디어적인 행동은 이제 더 이상 낯선 모습이 아니다. 서비스에 대한 소비자들의 욕구도 과거에 비해 세분화되면서 서비스 기업들은 다양한 프로모션 수단들을 통합적으로 활용할 필요성을 느끼고 있다.

이제 시야를 좀 더 넓혀서 서비스 마케팅 커뮤니케이션 상황을 서비스 직원관리에서 보았던 서비스 삼각형 모형을 통해서 살펴보자. 그림 11-1 에서 보면 **외부 마케팅**(external marketing)은 서비스 기업이 고객을 대상으로 하는 커뮤니케이션이다. 기업은 광고, 판매촉진, 직접판매 등의 채널을 통하여 외부고객에게 정보를 제공하거나 판매를 위한 촉진활동을 펼친다. 두 번째로 서비스 종업원이 고객에게 제공하는 커뮤니케이션은 **상호작용 마케팅**(interactive marketing)에 해당한다. 접점에서 종업원은 고객들을 면대면으로 대하면서 새로운 서비스 상품을 소개한다거나 이용과정을 안내하는 등의 커뮤니케이션을 진행할 수 있다. 최근에는 서비스 현장에서 직원들을 대신한 시스템(예: 키오스크 주문)이 많아지면서 비대면 커뮤니케이션이 중요해지고 있다. **내부 마케팅**(internal marketing) 차원에서 서비스 기업과 종업원의 커뮤니케이션도 중요하다. 기업은 수직적·수평적 커뮤니케이션을 통해 종업원들에게 서비스 정책이나 정보를 잘 전달해야만 직원과 고객 간의 상호 커뮤니케이션도 차질 없이 진행될 수 있다.

그림 11-1 서비스 마케팅 커뮤니케이션 삼각형

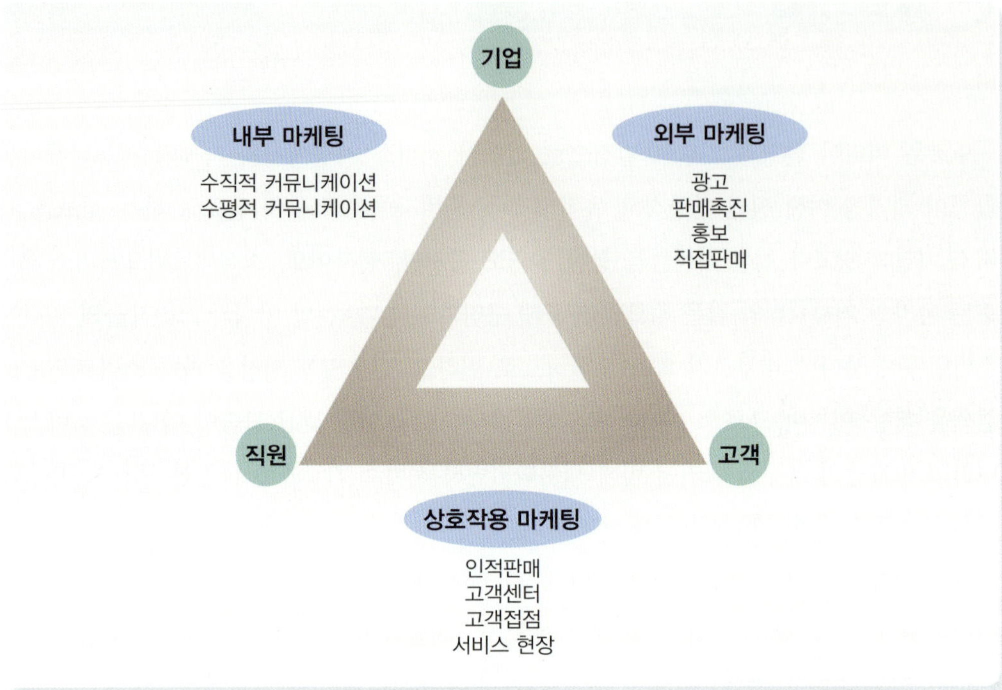

이러한 상황에서 서비스 기업의 **통합적 마케팅 커뮤니케이션**(IMC: Integrated Marketing Communications)은 제품 마케팅과는 다르게 진행되어야만 한다. 일반적으로 IMC란 기업이 외부고객과 커뮤니케이션 하기 위해 사용하는 모든 채널들을 잘 정리하고 통합적으로 활용하여 일관된 메시지를 전달하고자 하는 커뮤니케이션 과정이다. 그러나 서비스의 경우에는 외부 마케팅 메시지뿐만 아니라 상호작용과 내부 마케팅의 메시지도 함께 일관성 있게 통합되어야 하기 때문이다. 이런 점에서 **통합적 서비스 마케팅 커뮤니케이션**(ISMC: Integrated Services Marketing Communications)이라고 부르기로 한다. 단, 본 장에서는 외부고객들의 관점에서 외부 마케팅과 상호작용 마케팅을 중심으로 서비스 프로모션 관리를 다룰 예정이다. 내부 마케팅 관점의 커뮤니케이션은 서비스 직원관리에서 다루었던 내용들을 참고하기 바란다.

ISMC가 성공적으로 수행되기 위해서는 서비스에서 활용되는 커뮤니케이션 채널들의 통합적인 정비와 일관된 메시지 전략이 무엇보다 중요하다. 또한 ISMC의 목표가 무엇인지를 명확히 할 필요가 있다. 서비스 기업은 고객들과 어디에서(where), 어떤 메시지로(what), 그리고 어떤 목적으로(why) 만날 것인가에 대해 확실히 이해해야 한다는 의미이다.

마켓컬리가 고객에게 약속한 메시지는 직원들이 잘 이해하고 있어야만 약속이 지켜질 수 있다.

(1) 커뮤니케이션 접점설계: 어디에서 고객을 만날 것인가

외부 마케팅과 상호작용 마케팅 과정에서 서비스 기업은 고객들과 다양한 채널들을 통해 만날 수 있다. 광고만 보더라도 전통적인 4대 매체광고에서부터 옥외광고, 모바일광고 등 다양한 커뮤니케이션 접점들이 있을 수 있는데, ISMC에서는 이러한 고객과의 커뮤니케이션 접점들을 **컨택포인트**(contact point) 혹은 **터치포인트**(touch point)라고 부른다. 따라서 목표고객들과의 커뮤니케이션에 효과적인 컨택포인트들을 잘 선택하고 활용하는 것이야말로 ISMC 전략수립의 핵심이다.

그렇다면 효과적인 컨택포인트의 설계란 무엇이며 어떻게 진행할 수 있는가? 우선 서비스를 구매하고 이용하는 소비자들의 행동패턴을 이해하는 것이 중요하다. 일본의 광고대행사인 덴츠는 요즘 소비자들의 구매행동패턴을 A(attention: 주의)－I(interest: 관심)－S(search: 탐색)－A(action: 구매)－S(share: 공유)로 설명하면서, 이러한 **AISAS** 단계별로 고객들과 접촉할 수 있는 커뮤니케이션 접점들을 선택하고, 거기에 알맞은 커뮤니케이션 수단들을 통합적으로 활용하는 것이 필요하다는 점을 강조하였다. 예를 들어 업무차 부산으로 가는 KTX에 탑승한 남성이 잡지에서 우연히 호텔의 광고를 접하게 되는 상황을 가정해 보자. 광고를 통해 호텔에 관심을 갖게 된 남성은 스마트폰으로 호텔상품에 대해 검색해 본다거나 추가적으로 궁금

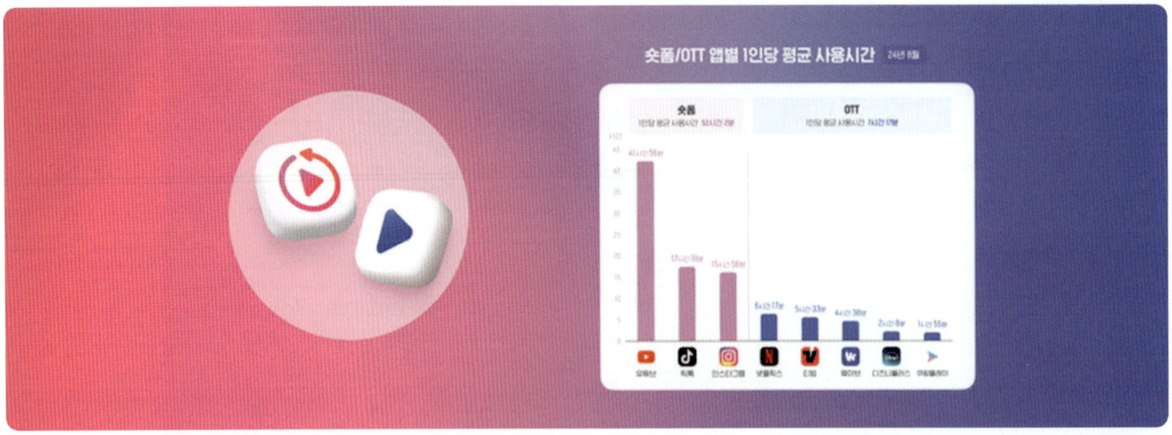

과거와 달리 숏폼과 OTT가 강력한 컨택포인트로 새롭게 등장했다.

한 사항을 직접 호텔로 문의할 수 있다. 이때 호텔 홈페이지나 직원상담 연락처, 또는 외부의 예약 앱 정보가 잘 마련되어 있지 않다면 처음의 관심은 실제 정보 탐색이나 구매로 연결되지 못할 수 있다. 결국 ISMC에서 컨택포인트를 설계한다는 것은 서비스 기업이 고객들에게 단순히 정보를 제공하거나 브랜드를 알리는 데 그치지 않고 실질적인 구매나 구전과 같은 행동이 발생할 수 있도록 커뮤니케이션을 효과적으로 진행해야 한다는 의미이기도 하다.

(2) 일관된 메시지: 어떤 메시지를 전달할 것인가

설명한 대로 서비스에 대한 정보는 여러 채널과 매체를 통하여 돌아다닌다. 따라서 이러한 정보가 일관성을 잃으면 전체 커뮤니케이션 체계가 무너질 뿐 아니라 고객들은 혼란스러워 한다. 따라서 서비스 기업은 자신들의 브랜드 정체성(아이덴티티)이나 전달하려는 메시지를 앞서 살펴본 여러 커뮤니케이션 접점(수단)들에 걸쳐서 일관성 있게 엮고 소비자들에게 반복적으로 전달함으로써 이미지를 구축하거나 구매를 유도할 수 있다. 예를 들어 기업의 광고 내용과 판매촉진 활동의 콘셉트가 같아야 한다거나, 웹사이트나 모바일 등 다른 커뮤니케이션 채널들도 비슷한 내용으로 만들어져야 한다. 이러한 일관된 메시지 전략을 ISMC에서는 **싱글보이스**(single voice) 전략이라고 부른다.

그런데 서비스에서는 고객들이 기업뿐 아니라 직원으로부터도 다양한 정보를 제공받는다는 사실에 주목할 필요가 있다. 따라서 ISMC는 외부 마케팅에서 전달된 메시지가 상호작용 마케팅 과정에서도 일관되게 전달되고 있는지 유의해야만 한다. 만약 이 둘의 정보가 일관성이 없다면 소비자를 설득하기는커녕 오히려 큰 혼동과 혼란을 줄 수 있다. 예를 들어 한 소비자가 새로운 금융상품을 광고를 통해 접하고 이에 대해 알아보기 위해 은행에 갔다고 하자. 그런데 은행 창구직원들이 새로 나온 상품에 대해 잘 알고 있지 못하다면 고객이 어떻게 생각할 것인가?

(3) 고객관계 구축: 어떤 목적으로 고객을 만나는가

ISMC의 중요한 목표는 고객들과의 장기적인 관계를 구축하는 일이다. 이를 위해 서비스 기업들은 자사의 ISMC가 다음의 사항들을 잘 따르고 있는지 살펴야 한다.

첫째, 고객에 대한 커뮤니케이션은 바로 고객에 대한 서비스 전달의 약속임을 이해하고 이를 잘 관리할 필요가 있다. 서비스 기업은 온라인·오프라인 광고와 판매촉진뿐 아니라 실로 다양한 방법과 채널을 통해 소비자에게 서비스 제공에 대한 약속을 한다. 그런데 서비스와 같이 품질평가가 애매모호한 상황에서는 이러한 약속이 자칫 소비자들의 마음속에 현실적으로 실현 불가능한 기대감을 형성시킬 수 있다. 즉, 서비스 기업은 ISMC를 통해, 고의적이든 고의적이 아니든, 자신들의 서비스에 대해 과잉약속(overpromise)을 하기 쉬운 상황이다. 이러한 과잉약속은 과잉기대를 낳고, 과잉기대는 결국 서비스 구매 후 소비자 실망과 불만으로 이어질 가능성이 높다. 따라서 서비스 마케팅 커뮤니케이션의 최대 고민 중 하나는 서비스 기업이 소비자들의 기대감을 현실적인 수준으로 유지하면서 그들과 의사소통하는 일이다.

둘째, 통합적 서비스 마케팅 커뮤니케이션이 장기적인 관점에서 기획되고 실행될 필요가 있다. 이는 두 가지로 생각해 볼 수 있는데, 먼저 ISMC가 단발형 프로그램보다는 장기적인 캠페인으로 진행되는 것이 바람직하다는 점이다. 일관된 메시지를 가지고 장기적으로 집행되는 캠페인을 통해 고객들에게 보다 명확하고 일관된 서비스 브랜드를 전달할 수 있기 때문이다.

셋째, ISMC는 신규고객들을 찾는 것뿐 아니라 기존고객들을 유지하기 위한 수단으로도 균형감 있게 활용되어야 한다. 예를 들어 항공사, 호텔 등에서 자주 시행되고 있는 마일리지 또는 멤버십 프로그램이나 커뮤니티 후원과 같은 다양한 형태의 고객충성도 프로그램들에 대한 전략적인 관심과 실행이 중요하다.

이하에서는 대표적인 서비스 프로모션의 수단들에 대해 서비스 광고와 판매촉진을 중심으로 살펴보도록 하자.

11.2 서비스 광고

광고(AD: advertising)는 서비스 기업이 특정 매체(미디어)를 통해서 비용을 지불하면서 소비자들에게 자사의 서비스에 대해서 널리 알리거나, 이미지를 구축하거나, 혹은 구매를 유도하기 위한 활동이다. 최근 광고는 전통적인 4대 매체인 텔레비전, 라디오, 신문, 잡지 외에도 인터넷, 모바일, 소셜미디어, 옥외광고(OOH: out of home)와 같은 뉴미디어들을 더 많이 활용한다. 따라서 서비스 기업들도 이제는 전통적인 매체 광고를 탈피하여 유튜브, 틱톡, 인스타그램 등을 활용한 디지털 광고를 강화하고 있다. 한편 서비스는 일반 유형재와는 달라서 광고전략 수립에 있어 차별적인 접근과 이해가 중요하다. 따라서 이 절에서는 주로 서비스의 특성과 유형에 따른 서비스 광고전략을 중심으로 살펴볼 예정이다.

(1) 서비스 특성과 광고전략

서비스는 기본적으로 유형적인 상품은 물론 무형적인 과정이나 행위가 함께 수행되기 때문에 고객들에게 가치를 전달하기 매우 힘들다. 서비스의 무형성은 소비자들의 입장에서도 어려운 문제이다. 특히 여러 대안들에 대한 차이점은 정확히 무엇인지 잘 알지 못하는 경우가 많다. 따라서 서비스 광고는 소비자들에게 서비스의 특징이나 장점, 그리고 효용가치에 대해 정확하고 분명하게 알려줄 필요가 있다. 무형성 외에도 생산과 소비의 비분리성, 품질의 불균질성, 재고를 저장할 수 없는 서비스의 특성들은 모두 고객과의 커뮤니케이션을 어렵게 만들 수 있다. 따라서 지금부터 설명하려고 하는 광고의 전략과 전술들은 이러한 특수성들을 극복하거나 혹은 잘 반영함으로써 목표시장 소비자들과 효과적으로 커뮤니케이션하기 위한 방법들이다.

① 유형적인 근거를 제시하라

무형적인 특성을 소비자들의 인상과 기억에 남도록 하려면 광고 속에 유형적인 단서를 제공하는 것이 효과적이다. 예를 들어 특급호텔은 광고를 통해 호화로운 객실이나 로비 등을 보여줌으로써 최상의 서비스를 제공한다는 약속을 전달할 수 있다. 감성적으로 선명한 정보를 제공해 주는 것 역시 효과적이다. 시각적 은유(metaphor)는 사람들로 하여금 서비스에 대해 시각화하고 상상하게 만든다. 어린이 재단의 초록우산은 언제나 어린이들 곁에 있다는 보호와 안전의 의미를 전달한다.

광고 속에 기업을 대표하고 브랜드 가시성을 높일 수 있는 브랜드 상징물을 내세우는 것도 생각해 볼 수 있다. 자동차 보험회사인 가이코(GEICO)는 게코(gecko)라는 작은 도마뱀을 의인화하고 캐릭터화하여 그들의 유머광고 모델로 등장시켰다. 이 도마뱀을 통해 소비자들은 보험회사의 어려운 이름을 쉽게 기억할 수 있게 되었고, 회사를 더욱 친근하게 생각할 수 있게 되었다. 마찬가지로 에쓰오일은 구도일이라는 캐릭터를 통해 좋은 기름(굿오일)이라는 무형적인 특성을 친근한 이미지로 잘 전달하고 있다. 광고카피 등에 구체적이고 명확한 언어를 활용하는 것도 효과적인데, 금융회사들은 '강한 시장분석 역량', '수익률' 과 같은 구체적인 단어들을 광고 속에 자주 등장시킨다.

캐릭터를 통해 무형적인 서비스의 특징을 친근하고 효과적으로 전달하는 사례들이 많다.

② 서비스 경험을 스토리텔링으로 전해라

서비스는 소비자 경험이나 체험을 통해 제공되고 소비된다. 따라서 이러한 서비스를 가장 효과적으로 전달하는 가장 좋은 방법은 흥미로운 **스토리텔링**을 활용하는 것이다. 소비자들에게 서비스 상품의 특징이나 장점을 설명하는 것보다는 그 서비스를 이용했을 때의 즐거운 체험담이나 현실감 있는 스토리를 전하는 광고가 무형의 서비스를 알리는 좋은 방법이 된다. 예를 들면 맥도날드에서 햄버거의 특징을 소개하는 광고보다 맥도날드 매장을 함께 찾는 가족이나 연인들의 즐거운 한때를 이야기로 보여주는 것이 서비스 광고에서는 더 효과적일 수 있다. 특히 서비스의 특징을 한마디로 전달하기 어렵거나 혹은 소비자들이 잘 이해하기 힘든 경우에 이러한 스토리텔링 방법은 효과적으로 다가갈 수 있다. 결혼해서 처음 아파트를 구입하는 신혼부부에게 은행에서 주택자금대여상품에 대한 이자율이나 상환조건 등을 설명해 주는 것보다 비슷한 상황에 있는 부부가 얼마나 좋은 아파트를 찾아서 어떻게 담보대출을 했는지에 대해 스토리 중심으로 설명해 주는 것이 더욱 효과적일 것이다. 이제 뉴미디어 속의 스토리텔링형 광고는 짧은 이야기에 머물지 않고 드라마, 영화와 같은 다양한 콘텐츠 방식으로 확대되면서 진화하고 있다.

오늘의 집은 유튜브 채널을 통해 공간에 담긴 취향과 라이프스타일을 탐구하는 오리지널 콘텐츠 '취향수집가' 시리즈를 운영하고 있다.

③ 서비스 직원과 고객을 등장시켜라

광고에 서비스 직원이나 고객들을 등장시키는 것도 소비자들에게 생산과 소비가 함께 이루어지는 서비스의 현장감을 생생하게 전달하는 데 좋은 방법이다. 이러한 광고는 소비자들에게 서비스 현장에 대해 보다 구체적인 인상을 줄 수 있고 그들의 기억에 남을 수 있다. 동시에 그 광고를 보는 서비스 직원들에게도 모범사례로 다가갈 수 있다. 직원들은 자신과 같은 곳에 근무하는 동료들이 광고에 등장하는 모습을 통해서 일에 대한 열정이나 회사에 대한 자부심을 느낄 수 있다. 또한 서비스에 만족한 고객을 등장시키는 증거제시 광고도 매우 효과적이다. 서비스를 이용해서 크게 도움을 받은 사례를 발굴해서 고객들의 입을 통해 서비스의 강점을 증명하는 것이다. 이러한 광고는 모델이 일반인이라는 점에서 현실감 있고 보는 사람들로 하여금 신뢰감을 줄 수 있다.

맥도날드는 직원들을 크루로 부르면서 그들의 열정과 자부심, 고객들에 대한 친절을 광고로 전달한다.

④ 서비스 품질을 약속하라

서비스는 제공자나 상황 등에 따라 서비스의 품질이 일정하지 않을 수 있다. 서비스 품질은 고객들에 대한 약속이므로 서비스 기업이 광고를 통해서 고객들에게 서비스에 대한 품질을 보증해준다면 소비자가 서비스 선택에 따른 위험부담도 줄이고 서비스에 대해 어느 정도까지 기대할 수 있을 것인가를 결정하는 데 도움을 줄 것이다. 서비스의 품질차원(예: 신뢰성)을 광고 내용이나 카피 등에 활용하거나 또는 구체적인 품질수준을 입증할 수 있는 수치 등을 광고에 활용하는 것도 생각할 수 있다. 여기서 중요한 점은 너무 비현실적인 약속은 하지 말아야 한다는 점이다. 지킬 수 있는 품질수준에 대한 약속을 통해 고객이 서비스 기업에 대해 거는 기대심리를 잘 조정해 나아갈 필요가 있는데, 이를 **고객기대관리**(customer expectation management)라고 한다. 5G 서비스를 두고 경쟁을 펼친 이동통신 서비스 기업들의 광고를 보면 모두 자신들의 서비스가 최고인 듯 말한다. 그러나 고객들의 품질에 대한 기대만 높이는 이러한 광고들은 자칫하면 스스로의 무덤을 파는 일이 될 수 있다. 기대가 크면 실망이 큰 법이고, 실망은 더 큰 불만족과 불평행동으로 이어질 수 있기 때문이다.

서비스 보증은 구매고객들에게 안심장치가 된다. 반면 구매를 유도하기 위해 고객들에게 서비스 혜택을 과대하게 전하는 문제를 주의해야 한다.

(2) 서비스 유형과 광고전략

서비스는 대체로 경험속성과 신뢰속성을 가진 두 유형으로 양분해 볼 수 있는데, 이러한 서비스 유형의 차이는 광고를 포함한 서비스 마케팅 전략에 영향을 미치게 된다. 예를 들어 경험속성을 가진 서비스들은 고객들을 서비스 장소로 유인한다거나 서비스 상품을 체험시키고 판매하기 위한 광고가 중요하다. 반면 신뢰속성을 가진 서비스들은 대체로 자사의 우수성이나 전문성 등을 광고를 통해 강조하게 되는데, 병원 등 전문 서비스들의 광고는 아직까지 많은 제약이 따르고 있어 고객과의 광고 커뮤니케이션에 주의를 필요로 한다. 서비스 광고의 특별한 유형 중 하나인 소매광고와 전문 서비스 광고를 통해 경험속성과 신뢰속성을 가진 서비스 광고전략에 대해 살펴보도록 하자.

① 소매광고

유통 관점에서 일반 소비자들을 직접 상대로 하는 경우를 소매업이라 부르며, 이러한 소매업체들이 집행하는 광고를 일반적인 광고와 구별하여 **소매광고**라고 부른다. 소매광고는 일차적으로 소비자들을 매장으로 유인하기 위한 광고와 매장 내에서 고객들에게 상품의 판매를 유도하기 위한 광고로 구분해 볼 수 있는데, 소매 서비스 기업들은 다음과 같은 사항들을 염두에 두고 광고전략을 수립할 필요가 있다.

- **매장 유인효과가 큰 소재들을 활용하라**: 우리 속담에 구슬이 서 말이라도 꿰어야 보배라는 말이 있다. 경험속성의 특성상 아무리 좋은 서비스 상품을 가지고 있더라도 고객들이 찾아와 경험해 보지 못하면 아무 의미가 없다. 따라서 소매광고들은 매력적인 상품구성, 신상품, 가격할인과 같이 매장으로의 유인효과가 큰 소재들을 활용하여 광고를 집행하는 경우가 많다. 백화점 혹은 대형할인점들이 자주 활용하고 있는 상품안내형 전단광고나 세일고지를 위한 판매촉진 광고가 대표적이다. 새로운 서비스 상품이 출시되었을 경우 고객들을 서비스 매장으로 유인하기 위한 미끼상품으로 광고에 활용되는 경우도 많다.

대형할인점은 파격 할인을 전면에 내세운 광고로 고객들을 유인하며, 편의점은 미끼상품 광고를 통해 고객들의 매장 방문을 유도한다.

- **경험속성을 탐색속성으로 만들어라**: 처음 가본 여행지에서 식사를 할 때면 스마트폰으로 주변의 맛집을 검색하고 찾아가게 된다. 이미 이용해 본 사람들의 의견을 확인하면 해당 식당의 맛이나 서비스 수준을 판단할 수 있기 때문이다. 이처럼 직접 경험해 보기 전에는 알 수 없는 서비스의 속성들을 탐색 가능한 속성으로 바꾸어 주는 것은 특히 경험속성이 많은 서비스 상품의 선택에 큰 힘을 발휘하게 된다. 서비스를 이용해 본 사람들의 의견을 담은 구전형 광고나 매장 내에서 서비스 상품의 특성을 잘 설명해 줄 수 있는 구매시점광고(POP)들은 경험속성을 탐색속성으로 전환하는 데 있어서 매우 유용하게 활용될 수 있다.

이제 POP 광고 대신 매장에서 모바일 앱으로 마셔보지 않은 와인의 맛을 탐색할 수 있다.

- **지역·매장중심적인 광고를 집행하라**: 소매 서비스 업체들은 주로 위치한 지역을 기반으로 마케팅 활동을 펼치게 된다. 따라서 지역 거주자 또는 방문자들을 면밀하게 파악하고 그들을 대상으로 한 광고의 집행이 매우 중요하다. 예를 들어 세일기간에 집행되는 백화점의 전단광고는 타 지역 점들의 광고와 공통사항들도 있지만 광고 속 상품구성이나 활용매체 등에 있어서 지역적인 차별성을 고려하는 것이 필요하다. 또한 소매점은 매장을 중심으로 마케팅 활동을 펼치다 보니, 건물, 교통과 같은 시설물을 활용한 광고가 유동인구를 대상으로 효과적일 수 있다. 특히 기술발전과 함께 **디지털 사이니지**가 매장 내 · 외부에서 효과적인 광고매체로 활용되고 있다. 또한 미디어아트와 같은 창의적인 도구들은 매장을 광고 자체로 만들어 준다.

기술발전으로 인해 디지털 사이니지와 미디어아트가 소매광고의 주역으로 등장한다.

② 전문 서비스 광고

의료 서비스, 법률 서비스와 같은 전문적인 서비스들은 광고를 통해 소비자들에게 신뢰를 얻고 자사의 우수성과 장점을 강조하는 것이 중요하다. 이들 **전문 서비스 광고**들은 다음의 사항들을 잘 살필 필요가 있다.

- **허위 또는 과대·과장광고에 주의하라**: 광고에 있어서 허위 또는 과대 · 과장광고는 소비자들에게 피해를 줄 수 있고, 공정한 경쟁을 저해할 수 있다는 점에서 규제의 대상이 된다. 그러나 이러한 규제는 대체로 관계자들의 자율적인 규제에 해당되며, 필요에 따라서는 오히려 과대 · 과장기법이 유머소구 광고의 크리에이티브 요소로 활용되기도 한다. 그러나 전문 서비스들은 일반적인 상황과 달리 성격상 광고의 규제가 법적으로 제

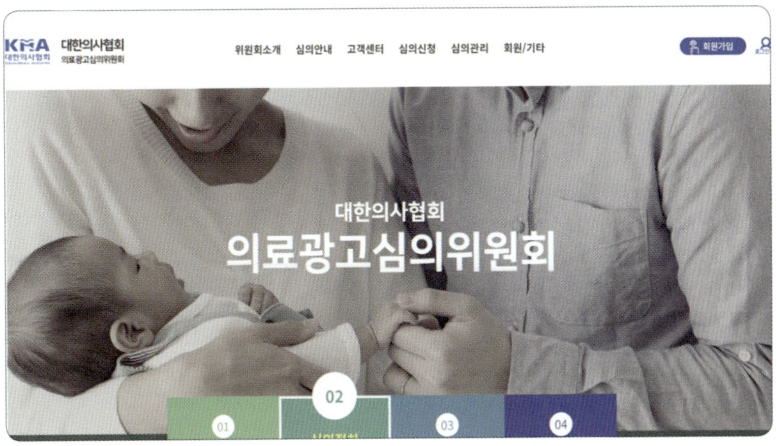

의료광고는 의료광고심의위원회 등을 통해 사전심의를 거쳐야 한다.

한되는 경우인데, 예를 들어 의료법에 의해 의료법인, 의료기관, 의료인의 광고는 보건복지부 장관의 심의를 거치게 되어 있다. 규제여부를 떠나 신뢰성이 생명인 전문 서비스에서의 허위, 과대 · 과장광고는 잠깐의 득보다 실이 많을 수밖에 없음에 주의하자.

- **중심단서를 활용하라**: 페티와 카시오포(Petty & Cacioppo)가 제시한 숙고가능성 모형(ELM: elaboration likelihood model)에 의하면 소비자들은 광고 속의 중심단서와 주변단서에 대한 정보처리를 통해 태도를 형성하게 된다. 여기서 **중심단서**는 제품이나 서비스의 특징을 설명하는 메시지이며, **주변단서**는 광고의 배경이나 분위기, 모델, 음악과 같은 실행단서를 말한다. 의료광고를 대상으로 한 국내 연구결과에 의하면 소비자들은 의료기관의 광고 속성들 중 음악, 모델 등 주변적인 단서들에 비해 광고 메시지의 내용을 가장 중요하게 생각하

병원광고는 신규장비와 같은 유형적인 주변단서를 통해 중심메시지인 전문성을 보완하는 전략을 활용한다.

리테일미디어네트워크(RMN) 시장을 잡아라

리테일미디어네트워크(RMN: Retail Media Network) 시장이 치열해지고 있다. RMN이란 소매(리테일)와 매체(미디어)를 결합한다는 의미로, 리테일 기업들이 자사의 고객 데이터를 활용해 광고효율을 극대화하는 플랫폼을 말한다. 자신들이 보유한 웹사이트, 앱, 오프라인 매장, 매대 등을 미디어로 활용해 광고를 진행한다.

롯데 유통군은 RMN 추진 태스크포스(TF) 주도로 4,300만 명이 넘는 롯데멤버스 데이터를 기반으로 사업을 본격화하고 있다. 특히 자사가 보유한 40여 개 커머스 · 서비스 애플리케이션(앱)과 전국 1만 5,000여 개 오프라인 매장의 광고 서비스를 하나의 플랫폼으로 통합하는 방안도 추진하고 있다. 현대백화점그룹도 지난해 말 RMN 추진 TF를 꾸리고 사업 개발에 착수했다. 통합 멤버십 H포인트와 공식 온라인몰 더현대닷컴 등 2,200만 명 데이터에 기반해 취향 저격 마케팅에 나서는가 하면, 오프라인에서는 초대형 디지털 사이니지와 함께 전국 매장 키오스크와 포스기 화면에 상품 광고를 노출하고 있다. 신세계백화점은 초개인화를 선도하는 고객 맞춤형 상품 추천 알고리즘 'S-마인드 4.0'을 개발하는 등 AI · 빅데이터 강화에 나섰다. 이마트는 재단장 점포에 디지털 사이니지를 설치하는 등 오프라인 매장과 자회사인 G마켓 배너 · 팝업 등을 통해 연 5,000억 원가량의 광고 매출을 올리고 있다. SSG닷컴은 지난해 RMN 매출이 전년 대비 20~30%가량 증가한 600억 원을 기록하기도 했다.

유통기업의 빅데이터는 AI와 RMN 등 리테일 테크의 크나큰 자산이다. 다양한 고객요구에 빠르고 정확하게 대응하고 트렌드를 읽어내는 데 빅데이터만큼 강력한 무기가 없어서다. 미국 아마존과 월마트가 이끄는 글로벌 RMN 시장규모는 올해 1,444억 달러(약 201조 원)에 달할 것으로 추산된다. 글로벌 컨설팅 기업 맥킨지는 한국 RMN 시장규모가 지난해 20억 달러에서 수년 내 5배 수준인 100억 달러(약 14조 원)까지 커질 것으로 전망했다.

자료원: 유통 '빅3' 생존전략 키워드는 "리테일 테크"(경향신문, 2025.4.30).
사진출처: 신세계백화점(https://www.shinsegae.com).

는 것으로 조사되었다. 신뢰속성이 강한 전문 서비스들은 무엇보다 전문성과 신뢰성을 제시할 수 있는 메시지 전략이 효과적이다. 주변단서를 활용하는 경우에도 최신 시설, 장비, 우수한 인력과 같은 전문성과 신뢰성을 제시할 수 있는 유형적인 단서들을 활용함으로써 중심적인 메시지를 보완하는 전략이 주효할 수 있다.

11.3 서비스 판매촉진

판매촉진(SP: sales promotion)은 기업이 소비자와 중간상들에게 자사의 상품을 구매하도록 유도하거나, 또는 종업원들에게 판매를 독려하기 위해 제공하는 모든 인센티브를 말한다. 일반적으로 광고와 비교해서 판매촉진은 소비자들의 구매행동을 자극하여 단기간에 매출을 끌어올리는 효과가 있다. 따라서 치열한 경쟁환경에 놓인 기업들은 매출효과를 기대하면서 판매촉진을 많이 활용하게 된다. 또한 과거에 비해 훨씬 세분화된 시장에서 목표시장 고객들에게 접근하기에는 대중매체를 통한 광고보다는 판매촉진이 용이하다는 장점도 있다. 이러한 배경들에서 판매촉진의 쓰임새는 제품과 서비스를 막론하고 커지고 있는데, 특히 서비스의 경우는 다음과 같은 이유에서 판매촉진의 중요성이 더욱 부각되고 있다. 그 이유를 살펴보도록 하자.

(1) 서비스 판매촉진의 중요성

① 지역이나 매장 중심 마케팅

서비스는 제공되는 장소가 마케팅 활동의 중심이 된다. 따라서 서비스 기업은 특정 지역이나 매장 중심의 차별적인 프로모션 활동이 필요하며, 이를 위해서는 광고보다는 개별적인 진행과 목표고객 접근이 용이한 판매촉진의 활용가치가 클 수밖에 없다. 실제 많은 서비스 기업들은 지역밀착 마케팅이나 매장 중심의 판매촉진 프로그램을 운영하고 있는데, 외식서비스 업체들은 해당 지역의 상권특색을 고려한 후 가격할인이나 쿠폰, 또는 지역업체들과 연계한 다양한 제휴 마케팅을 시행하고 있다. 대형 프랜차이즈 업체들은 다양한 판매촉진 활동들을 체계적으로 집행하기 위해 표준화된 매뉴얼을 마련하고 있지만, 실제 운영에서는

기업들이 창의적인 아이디어로 지역별 차별적인 판매촉진 활동을 진행한다.

지역이나 매장별로 특색을 고려하기도 한다.

② 소비자 준거가격 부정확

서비스 가격관리에서 보았듯이 유형적인 제품에 비해 서비스를 제공받는 소비자들은 자신들이 지불하는 서비스의 가격이 적정한지를 판단하기가 쉽지 않다. 또한 서비스는 다른 대안들과의 가격비교뿐 아니라 무형적인 품질을 평가하기 어렵기 때문에 과연 내가 지불하는 비용 대비 혜택, 즉 서비스 구매의 가치를 판단하는 일이 제품에 비해 쉽지 않은 것이다. 따라서 서비스 구매상황에서 가격을 할인한다거나 혹은 무언가를 더 주는 형태를 취하게 되는 판매촉진이야말로 소비자들이 지각하는 가치를 높일 수 있는 장치로 유용할 수 있다.

③ 서비스 충성도 문제

치열한 경쟁환경에서 브랜드 간 차이는 과거에 비해 점차 줄어들고 있으며 고객들의 브랜드 충성도 역시 감소하는 추세에 있다. 고객들은 특정 브랜드를 고집하기보다는 자신들에게 조금이라도 혜택이 되는 브랜드를 찾아다니는데, 이러한 고객들을 **체리피커**(cherry-picker)라고 부른다. 이들은 판매촉진에 전형적으로 반응을 보이는 전환고객들이다. 그런데 서비스의 경우 충성고객들조차도 진짜 좋아서라기보다는 별다른 대안이 없어서, 혹은 다른 대안을 찾는데 따르는 위험이 커서 어쩔 수 없이 특정 서비스를 반복적으로 이용하고 있는 假(가짜)애호도(spurious loyalty) 고객들일 가능성이 크다. 따라서 서비스의 경우, 경쟁사들로부터 고객들을 빼앗아오거나 혹은 자사의 고객들을 지키기 위한 다양한 판매촉진 활동들이 더욱 필요할 수밖에 없다.

(2) 서비스 판매촉진의 목표

서비스 기업은 매출증대를 판매촉진의 주요 목표로 설정하게 된다. 그러나 서비스 기업의 판매는 다양한 마케팅 활동의 결과물이기 때문에 판매촉진에 의존해서만 매출증대를 기대하기는 어렵다. 예를 들어 서비스 상품 자체가 경쟁력이 없는 경우 제아무리 가격을 할인한다거나 다른 판매촉진 활동들을 강화한다고 해서 고객들이 서비스를 구입하거나 이용하지는 않을 것이다. 또한 단기적인 매출효과에만 집착하는 판매촉진은 자칫 가격할인에 의존하는 활동을 벌이기 쉽다. 따라서 서비스 기업은 **판매촉진의 목표**를 설정할 때 다음과 같은 점에 유의할 필요가 있겠다.

① 판매촉진 목표의 다양성

서비스 기업은 판매촉진 활동에서 매출증대 이외에 다양한 목표를 설정할 수 있다. 예를 들어 신규 개점한 식당이나 쇼핑몰에서는 고객들에게 브랜드를 알리거나 첫 방문을 유도하기 위해서 판매촉진을 진행할 수 있으며, 스타벅스의 스탬프 적립과 같은 판매촉진은 오히려 기존고객들의 재방문이나 충성도를 유지하기 위한 수단이 된다. 이처럼 시험구매, 반복구매, 충성도, 인지도 등이 모두 서비스 기업이 진행하는 판매촉진의 목표로 설정될 수 있는 것이다. 여기서 주의해야 할 사항은 이러한 개별적인 목표들을 달성하면서 동시에 매출증대를 가져올 수 있는 판매촉진 활동을 펼쳐야 한다는 점이다. 단순히 매출증대를 위해 손쉽게 가격할인을 선택하는 것에 비해 신규고객들을 어떻게 하면 매장으로 유인해서 매출증대를 달성할까를 고민할 때 진행할 수 있는 판매촉진은 전혀 달라질 수 있기 때문이다.

SERVICE MARKETING FOCUS

불황기 서비스: 체리피커 고객이라도 잡는다

- **장면 1**: 알뜰폰 업계가 매달 영화 무료이용권을 증정하는 요금제를 내세워 고객을 유혹하고 있다. 이동통신사들이 영화 오프라인관람 혜택을 줄인 상황에서 해당 고객수요를 노리고 차별화를 꾀하고 있는 것이다. 아이즈모바일은 매월 롯데시네마 관람권과 CU 편의점 20% 할인권이 담긴 데이터 10GB 요금제(통화 · 문자 기본제공)를 월 1만 1,000원에 판매하고 있다. 7개월까지 해당 요금으로 즐길 수 있으며 이후에는 3만 3,000원을 내야 한다. 알뜰폰 업체들이 영화권을 대량으로 풀면서 포털 사이트 커뮤니티에는 해당 요금제를 공유하고 꿀팁을 제공하는 체리피커(혜택만 즐기는 실속형 소비자)들을 심심치 않게 볼 수 있다. 한 소비자는 "해당 요금제를 7개월간 이용하고 다른 요금제로 갈아타면 된다"고 설명했다. 실제 알뜰폰 업계 관계자는 "알뜰폰 요금제의 무약정인 경우가 많아 이벤트성 요금제를 이용한 뒤 기간이 지나면 다른 요금제로 갈아타는 고객이 꽤 있다"고 평가한다.

- **장면 2**: "체리피커들은 마케팅 비용만 쏙 빼먹고 진짜 고객은 안 돼요." 광고업계에서 가장 어려운 타깃으로 꼽는 집단은 체리피커다. 체리피커는 무료 이벤트만 취하고 곧장 떠나버리는 특성을 갖고 있다. 과거 체리피커가 일부 고객의 성향이었다면, 현재는 2030의 집단 정체성으로 떠올랐다. 사실 과거 체리피커들은 기업의 기피대상 1순위였다. 그러나 고물가와 경제침체라는 극한 상황은 체리피커를 대하는 기업의 태도 또한 180도 뒤바꿨다. 금융업계는 앞다퉈 '짠테크 트랜드'에 발맞춘 마케팅 전략을 펼치고 있다. 과거 축출 대상이었던 체리피커들이 소중한 고객이 된 것. 금융업계는 소액 적금과 미니보험 등을 선보이며 무게감을 대폭 낮췄다. 특히 젊은층을 주요 타깃으로 하는 핀테크의 경우, 적극적으로 짠테크족을 겨냥하고 있다. 체리 피킹으로 끝나더라도 일단 사람들을 모으고 보는 전략이다.

자료원: '짠테크 마케팅' 나선 금융사들...기피대상 '체리피커' 주요 타깃 왜?(뷰어스, 2024.10.2).
"통신3사보다 낫네"··· 알뜰폰 영화권 쏘자 몰리는 체리피커(조선일보, 2025.4.12).
사진출처: 뷰어스기사.

② 판매촉진 목표고객

판매촉진의 목표를 설정하기 위해서는 누가 판매촉진의 대상인가를 명확히 하는 것이 필요하다. 슐츠(D. E. Schultz) 교수는 판매촉진 관점에서 전체 소비자들을 ① 자사 충성고객 ② 브랜드 전환고객 ③ 경쟁사 충성고객 ④ 비이용 고객 ⑤ 가격중심 고객의 다섯 가지 유형으로 구분하였는데, 서비스 기업은 이러한 고객유형에 따라서 판매촉진의 목표나 실행을 달리 할 수 있다.

자사 충성고객들에게는 서비스 이용빈도나 구매를 높인다거나 구전 마케팅 관점에서 다른 고객들을 유입하는 데 효과적인 판매촉진의 목표와 실행이 필요하다. 반면 특정 브랜드에 충성도를 보이지 않는 전환고객들은 우리 기업의 판매촉진 활동의 핵심 대상이 될 수 있겠지만, 반대로 경쟁사의 활동에도 잘 반응하기 때문에 주의를 기울일 필요가 있다.

경쟁사 충성고객이나 서비스 비이용 고객들은 단순히 판매촉진만으로 유인하기 어려운 대상이기 때문에 자사 서비스의 특징이나 장점을 잘 전달하는 차원에서 판매촉진의 목표를 세우고 접근할 필요가 있다. 마지막으로 가격중심 고객의 경우 가격에 민감한 고객층으로 주로 가격비교를 통해 서비스를 선택하고 구매하는 성향을 나타낸다.

그림 11-2 판매촉진 목표고객

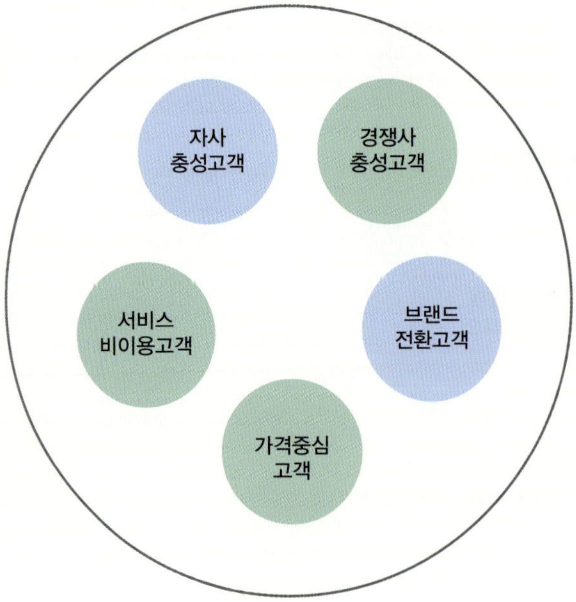

하나은행은 거래기간이 10년 이상인 충성고객(하나 더 퍼스트)을 대상으로 쿠폰을 제공한다.

삼성증권은 비대면 신규 고객/거래실적이 없는 휴면 고객을 대상으로 수수료 면제 혜택을 제공한다.

(3) 서비스 판매촉진의 유형과 효과

흔히 판매촉진은 광고와 비교하여 단기적이며 브랜드 이미지에는 도움이 안 된다는 생각들이 지배적이다. 그러나 이는 판매촉진의 다양한 유형들과 그 효과를 무시한 채 단기적인 매출효과를 가정한 가격할인만을 염두에 둔 편협한 생각일 수 있다. 예를 들어 실제 제품이나 서비스를 경험해 볼 수 있는 샘플링이나 시연보다 더 정확히 해당 상품의 속성이나 혜택을 잘 전달할 수 있는 수단이 있는가? 이처럼 다양한 판매촉진의 유형들을 이해하고 이를 효과적으로 활용한다면 단기적인 매출효과 외에도 브랜드 인지도나 이미지의 제고, 차별화된 효용의 전달, 그리고 고객충성도 제고와 같은 다양한 효과들을 기대해 볼 수 있다. 이제 서비스 판매촉진의 여러 가지 유형들에 대해 가격 할인형과 비가격 할인형으로 구분해서 살펴보기로 하자.

① 가격 할인형 판매촉진

가격 할인형 판매촉진은 소비자들이 지불하는 가격(비용)을 낮춤으로써 해당 서비스의 가치를 높이는 형태의 판매촉진으로 가격할인과 쿠폰이 대표적이다.

- **가격할인**: 가격할인은 단기적인 매출증대의 효과를 기대하며 가장 자주 사용되는 판매촉진 유형이다. 그러나 앞서도 언급하였듯이 지나친 가격할인은 브랜드 이미지를 훼손시킬 수 있을뿐더러, 무형성으로 인해 품질평가가 쉽지 않은 서비스의 경우에는 오히려 고객들에게 가격할인이 낮은 품질의 신호로 작용할 우려가 있기 때문에 가격 할인의 정당성을 확보하는 데 주의를 기울일 필요가 있다. 서비스의 경우 수요와 공급의 조절을 목적으로 진행되는 비수기의 예약 할인, 새로운 서비스 상품이 출시되었을 경우에 가능한 사전예약 할인, 특정 시간대를 골라 반짝 시행되는 가격할인과 같이 가격할인의 정당성을 제시할 수 있는 기회들이 많다.

- **쿠폰**: 보는 고객들에게 할인혜택을 제공하는 가격할인과 달리 **쿠폰**은 이를 이용하는 고객들만을 대상으로 선택적이고 차별적인 혜택을 제공한다는 특징이 있다. 쿠폰은 가격할인 혜택 외에도 쿠폰을 사용하는 고객들의 입장에서 스스로 현명한 소비를 하고 있다는 만족감(smart-shopper feeling)을 더할 수 있는 부가적인 장점도 있다. 특히 쿠폰은 DM(direct mail), 모바일과 같은 개인적인 전달매체나 소매점에서의 배포를 통해 전달됨으로써 서비스 기업들이 고객별, 지역별, 점포별 맞춤화된 판매촉진 활동을 전개하는 데 유용하게 활용될 수 있다. 최근에는 무료로 쿠폰을 배포하고 회수하는 전형적인 방

쿠폰은 액면가, 사용기간, 메시지와 같은 구성요건이 필요하다. 버거킹은 모바일 앱에서 쿠폰을 전달한다.

쿠폰을 팔고 사는 시대다. 11번가는 인기 브랜드들의 쿠폰을 모아서 할인전을 진행한다.

식에서 탈피하여 사전에 쿠폰을 판매하는 방식이 사용되기도 한다. 초기 소셜커머스 업체들은 쿠폰을 판매하는 형태의 비즈니스모델로 시작하였다.

② 비가격 할인형 판매촉진

비가격 할인형 판매촉진은 고객들이 지불하는 비용(가격)은 일정한 반면 혜택을 더해 줌으로써 해당 서비스의 가치를 높이는 형태로 서비스 브랜드에 대한 관심을 유발하거나 매장 내에서 구매를 유인하는 목적으로 빈번하게 사용되고 있다.

- **보너스 팩**: 주변에서 쉽게 찾아볼 수 있는 판매촉진의 한 형태로 우리에게는 **원플러스원**(1+1) 행사로 잘 알려져 있다. **보너스 팩**은 유통업체들뿐 아니라 식·음료 프랜차이즈, 영화관, 호텔 등 다양한 서비스 분야에서 활용되고 있다. 보너스 팩은 한 가격에 동일한 서비스 상품을 더 받을 수 있는 기회를 줌으로써 가격할인과 같은 효과를 기대할 수 있지만, 경험해 보지 못한 서비스에 대한 위험을 부담해야 한다는 점에서 즉각적인 가격할인과는 다른 측면도 있다. 따라서 신규고객보다는 이용경험이 있는 기존고객들에게 더 효과적일

수 있다. 최근에는 **공익연계 마케팅**(CRM: cause-related marketing)의 일환으로 기부와 연계된 창의적인 형태로 활용되기도 한다.

1+1은 50% 가격할인 효과가 있지만 고객마다 선호의 차이가 있을 수 있다.

서비스 기업은 다양한 유형의 보너스 팩을 제공한다. 호텔객실 2+1 숙박권 행사도 그 한 예이다.

- **니어 팩**: 보너스 팩이 동일한 서비스 상품을 제공하는 데 반해 니어 팩은 서비스 구매에 따라 다른 상품들을 추가적으로 제공한다는 점에서 차이가 있다. 보너스 팩과 합쳐 **스페셜 팩**이라고 부른다. 자사의 서비스 상품 중 인기 있는 아이템들을 활용하거나 혹은 맥도날드의 해피밀 프로그램과 같이 반복구매를 유도할 수 있는 시리즈 아이템들을 활용하는 것도 효과적이다.

딘킨의 니이 팩(커피구매 시 도넛 제공)은 역사가 오래된 판매촉진이다.

- **프리미엄**: 프리미엄은 서비스 구매 고객들에게 무료로 제공되는 사은품 정도로 이해할 수 있다. 프리미엄은 일반적으로 고객들에게 매력적인 사은품을 제공함으로써 즉각적인 구메를 유도할 수 있다는 장점이 있다. 또한 프리미엄은 특정 고객집단의 관심을 유도하는 데 효과적으로 활용될 수 있는데, 예를 들면 삼성전자와 이동통신 서비스 기업들은 방탄소년단을 활용한 스페셜 에디션을 출시하면서 강력한 팬(아미)들이 관심을 가질 프리미엄을 활용하였다. 한편 브랜드명이나 로고가 들어간 프리미엄을 통해 고객들에게 무형적인 서비스의 이미지를 전달하거나, 최근에는 잘 디자인된 굿즈(사은품)가 프리미엄으로 활용되면서 인기를 끌고 있다.

- **샘플/시연**: 서비스는 유형적인 제품을 함께 제공하는 일부(예: 식·음료 서비스)를 제외하고 실제 제공되는 서비스를 사전에 경험해 볼 수 있도록 고객들에게 샘플이나 시연을 제공하기 어려울 수 있다. 그러나 최근에는 인터넷, 모바일, AR/VR 같은 기술의 도움으로 고객들에게 서비스 시설이나 체험요소 등을 사전에 전달할 수 있게 되었다. 고속열차, 항공사, 극장 등 좌석예약 서비스들은 사전에 인터넷과 모바일을 통해 좌석 선택권을 제공하고 있고, 호텔, 여행 등 체험 서비스들은 사전에 제작된 동영상이나 AR/VR을 통해서 고객들에게 사전체험을 제공한다.

SERVICE MARKETING FOCUS

맥도날드 해피밀 효과

1981년 봄, 미국의 햄버거 프랜차이즈 브랜드 맥도날드가 덴마크에 상륙했지만, 패스트푸드 대표 음식인 햄버거에 대한 유럽인들의 시선은 싸늘했다. 하지만 레고는 부모와 함께 맥도날드를 찾는 아이들이 열광하는 '해피밀' 세트에서 기회를 봤다. 그리고 맥도날드와 협업해 해피밀 장난감으로 레고를 제공한다. 그리고 이러한 협업의 시작은 레고가 세계 최대 장난감 시장인 미국을 공략하는 밑거름이 되었다. 베를린 장벽이 무너진 1989년 미국에서 레고는 38% 이상의 폭발적인 성장세를 누리게 된다. 맥도날드 해피밀의 힘을 잘 보여주는 사례이다.

맥도날드 해피밀은 매년 새로운 콘텐츠 협업으로 성공적인 해피밀 효과를 이어가고 있다. 2024년 맥도날드가 SNS를 통해 공개한 새로운 해피밀 토이는 대한민국 어른이들의 마음을 설레게 했다. 새롭게 출시된 해피밀 토이는 바로 크록스다. 크록스의 디자인을 그대로 담아낸 슈박스부터 마음대로 꾸밀 수 있는 지비츠 스티커까지 소장욕구를 불러일으킨다. 공개된 사진을 보면 맥도날드 감자튀김부터 햄버거, 맥너겟 모양의 크록스까지 귀염뽀작한 디자인으로 제작됐다. 부담스럽지 않은 손바닥만 한 사이즈에 어린아이들은 물론 어른들의 관심까지 집중시켰다. 특히 최근 MZ세대 사이에서 불고 있는 키링 열풍에 맞게 책가방, 핸드백 어디에나 매치할 수 있는 키링 고리까지 함께 제공하였다. 댓글에는 "이건 가져야 돼", "너무 귀엽다", "바로 달려간다", "이번에도 줄 서서 사야 할 듯", "나랑 같이 갈 사람", "감자튀김 취향 저격이다", "재고 넉넉하면 좋겠다" 등의 반응이 달리고 있다.

자료원: 어른이 취향 잡으니 돈 됩니다…(헤럴드 경제, 2025.7.4).
크록스가 미니 키링으로… 맥도날드 해피밀(인사이트, 2024.9.20).

사진출처: 맥도날드 홈페이지(https://www.mcdonalds.co.kr).

- **추첨/경연**: 판매촉진 참여자들에게 경품이나 상금을 획득할 기회를 제공함으로써 구매를 유도할 목적으로 **추첨**이나 **경연**이 자주 활용된다. 추첨은 참여자들 중 행운에 의해 당첨자가 결정되는 데 반해 경연은 참여자들에게 일정 수준 이상의 노력이나 지식(예: 퀴즈, 브랜드 이름 짓기, UCC 제작 등)을 요구하고 그들 중 선발을 통해 당첨자를 결정한다는 차이가 있다. 추첨과 경연은 서비스 기업이 자사에 대한 관심을 유발할 필요가 있거나 방문을 유도하기 위해(예: 신규 점포 개설) 효과적으로 사용할 수 있다. 특히 경품 수령을 위한 개인정보를 정확히 받을 수 있다는 장점으로 인해 고객들의 데이터베이스 구축에 효과적이다. 이와 관련하여 당첨자 결정방식, 제공되는 경품의 내역, 개인정보의 취급 등에 있어서 서비스 기업들의 법적인 준수와 윤리적인 행동이 반드시 수반되어야 한다.

- **고객우대 프로그램**: 판매촉진은 단기적인 매출증대 외에도 장기적으로 브랜드의 가치를 높이는 목적으로 진행될 필요가 있다. 이를 위해 중요하게 다루어야 할 부분이 바로 고객들과의 장기적인 관계를 구축하는 데 있어서 판매촉진이 효과적으로 활용되어야 한다는 점이다. 서비스 기업들은 가격할인, 쿠폰, 보너스 팩, 추첨/경연 등 판매촉진의 여러 가지 유형들을 실행함에 있어서 신규고객의 획득에만 초점을 두지 말고 기존고객들을 유지하기 위한 균형적인 마인드를 갖고 접근해야만 한다. 서비스 기업들은 직접적으로 기존고객들에게 차별적인 혜택을 제공해 줄 수 있는 **우수고객 우대프로그램**(frequent customer

스타벅스는 별 적립에 따라 웰컴, 그린, 골드 등급의 리워드 프로그램을 운영한다.

program)을 개발하여 시행하고 있는데, 항공사의 마일리지 프로그램, 통신사의 멤버십 프로그램, 커피숍 등 프랜차이즈 업체들이 자주 활용하는 이용횟수에 따른 스탬프 인증 등이 대표적이다. 이러한 고객우대 프로그램을 시행하는 데 있어서 한 가지 문제점은 서비스 기업들마다 고객들을 인정(예: 이용 횟수, 금액)해 주는 기준이나 그에 따른 보상혜택 등이 거의 유사하다 보니 자사만의 차별화된 고객우대 프로그램으로서의 성격이 약하다는 점이다. 전략적인 목적에 따라 우대고객들을 인정해 주는 방식을 다변화하고 동시에 멤버십 혜택을 차별적으로 제공하기 위한 서비스 기업들의 고민과 노력이 필요하다.

11.4 다른 서비스 프로모션 수단들

전통적으로 프로모션 믹스는 광고, 판매촉진, PR, 인적 판매를 중심으로 진행되어 왔지만, 최근에는 뉴미디어를 중심으로 전개되는 다양한 프로모션들이 등장하면서 프로모션의 범위와 수단들은 매우 넓어지고 다양해졌다. 이번 절에서는 앞서 살펴본 광고와 판매촉진 이외에 서비스 기업이 효과적으로 활용할 수 있는 프로모션 수단들에 대해 살펴보도록 하겠다.

(1) PR(Public Relations)

서비스 기업은 고객, 주주, 지역사회, 종업원 등 다양한 이해관계자들과 좋은 관계를 설정하고 그들에게 좋은 이미지를 심어주고 신뢰를 얻는 것이 중요하다. 특히 서비스 브랜드는 기업수준의 브랜드 활동이 많기 때문에 기업과 관계된 이해관계자들과 좋은 관계를 맺기 위한 **공중관계**(PR: Public Relations) 활동이 특히 중요하다. 그 가운데 **홍보**(publicity)는 서비스 기업의 다양한 활동들을 매체에서 기사로 다루어줌으로써 기업의 인지도나 이미지를 높이는 활동을 말한다. 기업에서는 광고와 달리 이러한 홍보활동에 대해 직접 비용을 지불하는 것이 아니기 때문에 기업에 대한 좋은 기사나 정보 등을 준비해서 적극적으로 알리려는 노력이 필요하다. 홍보는 기업이 아닌 매체가 관리하는 것이므로 해당 정보가 소비자들에게 주는 영향력이 매우 크다. 따라서 서비스 기업은 마케팅 관점에서 서비스 상품 개발뿐만 아니라, 최고경영자의 활동, 기업의 사회적 책임활동(CSR) 등을 대중에게 알리기 위해 적극적으로 대응하고 있다. 최근에는 기업이 부정적인 사건이나 사고에 의해 한순간에 무너지거나 악영향을 받는 사례가 늘어나면서 **PR** 영역에서 **위기관리**(crisis management)가 매우 중요해지고 있다. 지난 2014년 땅콩 회항사건이 불거진 후 계속된 회장 일가의 도덕성 문제는 대한항공 브랜드에 많은 악영향을 미쳤었다. 무엇보다 디지털 시대에 소셜미디어를 통해 전파되는 위기의 파급력을 간과해서는 안 된다. 크고 작은 기업들이 위기상황에서 초기대응에 실패하며 어려움을 겪는 경우를 목격하며 얻는 교훈이다.

서비스 기업의 홍보활동이 적극적인 형태로 변하고 있다. 사진은 토스 미디어데이 행사와 삼성화재가 운영하는 유튜브 홍보 채널이다.

SERVICE MARKETING FOCUS

브랜디드 콘텐츠 전략: 스포츠 다큐멘터리가 만들어낸 F1 성공공식

국제 모터 스포츠 대회 포뮬러 원(Formula One)이 미국에서 폭발적인 성장세를 보이고 있다. 특히 18세에서 29세 사이의 Z세대가 F1의 가장 큰 팬층으로 부상하고 있다고 뉴스위크가 24일 보도했다. 이 과정에서 넷플릭스의 다큐멘터리 시리즈 '드라이브 투 서바이브(Drive to Survive)'가 큰 역할을 했다. 최근 시빅 사이언스(Civic Science) 조사에서 미국 성인 응답자 중 1/4이 적어도 어느 정도(다소 혹은 매우) F1을 열심히 팔로우한다고 답했다. 응답자의 42%가 평소에는 관심 없던 스포츠에 대한 비하인드 스토리를 담은 스포츠 다큐멘터리를 시청한 것이 F1 시청을 시작한 계기가 되었다고 답했다. 영국의 라이프스타일 매체인 벌지 매거진(Verge Magazine)은 오랫동안 유럽 중심의 모터스포츠로 여겨졌던 F1이 미국 MZ 세대에서 문화 현상으로 빠르게 자리 잡고 있는 이유에 대해 디지털 참여, 강렬한 엔터테인먼트, 글로벌 스토리텔링 등 다양한 요인에 대한 성공적 조합의 결과라고 분석했다. 팀과 드라이버들이 틱톡, 인스타그램, 유튜브 등에서 레이스 트랙 너머의 삶을 있는 그대로 보여주며 적극적으로 디지털 네이티브인 젊은 세대들과 소통하면서 다니엘 리카르도(Daniel Ricciardo)와 샤를 르클레르(Charles Leclerc), 막스 베르스타펜(Max Verstappen) 같이 엄청난 팬층을 확보한 F1 스타들이 탄생했다. 기사는 F1팀들이 경기 사이에 팬들의 참여를 유도하기 위해 비하인드 스토리 콘텐츠, 드라이버 챌린지, 라이프스타일 정보를 꾸준히 공개해 왔는데, 이는 다른 스포츠가 최근에야 따라 하기 시작한 미디어 전략과 같다고 지적했다.

자료원: Z세대 사로잡은 F1, 미국서 새 팬덤 폭발(더PR, 2025.7.31).
사진출처: 넷플릭스(https://www.netflix.com).

(2) 인적 판매

인적 판매(personal selling)란 면대면 커뮤니케이션을 통하여 고객의 구매욕구를 자극하고 판매를 촉진시키며 그들과 좋은 관계를 유지하기 위한 대표적인 수단이다. 인적 판매는 고객을 직접 상대하기 때문에 가장 효과적으로 판매를 촉진시킬 수 있는 수단이다. 그러나 판매원 조직을 구축하고, 좋은 사람들을 선발하여, 이들을 교육, 훈련시키고, 보수를 지불해야 하기 때문에 여러 판매촉진 수단 중에서도 비용이 많이 드는 방법이라고 볼 수 있다. 서비스 인적 판매는 업종에 따라 판매에서 차지하는 비중과 역할에 차이가 있을 수 있는데, 최근 이러한 양상에 변화가 나타나고 있다. 첫째, 모바일 등 비대면 판매채널이 강화되면서 전통적인 판매원의 역할이 위축되고 새로운 역할로 전환해야 하는 사례가 늘어난다. 증권, 보험 등 인적 판매가 차지하는 비중이 높았던 서비스들이 대표적인데, 이들의 판매가 모바일과 온라인 채널로 급속히 대체되면서 기존의 인적 판매는 차별화를 고민해야만 한다. 고객욕구를 사전에 파악하고 전문적인 제안과 컨설팅을 제공하는 등 맞춤형 인적 판매 기능을 강화하는 것이 방향이 될수 있다. 둘째, 의료, 법률, 회계, 경영 컨설팅과 같은 전문 서비스는 인적 판매에 대한 의존성이 클 수밖에 없다. 그러나 최근 AI 기술의 발전과 함께 전문 서비스에서도 위기감과 변화의 목소리가 나온다. 전문가와 AI의 협업체계를 구축한다거나 전문 서비스 제공자들의 고객응대 능력을 강화하는 계기로 삼는 자세가 필요하겠다. 셋째, 서비스 인적 판매가 제공하는 기본적인 장점과 차별점을 더욱 강화하려는 노력이 요구된다. 인적 판매는 고객과의 장기적인 신뢰와 관계 형성에 유리한 채널이라는 점에서 기술 발전과 비대면 판매가 충족시키지 못하는 지점을 보완할 필요가 있다. 하이테크 시대일수록 하이터치 판매전략이 필요하기 때문이다.

(3) 후원 마케팅

후원 마케팅(sponsorship marketing)은 스포츠, 문화, 사회와 같은 영역에서 인물이나 단체, 행사 등에 서비스 기업이 현금이나 자사의 서비스를 후원하여 제공하고 그에 따른 일정 권리를 보장받는 형태의 커뮤니케이션 활동을 말한다. 예를 들어 스포츠 후원을 통해 서비스 기업은 특정 스포츠 경기, 단체, 팀, 선수를 후원할 수 있고, 후원 대상으로부터 부여 받은 권리를 활용하여 광고 등 자사의 마케팅 커뮤니케이션 활동을 펼칠 수 있다. 음악, 미술,

공연 등 문화예술사업을 후원하는 활동을 특별히 **메세나**(mecenat) 활동이라고 부르기도 한다. 기업의 사회적 책임이 요구되면서 사회문제 및 공익과 관계된 기업의 후원활동도 중요해진다. 이 경우 자사의 비전이나 서비스 성격에 부합하는 사회문제를 고려하고 후원을 전개

에어비앤비가 2026년 FIFA 북중미 월드컵 공식 후원사로 선정되었다. 전 세계 축구 팬들에게 에이비앤비만의 지역별 체험을 소개한다는 목표다.

올리브영은 개발도상국 소녀들에게 교육의 기회를 제공하기 위해 유네스코와 손잡고 소녀교육 캠페인을 전개하고 있는데, 고객이 상품을 구입하면 금액의 일부가 기부되는 코즈 마케팅을 후원활동의 도구로 사용한다.

하는 전략도 필요하다. 후원 마케팅은 소비자들과의 새로운 접점을 창출하고 긍정적인 기업 이미지를 구축해 갈 수 있다는 점에서 유용할 수 있지만 경제적인 측면에서 많은 비용이 지출되며 효과측정이 어렵다는 단점이 있기 때문이다. 특히 스포츠 후원에서는 **매복 마케팅**(ambush marketing: 공식 스폰서가 아닌 경쟁사들이 공식 후원사처럼 보이도록 할 의도로 수행하는 촉진활동)으로 인한 스폰서의 오인과 같은 서비스 혼잡도의 문제 등도 예상되기 때문에 계획이나 실행에 있어서 더욱 면밀한 검토가 필요하다.

PART

3

서비스 마케팅 성과

CHAPTER

12

서비스 품질관리

서비스 플립러닝

서비스 품질관리를 위한 새로운 시도

소비자 욕구를 만족시키는 데 있어서 〈품질(Quality)〉은 매우 중요한 역할을 할 것입니다. 품질의 어원은 '질적이다'라는 의미를 갖는 라틴어 'Qualitas'라고 하는데, 서비스 품질평가에서 소비자들의 주관적인 품질을 중요하게 다루는 것이 당연한 것 같습니다. 그런데 서비스를 이용하는 고객의 환경이 많이 달라졌기 때문에 기업의 서비스 품질관리도 새롭게 변해야 할 것 같습니다. 모바일서비스가 확대되었으며, 비대면 서비스는 한층 강화되고 있습니다. 로봇이 서비스를 제공하고 있고 빅데이터를 활용한 고객맞춤도 이전과는 질적으로 달라지고 있습니다. 이와 관련해서 미국의 한 블로거는 여섯 가지 주목할 서비스 트렌드로 ① 소셜미디어를 활용한 쇼핑의 중요성, ② 고객 서비스에서 챗봇의 기능성 확대 ③ 고객 데이터를 활용한 실시간의 초개인화 ④ 더 나은 고객경험을 위한 옴니채널마케팅 ⑤ 고객경험 중심적인 서비스 ⑥ 고객 서비스에서 인공지능의 활용을 꼽고 있습니다. 이와 관련해서 서비스 품질관리의 새로운 시도들을 생각해 봅시다.

챗봇서비스 품질 측정: 2024년 KMAC 소비자조사에 따르면 비대면 고객채널 중 챗봇 이용률이 연평균 18%의 증가를 보이고 있습니다. 챗봇의 사용이 꾸준히 늘면서 챗봇서비스 품질을 측정하는 모델도 등장하였는데, KMAC는 챗봇서비스를 이용하는 고객들의 여정에 기반을 두고 접근성, 사회적 현존감, 사용성 및 효율성, 문제해결능력, 폴백메시지(사용자의 이해할 수 없는 말에 응답하는 것), 개인화, 종료의 7개 차원에서 품질을 측정하고 있습니다.

로봇서비스 품질 측정: 서비스로봇의 활용이 늘면서 로봇이 제공하는 서비스 품질에 대한 관심도 높아지고 있습니다. 최근 한 연구는 호텔서비스 고객을 대상으로 종업원과 로봇의 서비스 품질을 비교하였는데 상호작용품질은 로봇이 낮았으나 결과품질에서는 둘의 차이가 없게 나타났습니다. 다른 연구에서는 호텔 이용자들을 대상으로 로봇서비스 품질의 중요도를 살폈는데, 고객들이 확신성과 신뢰성은 중요하게 생각하는 반면 유형성

미국의 한 블로거는 고객서비스에서 챗봇의 기능성 확대를 주요 서비스 트렌드 중 하나로 꼽고 있다.

과 공감성은 덜 중요하게 생각하는 것으로 나타났습니다. 반응성은 중요하지는 않았지만 가장 불만족하게 생각하고 있습니다. 고객들이 현재 로봇이 제공하는 서비스 품질에 대해 어떤 기대와 인식을 가지고 있는지 알 수 있습니다.

이와 같이 서비스 현장의 변화를 잘 파악하고 대응하는 것이 서비스 품질관리에서도 매우 중요해질 것으로 예상됩니다. 확실한 것은 서비스 전반에 인공지능과 디지털 기술의 활용이 확대되면서 기업들의 비대면 품질관리가 한층 중요해질 것입니다. 앞으로 기업들의 대응이 어떻게 전개될지 주목해 봅시다.

자료원: 6 Customer Service Trends You Can't Ignore in 2020(https://www.singlegrain.com/customers/6-customer-service-trends-you-cant-ignore-in-2020/).
2024 한국기업의 인공지능서빗 경쟁력평가(Chief Executive, 2025.2).

사진출처: 제주항공 홈페이지(https://cschatbot-jwhiz.jejuair.net/chatbot?language=KO).

• 서비스 플립러닝 내용은 하단에 있는 QR코드에서 동영상으로 확인할 수 있습니다.

플립러닝 동영상 강의 QR코드입니다.

12.1 서비스 품질의 이해

품질은 한 상품이 제대로 만들어져 기대되는 역할을 훌륭히 수행해 낼 수 있는 능력을 뜻한다. 자동차를 구입한 고객들은 아마도 사후보증기간 동안 별다른 고장 없이 차를 이용할 수 있다면 대체로 품질이 좋다고 평가할 것이다. 이처럼 유형재의 경우 소비자들이 해당 제품의 품질을 평가하는 것이 상대적으로 수월할 수 있다. 그러나 무형적인 서비스의 경우에는 사정이 다르다. 소비자들은 서비스 제공자의 수행능력, 즉 품질을 평가하는 것이 쉽지 않을뿐더러 품질을 평가하는 기준도 모호하거나 광범위해 보인다. 은행, 병원, 소매점의 **서비스 품질**(service quality)을 소비자들은 과연 어떤 기준으로 어떻게 평가할 수 있을까?

(1) 지각된 서비스 품질

서비스 품질관리에서 중요한 것은 어떤 객관적인 평가지표상에서 계산된 상품의 품질이 아니라 고객에 의해 주관적으로 **지각된 품질**(perceived quality)을 다룬다는 점이다. 예를 들어 5G서비스 품질의 경우를 생각해 보자. 통신사들은 빠른 속도를 강조하면서 객관적인 측정치를 제시할 수 있겠지만 중요한 것은 고객들이 지각하는 속도이다. 실제 많은 고객들이 5G 서비스에 대해 불만을 제기하는 이유는 기존의 LTE서비스와 속도 차이를 체감하지 못하기 때문이다. 마케팅에서 고객의 지각 혹은 인식을 중요시하는 이유는 이것이 고객의 구매행동에 직접적인 영향을 미치기 때문이다.

① 기대품질과 성과품질

지각된 서비스 품질에서 중요한 점은 고객들이 사전기대와 사후성과를 어떻게 활용하면서 품질을 평가하는가에 대한 관점이다. 대체로 다음과 같은 두 가지 견해가 있다. 먼저 사전 기대와 지각된 성과품질과의 차이를 비교하는 불일치 모델로, 이 경우 고객의 서비스에 대한 사전기대가 높은 경우, 서비스 수행에 대한 지각이 이에 못 미치면 서비스 품질을 낮게 평가할 수 있다. 앞서 살펴본 5G서비스의 경우 통신사들은 경쟁적으로 광고를 통해 빠른 속도를 강조하면서 고객들의 기대를 높였다. 이 경우 실제 성과에서 5G서비스가 기존의

LTE서비스에 비해 빨랐음에도 불구하고 사전기대에 훨씬 못 미쳤기 때문에 고객들은 품질을 낮게 평가할 수 있다. 다른 견해로는 서비스 품질을 사전기대와 지각된 성과의 차이로 평가하기 보다는 실제 서비스 제공자의 성과만으로 평가하는 성과 모델이 있다.

② 거래품질과 누적품질

서비스 품질평가에는 어떤 특정한 시점의 거래나 서비스 이용에 대한 평가가 있는 반면, 시간의 경과에 따라 여러 가능한 서비스 접점에서 반복적으로 이용하게 되는 누적된 체험에 대한 평가도 가능하다. 여기서 전자를 **거래품질**(transaction quality), 그리고 후자를 **누적품질**(cumulative quality)이라고 한다. 전자는 특정 거래에 한정된 구체적이고 미시적인 개념인 반면, 후자는 서비스 제공자에 대한 장기적이고 거시적인 평가이다. 예를 들어 우리가 은행을 이용하면서 특정 지점을 이용했을 때 해당 거래에 대한 평가로 은행 서비스의 품질을 판단할 수 있지만, 비교적 장시간을 두고 해당 지점뿐만 아니라 다른 지점 또는 온라인 뱅킹 등을 이용하면서 경험했던 은행에 대한 누적된 품질을 평가할 수도 있다. 서비스 마케터들에게 있어서 이 두 가지 관점에 대한 고객평가는 모두 중요하다. 거래품질을 측정함으로써 당장 고려해야 할 서비스 품질의 주요 이슈들을 판단할 수 있고, 누적품질을 밝혀냄으로써 기업의 장기적인 서비스 전략이나 이미지를 구축해 나아갈 수 있다.

(2) 서비스 품질과 고객만족

고객들이 주관적으로 평가하는 지각된 서비스 품질은 고객만족과 다소 유사해 보이기도 한다. 그러나 두 개념은 서로 다르다. 좀 더 구체적으로 살펴보면 서비스 품질은 서비스 차원들에 대한 고객의 주관적인 평가에 의해 판단되며, 이는 고객만족을 결정하는 여러 요인들 가운데 하나이다. 예를 들어 서비스 품질은 유형성, 신뢰성, 응답성, 확신성, 공감성과 같은 다섯 가지 차원에 대한 평가로 결정될 수 있다(SERVQUAL 모형으로 다음 절에서 자세히 다룬다). 그런데 고객만족도는 이러한 서비스 품질뿐만 아니라 가격이나 여러 상황적 또는 개인적 요인들에 의해 함께 영향을 받는다(그림 12-1 참고). 나에게 아무리 높은 수준의 서비스 품질로 다가온다고 해도 가격대가 너무 높다든지, 제공되는 서비스를 충분히 즐길 시간이나 상황이 마련되지 못했을 경우 고객만족도는 떨어질 수도 있는 것이다. 예를 들어 헬스클럽에 대한 만족도는 헬스클럽의 유형설비나 트레이너의 전문성, 친절성 등과 같은 서비스 품질요인뿐만 아니라, 집에서 헬스클럽까지의 거리나 회비와 같은 비용적인 측면, 그리고 나의 감정 상태나 시간적 여유와 같은 개인·상황적 요인의 영향을 받는 것이다.

그림 12-1 지각된 서비스 품질과 고객만족

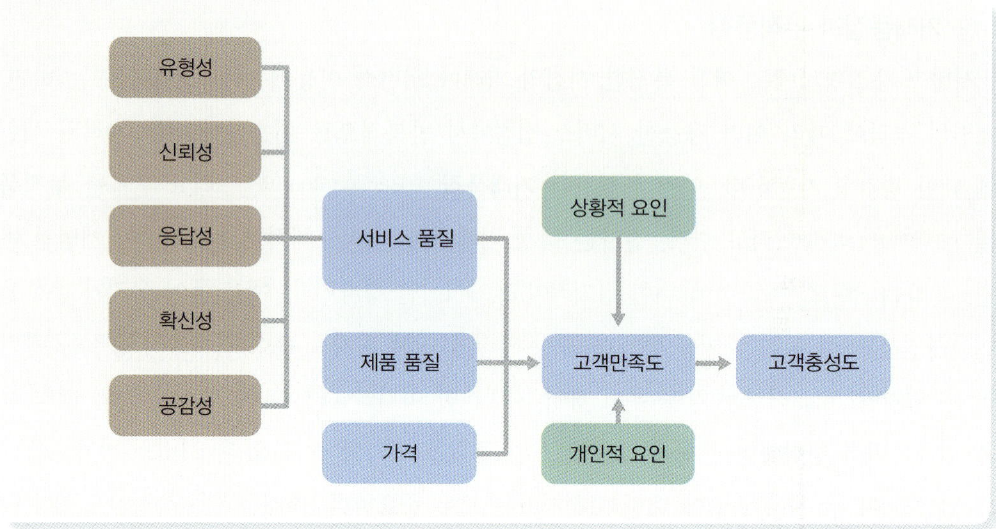

마케팅 현장에서는 여러 기관이나 컨설팅 업체들이 고객만족을 결정하는 변수들을 밝혀내고, 이를 기초로 여러 기업들에 대한 서비스 품질수준이나 고객만족도를 평가하여 해당 정보를 시장에 제공하고 있다. 대표적으로 미국 미시건 대학교의 국가품질연구센터(National Quality Research Center)는 미국고객만족도지수(ACSI: American Customer Satisfaction Index)를 개발하여 운용하고 있는데, 국내에서는 이러한 방법론을 원용하여 한국생산성본부에서 국가고객만족도지수(NCSI: National Customer Satisfaction Index)를 운용하고 있다. 이러한 ACSI(NCSI) 모형에서는 앞서 설명한 이론적 토대를 바탕으로 고객의 기대와 지각된 품질(제품/서비스)이 고객만족에 영향을 미치는 관계를 제시하고 있다. 이 외에도 한국능률협회컨설팅에서는 한국산업의 고객만족도(KCSI: Korean Customer Satisfaction Index)와 한국산업의 품질지수(KSQI: Korean Service Quality Index)를 제공하고 있으며, 한국표준협회의 한국서비스 품질지수(KS-SQI: Korean Standard-Service Quality Index) 등도 국내에서 널리 활용되고 있다. 기업들은 이러한 평가를 통해 서비스 품질관리와 고객만족관계의 중요성을 확인하고 서비스 전략 수립에 활용할 수 있다. 이러한 지수평가에서 우수한 평가를 받는 기업들은 기업홍보에 적극 활용하기도 한다.

기업들은 고객만족도나 서비스 품질 조사결과를 자사홍보에 적극 활용하고 있다.

SERVICE MARKETING FOCUS

고객기대관리의 비밀: 품질평가는 앞서는데 왜 고객만족도는 낮을까?

한국생산성본부에서 발표하는 국가고객만족도지수(NCSI)는 품질에 대한 기대와 성과를 바탕으로 고객만족도를 설명하고 있는데, 다음과 같이 고객의 기대수준 관리의 중요성을 강조하고 있다. 마케팅 분야의 '갭 이론(The Gap Theory)'에 의하면 기대와 실제경험 간의 차이에 의해 고객의 만족수준이 결정된다. 갭 이론이 적용되는 경우는 일상생활에서 쉽게 찾을 수 있다. 가령 블라인드 소개팅을 하게 된다면 상대방에 대해 기대를 하고 나가게 되는데 그 기대수준은 사람에 따라 다를 것이다. 사전에 파악된 정보량이 어떠한지, 주선자가 누군지에 따라, 만남의 장소가 어디인지, 심지어 당일의 날씨, 혹은 기분 정도에 따라 기대수준은 천차만별이다. 약속장소에 도착해 막상 대면을 하고 이야기를 나누다 보면, 상대방에 대한 실제 호감도는 사전에 가졌던 기대수준에 따라 달라짐을 확인할 수 있다.

기대가 크면 실망이 크다고 했던가? 아님 그 반대의 경우인가? 고객만족지수를 조사/발표하는 경험을 통해 확인해 본 결과, 고객만족 구성변수 가운데 고객 기대수준과 고객인지품질이 매우 중요한 선행변수로 작용하고 있다. 이따금 인덱스 분석을 해보면 분명 고객기대와 인지품질 점수가 높음에도 불구하고 경쟁사보다 만족도가 낮은 경우를 발견하게 된다. 이런 경우 원인은 십중팔구 고객 인지품질과 기대수준 간의 차이에 있다. 기대수준과 인지품질 간의 점수 격차가 적을수록 만족도가 높아진다.

우리나라 소비자의 경우, 업종을 불문하고 기대수준이 인지품질 점수보다 높은 것이 일반적이다. 기대수준이 높다는 것은 그 만큼 쉽게 만족시키기가 어렵다는 것을 의미하며, 다르게 표현하자면 높은 기대수준을 얼마나 충족시켰느냐에 따라 만족수준이 결정된다고 할 수 있다. 그렇다고 기대수준을 낮춰야 하는가? 그렇지 않다. 기대가 없으면 만족 또한 없기 때문이다. 적당한 기대는 고객의 만족을 끌어올리는 데 긍정적인 역할을 한다. 이는 인지부조화 이론으로도 쉽게 설명 가능하다. 기업의 제품과 서비스에 대한 평가 또한 같다. 제조사, 서비스, 평판, 구전 등, 혹은 직/간접 경험을 통해 사전 기대감을 가지게 된다. 특히 요즘 같이 SNS가 발달된 세상에서는 온라인 상의 넘치는 정보를 통해 얼마든지 해당 제품 및 서비스에 대한 사전 기대감에 영향을 미친다. 품질에 맞는 적정한 기대수준을 관리하는 것은 무척 어려운 만큼 굉장히 중요한 요인으로 작용한다. 부부 간에, 부모와 자식 간에, 상사와 부하 간에, 모든 인간관계에서도 통용되는 진리이다. 기업과 고객 간의 경우는 더욱 그러하다. 전략적으로 접근해야 고객을 확보할 수 있으며, 고객만족도와 충성도를 높일 수 있다.

자료원: 고객기대수준을 관리해라(NCSI 인사이트, 2020. 3.23).
사진출처: 한국생산성본부(https://www.ncsi.or.kr/insite/insite.asp).

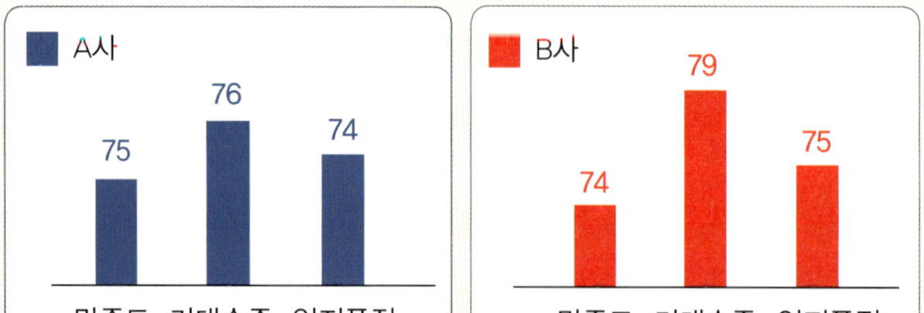

B사의 경우 기대수준과 인지품질이 A사에 비해 높음에도 불구하고 만족도가 더 낮다.

12.2 서비스 품질의 측정

(1) 서비스 품질 차원

서비스 품질은 전통적으로 두 가지 차원에서 평가되어 왔다. 첫 번째는 **결과품질**(outcome quality)로 서비스의 결과물, 즉 성과에 대한 평가이다. 예를 들어, 레스토랑에 갔을 때 고객이 주문한 음식의 맛이나 다양성이 이에 해당한다. 두 번째는 **과정품질**(process quality)인데 이는 주로 서비스를 제공하는 과정에서 일어나는 종업원과의 상호교류에 대한 평가이다. 레스토랑에서 종업원이 주문을 받고, 음식을 제공해 주고, 계산을 해주는 과정이 이에 해당한다. 스웨덴의 유명한 서비스 마케팅 학자인 그뢴루스(Grönross)는 이러한 결과품질과 과정품질에 기초해서 **기술적 품질**(technical quality)과 **기능적 품질**(functional quality)의 2차원 품질모형을 제시하였다. 기술적 품질은 고객들이 서비스 제공자로부터 얻는 무엇(결과품질)에 해당하며 기능적 품질은 서비스 제공자가 전달하는 방법인 어떻게(과정품질)에 해당한다. 그런데 최근에는 이러한 결과품질과 과정품질에 더해서 **물리적 환경품질**(physical environmental quality)을 중요하게 다루고 있다. 이는 서비스가 제공되는 현장의 물리적 환경과 분위기 등의 수준을 말한다. 브래디와 크로닌(Brandy & Cronin)은 연구에서 3차원 서비스 품질 모델을 제시하였는데, 결과품질, 상호작용품질(과정품질), 물리적 환경품질이 이에 해당된다. 대부분의 서비스는 이러한 세 가지 차원을 가지고 있으므로 소비자들이 서비스에 대한 품질을 평가할 때 이러한 부분들을 종합적으로 고려한다.

그림 12-2 서비스 품질 차원

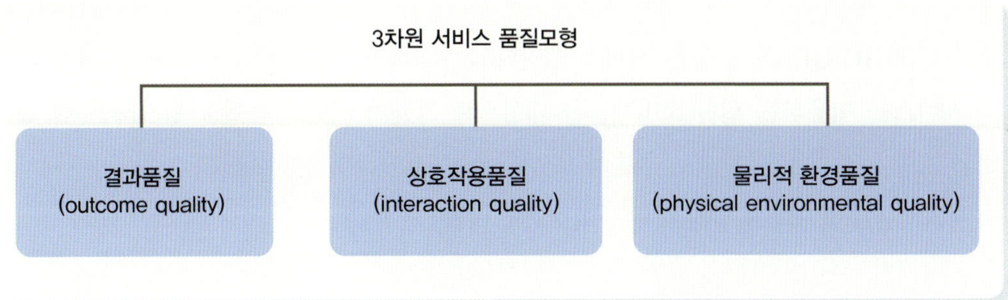

VIPS 레스토랑 서비스 품질은 3차원으로 구성된다(순서대로 결과품질, 상호작용품질, 물리적 환경품질).

(2) SERVQUAL 모형

서비스 마케팅 분야에서는 소비자가 서비스 품질을 평가할 때 주로 고려하는 여러 차원들에 대한 연구들이 많이 진행되었다. 그중에서 가장 널리 인정을 받은 것은 파라슈라만, 자이태멀, 베리(Parasuraman, Zeithaml, and Berry)가 공동 연구하여 발표한 **SERVQUAL 모형**이다. **SERVQUAL**은 물론 서비스 퀄리티(service quality)의 약어이다. 이들은 여러 유형의 서비스를 이용하는 일반 소비자들을 대상으로 그들이 서비스 품질을 평가하는 데 고려하는 요인들을 다섯 차원으로 추출해 내었다. 이를 요약하면 표 12-1과 같다. 아래에서는 SERVQUAL 각각의 차원에 대해 살펴보기로 하자.

표 12-1 SERVQUAL 차원과 내용

SERVQUAL 차원	내용
유형성(Tangibles)	유형 설비나 서비스 장비의 외형과 종업원들의 차림새
신뢰성(Reliability)	약속한 서비스를 믿을 수 있고 정확하게 수행할 수 있는 종업원들의 능력
응답성(Responsiveness)	즉각적인 서비스를 제공해 줄 수 있는 종업원들의 능력
확신성(Assurance)	종업원들의 지식과 예절, 고객들에게 신뢰와 자신감을 심어줄 수 있는 능력
공감성(Empathy)	고객 각각에 대한 개인적인 관심과 배려

자료원: Parasuraman, A., Zeithaml, V. A., & Berry, L. (1988). SERVQUAL: A multiple-item scale for measuring consumer perceptions of service quality. *Journal of Retailing*, 64(1), 12-40.

① 유형성(Tangibles)

서비스 품질 차원에서 **유형성**은 주로 서비스 시설이나 장비와 같은 외형과 종업원들의 차림새를 말한다. 서비스 자체는 대개 물리적 형태가 없기 때문에 소비자들이 그 품질을 구매 전, 사용 전에 판단하기 힘들다. 따라서 서비스 현장의 외형적인 측면을 우선 고려하게 된다. 순수하게 전문적인 지식을 기반으로 고객들을 상대하는 서비스의 경우에는 이러한 시설적인 요소가 상대적으로 덜 중요할 수 있겠지만, 소매점, 음식점, 엔터테인먼트 서비스 등과 같은 서비스의 경우, 마케터들은 유형적인 부분에 신경을 많이 써야 한다.

커피전문점의 경우 매장의 외형이나 경관이 커피 맛 못지않게 중요하다(스타벅스 한옥매장).

② 신뢰성(Reliability)

신뢰성이란 약속한 서비스를 믿을 수 있고 정확하게 수행할 수 있는 서비스 제공자의 능력을 말한다. 소비자의 신뢰는 약속된 서비스가 제대로 정확하게 제공되었을 때, 그리고 약속이 지속적으로 지켜질 때 축적되는 것이다. 한 연구결과에 의하면, 고객의 서비스 신뢰성은 SERVQUAL의 다섯 차원 중 가장 중요한 차원으로 나타났다. 여러분도 현재 가장 친하게 지내는 친구를 생각해 보라. 그 친구와 어떻게 그렇게 친하게 되었는가? 대부분의 경우, "그 친구라면 믿을 만하기 때문에"라는 응답이 많을 것이다. 이렇게 사람들끼리, 혹은 소비자와 기업 간에 서로 상호교류를 할 때 많은 약속이 행해지는데, 이러한 약속이 지속적으로 지켜지는가에 따라 신뢰관계가 성립하기도 하고 깨어지기도 한다. 서비스 기업은 소비자와의 커뮤니케이션을 통해 많은 약속을 하게 된다. 이러한 약속을 제대로, 정확하게 지켜 나아가는 일이야말로 서비스 품질 달성의 지름길이다.

GLOBAL AIRLINES REPORT WINNERS

TOP 10 WINNERS

	On-Time Ranking	On-Time Arrival	Tracked Flights	Completion Factor	Total Flights
Aeromexico (AM)	1	86.70%	99.74%	99.32%	196,911
Saudia (SV)	2	86.35%	98.16%	99.82%	192,560
Delta Air Lines (DL)	3	83.46%	99.98%	98.95%	1,712,529
LATAM Airlines (LA)	4	82.89%	99.33%	98.52%	551,885
Qatar Airways (QR)	5	82.83%	99.30%	99.72%	200,230
Azul (AD)	6	[illegible]	[illegible]	98.70%	321,996
Avianca (AV)	7	81.80%	99.77%	98.14%	263,022
Iberia (IB)	8	81.58%	99.35%	98.83%	183,268
SAS (SK)	9	81.40%	99.90%	99.09%	217,998
United Airlines (UA)	10	80.93%	99.97%	98.35%	1,615,085

우리나라 항공사들이 신뢰도와 직결된 정시성 평가에서 최근 순위권에 들지 못하고 있다.

③ 응답성(Responsiveness)

응답성(혹은 요구응대성)은 서비스 종업원이 고객의 요구사항이나 불만사항에 대해 얼마나 빨리, 즉각적으로 대응할 수 있는가 하는 것이다. 쉬운 말로 하면 서비스의 속도(speed of service)라고 할 수 있다. 여러분들도 아마 배달시간이 지난 음식이나 물건의 위치를 찾기 위해 음식점이나 택배회사에 전화를 해본 경험이 있을 것이다. 이때 약속한 배달시간에 배달이 되지 않은 것도 불만족스러운데, 빨리 전화를 받지 않아 기다려야 한다든지, 전화를 받긴 받았는데 처리가 지연된다든지 하면 얼마나 짜증나는가? 많은 사람들이 기다려야 하는 은행이나 공공서비스 기관에 대기번호표 발행기를 설치하여 대기시간을 관리한다거나, 공항이나 호텔 등에 자동화된 셀프서비스를 도입하는 것도 응답성을 높이기 위한 방편이다.

응답성을 높이기 위한 노력의 일환으로 퀵커머스 경쟁이 유통업계 전반으로 확대되고 있다.

캐논코리아는 서비스 전문성 향상을 위해 직영 서비스 직원과 파트너사의 역량을 강화하는 서비스 인증평가제도를 운영하는 등 서비스 확신성을 높이기 위한 노력을 한다.

④ 확신성(Assurance)

확신성이란 종업원들의 업무에 대한 지식과 예절, 서비스가 고객들에게 신뢰와 자신감을 심어줄 수 있는 능력을 말한다. 확신성은 금융자산관리나 의료 서비스와 같이 위험부담이 높은 서비스나 법률 또는 세무·회계 서비스와 같이 전문적인 지식을 기반으로 한 서비스의 경우 특히 중요하다. 전문성이 결여된 서비스 제공자들은 고객들에 대해 신뢰와 자신감을 심어줄 수 없기 때문이며 고객들과의 좋은 관계를 구축해 나아가기 힘들다. 서비스 기업은 종종 로고나 슬로건을 통해서 고객들에게 서비스의 확신성을 약속하는데, 올스테이트(Allstate) 보험의 슬로건인 "올스테이트와 함께 하니 안심하십시오(You're in good hands with Allstate)"는 고객들에게 금융 서비스에서의 위험부담을 줄여주고 확신을 심어주기 위한 의도로 만들어졌다.

⑤ 공감성(Empathy)

공감성(또는 감정배려)은 고객 각각에 대한 개인적인 관심과 배려를 의미한다. 같은 서비스를 이용하는 고객이라 할지라도 그들의 욕구와 취향은 모두 다르다. 공감성 차원은 서비스 기업에서 고객을 인간적으로 대우하며 고객의 욕구에 일일이 서비스를 맞춰줄 수 있는 능력을 의미한다. 다시 말하자면, 기업의 고객화 수준이나 능력과 일맥상통한다고 볼 수 있다. 고객은 자신만의 특별하고 특수한 욕구에 맞추어주는 서비스 제공자와 장기적으로 관계를 유지하고자 한다. 예를 들어, 우리는 미용 서비스에서 머리 손질에 대한 미용사의 능력(신뢰성)도 중요하게 생각하지만, 나의 스타일을 얼마나 잘 이해하고 있는지 또는 내가 원하는 바를 잘 반영해주는 미용사를 계속 이용하게 된다. 고객과의 상호작용이 중요한 서비스에서는 이러한 감정배려가 특히 중요한 차원이 된다.

LG전자가 공감 서비스 사례를 웹툰으로 만들어서 전파하고 있다.

속도로 반응해라: 퀵커머스 경쟁

유통업계가 앞다퉈 퀵커머스(즉시 배송) 시장에 뛰어들고 있다. 빠른 배송을 선호하는 소비자들이 늘어나면서 사업을 본격화해 우위를 선점하겠다는 전략인 것으로 관측된다. 퀵커머스는 고객이 주문한 상품을 1시간 이내에 배송해 주는 서비스다. 업계에 따르면 현재 퀵커머스 시장은 배달의 민족(배민)의 배민B마트와 컬리의 컬리나우, CJ올리브영의 오늘드림, 편의점 GS25 · GS더프레시 등을 전개하는 GS리테일 등이 치열하게 경쟁을 벌이고 있다. 여기에 새롭게 경쟁자들의 뛰어들면서 퀵커머스가 유통업계 전반으로 확전되는 양상이다.

먼저 오프라인 유통기업들의 퀵커머스 참여가 거세다. 홈플러스는 배달의 민족(배민)과 협업해 지난달 28일부터 대형마트에서 배송하는 퀵커머스 서비스를 제공 중이다. 홈플러스는 2021년부터 홈플러스 익스프레스(SSM)을 기반으로 하는 즉시배송을 운영하면서 퀵커머스 시장에 뛰어들었다. 여기에 이번 배민 입점을 통해 대형마트를 거점으로 하는 퀵커머스까지 새롭게 선보이면시 경쟁력을 한층 더 끌어올리겠다는 각오다. 이마트도 지난해 말부터 배민에 입점해 왕십리점 · 구로점 · 동탄점 등에서 퀵커머스 서비스를 선보이고 있다. 이마트는 향후 수도권 외에 지방까지 퀵커머스 서비스 지역을 확대할 예정이다. 다이소 역시 '익일 배송'에 이어 '오늘 배송'에도 나서며 배송 전쟁에 뛰어들었다.

온라인에서는 네이버가 퀵커머스 경쟁에 뛰어들었다. 네이버의 지금배달은 네이버플러스 스토어 애플리케이션 또는 웹에서 사용자 주변 1.5킬로미터(km) 내 1시간 내외로 빠른 배송을 해주는 서비스다. 원하는 상품을 직접 검색하면 주변 편의점을 포함, 마트 및 동네 슈퍼 등에서 지금배달이 가능한 곳도 찾을 수 있다. 네이버가 새롭게 선보인 지금배달 첫번째 주자는 CU 편의점이다. 오전 11시부터 오후 11시까지 1만 원 이상 구매할 경우 CU가 자체적으로 확보해 운영 중인 이륜차 배달망을 통해 1시간 내외로 배송된다.

한 시간 즉시배송은 아니지만 서비스에서 속도경쟁은 업계 전반에 걸쳐 진행되고 있다. 무신사가 도착 보장일을 명확하게 안내하고 토요일 주문상품을 일요일에 배송하는 무배당발 서비스를 새롭게 선보인다. 무배당발 서비스는 상품발송이나 주문 형태에 따라 바로 발송, 바로 교환, 바로 환불 등 세 가지로 구성된다. 바로 발송은 고객이 주문한 당일에 발송하는 서비스다. 특히 서울 및 경기 일부 지역에 한해 토요일에 주문한 상품을 당일 발송해 일요일에 받아볼 수 있는 주 7일 배송을 진행한다. 교

환을 신청하면 즉시 새 상품을 보내주는 바로 교환과, 주문을 취소하면 상품을 회수하면서 즉시 환불해 주는 바로 환불도 새로 도입했다. 고객들의 요구에 신속하게 대응하는 응답성 높이기 전략이다.

자료원: 판 커지는 '퀵커머스' 시장…유통업계, 속도 경쟁 통할까(데일리안, 2025.5.7).
CU 손잡은 네이버, 배민도 부라부랴 할인 공세...퀵커머스 경쟁 '격화'(테크M, 2025.5.16).
무신사도 '주7일 빠른 배송'… 도착 보장일도 명확하게(경향신문, 2025.6.4).
사진출처: 네이버(http://naver.com).

SERVQUAL의 다섯 차원은 여러 다양한 서비스 산업에 해당되는 평가항목들이므로 범용성을 가진다. 따라서 어떠한 서비스에도 적용해 볼 수 있는 일반적인 품질평가척도라는 점이 최대의 장점이다. 그러나 다음과 같은 한계점이 있다. 첫째는 바로 그 범용성이다. 서비스는 그 유형에 따라 서로 다른 척도로 평가되어야 하는데 경우에 따라서는 SERVQUAL에 포함되지 않은 중요한 차원이 있을 수 있다. 예를 들어 소매점(할인점이나 백화점)을 생각해 보자. 우리가 소매점을 평가하고 선택함에 있어서 소매점의 위치라든지, 상품의 품질, 가격, 쾌적한 주차공간 등을 매우 중요시하는데, 이러한 항목들은 SERVQUAL에 포함되어 있지 않다. 둘째, SERVQUAL이 측정하고 있는 것은 과정품질과 물리적 환경품질이 주를 이룬다. 따라서 성과품질이 빠져 있다. 의사가 아무리 친절하고 병원시설이 좋아도 나의 병을 치료해 주지 못한다면 좋은 서비스라고 할 수 없다. 레스토랑에서도 아무리 종업원이 따뜻하게 대해 주고 분위기가 좋다고 해도 주문한 스테이크가 맛이 없다면 나에게 소용이 없다. 따라서 앞서 설명한 서비스 품질의 세 가지 차원이 고르게 측정되어야 한다는 점에서 SERVQUAL의 약점이 있다. 셋째, SERVQUAL은 서비스의 품질척도이므로 서비스 가격이나 비용에 관련된 부분이 빠져 있다. 고객만족에 정말로 영향을 미치는 변수는 서비스 품질에서 한 단계 더 나아간 서비스 가치이다. '가치'라고 하는 개념은 품질과 가격을 상호 비교하여 계산된다. 아무리 품질이 좋더라도 그에 비교한 가격이 지나치게 높다면 만족도는 떨어질 것이다. 따라서 SERVQUAL을 이용하여 서비스 품질을 측정할 때, 서비스 가격/비용적인 측면도 동시에 측정하여 고객만족을 예측하여야 한다.

12.3 서비스 품질관리 전략

(1) 갭(Gap) 분석모형

앞서 살펴보았듯이 고객들의 서비스 품질평가는 사전 기대와 성과평가의 차이(갭)에 기초하고 있다. 그렇다면 고객들의 최종적인 서비스 품질평가에서 이러한 차이의 인식은 어떻게 발생하는 것인가? 파라슈라만, 자이태멀, 베리(Parasuraman, Zeithaml & Berry)는 이러한 질문에 대한 답을 생각하는데 유용한 **서비스 품질의 갭(Gap) 분석모형**을 제시한 바 있다. 갭 분석모형에는 모두 다섯 가지 갭이 존재한다. 서비스 이용고객들은 구전이나 커뮤니케이션, 개인의 욕구, 과거 서비스 이용경험들을 통해 특정 서비스에 대한 기대수준을 갖게 마련이다. 그리고 이러한 사전 기대와 서비스를 이용한 후 자신들의 서비스 인식과의 갭(Gap 5)을 통해 해당 서비스의 품질이 좋은지 또는 나쁜지를 평가하게 된다.

그렇다면 이러한 차이는 어디서 발생되는가? 모형에서는 다른 네 가지의 갭(Gap 1~Gap 4)들이 원인이 된다고 설명하고 있다. 따라서 기업은 서비스 제공자와 고객 사이에서 발생할 수 있는 이러한 네 가지 갭들을 전략적으로 관리하고 대응함으로써 고객들의 최종적인 서비스 품질평가 단계에서의 갭(Gap 5)을 줄일 수 있는 것이다. 다음에서는 서비스 품질평가에서 나타나는 각각의 갭들에 대해 살펴보도록 하자.

그림 12-3 갭(Gap) 분석모형

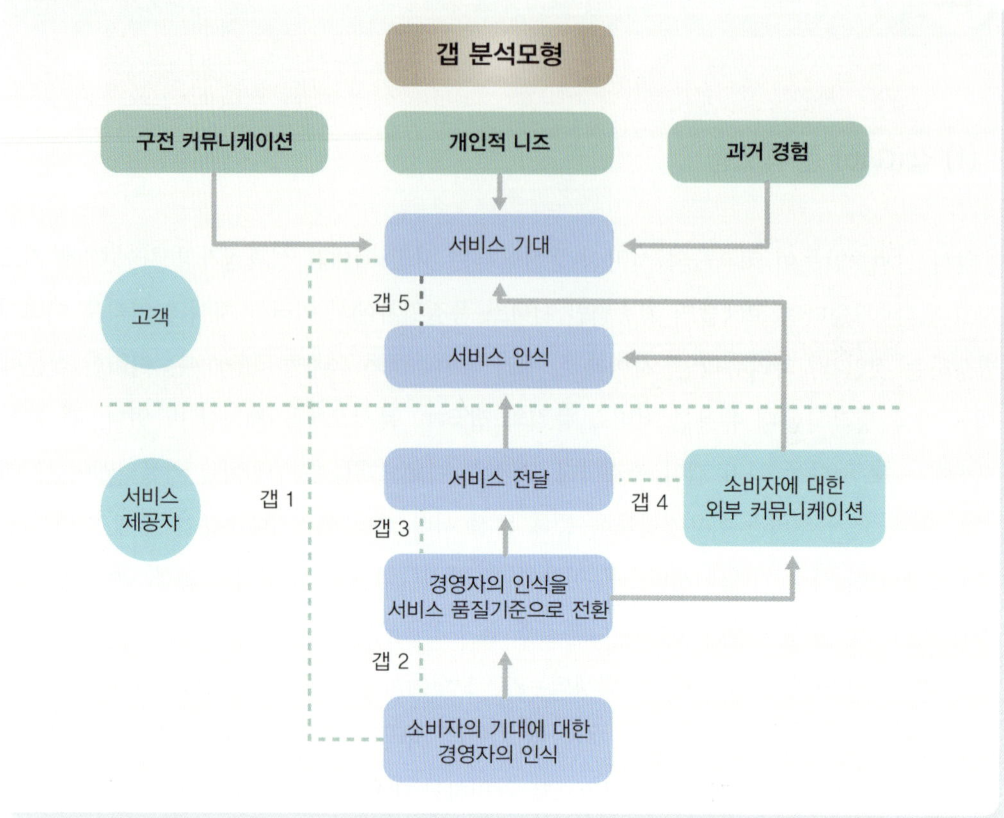

자료원: Parasuraman, A., Zeithaml, V. A., & Berry, L. L. (1985). A conceptual model of service quality and its implications for future research. *Journal of marketing*, 49(4), 41–50.

① 갭 1: 고객기대에 대한 경영진의 인식 차이

갭 1은 고객들이 서비스에서 기대하는 바를 기업이 명확히 알지 못하거나 혹은 그 수준을 잘못 파악하고 있는 데서 발생하는 차이를 말한다. 특히 이러한 문제는 주로 의사결정 단계에서 최고경영진이나 관리사들의 오해에서 비롯되는 경우가 많기 때문에 고객기대에 대한 경영진의 인식 차이라고 부를 수 있다. 예를 들어 특급호텔이 운영하는 비즈니스호텔의 경우에 이를 이용하는 일반고객들은 특급호텔의 명성에 걸맞는 높은 수준의 서비스를 기대할 수 있지만, 실제 호텔의 경영진들은 이를 잘 파악하지 못할 수 있다.

롯데시티호텔은 비즈니스호텔이지만 호텔을 이용하는 일반고객들의 기대수준은 롯데라는 명성에 따라 더 높을 수도 있다.

이러한 문제점들을 해결하기 위해서는 첫째, 서비스에 대한 고객의 목소리를 명확히 듣고 서비스에 대한 고객들의 기대수준을 파악하는 것이 필요하다. 기업들은 주로 마케팅 조사를 통해 고객의 욕구나 기대수준을 파악하고 있는데, 이 외에도 고객의 소리(VOC) 창구를 통해 접수되는 불평이나 불만의 청취, 고객 패널제도 등을 통해 제기되는 다양한 의견 등은 현장감 있는 고객들의 기대를 파악하는 데 효과적이다. 둘째, 서비스 현장에 대한 경영진의 이해 노력이 필요하다. 최고경영자들이 주기적으로 서비스 현장을 직접 방문한다거나 서비스 접점에서 고객들을 상대하는 직원들과 경영진 사이의 상호 의사소통을 강화하는 것을 통해 경영진들이 고객의 기대를 제대로 파악하고 인지할 수 있다.

② 갭 2: 경영진의 인식과 서비스 품질기준의 차이

서비스 기업(경영진)이 고객들의 기대를 파악했다고 해도 만약 그러한 기대를 실현 불가능하다고 판단한다면 서비스 품질기준에 이를 제대로 반영하기 힘들다. 예를 들어 쇼핑몰 고객들이 한 시간 내 빠른 배송을 기대한다고 해도 경영진들이 자사 자원의 부족이나 시장환경 등을 이유로 고객기대를 충족시키기 어렵다고 판단한다면, 내부적인 품질기준은 고객의 기대보다 낮게 설정될 수밖에 없을 것이다.

이러한 문제점을 극복하기 위해서는 고객기대수준에 따라 서비스 상품을 차별화하고 서비스 품질기준을 별도로 마련하는 세분화 전략이 필요하다. 아마존 프라임은 빠른 배송을 원하는 고객들을 대상으로 유료 회원제로 운영되는 방식을 택했다. 서비스 제공과정을 고객 중심적으로 설계하고 표준화하는 노력도 필요한데, 대전 선병원은 고객응대와 관련해서 고객들의 작은 욕구나 기대수준까지 간과하지 않고 발굴한 후 세세한 사항들을 매뉴얼로 만들어 직원들의 실천을 제도화하는 것으로 유명하다. 이를 위해서는 무엇보다 경영진의 의지와 열정이 뒷받침되어야 한다. 신승훈 병원장은 선병원의 저력을 "무엇보다 디테일에 대한 집요함, 그리고 끊임없이 메모하고 매뉴얼화한 결과인 것 같다"고 강조한다. 최근에는 기술의 발전으로 인해 서비스 표준화는 물론 품질기준을 이전보다 높여 제공하는 것이 훨씬 가능해졌다.

AI 음성인식 솔루션도입은 진료기록 자동화 및 정확성을 향상시키는 데 도움을 준다. 이에 따라 환자응대속도와 관련한 품질기준을 높일 수 있다.

③ 갭 3: 서비스 품질기준과 서비스 전달의 차이

실서비스 품질기준이 잘 마련되어 있는 경우라도 서비스 접점에서 종업원들에 의해 제대로 구현되지 않는 경우가 많다. 예를 들면 맥도날드는 매장청소, 햄버거 제조 등 여러 업무에서 표준화된 품질기준을 가지고 있지만 제대로 교육받지 못한 종업원들이라면 이를 소화해 낼 수 없다. 적재적소에 걸 맞는 종업원의 선발과 배치, 교육, 보상 등이 중요한 이유이다.

갭 3을 줄이기 위해서는 서비스 중간상들에 대한 통제 및 관리도 중요하다. 프렌차이즈 시스템의 경우 가맹본부에서 아무리 서비스 품질기준을 잘 설정하고 운영하더라도 가맹점에서 이를 실행에 옮기지 못한다면 문제는 해결되지 않는다. 서비스 직원을 대신하는 고객들의 역할도 품질기준과 서비스 전달의 차이를 해소하기 위해서 중요하다. 특히 비대면이나 무인 환경에서 서비스를 제공하는 사례가 증가하면서 서비스 제공과정에 참여하는 고객들의 지식이나 역할이 한층 중요해지고 있다.

비대면이나 무인 환경에서 서비스를 제공하는 경우가 증가함에 따라 롯데렌터카는 렌터카 이용 고객을 위해 모바일 앱에서 이용방법이나 과정을 안내한다.

④ 갭 4: 서비스 커뮤니케이션과 서비스 전달의 차이

서비스 기업은 고객들에게 외부 커뮤니케이션을 통해 약속한 서비스를 제공하지 못하는 경우 실제 서비스 전달의 차이를 가져올 수 있다. 보험회사들은 TV광고를 통해 고객들에게 사고 발생 시 완벽한 보장을 강조한다. 항공사들은 언제나 최신의 기종, 정시 운행, 친절한 서비스를 강조하지만 실제 서비스 전달은 이를 제대로 반영하지 못하는 경우가 많다. 고객과의 명확한 커뮤니케이션을 통해 과도한 약속이나 잘못된 기대를 형성하지 않도록 주의를 기울여야 한다. 내부직원 간의 수평적인 커뮤니케이션도 갭 4를 줄이기 위해 중요한데, 예를 들어 실제 접점에서 서비스를 수행하는 직원들과 마케팅 담당 직원들 사이의 원활한 의사소통은 외부 커뮤니케이션을 통해서 실현 가능한 약속을 제공하는 토대가 될 수 있다.

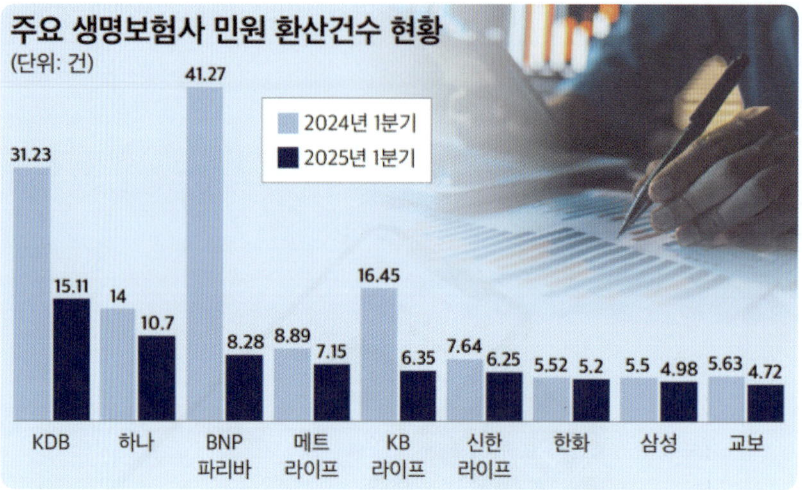

보험사들이 고객과의 약속을 이행하지 못하면서 불만이 제기된다.

강진 반값여행: 관광객 유치를 위한 고객과의 약속 지키기

강진군이 여름 시즌을 맞아 다시 선보인 〈강진 반값여행 시즌2〉는 지난 1일 시작과 동시에 폭발적인 반응을 얻으며 흥행을 이어가고 있다. 첫날에만 무려 868개 팀이 사전 신청을 완료, 강진 여행에 대한 높은 관심과 참여 열기를 입증했다. 여행경비의 50%를 환급하는 '강진 반값여행'은 개인 최대 10만 원, 2인 이상 팀은 최대 20만 원까지 모바일 강진사랑상품권으로 돌려주는 전국 최초의 파격적인 관광정책이다. 여행 종료 후 7일 이내 정산신청을 할 수 있다. 관광지 2곳 이상 방문 인증사진과 강진 내 소비 영수증을 제출하면 모바일 강진사랑상품권으로 환급받을 수 있다. 강진 반값여행은 여행경비 절반을 지역화폐로 지원한 전국 최초사례로 전라남도 적극행정경진대회에서 최우수상을 받았다. 실제 혜택을 받고 강진여행을 다녀온 이용자들의 평가도 호평일색이다. 편리한 신청 및 빠른 환급절차가 좋은 평가를 받고 있다. 강진군은 반값여행에 이어 문화체육관광부의 계획 공모형 지역 관광개발 사업의 일환으로, 일(Work)과 휴가(Vacation)를 결합한 〈2025 워케이션 in 강진〉도 모집 중이다. 수도권 및 타 지역에 거주하는 직장인 및 기업 단위 참여자 총 500명을 선착순으로 모집한다. 참가자에게는 평일 기준 1박당 최대 4만 원씩, 최대 2박까지 숙박비와 1인당 최대 2만 원의 체험비 등 최대 10만 원 상당의 숙박 및 체험비가 지원될 예정이다. 인구 감소로 어려움을 겪는 지방자치단체가 관광객 유치를 위해 과감한 약속과 함께 서비스 실천에 적극적이다.

자료원: 올여름 휴가는 전남에서 20만원 환급에 택시비 반값(서울신문, 2025.7.30).
강진군, '워케이션 in 강진' 참가자 모집...선착순 500명(파이낸셜뉴스, 2025.7.23).

사진출처: 강진군청 홈페이지(https://www.gangjintour.com/main/main.html).

(2) 카노(KANO) 모형

카노 모형은 일본의 카노 노리아키(狩野紀昭) 교수에 의해 1980년대에 연구된 제품개발에 관련된 이론이다. 이 모형의 핵심은 선택과 집중에 있다. 예를 들어 어느 백화점이 고객 서비스를 개선하기 위한 과제로 열 가지 품질요소를 도출했다고 가정해 보자. 이들 모두를 적극적으로 개선하기 위해서 해당 백화점은 많은 시간과 비용을 투자해야만 한다. 그러나 이들 모두가 동일한 정도로 고객들의 전반적인 품질평가나 만족에 영향을 미칠 것 같지는 않다. 또한 어떤 요인들은 고객들의 만족도 제고에 큰 영향을 미치지만, 반대로 어떤 요인들은 만족도 제고보다는 불만감소에 영향을 미칠 것 같기도 하다. 그렇다면 이러한 상황에서 백화점은 여러 품질 차원들의 특성과 역할 등을 잘 고려한 후, 현재 자사에 필요한 전략적 관점에서 선택하고 집중할 필요가 있지는 않을까?

그림 12-4의 카노 모형은 품질차원들을 크게 다섯 가지로 구분하고 있다. **매력적 품질요소**들은 충족되면 고객들에게 만족을 주지만 없어도 크게 불만이 없는 것들이다. 고객들이

그림 12-4 카노(KANO) 모형

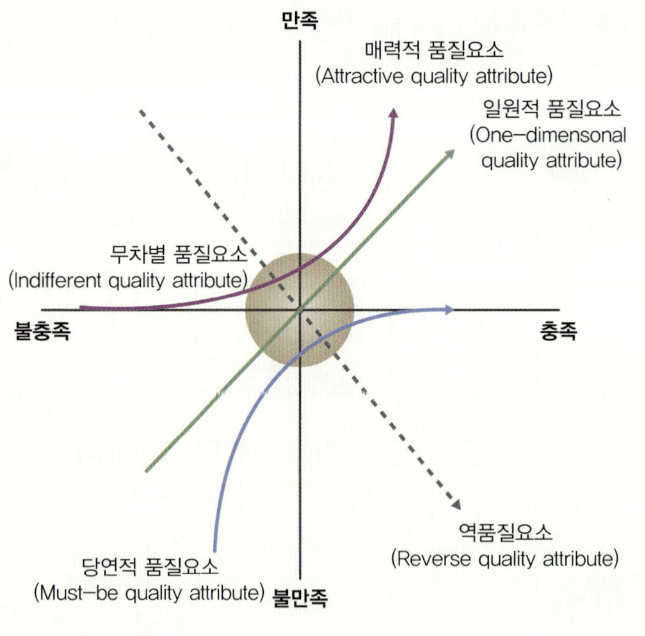

자료원: KANO, N. (1984). Attractive quality and must-be quality. *Journal of the Japanese Society for Quality Control*, 14(2), 39–48.

미처 기대하지 못했던 사안으로 고객감동을 주기에 적합한 품질요소들이다. **일원적 품질요소**들은 제공 여부에 따라 고객들에게 만족 또는 불만족을 주는 가장 일반적인 품질요소들이다. **당연적 품질요소**는 반드시 제공되어야 할 기본적인 품질요소들로 특히 고객불만족 감소에 효과적이다. 고객만족에는 아무 영향이 없는 무차별 품질요소와 고객만족을 저해하는 역품질요소들도 있음을 유의해서 살펴보자.

12.4 서비스 실패와 복구전략

서비스는 사람이 제공하는 것이므로 항상 100% 완벽할 수가 없다. 즉, 서비스 제공자와 고객 간의 상호작용에 의해 창출되고 소비되는 서비스의 경우 언제든지 예기치 못한 문제가 발생할 수 있다. 예를 들어, 레스토랑에서 종업원이 실수로 고객에게 물을 엎지를 수도 있고, 기상악화로 인해서 비행기가 연착할 수도 있는 것이다. 정밀한 기계로 제작되고 생산된 자동차나 가전제품의 경우에도 불량품이 나올 수 있는 가능성이 존재한다. 하물며 사람이 제공하는 서비스의 경우 완벽을 기대할 수 있겠는가? 이렇게 서비스가 제대로 수행되지 않은 경우를 **서비스 실패**(service failure)라고 한다. 이는 유형재의 경우 불량품에 비유될 수 있다. 물론 서비스 실패가 자주 일어날 수 있다고 해서 서비스 제공자가 이를 당연한 것으로 여겨서는 안 된다. 서비스 실패로 인하여 불만을 가지고 있는 고객들에 대해 어떻게 하면 효과적인 방법으로 문제를 해결하고 부정적인 감정과 행동을 최소화할 수 있을 것인가를 연구하여 이를 시행해야 한다. 이렇게 서비스 실패에 의한 문제를 최소화하기 위한 노력을 **서비스 복구**(service recovery)라고 한다. 여기서는 서비스 실패의 유형과 결과, 그리고 서비스 복구 전략에 대해 살펴보자.

(1) 서비스 실패의 유형

서비스 접점에서 발생하는 서비스 실패를 유형별로 살펴보면 종업원이 고객요구에 대해 즉각적으로 응대하지 못하였거나 혹은 제공된 서비스 결과물이 잘못된 경우 등 다양하다. 이러한 서비스 실패요인들을 서비스 품질 측면에서 구분하면 과정 실패와 결과 실패로 나누어볼 수 있다. **서비스 과정 실패**는 서비스의 핵심 결과물이 전달되는 과정에서 문제가 발생한 경우로서 핵심 서비스가 제공되는 방법이 불완전하거나 결함이 있는 경우를 말한다. 예를 들어 서비스 종업원이 고객에게 불친절하게 대했다든지, 잘못된 정보를 제공했다든지 하는 경우이다. **서비스 결과 실패**는 고객이 서비스 비용의 대가로 기대하고 있는 서비스의 결과물이 제대로 창출되지 않은 경우를 말한다. 병원에서 병이 치료되지 않았다든지, 항공기가 정해진 시간에 도착하거나 출발하지 못하여 문제가 발생했다든지 하는 경우이다.

이러한 서비스 실패는 고객들의 입장에서는 자신들이 치른 비용(가격과 노력)만큼 좋은 서비스를 제공받지 못했기 때문에 공정하지 못한 결과이다. 마케팅 학자들은 소비자와 기업 간의 거래를 공정성 혹은 정의의 관점에서 보고 있다. 클리머와 슈나이더(Clemmer & Schneider)는 서비스 접점에 대한 고객평가를 다음 세 가지 정의 차원에서 설명하였다. 첫째, 서비스 결과물이 제대로 고객에게 제공되었는가를 의미하는 **분배적 정의**(distributive justice), 둘째, 기업이 서비스가 제공되는 과정을 제대로 지키고 관리하는가를 말하는 **절차적 정의**(procedural justice), 셋째, 기업이 서비스 접점에서 고객과 제대로 의사소통하는가를 의미하는 **상호작용적 정의**(interactional justice)를 말한다. 이 구분에 의하면 서비스 실패 역시 소비자 입장에서 생각하는 거래의 공정성과 정의가 훼손된 상황을 의미하므로 분배적 실패, 절차적 실패, 상호작용적 실패 등 세 가지 유형이 있을 수 있다. 분배적 실패는 앞서 살펴본 서비스 결과 실패이며, 절차적 실패와 상호작용적 실패는 서비스 과정 실패로 볼 수 있다.

(2) 서비스 실패와 고객행동

서비스 실패는 소비자 입장에서뿐만 아니라 기업의 입장에서 많은 부정적 결과를 초래한다. 서비스 실패를 경험한 고객은 실망과 불만 등의 부정적 감정이 생기고, 이러한 감정은 이탈이나 부정적 구전과 같은 고객행동으로 연결이 되어 결국 기업의 이미지나 수익에 악영향을 미치기 때문이다.

서비스 실패가 발생하면 일단 소비자들은 이것이 누구의 잘못인지를 생각한다. 이러한 행위를 귀인행동이라고 하는데, 이때 고객 자신 때문이라고 생각하는 경우를 **내적 귀인**(internal attribution), 서비스 제공자의 잘못이라고 생각하는 경우를 **외적 귀인**(external attribution)이라고 한다. 예를 들어 음식점에서 내가 바쁜 스케줄이 있어서 종업원에게 주문한 음식을 몇 번 독촉한 상황에서, 종업원이 음식을 가져오다 테이블 모서리에 걸려 음식을 바닥에 쏟는 사

SERVICE MARKETING FOCUS

결혼 서비스 시장 실패: 공정하지 못한 가격

국내 소비자들이 고객 중심적인 산업을 평가한 결과, 새벽배송 시장이 가장 높은 점수를 받았으며 결혼 서비스는 최하위였다. 한국소비자원은 부문별 시장이 얼마나 소비자 지향적으로 작동하는지를 평가한 〈2024 소비자 시장평가지표〉를 10일 공개했다. 40개 소비시장별로 1,000명씩 4만 명의 소비자를 대상으로 신뢰 · 선택 가능 · 가격 공정성과 불만 · 피해 정도를 조사한 결과 소비자 지향성 점수는 100점 만점에 평균 65.7점을 기록했다. 소비자지향성 신호등 분석을 통해 한눈에 확인할 수 있도록 각 시장을 '양호(청신호)', '미흡(황신호)', '경고(적신호)' 등으로 분류해 보니 양호한 서비스 시장에는 새벽배송, 일반병원 진료, 항공 서비스 등이 포함됐으며, 경고 서비스 시장에는 결혼 서비스, 주택 수리 · 인테리어, 해외직구 등이 포함됐다. 특히 결혼 서비스 시장은 소비자 지향성에서 4개 평가항목 모두 전체 꼴찌를 기록했다. 특히 가격공정성이 매우 낮았다. 정보탐색 단계에서 가격 정보를 찾기 어려웠고, 계약 단계에서 추가적인 가격이 발생했으며, 거래진행 단계에서 현금결제를 강요받은 경험이 많았다.

자료원: 「2024 소비자시장평가지표」 브로슈어 발간(한국소비자원 보도자료, 2025.8.1).
새벽배송과 결혼서비스 차이는?…'소비자 지향성' 1위와 꼴찌(경향신문, 2025.6.10).

태가 발생했다고 가정해 보자. 이때 내가 너무 무리하게 독촉해서 종업원이 서두르다 이러한 일이 발생했다고 생각한다면 내적 귀인을 하는 것이고, 그래도 종업원이 서툴러서 혹은 서비스 공간이 비좁아서 이러한 상황이 발생했다고 생각한다면 외적 귀인을 하는 것이다.

내적 귀인은 주로 후회의 감정으로 연결된다. 여기서 후회는 소비자가 서비스 제공자를 잘못 선택하였다는 생각이나 감정을 의미한다. 반면 외적 귀인은 대개 실망으로 이어진다. 실망감은 소비자가 제공받은 서비스가 기대에 미치지 못했다는 생각과 감정을 말한다. 후회의 감정은 사람들이 그냥 마음속에 간직하거나 서비스 제공자를 다른 곳으로 옮겨버리는 서비스 전환행동으로 이어진다. 그런데 서비스 제공자에 대한 실망감은 불만족, 화, 분노, 배신감 등으로 이어지고 종종 불평행동이나 부정적 구전행동을 불러온다. 따라서 서비스 제공자의 잘못에 기인한 서비스 실패에 대해서는 즉각적인 조치가 취해져야 한다.

서비스 실패를 경험한 소비자는 대개 몇 가지 유형의 반응행동을 보인다. 위에서 설명한 바와 같이 사적으로 부정적 구전활동, 재구매와 재방문 거부 등을 할 수 있고, 공적으로 서비스의 재수행, 환불 등을 기업에 요구하거나 소비자 단체와 같은 제3자를 통해서 불평행동을 보일 수 있다. 이처럼 서비스 실패에 대한 보상을 목적으로 기업 책임자에게 직접적으로 또는 제3자를 통해 간접적으로 불만족한 사항을 표현하는 행동을 보상요구라고 한다. 어떤 사람들은 여기에서 한 단계 더 나아가 기업에 대해 보복행동을 보이기도 한다. 따라서 서비스 실패에 따른 기업의 손실은 기업이 생각하는 수준 이상으로 다가올 수 있다.

(3) 서비스 복구

서비스 복구(service recovery)란 제공된 서비스에 문제가 발생한 경우 제공자가 그 문제를 적극적으로 해결해 주는 것을 의미하는데, 고객충성도와 호의적인 구전효과를 이끌어 내는 데 매우 중요한 수단으로 부각되고 있다. 반대로 문제가 발생했을 때 기업이 적극적으로 나서서 해결해 주지 않는다면 고객 불평이 더 증폭되고 이는 기업의 성과나 이미지에 큰 타격을 줄 수 있다.

흔히 서비스에 대한 평가는 덧셈의 법칙이 아니라 곱셈의 법칙이 적용된다고 한다. 즉, 무형의 서비스는 서비스 제공자가 100가지를 잘 하다가 한 가지에서 잘못하여 0점을 받으면 공든 탑이 무너지듯이 그동안 쌓아왔던 명성이 한 번에 무너진다는 의미이다. 어떤 수에 0을 곱해도 0이 되는 것과 같은 이치이다. 따라서 서비스 마케터는 그들이 제공하는 서비스의 과정과 성과에서 어떤 실수나 실패가 발생하면 즉각적인 복구조치에 나서야 한다. "호미로 막을 것을 가래로 막는다."는 표현처럼 서비스 실패가 발생하였을 때 조기대응이 제대로 이루어지지 않은 채 시간이 흐르게 되면 나중에 복구작업이 더욱 힘들어진다. 그렇다면 서비스 실패를 복구하는 수단과 전략에는 어떠한 것이 있는지 살펴보자.

SK텔레콤이 보안사고와 관련해서 사과에 나섰지만 고객들의 반응은 싸늘하다. 사고 이후 번호 이동 위약금을 면제한 지금까지 떠난 고객은 83만 명이 넘는다.

서비스는 제공되는 과정과 결과 모두 중요하다. 따라서 서비스 복구 역시 그 과정과 결과(복구수단)가 똑같이 중요하다고 볼 수 있다. 서비스 복구수단은 기업이 서비스 실패에 대한 복구 시 소비자에게 '무엇'을 제공할지에 대한 것으로 기업의 입장에서는 서비스 복구 노력의 결과물이며 소비자 입장에서는 기업으로부터 직접적으로 제공받는 것이다. 한편 서비스 복구과정이란 서비스 복구의 직접적인 결과물을 '어떻게' 전달할지에 대한 개념으로, 주로 서비스 제공자의 언행과 태도에 초점을 두고 있다. 이 개념은 기업의 입장에서는 복구수단을 제공하는 절차와 방법이고, 소비자 입장에서도 복구수단을 제공받는 절차이다. 서비스 복구수단과 복구과정에 대해서는 **표 12-2** 에 요약되어 있다. 같은 사과와 해명, 환불과 보상이라 할지라도 누가, 얼마나 일찍, 어떠한 방식으로 소비자에게 전달했는가에 따라 그 효과는 다르게 나타날 수 있다. 따라서 어떠한 서비스 실패 상황에서 어떠한 복구수단을 어떠한 절차와 방식으로 소비자에게 제공하는 것이 가장 효과적인가를 파악하는 일은 서비스 마케팅 분야에 있어서 매우 중요한 연구과제이고, 실무적으로도 그 해답을 추구해 나아가야 할 중대한 이슈이다.

표 12-2 서비스 복구수단과 복구과정

복구 전략	개념적 정의	예시
복구수단	• 소비자에게 직접적으로 제공되는 것 • 서비스 복구를 위해 기업이 소비자에게 직접적으로 전달하는 서비스 복구 노력의 결과물 • 복구과정에 의해 그 효과가 달라질 수 있음	• 재수행(수정/대체) • 환불/보상 • 사과/해명
복구과정	• 서비스 복구를 제공하는 과정과 방법 • 소비자에게 복구결과물을 전달하는 절차상의 방법 • '언제', '누가', '어떠한 방식' 등이 이에 속함	• 복구 주체(종업원/매니저/기업) • 복구 속도 • 복구 태도

CHAPTER

13

서비스 고객관계관리

고객경험관리(CXM)를 소개합니다

디지털 시대를 맞아 〈서비스 고객경험관리(CXM: Customer eXperience Management)〉가 중요해지고 있습니다. 고객경험관리는 고객여정 전반에서 데이터를 분석하고 의미를 찾아 고객경험을 개선하는 전략으로 이해할 수 있습니다. 이런 점에서 고객경험관리는 〈고객관계관리(CRM: Customer Relationship Management)〉의 부족한 점을 채워줄 수 있을 것 같습니다. 그동안 고객관계관리가 고객들의 생애단계 관점에서 고객들을 유인하고 유지하기 위한 충성고객 전략임을 강조하면서도, 현장에서는 데이터를 기반으로 고객들을 구분해서 더 많은 제품/서비스를 판매하는 수단으로 활용되는 경향이 컸기 때문입니다. 특히 고객경험이 중요한 서비스라면, 관점의 차이일 수 있겠지만, 더 많이 판매한다는 목표는 고객들에게 좋은 서비스 경험을 제공해 준다면 자연스럽게 따라오지 않을까요? 따라서 서비스 고객경험관리의 주요 목적은 데이터에 기반해서 ① 고객여정 전반의 심층적 이해 ② 단계별 고객경험 개선 ③ 고객이탈 감소 ④ 충성도/수익성 제고로 정리해 볼 수 있습니다. 따라서 성공적인 고객관계관리를 위해서는 다음 두 가지 사항이 매우 중요합니다.

첫째, 고객여정별로 데이터를 수집 · 분석 · 관리하는 능력이 필요합니다. 전문가들은 이를 두고 고객이 기업과 만나는 모든 여정을 데이터화한다고 표현하기도 합니다. 따라서 CXM에 요구되는 데이터는 고객 프로파일 정보, 구매 데이터, 상호작용 데이터(예: 고객문의, 챗봇 사용), 행동 데이터(예: 접속), 소셜 데이터(예: 관심, 감성반응) 등 매우 광범위합니다. 물론 데이터의 성격 또한 정형/비정형 데이터를 모두 포함합니다. 최근에는 AI와 같은 최신 기술을 접목함으로써 대규모 데이터를 실시간으로 분석하고, 인사이트를 도출하는 등 CXM의 혁신이 가속화되고 있습니다.

둘째, 개인별로 초개인화된 맞춤을 제공하고 고객경

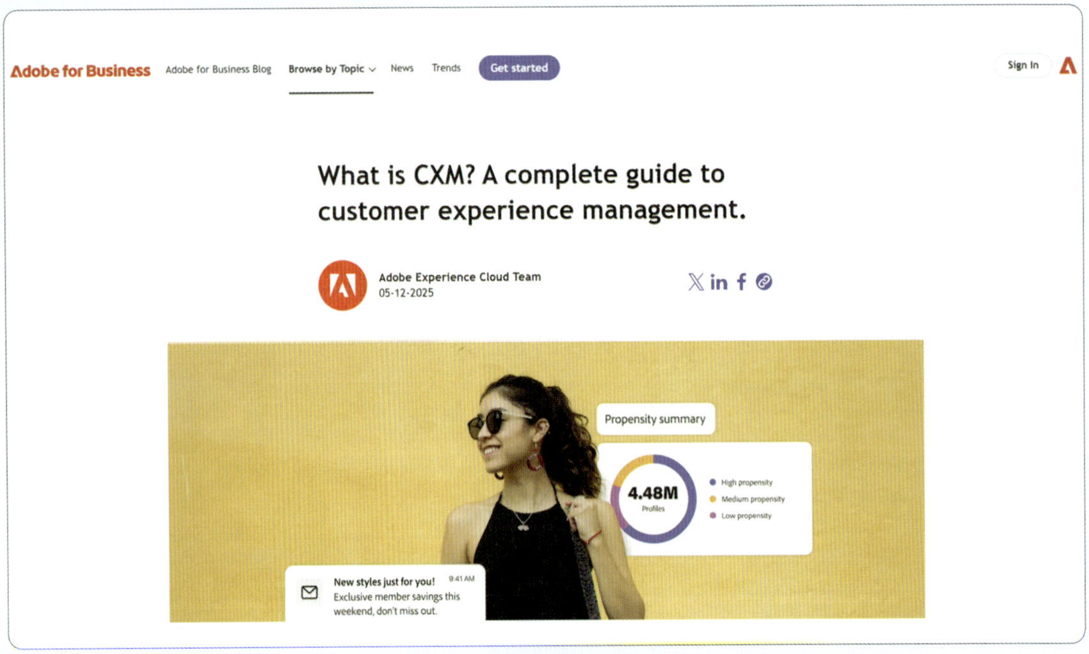

험을 발전시킨다는 전략적 목표가 요구됩니다. 앞서 학습했던 긱스쿼트라는 고객맞춤 경험 서비스(가정방문)를 성공시킨 베스트바이 허버트 졸리 최고경영자(CEO)는 다음과 같이 이야기합니다. "우리는 고객에게 TV 한 대를 판매하고 종료하지 않았다. 고객이 TV를 제대로 사용하는지, 어떻게 지내는지 예측할 수 있는 데이터를 찾았다. PC, 모바일 등 고객과 만날 수 있는 다양한 채널을 이용해 데이터를 분석하고, 이를 활용한 디지털 마케팅 효과를 높였다."

어도비 같은 소프트웨어/컨설팅 기업에서는 지속적으로 관련 개념을 소개하고 또 변화를 제공합니다. 최근에는 CXM을 넘어 〈CXO(Customer Experience Orchestration)〉를 소개하고 있습니다. 관리를 넘어 조율을 강조한다고 합니다. 그러나 용어가 무엇이든지 고객여정 데이터에 기반한 고객경험의 개선이라는 본질은 변하지 않습니다. 서비스는 경험이라는 관점에서 중요할 수밖에 없습니다.

자료원: 데이터를 알아야 고객이 보인다, 고객 경험 관리(IT동아, 2019. 4.22).
CXM(고객경험관리)이란? 중요성과 성공 전략까지(TBWA DATALAB, 2023.8.1).
AI 시대, 데이터 기반 고객경험관리가 비즈니스 성패를 가린다(한경 CFO Insight, 2025.6.4).

사진출처: 어도비 (https://business.adobe.com/blog/basics/demystifying-cxm-what-it-is-and-what-it-is-not).

- 서비스 플립러닝 내용은 하단에 있는 QR코드에서 동영상으로 확인할 수 있습니다.

플립러닝 동영상 강의 QR코드입니다.

13.1 고객관계관리의 이해

경영학 분야의 석학이었던 피터 드러커(Peter Drucker)는 "마케팅의 목적은 판매 노력을 불필요하게 만드는 것이다"라고 제안했다. 이를 위해 서비스 기업의 마케팅 활동은 고객가치를 창출하고 강한 고객관계를 구축함으로써 그 대가로 고객들로부터 상응한 가치를 얻도록 하는 데 집중되어야만 한다. 이에 이러한 고객관계관리의 의미와 중요성에 대해 살펴보자.

(1) 관계 마케팅 기본 모형

관계 마케팅은 고객을 찾고 만나고 유지하는 일련의 과정으로 진행되는데, 이러한 관계 구축에서 **고객가치**(customer value)를 제공하는 것이 시작이다. 기업은 이러한 가치창출의 대가로서 만족(satisfaction), 신뢰(trust), 결속(commitment)과 같은 **고객관계품질**(customer relationship quality)과 **고객충성도**(customer loyalty)를 확보하게 된다. 이를 통해 기업은 최종적으로 수익을 창출하게 된다. 그림 13-1 은 이러한 관계 마케팅의 과정을 설명하고 있다.

그림 13-1 관계 마케팅 모형

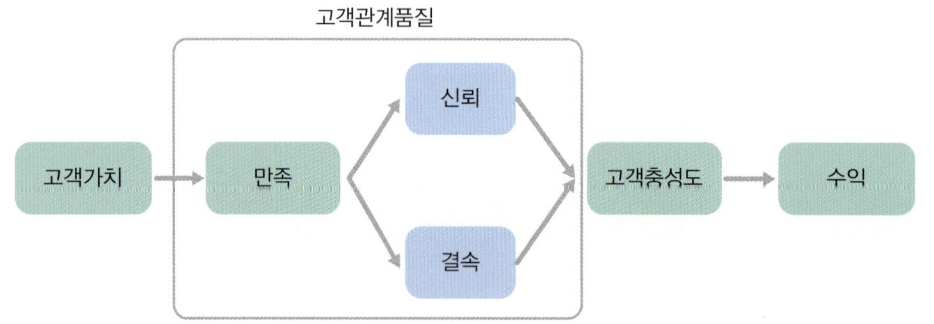

① 고객가치

서비스를 구매하는 고객들은 고객여정 전반에 걸쳐서 자신들의 제약조건(예: 금액, 탐색비용, 이동성, 제한된 지식 등) 내에서 최상의 가치를 추구한다. 따라서 서비스 고객가치는 단순히 가격 대비 얻는 혜택에 그치지 않고, 고객들이 서비스 이용 전-이용-이용 후로 이어지는 과정에 서비스와의 상호작용을 통해 얻게 되는 종합적인 가치를 의미한다. 여기서 서비스 마케터는 고객들에게 제공하는 가치가 종합적이라는 말에 유의할 필요가 있다.

- **총고객가치**: 서비스 고객가치가 종합적이라는 말을 이해하기 위해서 먼저 **총고객가치**(total cusotomer value)의 개념을 살펴보자. **그림 13-2** 에서 총고객가치는 서비스가 고객들에게 제공하는 모든 혜택(편익)들에 대한 합인 총고객혜택(편익)과 해당 서비스를 구매하는 데 드는 총고객비용 간의 차이이다. 따라서 이러한 총고객가치를 높이기 위해서는 서비스 상품과 관련된 유형적 제품, 서비스, 직원, 이미지 등을 종합적으로 고려하고 필요한 부분을 강화하거나 추가하는 전략이 필요하다. 예를 들어 마켓컬리는 경쟁사에 비해 신선식품(제품)과 새벽배송(서비스)를 통해 신뢰할 수 있는 쇼핑몰(이미지)로 총고객혜

그림 13-2 고객가치 결정요인들

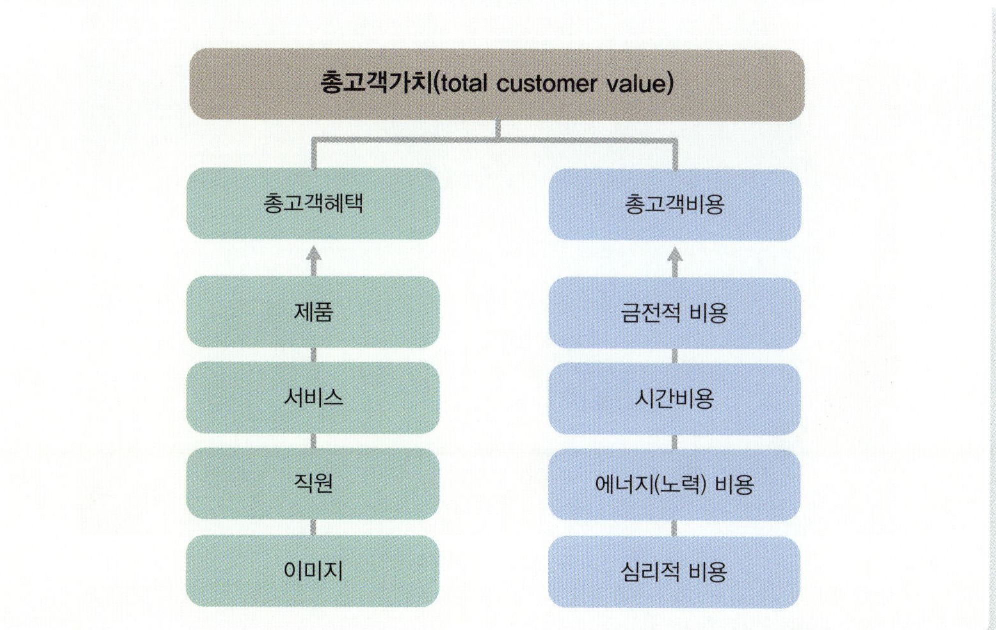

택을 높일 수 있었다. 한편, **총고객비용**(total customer cost)은 고객이 특정의 서비스를 평가 · 구입 · 사용하는 데 드는 예상 비용들의 묶음으로, 금전적 비용, 시간 · 노력(에너지) 비용, 심리적 비용 등을 포함한다. 따라서 서비스 기업은 가격인하와 같은 금전적 비용에만 집중하기보다는, 주문 및 배달 과정을 단순화(간소화)시키거나 혹은 보증을 제공하는 등 구매자가 감수할 여러 가지 비용을 줄여주는 노력을 기울여야 한다.

- **사용가치**: 서비스 고객가치가 종합적이라는 또 다른 의미는 고객가치창출이 생산된 상품의 **교환가치**(value-in exchage)에서 서비스를 이용하는 전체적인 소비여정에서 창출되는 **사용가치**(value-in use)로 전환되었음을 의미한다. 휴가여행을 위해 호텔을 이용하는 고객들을 가정해 보자. 고객들은 여행 전 호텔정보를 찾고 예약하는 과정에서 즐거움(여러 호텔들을 살펴보는), 편리함(예약 앱), 뿌듯함(특급호텔 예약) 같은 다양한 감정적 · 기능적 · 사회적 요인(혜택)들을 경험할 수 있다. 그리고 이러한 다양한 경험들은 호텔을 방문하고 체류하는 동안, 그리고 이용 후에도 지속된다. 이처럼 고객들이 호텔에서 얻는 서비스 가치는 고객여정의 여러 단계에서 서비스를 경험(사용)하면서 발생하게 된다. 또

호텔은 숙박을 위한 교환가치보다 체류 중심의 사용가치창출에 집중한다.
제주 해비치는 제휴 포인트 사용을 객식, 식음료, 스파 등 호텔 내부는 물론 지역 내 고급 식음업장과 체험형 콘텐츠까지로 확대하였다.

한 이러한 사용가치를 위해서는 서비스 제공자뿐 아니라 고객의 참여가 필수적이다. 이런 점에서 서비스 사용가치는 공동가치창출(co-reation vlaue)의 의미를 담게 된다.

② 고객관계품질

고객과의 관계구축이 중요해지면서 만족, 신뢰, 결속과 같은 **고객관계품질**에 대한 이해와 관리가 중요해지고 있다.

- **고객만족**: 고객 서비스를 제공하는 기업들에게 **고객만족**은 가장 중요한 목표이자 결과물이다. 고객들은 서비스에 대한 사전기대와 실제성과(이용)를 비교하면서 고객만족 수준을 결정짓는다. 고객기대와 성과에는 그동안 기업이 제공한 많은 마케팅의 노력들이 담기게 된다. 이런 점에서 고객만족은 기업의 중요한 목표이자 전략적인 마케팅의 도구가 될 수밖에 없다. 또한 기업은 고객만족을 확인함으로써 그동안 마케팅에 들인 노력의 결과물을 받는 셈이다. 특히 최근과 같이 경쟁이 치열한 서비스 환경에서 기업들은 고객만족의 효과에 주목하여 관심을 기울일 필요가 있다. 일반적으로 만족한 고객은 더 오랜 기간 동안 충성도를 유지하며, 새로운 서비스를 출시하거나 기존 서비스를 개선할 경우 이를 더 많이 구매하고, 가격 변화에 덜 민감하다. 우리 기업과 서비스에 대해 호의적으로 이야기하며, 경쟁 브랜드에 덜 관심을 보인다는 점에서 중요하다.

- **신뢰**: 고객 신뢰는 서비스 기업이 지속가능하기 위해서 무엇보다 중요하다. **신뢰**는 오랜기간 관계를 통해 서비스 기업이 약속을 지킬 것이라는 고객들의 믿음이기 때문이다. 고객들은 기업(직원)이 제공하는 서비스에 대해 누구보다 잘 알고 있다는 생각에 믿음을 갖는다. 또한 언제나 고객 입장에서 생각하고 그래서 서비스 가격이나 품질을 속인다거나 어떤 문제를 일으키지 않을 것이라는 정직함을 믿고 안심한다. 이처럼 서비스에 대한 고객 신뢰는 기업이 지닌 능력(competence)과 선의(benevolence)에 대한 종합적인 평가이다.

대규모 미정산 사태를 일으켰던 티몬이 오아시스마켓에 인수되어 새로 오픈할 예정이다. 어떤 노력으로 셀러(판매자)와 고객들의 신뢰를 회복할지 주목된다.

- **결속**: 갈수록 경쟁이 치열해지면서 기업들이 제공하는 서비스 수준과 차별화 정도가 큰 차이가 없어진다. 이제 고객만족과 신뢰만으로 경쟁력을 갖는 시대가 더 이상 아니다. 연구자들은 고객관계품질에서 만족과 신뢰는 고객들의 이성이 작용하는 차가운(cold) 요인이라고 부른다. 이제 이러한 차가운 관계품질만으로는 부족하기 때문에, 애정, 친밀감, 결속 같은 고객들의 감정에 호소하는 뜨거운(hot) 관계품질이 필요하다. 그 가운데 **결속**은 고객들이 서비스와의 관계를 지속하겠다는 의지로 이해할 수 있는데, 그 배경이 감정적으로 연결된다는 점에서 애착(attachment)과 유사하다.

(2) 서비스 수익체인

앞에서 설명한 서비스 가치, 고객만족, 고객충성도, 수익성 등과 같은 주요 개념을 기반으로 해서 헤스킷, 새서, 슈레싱어(Heskett, Sasser & Schlesinger)는 **서비스 수익체인**(service profit chain)을 제안하였다. 이 모델은 서비스 기업이 매출 성장과 수익성을 실현하는 데 있어 고객만족과 충성도, 서비스 가치, 그리고 내부 마케팅이 서로 어떻게 연결되어 있는지를 보여준다. **그림 13-3** 을 보면 서비스 기업의 매출 성장과 수익성 증대는 충성스러운 고객에 의해 실현됨을 알 수 있다. 한 조사에 따르면 고객유지율을 5% 증가시키는 것은 이익을 25%에서

85%까지 증가시키는 효과가 발생하기 때문에, 자사의 전체고객 중에서 충성고객이 차지하는 비중은 단순한 양적 지표인 시장점유율 못지않게 관심을 기울일 필요가 있다. 또한 이러한 고객충성도는 지각된 서비스 가치를 높임에 따라 만족한 고객들에 의해 창출됨을 알 수 있다.

한편 서비스 수익체인에서 서비스 가치는 직무에 만족하고 능력 있으며 기업에 충성적인 종업원들이 높은 서비스 생산성과 서비스 품질을 실현함으로써 창출된다. 종업원 만족으로 유명한 미국의 사우스웨스트 항공은 높은 종업원 유지율을 바탕으로 생산성에 기반한 서비스 가치창출에 성공하였다. 이 항공사의 종업원 이직률은 연간 5% 미만으로 항공업계 최저 수준인데, 이러한 안정적인 직원들이 제공해 주는 정시 출발, 친절, 그리고 훌륭한 서비스들은 저렴한 요금과 함께 사우스웨스트 항공의 고객가치를 높임으로써 수익성 높은 항공사가 되는 밑거름이 되었다.

그림 13-3 서비스 수익체인

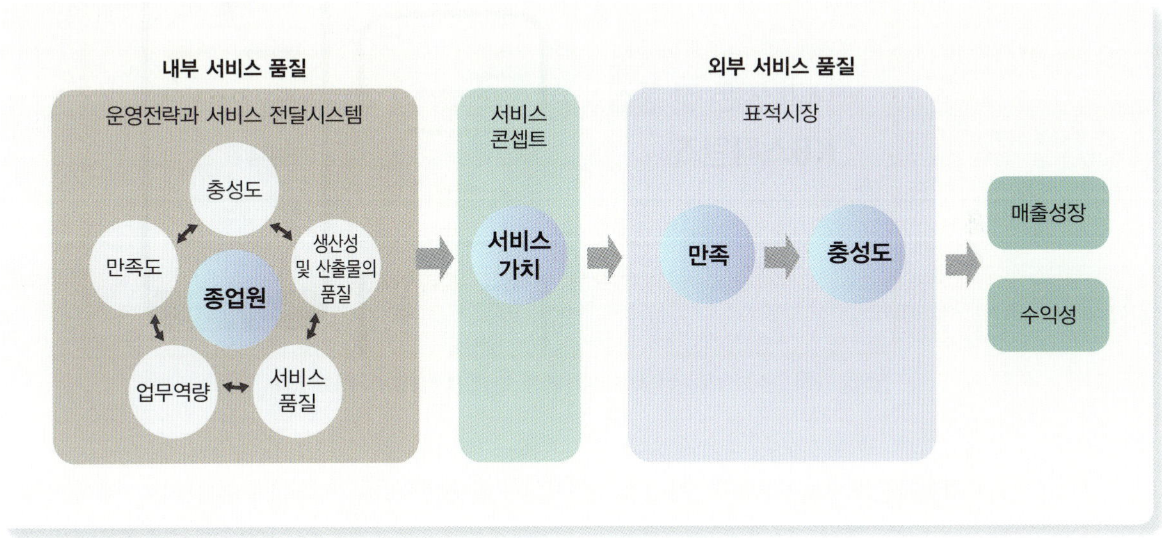

(3) 고객자산

앞서 설명한 대로 서비스 기업이 고객관계관리에 역점을 두어야 하는 이유는 장기적 고객관계의 구축이 기업에게 높은 수익성을 유지하는 원동력이기 때문이다. 장기적으로 고객수익성을 극대화시키기 위해 기업은 **고객생애가치**(CLV: Customer Lifetime Value)라는 개념을 이해하고 활용해야 한다. 고객생애가치는 고객의 평생구매에서 예상되는 미래 이익흐름의 순 현재가치를 의미한다. 예를 들어 KT를 이용하는 한 고객이 다른 통신 서비스로 이탈하지 않고 10년 동안 계속해서 같은 서비스를 이용한다고 가정하면, KT는 해당 고객으로부터 10년간 얻을 수 있는 예상수익에서 비용과 적절한 할인율을 적용해서 현재가치로 환산한 이익의 흐름인 생애가치를 구할 수 있다. 결과적으로 고객생애가치가 더 높은 고객들을 많이 확보하고 있는 기업일수록 수익을 창출할 수 있는 **고객자산**(customer equity)을 많이 보유하고 있는 셈이다. 러스트, 자이태멀, 레먼(Rust, Zeithaml, & Lemon)은 이러한 고객자산을 이끄는 주요 요소로서 가치자산, 브랜드 자산, 그리고 관계자산을 들고 있다. 서비스 기업은 고객에 초점을 맞추어 가치자산, 브랜드 자산, 관계자산을 통합적으로 관리해야 하며, 최상의 성과를 거두기 위해 어떠한 자산요인을 더 강화해야 할지를 결정해야 한다.

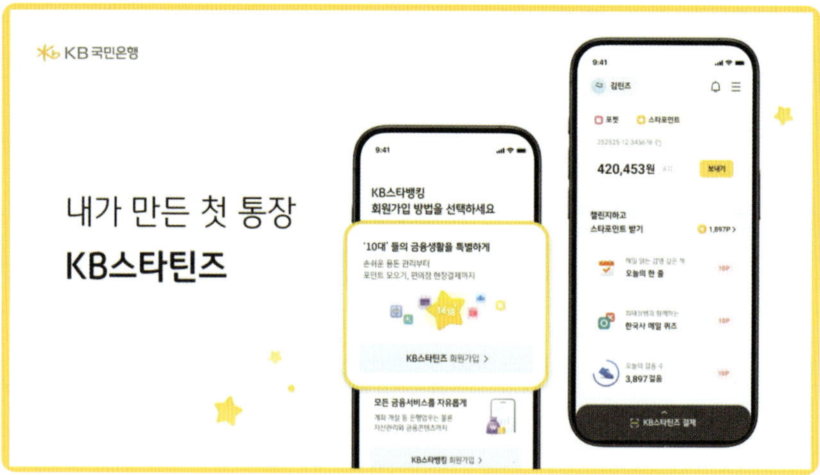

은행들이 청소년 고객들을 선점하기 위해 전용 모바일플랫폼을 출시하고 있다.

- **가치자산(value equity)**: 서비스 제공물이 비용에 비해 고객에게 제공하는 혜택(편익)의 상대적 크기를 토대로 제공물의 효용을 평가한 것이다. **가치자산**의 주요 원천은 품질, 가격, 편의성 등 다양할 수 있기 때문에, 서비스 기업은 가치자산을 개선 · 향상시키기 위해 각 산업마다 특색 있는 가치자산의 주요 구성요소들을 잘 살펴야만 한다. 가령, 항공기 승객은 좌석공간이나 기내식을 중요한 품질요인으로 정의할 수 있지만, 호텔 투숙객은 객실과 부대 서비스 시설을 품질로 정의할 수 있다.

SERVICE MARKETING FOCUS

10대를 잡아라: 청소년 카드 시장 경쟁

Z세대 이후로 불리는 알파세대가 소비 시장의 새로운 주역으로 부상하면서, 카드 업계가 이들의 마음을 사로잡기 위한 전용 카드 출시에 속도를 내고 있다. 특히 지난해 하반기부터 주요 카드사들은 10대 청소년을 겨냥한 맞춤형 상품과 서비스를 연이어 선보이며, 미래 잠재 고객을 평생 고객으로 전환하기 위한 경쟁에 본격적으로 돌입하는 모습이다. NH농협은행의 조사 결과는 이러한 카드 업계의 움직임을 뒷받침한다. 최근 5년간 10대 체크카드 이용이 꾸준히 증가했으며, 지난해 중 · 고등학생 1인당 체크카드 연간 결제금액은 175만원으로 집계됐다. 이는 2020년과 비교해 약 30% 증가한 수치다. 특히 하루에 2번 이상 결제하는 10대 고객 비중이 18%에서 29%로 늘어난 점은 10대의 체크카드 사용이 이제 일상화되었음을 시사한다. 이처럼 높아진 10대들의 금융 활동성과 잠재력을 인지한 카드사들은 각자의 전략을 앞세워 이들 연령층에 특화된 상품을 내놓고 있다. 카드사들은 10대 고객의 특성을 고려한 차별화된 접근 방식을 취하고 있다. 단순히 결제 기능을 제공하는 것을 넘어, 이들의 금융 생활 패턴과 취향을 반영한 플랫폼 운영과 유동적인 혜택, 그리고 재미 요소를 결합하는 데 주력하는 양상이다. 이러한 전략은 10대들이 디지털 환경에 익숙하고 개인화된 경험을 선호하는 경향을 적극적으로 반영한 것으로 보인다. 카드 업계의 10대 고객 유치 경쟁은 장기적인 관점에서 고객생애가치를 극대화하려는 전략으로 해석된다. 어린 나이부터 자사 카드 서비스를 경험하게 함으로써 브랜드 충성도를 높이고, 향후 성인이 되어 주거래 고객으로 이어질 수 있는 기반을 다지겠다는 의도로 풀이된다.

자료원: 10대 고객, 평생 고객으로 카드업계, '청소년 전용' 카드 경쟁 심화(프레스맨, 2025.6.16).
사진출처: 토스 홈페이지(https://toss.im).

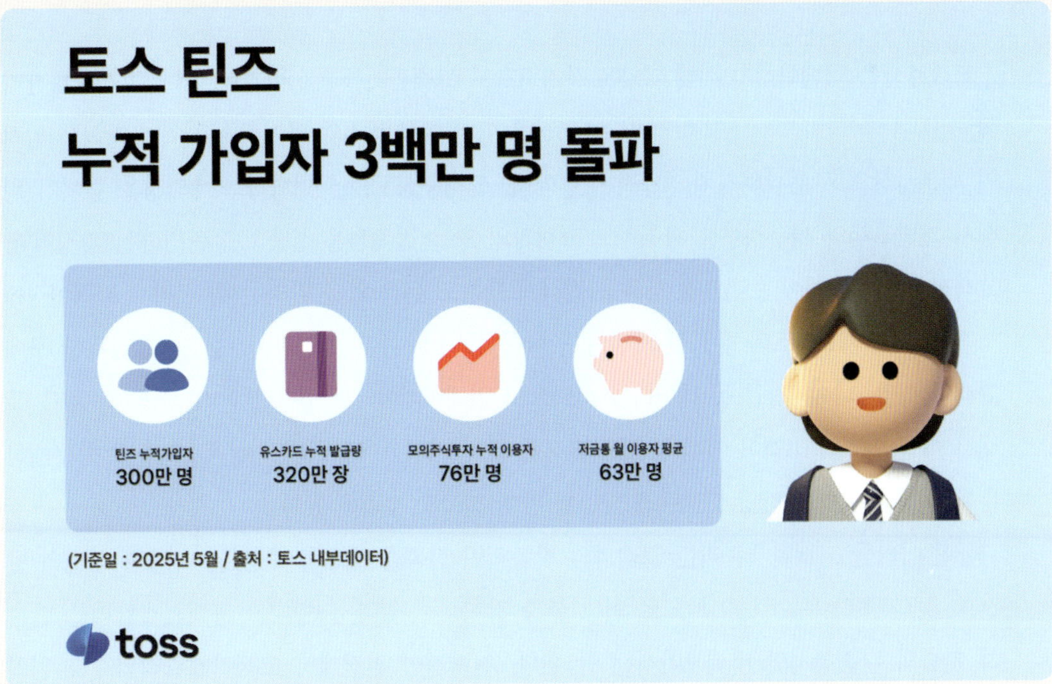

- **브랜드 자산(brand equity)**: 지각된 상품가치를 넘어서 서비스 브랜드에 대해 고객이 내린 주관적이고 무형적 평가이다. 브랜드 자산의 주요 원천은 높은 인지도, 긍정적이고 차별적인 이미지와 같은 고객들의 지각이다. 서비스 기업은 이러한 **브랜드 자산**을 관리하기 위해서 광고, PR, 기타 마케팅 커뮤니케이션 수단을 이용하거나 고객들의 경험을 관리하기 위해 노력한다.

- **관계자산(relationship equity)**: 가치자산이나 브랜드 자산에 대해서 고객이 평가한 것 이상으로 특정 서비스에 대해 애착을 보이는 성향이다. **관계자산**의 주요 원천에는 충성도 프로그램, 특별대우 프로그램, 커뮤니티 구축 등이 포함된다. 관계자산은 고객과의 친밀한 관계가 중요하거나 고객이 습관이나 관성에 의해 서비스를 계속 이용하는 경향이 있을 때 특히 중요하다.

13.2 고객관계관리 전략

고객자산을 극대화하기 위해 기업은 장기적으로 고객관계를 키워나가야 한다. **고객관계관리**(CRM: Customer Relationshp Management)는 고객들이 더 이상 과거와 같이 일률적이지 않아 획일적인 세분시장으로 분류하기 어려워진 상황에서, 고객충성도를 극대화하고 수익성을 높이기 위해서 개별고객의 세부정보를 관리하고 고객과의 모든 접촉점을 신중하게 관리하는 과정이다. **고객접촉점**은 고객이 브랜드와 상품을 접하게 되는 모든 상황을 말하는데, 서비스 고객여정에서 제시한 터치포인트와 유사한 개념이다. 예를 들어 아마존은 웹사이트를 통해 획득한 구매고객의 성별, 나이, 직업 등 데이터를 바탕으로 컬래버레이티브 필터링(collaborative filtering)을 통해서 어떤 환경의 고객이 어떤 상품에 관심을 많이 가지고 있고, 어떤 상품을 더 많이 구매하는지 등을 분석하여 해당 고객에게 맞춤형 판매 전략을 수립해 왔다.

한편 이러한 고객관계관리는 고객과의 지속적인 접촉을 강화할 수 있는 다양한 기술의 발전(예: 소프트웨어, 빅데이터, AI 등)으로 인해 한층 강화되고 있다. 그렇다고 고객관계관리를 단순히 기술의 관점에서만 바라보아서는 안 된다. 전략적인 관점에서 고객관계관리의 기본원칙을 분명히 이해해야 하며, 무엇보다 기업은 고객관계관리에서 인적 구성요소의 중요성과 고객과의 실제 접촉상황에서 발생되는 일들의 중요성을 명확하게 인식해야 한다. 스탠포드 대학의 제프리 페퍼(Jeffrey Pfeffer)는 '최상의 기업은 현장 종업원들에게 고객을 돌보기 위해 필요한 조치를 취할 수 있도록 재량권을 부여하는 기업문화를 구축한다'라고 지적한다. 진정한 고객관계관리는 시스템과 사람(고객)과의 관계가 아니라 사람(종업원)과 사람(고객)의 관계에 달려있다는 말로 받아들여진다.

(1) 고객육성

기업이 신규고객을 찾아 만족시키는 일이 갈수록 더 어려워지고 있다. 고객들은 과거에 비해 더 현명해졌으며, 더 가격지향적이며, 기업들에게 더 많은 요구를 하고 있다. 이러한 상황에서 기업이 직면한 도전적 과제는 단순히 고객을 찾고 만족시키는 것이 아니라 지속적으로 관계를 맺어갈 충성적인 고객을 만드는 것이다. **그림 13-4**는 고객육성, 즉 고객을 찾고 유지해 가는 과정을 보여준다.

고객육성은 서비스를 구매할 수 있을 것으로 생각되는 사람, 즉 잠재고객(미사용자)를 탐색하는 일에서 출발한다. 기업은 이들 중에서 가장 가능성이 높은 가망고객을 찾고 이들을 공략하여 신규고객으로 전환시키려는 노력을 기울여야 한다. 예를 들어 쇼핑몰을 한 번이라도 방문해 본 고객이라면 그렇지 않은 고객들에 비해 훨씬 구매 가능성이 큰 고객이 된다. 만약 상담을 받고 개인정보를 남긴 고객이라면 더욱 그렇다. 따라서 기업은 가망고객들을 적극적으로 공략하여 신규고객으로 만드는 과정을 체계적으로 관리할 필요가 있는 것이다. 다음으로 신규고객들은 반복구매와 단골고객(회원고객)으로 차례로 전환시킬 수 있어야 한다.

그림 13-4 고객육성과정

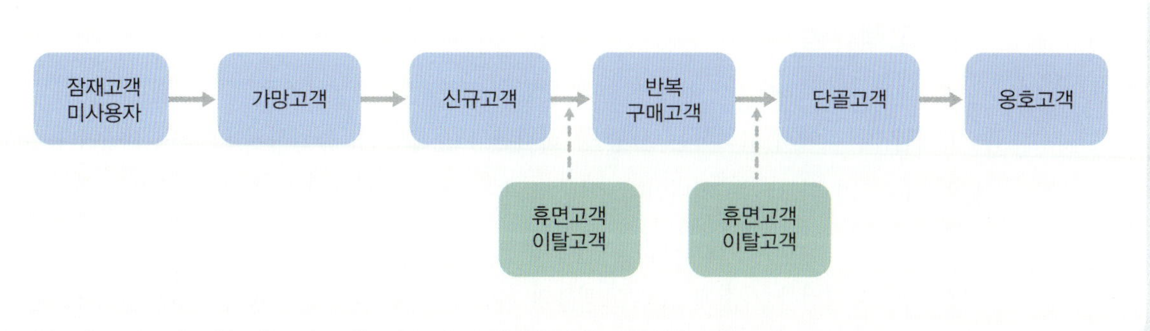

단골고객은 그 수준에 따라서 회원고객, 옹호고객으로 발전시킬 수 있다. 최근 고객유지 차원에서 고객들에게 여러 혜택들을 제공하는 멤버십 제도를 도입하는 사례가 늘고 있다. 옹호고객은 우리 서비스를 다른 사람들에게 적극적으로 추천하는 고객들이다. 더 나아가 이들은 우리 서비스에 대한 부정적인 이슈가 발생했을 경우에도 우리를 적극적으로 지지하고 보호해 준다. 한편 일부 고객들은 이 과정에서 우리 서비스 이용을 중단하기도 한다. 이들은 어떤 이유에서 서비스 이용을 멈춘 비활동고객(휴면고객)이거나 경쟁 서비스로 이탈한 고객들이다. 그들의 이유를 명확히 파악하고 만약 우리 서비스에 불만이 있었다면 적절한 서비스 복구 전략을 통해 고객들을 재활성화시킬 필요가 있다. 종종 신규 고객을 찾는 것보다 이전 고객들을 재유치하는 것이 더 쉬울 수 있기 때문이다.

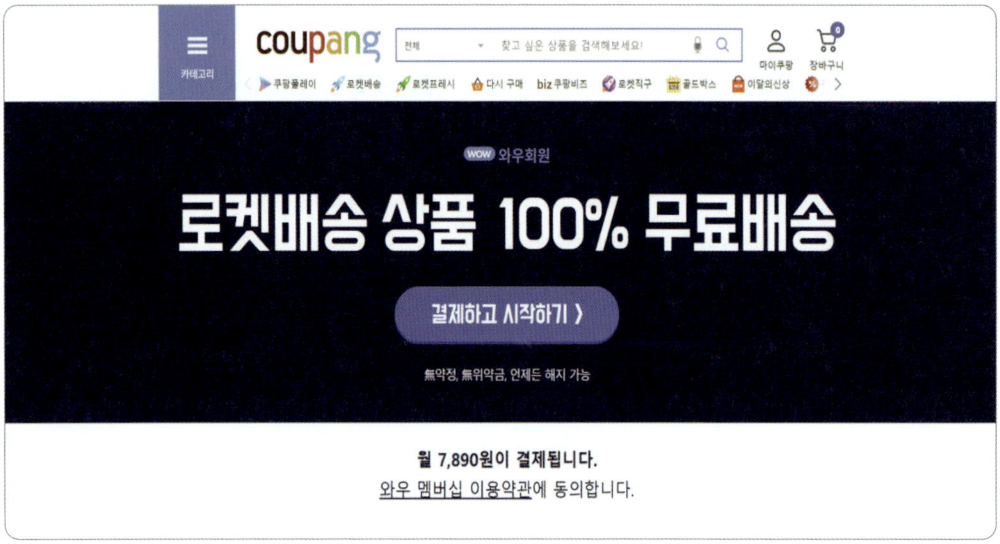

쿠팡은 고객육성차원에서 월 7,890원의 와우 멤버십을 운영한다. 로켓상품 무료 배송, 와우 할인, 쿠팡플레이 이용 등의 혜택을 제공한다.

(2) 고객규명

고객관계관리에서 고려하는 사항 중 하나는 모든 고객이 동일하지 않다는 전제이다. 고객들의 기여도가 다르다는 의미인데, 어떤 고객은 다른 고객에 비해 우리 매장을 자주 이용할 수도 있고, 또 어떤 고객은 다른 고객들을 데리고 오는 빈도가 더 많을 수도 있다. 결국 서비스 기업은 일정한 기준에 의해 고객들의 기여도를 평가하고 구분하는 일을 진행해야만 하는데 이를 **고객 규명**이라고 부른다. 우리에게 익숙한 **20:80 법칙**은 고객들 중 상위 20%가 기업 매출의 80%를 창출한다는 것을 의미한다. 이 경우에도 매출기여도라는 기준에서 고객들을 구분한 셈이 된다.

그런데 여기서 한 가지 유의할 점은, 고객들의 기여도는 다양한 관점에서 파악할 수 있다는 점이다. 수익성만 고려하더라도 시간적으로 현재 또는 미래 수익을 가져다 줄 고객인가를 다르게 생각할 수 있다. 고객들의 현재 수익성을 판단하는 데 유용한 방법 가운데 하나가 **RFM 분석**이다. RFM에 기반을 둔 고객 구분은 고객의 구매 이력에 관련된 세 가지 주요 변수들을 고려한다. 얼마나 최근에 구매했는가(Recency), 일정 기간 동안 얼마나 자주 구매했는가(Frequency), 그리고 일정 기간 동안 금액적으로 얼마나 구매했는가(Monetary value)를 사용하여 개별고객의 기여도를 판단한 후 우수고객과 일반고객 등으로 나눌 수 있다. 미래 수익성의 판단에는 지속사용의사나 재구매 확률, 또는 연령 등이 고려될 수 있다. 이 외에도 현재와 미래가치를 모두 포괄한 개념인 고객생애가치나 고객들의 추천가치(구전) 등도 고객 수익성을 판단하는 데 활용될 수 있다. 한편 고객을 규명하는 과정에서 기업은 수익성과 함께 고객에게 들어가는 비용이나 고객만족 등 다른 차원의 변수들을 함께 사용할 수도 있다. 그림 13-5는 현재와 미래의 수익성을 기준으로 고객들을 규명한 가상의 예를 보여준다.

그림 13-5 고객 규명: 현재 수익 vs. 미래 수익

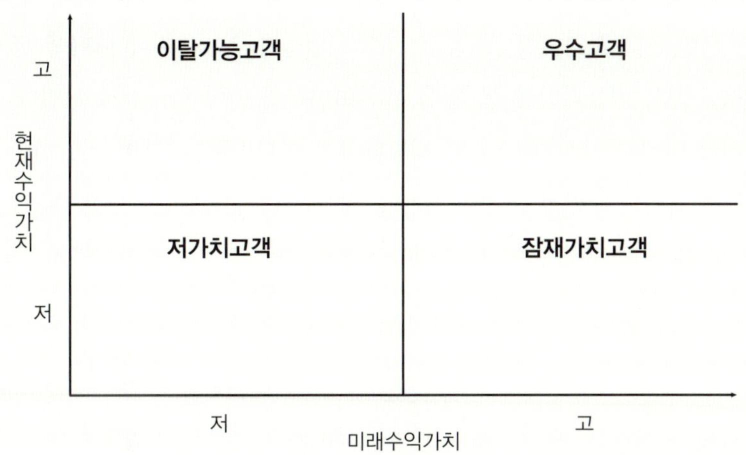

그림에서 현재와 미래 수익가치가 모두 높은 고객을 우수고객으로 규명한다. 반면 현재 가치가 높지만 미래 가치가 낮은 고객은 이탈가능고객이다. 이와 반대로 현재 가치는 낮지만 미래 가치가 높다면 잠재고객으로 규명되어 관리될 수 있다. 마지막으로 현재와 미래 가치가 모두 낮은 저가치고객(군)이 있다.

(3) 고객개발

고객규명의 목적은 단지 구분에 있지는 않다. 고객들을 규명한 진짜 이유는 고객(군)별로 관계관리를 위해 필요한 대응전략을 마련하기 위해서이다. 이러한 대응을 **고객개발**이라고 표현한다.

그림 13-5에서 이탈가능고객의 경우, 적극적인 대처로 고객이탈률을 최소화하는 것이 필요하다. 라이헬드와 세서(Reichheld & Sasser)의 연구결과에 따르면, 고객이탈률을 5%만 낮추어도 기업의 순이익에는 25~85%의 큰 증폭효과를 가져온다고 한다. 이탈하지 않고 남아 있는 고객이 기업에 그만큼 많은 공헌을 하기 때문이다. 저수익가치 고객의 경우, 서비스 기업은 더 많은 이익이 나는 고객으로 만들기 위한 적절한 노력이 요구된다. 필요에 따라서는 비용절감을 위해 이들과의 거래관계를 종결하는 선택을 할 수 있다. 일정 기간 무료로 제공하던 서비스에 대해 요금을 부과하는 것이 그 예이다.

현재 수익이 낮은 미래 가치 고객의 경우에는 장기적인 관점에서 마케팅 활동을 펼쳐갈 필요가 있다. 은행, 카드사와 같은 금융 서비스 기업들은 청소년이나 대학생 고객들을 대상으로 금융교육, 정보, 커뮤니티 활동 등을 제공하면서 친근하게 다가서고 있다. 우수고객은 고객들의 기여에 합당한 보상과 대우를 제공해야만 한다. 우수고객이 이탈하는 경우 그 손실은 매우 클 뿐 아니라 수익성 외에도 다른 부정적인 파급효과가 발생할 수도 있다.

한편 고객개발을 위해 서비스 기업은 어떤 전략을 취할 수 있을까? 실무적으로 많이 활용되고 있는 몇 가지 방법을 소개하면 다음과 같다.

SERVICE MARKETING FOCUS

백화점 VIP를 잡아라: 문턱을 높이고 보상은 키운다

백화점업계가 큰손 고객을 중심으로 내수 침체를 버텨내고 있다. 주요 백화점들은 VIP 등급 산정 기준을 일제히 높이는 한편 혜택과 공간 서비스도 고급화하며 핵심 고객 잡기에 집중하고 있다. 고물가로 인한 소비심리 위축과 경기침체가 맞물리며 내수 부진이 장기화한 데 따른 선택이다. 상대적으로 등급 인원이 많아지면서 고액 고객 선별이 어려워지자, 문턱을 높이고 혜택을 정교화해 큰손 이탈을 막으려는 움직임이 관측된다.

롯데백화점은 올해 VIP 제도 에비뉴엘 운영방식을 손봤다. 최상위 등급인 에비뉴엘 블랙은 기존에 비공개하던 방식을 비꿔, 연간 구매액 상위 777명을 기준으로 정했다. 에메랄드는 1억 원에서 1억 2,000만 원으로, 오렌지는 일부 점포에 한해 3,000만 원 이상으로 조정됐다. 새롭게 도입된 사파이어 등급은 기준선이 8,000만 원이다. 주요 점포의 VIP 라운지를 새단장하고 상위고객 전용 혜택체계도 재설계하고 있다.

신세계백화점은 지난해 제도 전반을 손질하며 최상위 트리니티 등급을 상위 999명으로 고정했다. 또 연 1억 2,000만 원 이상 구매 고객을 위한 블랙 다이아몬드 등급을 신설했다. 기존 다이아몬드 · 플래티넘 · 골드 등급의 기준선도 모두 상향 조정됐다. 아울러 미쉐린 셰프와 협업한 고급 식음 콘텐츠 등 프리미엄 서비스를 확장하고 있다.

현대백화점도 VIP 등급체계 개편에 나섰다. 쟈스민 블랙은 1억 5,000만 원, 블루는 1억 원, 쟈스민은 6,500만 원 이상으로 각각 기준이 조정됐다. 등급별 연간 구매 기준이 지난 2023년보다 1000만~3000만 원가량 상향됐다. 5060세대 VIP 고객을 겨냥한 전용 문화센터 콘텐츠를 도입해 등급 활용 폭도 넓히는 중이다. 현대백화점은 VIP만을 위한 폐쇄형 온라인쇼핑몰 RSVP를 운영하면서 차별화된 상품과 큐레이션을 제공한다.

매출액에 비해 VIP 고객의 매출액 비중은 오히려 늘고 있어 이들을 유지하는 전략을 강화하는 것으로 해석된다. 롯데백화점 전체 매출액 중 VIP 비중은 2020년 35%에서 지난해 45%로, 신세계백화점은 같은 기간 31%에서 45%로 커졌다. 현대백화점은 43% 수준이며 한화갤러리아는 절반을 넘긴 것으로 알려졌다. 소수의 고액 구매자가 실적을 견인하는 경향이 강해지고 있는 셈이다.

자료원: 불황에는 '큰손' 잡아야…백화점업계, VIP 관리 집중 (더팩트, 2025.8.2).
사진출처: 현대백화점(https://www.ehyundai.com).

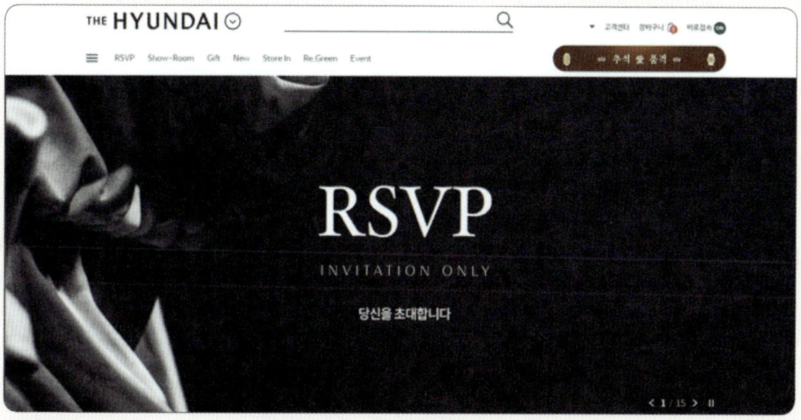

① 교차판매/업셀링

서비스 기업은 교차판매(cross-selling) 및 업셀링(up-selling)을 통해 각 고객의 성장잠재력을 높일 수 있다. 온라인 쇼핑몰에서 상품을 구입하는 고객들은 종종 해당 기업에서 추천한 다른 상품을 함께 고려하게 된다. 기업은 해당 고객의 구매이력이나 검색 데이터 등을 활용해서 상품을 추천하는데 이를 **교차판매 전략**이라고 부른다. 여행상품을 판매하는 여행사라면 특정 고객의 여행경험이나 과거 구매이력을 분석하여 이전에 비해 상향된 상품 판매를 유도할 수 있는데, 이를 **업셀링 전략**이라고 부른다.

무신사는 장바구니 분석을 통해 고객들에게 관련 상품을 추천하며 교차판매를 시도한다.

② 적시 제공

적시 제공(just in time)은 고객을 기다리지 않고 미리 찾아 서비스를 제공하는 전략이다. 고객이 서비스를 필요로 하는 순간을 찾는 것이 중요한데, 부스터 퓨얼스(Booster Fuels)는 고객에게 자동차 연료를 배달한다. 장소에 머물지 않는 비즈니스 모델인데, 고객들은 직접 주유를 위해 서비스를 방문하지 않아도 된다는 편의성에 좀 더 높은 가격을 지불한다. 실리콘

밸리 회사들이 직원들에 대한 혜택의 일환으로 자사 건물(주차장)로 연료 공급자를 부르면서 B2B 거래방식으로 진행되는 경우가 많다. 구매빈도가 잦은 식품이나 생활용품의 경우 온라인 쇼핑몰에서 고객들의 구매주기나 구매량을 분석하여 재고가 떨어지기 전에 미리 상품추천을 제공하는 것도 가능하다.

지금은 사라진 아마존 대시 버튼이다. 웹에 접속하지 않아도 버튼을 누르면 주문이 가능해서, 고객들은 부족한 제품이 생각나면 바로 주문한다.

③ 원스톱

원스톱(one stop) 서비스는 고객들에게 필요한 서비스를 한곳에서 일괄 제공하는 방식으로 고객들의 경험가치를 높일 수 있고 연관된 서비스 구매를 한번에 진행하면서 고객들의 수익성을 개발하는 데도 효과적이다. 여행 앱 마이리얼트립은 항공권과 호텔, 렌터카, 투어 및 액티비티 여행 관련 상품 및 서비스를 한곳에서 구매할 수 있는 원스톱 서비스를 제공한다.

④ 큐레이션

큐레이션(curation)은 개별 고객들의 욕구에 대응하면서 개인화된 맞춤 서비스를 제공하는 방식으로 고객관계를 강화한다. 스포티파이(spotify)는 AI와 전문가(에디토리얼 팀)의 협업으로 정교한 맞춤 음악 서비스를 제공하면서 강력한 충성고객을 확보하고 있다. 동시에 취향에 맞게 상품, 콘텐츠, 서비스를 큐레이션 하는 맞춤 전략으로 수익성을 높이는 데도 효과적이다.

오늘의 집은 육아 크리에이터 170명이 참여해 콘텐츠와 경험을 공유하면서 상품까지 추천하는 육아 큐레이션전을 진행한다.

13.3 고객충성도 전략

충성고객 효과는 고정고객이 기업의 매출과 수익성에 공헌하는 차원에서 확인할 수 있다. 일반적으로 고정고객일수록 가격에 대하여 비교적 덜 민감하고, 광고, 홍보 등의 마케팅 비용이 비교적 덜 들며, 그들의 입소문, 즉 **구전효과**(口傳效果: word-of-mouth effect)를 통하여 새로운 고객을 유인할 수 있기 때문이다. 이를 통해 고객충성도가 기업의 생존뿐만 아니라 성장에도 관여한다는 사실을 알 수 있다.

(1) 충성고객 행동 이해

소비자와 브랜드 간의 강한 관계가 강조되면서 고객충성도 역시 수준에 따라 차이가 있다는 점이 부각되고 있다. **브랜드 애착**(brand attachment), 브랜드 태도 강도(brand attitude strength)로 소개되는 개념들이 바로 강한 브랜드 충성도를 보여주는데, 여기서 주목할 점은 충성도의 수준에 따라 고객들의 행동이 다를 수 있다는 점이다. 표 13-1 은 충성고객들의 다양한 행동양상들을 보여주고 있는데, 단순한 추천이나 재구매 행동에 비해서 (문제가 발생했을 경우) 자사 브랜드를 적극적으로 방어한다거나 기다렸다 구매하는 고객들이 질적으로 더 강한 충성고객임을 알 수 있다. 따라서 서비스 기업은 자사 고객들의 행동을 면밀하게 파악하면서 고객충성도를 질적으로 관리해 갈 필요가 있다.

표 13-1 충성고객 행동

덜 어려운 행동	보통으로 어려운 행동	가장 어려운 행동
• 다른 사람을 위해 구입 • 다른 사람에게 추천 • 나를 위해 구입	• 브랜드 방어행동 • 더 많이 지불	• 새로운 상품 언제나 구입 • 찾는 상품이 없으면 기다렸다 구입

자료원: Park, C. W., MacInnis, D. J., Priester, J., Eisingerich, A. B., & Iacobucci, D. (2010). Brand attachment and brand attitude strength: Conceptual and empirical differentiation of two critical brand equity drivers. *Journal of marketing*, 74(6), 1–17.

(2) 고객충성도 전략 유형

베리와 파라슈라만(Berry & Parasuraman)은 고객과의 유대적 관계(relationship bonds)를 구축하기 위해 재무적 유대구축, 사회적 유대구축, 그리고 구조적 유대구축과 같은 접근방법을 제시했는데, 이를 통해 서비스 기업의 충성고객 만들기에 대해 살펴보자.

① 재무적 유대구축 전략

재무적 유대구축(financial bonding)은 많은 양을 구매하는 고객에게 낮은 가격을 제시하거나 오랜 기간 거래 고객에게 가격할인 혜택을 제공하는 것과 같이 재무적 혜택의 제공을 통해 고객과의 관계를 유지하는 방법으로, 우수고객 우대제도(frequency program)가 대표적이다. 우수고객 우대제도는 자주 많이 이용하는 고객들에게 보상을 제공하는 것으로, 아메리칸 에어라인(American Airlines)이 1980년대 초 고객들에게 무료 마일리지 카드를 제공하는 것을 기점으로 항공업계에서 일반적으로 활용되고 있는 마일리지 프로그램이 대표적이다. 그러나 이러한 우수고객 우대 프로그램은 서비스 기업에게는 양날의 검과 같다. 통상적으로 우수고객 우대 프로그램을 처음 도입한 회사는 혜택을 얻을 수 있지만, 경쟁사들이 이에 대응하게 되면서 프로그램을 제공하는 모든 기업들에게 재정적 부담이 되기 때문이다. 특히 경쟁자들과 차별점 없이 유사한 형태로 진행되는 프로그램일수록 더욱 그렇다. 따라서 기업들은 프로그램을 관리하는 데 있어, 더 효율적이고 창의적인 접근이 필요하다.

② 사회적 유대구축 전략

기업구성원은 개별화된, 인간적인 고객관계를 구축함으로써 고객과의 사회적 유대감을 증대시키려고 노력한다. 이러한 **사회적 유대구축 전략**(social bonding)은 스포츠 또는 엔터테인먼트 서비스에서는 팬덤을 구축하고 관리하는 토대가 된다. 스포츠 클럽의 서포터즈나 유명 아이돌의 팬클럽과 같이 주로 고객들이 자율적으로 커뮤니티를 구축하고 운영하는 방식이다. 서비스 기업은 이러한 형태를 빌려 고객을 묶어놓기 위한 유료화된 멤버십을 활용하는 경우가 많다. 실제적으로는 구성원 간의 유대감보다 서비스 기업이 제공하는 혜택에 근거해 유지된다는 점에서 마일리지 프로그램의 확장과 같은 면도 있다. 반면 브랜드를 중심으로 이용자들의 유대감을 형성시키는 브랜드 커뮤니티 전략도 가능하다. 나이키 런클럽은 고객경험의 확장이라는 점에서 성공적인 사회적 유대구축 전략이 될 수 있다. 한편 서비스 기업은 현재 자사의 고객이 아니더라도 장기적인 관점에서 유대감을 활용하기도 한다. 이동통신사들은 MZ세대를 위한 복합문화공간을 열며 젊은 고객들을 상대하고 있는데, 이처럼 자격이 개방된 클럽 운영은 고객들의 데이터베이스를 구축하거나 경쟁사들로부터 고객을 끌어오는 데 효과적이다. 금융권에서는 대학생 홍보대사와 같은 클럽(커뮤니티) 마케팅을 활용하면서 미래고객들과 관계 맺기에 나서고 있다.

③ 구조적 유대구축 전략

충성도 전략에서는 고객과의 **구조적 유대감 구축**(structural bonding)도 효과적이다. 이는 고객들의 구매행동을 자사의 서비스 구매과정 안에 들어가도록 함으로써 자연스럽게 전환장벽을 구축하는 것을 말한다. 예를 들어 특정 증권 서비스의 거래 시스템을 사용하는 데 익숙해진 고객들은 타 증권사로 전환하게 되면 불편함을 감수해야 하기 때문에 쉽게 이탈하기 어렵다. 경쟁사에는 없는 차별적인 구매과정을 제공하는 것도 효과적인데, 스타벅스는 사이렌오더라는 특화된 모바일 선주문 및 결제 시스템을 통해서 고객들을 묶어두고 있다. 구독 서비스와 같이 장기적인 계약을 창출하는 것도 구조적 유대 전략에 효과적이다. 이러한 구조적 유대 전략은 특히 기업 간 거래에서 효과적인데, 기업은 고객들에게 주문, 급여관리, 재고 등을 관리하는 데 도움을 주는 전문 시스템을 제공하면서 관계를 지속해 갈 수 있다. GS25는 다양한 연령대의 가맹점주들이 편의점의 업무를 스마트폰으로 손쉽게 관리할 수 있는 시스템(근무중 25)를 개발하여 지원하였다.

GS25 나만의 냉장고 앱은 고객이 증정품(2+1)을 앱에 보관하면서 사용할 수 있는 기능을 제공하면서 호평을 받았다. 다른 편의점에는 없는 서비스로 고객이탈을 방지하는 데 효과적이다.

SERVICE MARKETING FOCUS

행복한 리워드 공식: 단순 포인트보다 특별한 경험을

영국에 본사를 둔 콜린슨 인터내셔널은 이달 아시아태평양 8개국 소비자 4,000여 명(한국 500명 포함)을 대상으로 한 조사 결과를 담은 〈2025 아시아태평양 소비자 행복 보고서〉를 공개했다. 보고서에 따르면 국내 소비자의 76%가 브랜드 리워드를 통해 콘서트 선예매, 고급 호텔 숙박 등 일상에서 접하기 어려운 경험을 누리고 있다고 응답했다. 특히 밀레니얼 세대(86%)와 Z세대(78%)가 이러한 경험 중심의 소비 트렌드를 주도하고 있었다. 특히 한국 소비자들은 기업의 리워드 프로그램에 만족할 경우, 같은 브랜드 제품을 반복 구매하거나(48%), 신제품 체험(41%), 타인에게 추천(40%) 등의 방식으로 충성도를 보였다. 한국 밀레니얼(MZ) 세대는 기업의 소셜네트워크(SNS) 팔로우(30%) 등 디지털 채널을 통한 브랜드 소통에도 적극적이었다. 이 중 14%는 자신이 지지하는 브랜드가 외부 비판을 받을 경우 옹호하겠다고 답했다. 〈행복에 영향을 미치는 리워드 유형〉으로는 국내 소비자들이 개인 프리미엄 혜택(24%)을 가장 많이 꼽았고, 가족 및 친구를 위한 혜택(22%), 건강 및 웰빙 관련 혜택(16%)이 뒤를 이었다. 세대별로는 Z세대가 자기만족(56%)을, 베이비붐 세대는 관계와 연결(61%)을 더 중시하는 것으로 나타났다. 그러나 전통적인 포인트 적립이나 캐시백 중심의 리워드 구조는 더 이상 소비자의 기대를 만족시키지 못하고 있다는 의견도 있었다. 특히 MZ세대는 경제적 여유가 적은 만큼, 브랜드를 통해 경험을 얻는 데 더 높은 의존도를 보였다.

자료원: "나를 위한 투자"…경험소비 시대, 팬덤 경제의 진화(데일리안, 2025.7.29).
한국 소비자 76%, "단순 적립 포인트보다 특별한 경험 원해"(이데일리, 2025.7.29).

사진출처: KB증권(https://www.kbsec.com).

(3) 고객충성도와 구전 마케팅

서비스 기업이 고객들의 구전을 관리한다는 것은 불만이나 불평고객들의 부정적인 구전을 줄이거나 사전에 예방한다는 차원뿐 아니라 충성고객들의 긍정적인 구전을 활용해서 신규 고객들을 효과적으로 유입하는 데 활용한다는 의미가 있는데, 후자를 흔히 **구전 마케팅**이라고 표현한다. 마케팅의 그루인 필립 코틀러(Philip Kotler)는 4차 산업혁명 시대 소비자의 구매 경로를 5A로 설명하고 있다. 여기서 5A는 인지(Aware), 호감(Appeal), 질문(Ask), 행동(Act), 옹호(Advocate)로 정의할 수 있는데, 기업이 궁극적으로 바라는 소비자 행동인 옹호 단계가 바로 충성고객들의 구전(추천)으로 설명된다. 따라서 서비스 기업들은 자사에 대한 고객들의 추천 정도를 파악하고 관리할 필요가 있다. 컨설팅 회사인 베인앤컴퍼니에서는 이를 위해 **순추천고객지수**(NPS: Net Promoter Score)'란 개념을 소개하였는데, 이는 고객에게 '당신은 이 제품(또는 서비스)을 주변 사람들에게 추천하겠습니까?'라고 물은 후 추천고객 비율에서 비추천 고객 비율을 뺀 수치이다. 예를 들어 특정 서비스를 적극 추천해 줄 고객(9~10점)이 10%, 중립적인 고객(7~8점)이 50%, 추천하지 않을 고객(0~6점)이 40%라면, 해당 서비스의 순추천지수(중립적인 고객 제외)는 −30이 된다. 순추천지수의 계산에서는 중립적인 고객들을 제외하기 때문에 긍정적인 추천지수 값을 얻는 것이 결코 쉬운 일이 아니다.

SERVICE MARKETING FOCUS

인플루언서 마케팅: 구전이 곧 구매다

- **장면1**: 식품유통의 중심축이 SNS로 옮겨 가고 있다. 소비자들은 유튜브, 인스타그램, 틱톡 등에서 본 레시피 콘텐츠나 인플루언서의 추천을 따라 장을 보고 쇼핑리스트를 완성하는 방식에 익숙해졌다. 한국농수산식품유통공사의 자료에 따르면 미국 소비자의 70%, 영국 소비자의 48%가 SNS에서 본 제품정보를 실제 식품구매에 반영한다고 응답했다. 실제 SNS에서 음식 콘텐츠를 소비하고, 해당 재료를 즉시 구매할 수 있는 구조가 빠르게 확산되고 있다. 미국의 대표적 사례로는 'El Pollo Loco'의 요리 인플루언서 협업 캠페인 'Garage Beermixes'의 술안주 큐레이션 콘텐츠 등이 있다.

- **장면2**: 틱톡 · 유튜브 등에서 인기를 끌고 있는 숏폼 콘텐츠가 유통업계의 새로운 마케팅 방안으로 떠오르고 있다. 기존에는 필요한 물건을 구매하기 전 원하는 제품의 가격과 사용자 리뷰 등을 비교해 보며 구매했다면, 최근에는 숏폼 콘텐츠를 넘겨보다가 마음에 드는 상품을 구매하는 방식으로 바뀌고 있다. 검색에 의존했던 쇼핑이 영상을 보며 발견하는 형태로 달라진 셈이다. 자신이 구독하는 인플루언서의 영상에 등장한 제품을 따라 구매하는 방식으로 변했다. 영상 속 인플루언서가 입은 옷과 신발, 가방 등 제품을 물어보는 사례가 빈번했고, 인플루언서가 광고모델이 된 것과 같은 효과를 낸다. 네이버는 지난 3월 네이버 플러스 스토어를 출시하면서 하단에 발견 탭을 도입했다. 상품과 연결된 숏폼 콘텐츠를 모아 사용자가 넘겨보며 제품을 발견하는 방식이다. 11번가와 W컨셉 역시 앱 하단에 플레이탭을 운영해 숏폼 콘텐츠를 통한 쇼핑을 유도한다.

자료원: "레시피 따라 장본다"…인플루언서가 이끄는 식품 유통 혁신(EBN산업경제, 2025.7.31).
"검색 대신 발견하는 재미"…'숏폼' 마케팅 강화 나선 유통업계(한경, 2025.7.17).
사진출처: 11번가(https://www.11st.co.kr)

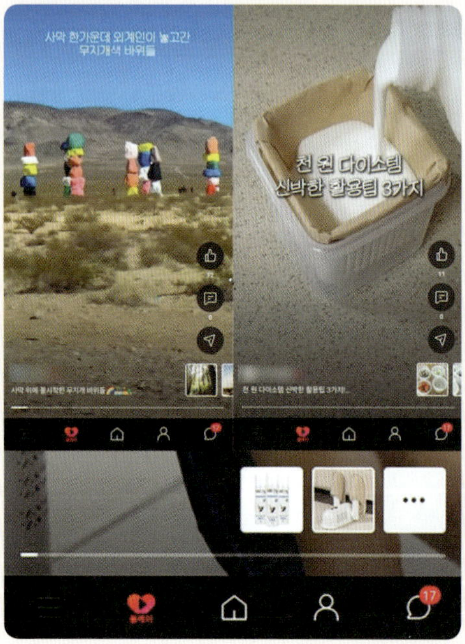

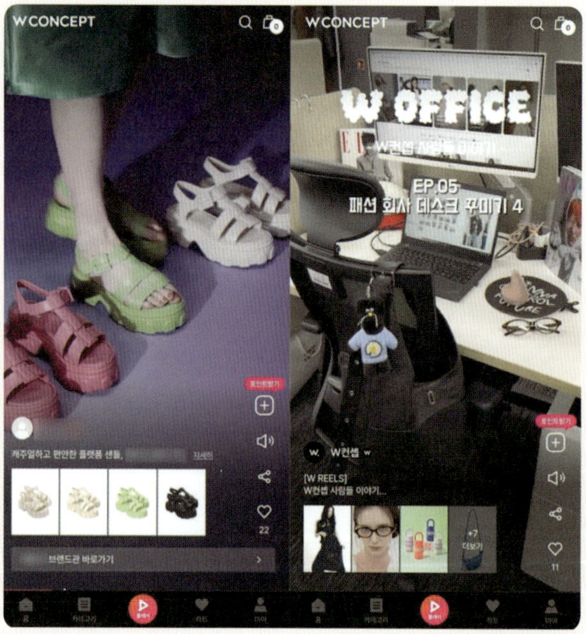

참고문헌

김진우 (2019). **서비스 경험디자인**. 안그라픽스.

김해룡 (2012). **5Brand Rules**. KMAC.

김해룡 (2023). **마케팅을 스토리텔링하다**. 학현사.

김해룡, 안광호 (2019). **감정을 팔아라**. 원앤원북스.

안광호 (2021). **마케팅: 관리적 접근**(2판). 학현사.

안광호, 하영원, 유시진 (2023). **마케팅원론**(8판). 학현사.

이병남 (2011). **과거 아이디어의 덫에서 과감히 벗어나라**. Dong-A Business Review, 72, 18-24.

이유재 (2019). **서비스마케팅**(6판). 학현사.

임영균, 안광호, 김상용 (2015). **유통관리**(3판). 학현사.

필립코틀러, 허마원 카타자야, 이완 세티아완, 이진원 번역 (2017). **필립코틀러의 마켓 4.0: 4차 산업혁명이 뒤바꾼 시장을 선점하라**. 더퀘스트.

Alexander, M., & Jaakkola, E. (2015). Customer engagement behaviours and value co-creation. In *Customer Engagement Contemporary Issues and Challenges*; Brodie, RJ, Linda, D., Hollebeek, JC, Eds, Routledge.

Bardhi, F., & Eckhardt, G. M. (2017). Liquid consumption. *Journal of Consumer Research*, 44(3), 582-597.

Berry, L. L. (2000). Cultivating service brand equity. *Journal of the Academy of marketing Science*, 28(1), 128-137.

Berry, L. L. and A. Parasuraman. (1991). *Marketing Services Competing Through Quality.* New York: Free Press.

Bitner, M. J. (1992). Servicescapes: The impact of physical surroundings on customers and employees. *Journal of marketing*, 56(2), 57-71.

Bowden, J. L. H. (2009). The process of customer engagement: A conceptual framework. *Journal of marketing theory and practice*, 17(1), 63-74.

Grönroos, C. (2007). *Service management and marketing: customer management in service competition.* 3rd ed., Southern Gate, Chichester: John Wiley & Sons.

Heskett, J., Sasser Jr, W. E., & Schlesinger, L. (1997). *The Service Profit Chain.* New York, The Free Press.

Hoyer, W. D., Kroschke, M., Schmitt, B., Kraume, K., & Shankar, V. (2020). Transforming the customer experience through new technologies. *Journal of interactive marketing*, 51(1), 57-71.

Huang, M. H., & Rust, R. T. (2018). Artificial intelligence in service. *Journal of service research*, 21(2), 155–172.

KANO, N. (1984). Attractive quality and must–be quality. *Journal of the Japanese Society for Quality Control,* 14(2), 39–48.

Kim, W. C., & Mauborgne, R. (2015). Red ocean traps. *Harvard business review*, 93(3), 68–73.

King, C., & Grace, D. (2009). Employee based brand equity: A third perspective. *Services Marketing Quarterly*, 30(2), 122–147.

Kotler, P., & Armstrong, G. (2010). *Principles of marketing*(13th edition). Pearson education.

Kotler, P., Kartajaya, H., & Setiawan, I. (2016). *Marketing 4.0: Moving from traditional to digital.* John Wiley & Sons.

Lovelock, C. H. (1983). Classifying services to gain strategic marketing insights. *Journal of marketing*, 47(3), 9–20.

Mori, M., MacDorman, K. F., & Kageki, N. (2012). The uncanny valley [from the field]. *IEEE Robotics & automation magazine*, 19(2), 98–100.

Ostrom, A. L., Fotheringham, D., & Bitner, M. J. (2018). Customer acceptance of AI in service encounters: understanding antecedents and consequences. In *Handbook of service science*, volume II (pp. 77–103). Cham: Springer International Publishing.

Parasuraman, A., Zeithaml, V. A., & Berry, L. (1988). SERVQUAL: A multiple–item scale for measuring consumer perceptions of service quality. *Journal of Retailing*, 64(1), 12–40.

Parasuraman, A., Zeithaml, V. A., & Berry, L. L. (1985). A conceptual model of service quality and its implications for future research. *Journal of marketing*, 49(4), 41–50.

Park, C. W., MacInnis, D. J., Priester, J., Eisingerich, A. B., & Iacobucci, D. (2010). Brand attachment and brand attitude strength: Conceptual and empirical differentiation of two critical brand equity drivers. *Journal of marketing*, 74(6), 1–17.

Rust, R. T., Lemon, K. N., & Zeithaml, V. A. (2004). Return on marketing: Using customer equity to focus marketing strategy. *Journal of marketing*, 68(1), 109–127.

Schmenner, R. W. (1986). How can service businesses survive and prosper. *Sloan management review*, 27(3), 21–32.

Shostack, G. L. (1977). Breaking free from product marketing. *Journal of marketing*, 41(2), 73–80.

Smith, S., & Wheeler, J. (2002). *Managing the customer experience: Turning customers into advocates.* Pearson Education. p.17.

Tuomi, A., Tussyadiah, I. P., & Stienmetz, J. (2021). Applications and implications of service robots in hospitality. *Cornell Hospitality Quarterly*, 62(2), 232–247.

Van Doorn, J., Mende, M., Noble, S. M., Hulland, J., Ostrom, A. L., Grewal, D., & Petersen, J. A.

(2017). Domo arigato Mr. Roboto: Emergence of automated social presence in organizational frontlines and customers' service experiences. *Journal of service research*, 20(1), 43-58.

Vargo, S. L., & Lusch, R. F. (2004). Evolving to a new dominant logic for marketing. *Journal of Marketing*, 68(1), 1-17.

Wirtz, J., Lovelock, C., Chew, P. (2017). *Essentials of Services marketing*(3rd edition). Pearson.

Zeithaml, V. A. (1981). How Consumer Evaluation Processes Differ Between Goods and Services. In *Marketing of Services*, James H. Donnelly and William R. George, eds. Chicago: American Marketing Association.

Zeithaml, V. A., Bitner, M. J., & Gremler, D. D. (2018). *Services marketing: Integrating customer focus across the firm*(7th edition). McGraw-Hill Education.

Zhang, J., Beatty, S. E., & Mothersbaugh, D. (2010). A CIT investigation of other customers' influence in services. *Journal of Services Marketing*, 24(5). p. 393.

색 인

ㄱ

ㄴ

ㅅ

저자약력

김해룡 교수는 건국대학교 글로컬캠퍼스 경영학과에서 마케팅분야 교수로 재직하면서 서비스마케팅과 소비자행동을 강의하고 있다. 그는 연세대학교 경영학과를 졸업하고 연세대학교 대학원 경영학과에서 경영학 석사와 박사학위(Ph.D.)를 취득했다. 미국 코넬대학교 CIHF(Cornell Institute for Healthy Futures) 연구소에서 방문연구원을 지냈으며, 소비자행동과 브랜드전략, 그리고 융합서비스분야에 관심을 갖고 연구에 매진하고 있다. 최근에는 특히 인공지능시대 소비자와 서비스 혁신에 관심을 갖고 활발한 연구 및 저술활동을 펼치고 있다. 그는 Journal of Business Ethics, Service Business, Journal of Service Theory and Practice, International Journal of Mobile Communications, Journal of Promotion Management와 같은 국제학술지에 서비스관련 다양한 연구들을 게재하였으며, 이외에도 Creativity and Innovation Management, 『경영학연구』, 『마케팅연구』, 『소비자학연구』, 『광고학연구』, 『고객만족경영연구』와 같은 국내외 학술지에 많은 연구들을 게재하였다. 그는 소비자와 브랜드 관련 실무에도 많은 관심을 갖고 있어서 『5Brand Rules』, 『브랜드는 라이프다』, 『감정을 팔아라』, 『마케팅을 스토리텔링하다』와 같은 실무에 입각한 단행본을 지속적으로 출간하고 있다. 서비스마케팅학회 창립멤버로 활동하면서 서비스마케팅학회 학회장(2022년)을 지냈다. 이외에도 한국광고학회 부회장, 편집위원장, 한국경영학회 부회장을 지냈으며, 현재 한국고객만족경영학회 부회장(산학교류), 한국마케팅학회 상임이사 등을 역임하고 있다. 또한 그는 한국콘텐츠진흥원 심사위원, 한국능률협회컨설팅 심사위원등을 지내면서 산학활동에 많은 관심을 갖고 활발히 활동하고 있는 중견학자이다. 평소 자녀들과 시간을 보내는 것을 인생에서 가장 소중하게 생각하고 있으며, 영화보기와 만화책을 좋아하며 방학이면 집 근처 커피전문점에서 글쓰기를 즐겨한다.

안광호 교수는 인하대학교 경영학과에서 32년 6개월 간의 교수생활을 끝내고 명예교수로서 집필작업에 계속 정진하고 있다. 그는 한국 외국어대학교 무역학과를 졸업하고 서울대 대학원 경영학과에서 석사과정을 수료한 다음 미국 NYU(New York University)에서 마케팅을 전공하여 경영학 석사와 박사학위(Ph. D.)를 취득했다. 그의 관심분야는 소비자행동, 브랜드 관리, 마케팅 커뮤니케이션, 마케팅 전략 등이며, 이러한 관심분야에서 활발한 연구 및 저술 활동을 하고 있다. 그는 Journal of International Retailing, Management Decision, International Journal of Contemporary Hospitality Management, The International Journal of Human Resource Management, 『마케팅 연구』, 『한국마케팅 저널』, 『소비자학 연구』, 『경영학 연구』, 『마케팅 관리연구』, 『광고학 연구』 등 국내외 유명 학술지에 100편 이상의 논문을 발표했다. 그리고 『마케팅원론』, 『마케팅: 관리적 접근』, 『소비자 행동』, 『마케팅 조사원론』, 『유통관리』, 『유통원론』, 『광고관리』, 『촉진관리』, 『전략적 브랜드 관리』, 『마케팅 전략』, 『사회과학 조사방법론』, 『패션마케팅』, 『문화마케팅』 등의 마케팅관련 저서와 『브랜드 파워』, 『브랜드의 힘을 읽는다』, 『SHOW』, 『정서 마케팅』, 『정서지배 소비자행동』, 『행동경제학 관점에서 본 소비자 의사결정』, 『행동적 의사결정론』, 『감정을 팔아라』, 『정서:n 소비자행동』 등의 단행본을 출판하였다. 2013년에는 경영학분야의 세계적 석학인 Kotler 교수와의 공동 저술작업을 통해 글로벌 베스트셀러 대학교재인 『마케팅 입문(Marketing: An Introduction)』 한국어 판을 출간했다.

한국마케팅학회 학회장, 한국광고학회 학회장, 한국소비자학회 학술지 『소비자학 연구』의 편집위원장과 한국광고학회 학술지 『광고학 연구』의 편집위원장을 역임하였으며, 한국마케팅학회, 한국소비자학회, 한국경영학회, 한국소비문화학회, 한국마케팅관리학회, 한국광고학회의 부회장 및 상임이사를 역임하였다. 2001년 한국소비자학회 최우수 논문상을, 2009년 한국경제신문 학술자상을 수상했다. 그리고 2012년 한국조사연구학회 한국갤럽학술논문상을, 2013년 한국광고학회 제일기획 학술상과 동아일보 '2013 한국의 최고경영인상'에서 한국의 최고경영학자상을 수상했다. 그는 인하대학교에서 2003년 우수연구업적 교수상을 수상하기도 하였다.

평소 영화 · 공연 관람과 와인을 즐기며, 에릭클랩튼과 빌리 조엘, 그리고 고 이영훈님의 음악을 즐겨 듣는다. 시간이 나면 낯선 이국땅에서 배낭여행을 즐기며 잠시 일상에서 벗어난 시간을 갖곤 한다.

서비스 마케팅(제4판)

김해룡 · 안광호 지음

1판 1쇄 빌행 2015년 2월 20일
3판 1쇄 발행 2021년 3월 2일
3판 3쇄 발행 2025년 1월 30일
4판 1쇄 발행 2026년 1월 15일

발행인 회장 박 철 용
대표 박 세 원
발행처 **학 현 사**
우. 10881 경기도 파주시 직지길 522 파주출판도시
전 화 031) 955-8700(대표)
팩 스 031) 955-8705
메 일 yswgroup@naver.com
http://www.hakhyunsa.com
출판등록 1992년 6월 20일
등록번호 제 406-2004-000033호
ISBN 978-89-5853-612-3
정가 34,000원